체험 미술심리치료

장연집 · 최호정 · 홍혜정 · 김태은 · 문리학 · 한경아 · 김시내 · 김초롱 · 임은영
김성희 · 박주희 · 김희연 · 김현미 · 임하연 · 임연채 · 김현진 공저

Lived Experiences in Art Psychotherapy

학지사

머리말

이 책에서는 미술심리치료학에서 관심을 갖고 있는 다양한 주제에 대해 질적 연구를 기반으로 연구 분석하고 있다.

질적 연구와 미술심리치료학 모두는 2000년대에 활성화된 접근과 전공이다. 오늘날과 같이 사람들이 이들에 관심을 갖게 된 배경에는 이들을 활성화시키고자 했던 연구자들의 노력이 있었다.

국내의 질적 연구는 1990년대 초반부터 다루어지기 시작하였고, 저자는 1990년대 중반부터 학위논문에서 질적 연구를 지도해 왔다. 2001년 국내 최초로 미술치료 전공의 석 · 박사 학위과정을 개설한 서울여대 특수치료전문대학원에서는 개원과 동시에 연구방법으로서 양적 연구와 질적 연구를 같은 비중으로 다루도록 하였다.

다양한 연구방법을 포괄하는 상위개념으로서 오늘날 모든 학문 분야에서 사용하고 있는 질적 연구는 인문학적 방법론이다. 그중에서도 현상학은 실체를 이성이 아닌 드러난 것으로 본다. 이에 진리는 이성이 아닌 체험한 현상이 된다. 그 체험한 현상은 이야기로 전달되지만, 자료화 과정에서 글로 써지면서 체험의 본질을 심층적으로 이해해 가게 된다. 해석학에 따르면 이야기로 전달된 체험을 담은 글인 텍스트만 보면 안 된다. 텍스트 너머의 문맥과 전체 문장 그리고 체험을 말한 사람의 인생, 더 나아가 그 사람이 속한 시대와 환경까지를 모두 다루면서 해석을 하게 된다. 이 책은 특히 해석학적 현상학적 질적 연구를 기반으로 하고 있다. 이 접근법은 맹자가 '만장' 하편에서 글을 보는 방법론으로 다루어 놓은 지인논세(知人論世)와 이의역지(以意逆志)를 떠올리게 한다.

전공을 다루고 발전시켜 감에 있어 연구는 떼어 놓을 수 없는 관계이다. 대학원 개원 당시 국내 대부분의 대학원은 전공명을 미술치료로 표기하였다. 오늘날 불리고 있는 전공명은 미술치료, 미술치료학, 미술심리치료, 미술심리치료학 등 다양하다. 전공명의 표기에는 세 가지 유형의 대학원인 전문대학원, 일반대학원, 특수대학원이라는 체제를 반영하기 쉽다. 즉, 전공명은 대학원이 해당 전공을 어떤 학문 분류 속에 넣고 싶어 하는지를 드러내 준다. 미술치료를 다루지만 이를 심리치료로서 강조하는 대학원이라면 미술심리치료학이라는 사회과학으로서의 학문적 정체성을 갖기 쉽다. 반면, 미술치료를 다루지만 예술학이라는 학문적 정체성을 가질 수도 있다. 이 같은 학문적 정체성은 당연히 교과과정이나 전공자의 실습 그리고 연구방법과 무관하지 않게 된다.

이에 전공명의 표기 속에는 해당 대학원의 유형과 학문적 정체성, 교육 목표와 목적, 교과과정의 관리, 학생 지도, 강조하는 실습 현장, 슈퍼비전의 접근 등의 방향성을 모두 담게 된다. 따라서 전공명은 해당 대학원이 지향하는 학문적 정체성과 특수성 및 시대 변화의 흐름을 감지한 대학원의 미래 비전과 대학원의 경쟁력 등이 담겨 있는 압축된 표기임을 알 수 있다. 그리고 무엇보다도 재학생의 입장에서는 학문적 정체성을 세우고, 전문가로서 미래를 구축해 가기 위한 기준점이 된다.

이 책은 국내의 대학원에서 사회과학으로서 미술심리치료학을 전공하고 석 · 박사 학위를 취득한 1세대 졸업생들이 그들의 대학원 지도교수와 함께 다뤄 놓은 자료들을 싣고 있다. 이들 1세대는 당연히 선배나 구축된 학문적 역사가 없었기 때문에 많은 부분 지도교수와 동료들을 의지하여 대학원 과정을 보냈다. 이 책은 이들에 의해 쓰였고, 이들이 체험하고, 이들이 다루어 놓은 전공 관련의 자료들을 소개하고 분석한 것이다.

이 책에서는 해석학적 현상학적 체험 연구와 미술심리치료학 전공이라는 두 가지의 접근과 전공을 모두 중시하고 있다. 국내외를 통해 이를 함께 집중적으로 다루어 놓은 저서는 아직까지 만나 본 적이 없다. 이 책은 매우 다양한 자료를 압축적으로 다루었으며 동시에 연구 참여자가 체험한 내용을 창의적으로 제시하였다.

질적 연구방법을 기반으로 미술심리치료학 전공의 학위논문을 제출하여 학위를 취득한 15인의 석 · 박사학위 소지자가 이 책의 주인공들이다.

이 책에서 다루고자 하는 내용은 총 4부로 나누어 6개의 장으로 구성하였고, 구체적인 내용을 개관해 보면 다음과 같다.

제1부는 미술심리치료학과 질적 연구를 다루고 있다.

제1장은 크게 세 부분으로 나누어 다루었는데, 첫째 부분에서는 미술심리치료학과 질적 연구의 개요를 제시하고 있다. 미술심리치료학의 학문적 성장에 있어서 질적 연구의 도입 배경과 질적 연구가 미술심리치료학에 미친 영향을 설명하고 있다. 두 번째 부분에서는 다양한 질적 연구방법론 중에서 해석학적 현상학적 체험연구와 글쓰기를 중점적으로 다루고 있다. 특히 Max van Manen의 해석학적 현상학적 연구방법의 절차를 자세하게 설명하며, 핵심적인 부분으로 볼 수 있는 글쓰기를 잘하기 위한 방법들을 제시하였다. 세 번째 부분에서는 '해석학적 현상학의 글쓰기'를 기반으로 한 확장의 시도로서 새로운 글쓰기 방법을 언급하고 있다.

제2부는 미술심리치료학 전공자들이 석 · 박사 학위논문에서 다룬 '해석학적 현상학적 글쓰기' 부분을 미술심리치료학 전공에서 분류하는 유형과 주요 주제에 따라 총 7개로 나누어 다루고 있다. '해석학적 현상학적 글쓰기'에서는 참여자들이 한 이야기와 표현을 그대로 담아 생생한 현상을 보고자 하는 것이 목적이므로 어법이 틀리거나 표준어가 아닌 표현들이 종종 나타난다. 그러나 이 같은 표현을 이 책에서 수정 없이 그대로 전사하는 것은 글쓰기를 통해서 살아 있는 표현을 전하기 위함이다. 제2부에서 다뤄지고 있는 '해석학적 현상학적 글쓰기'는 저서 출간을 위해 연구 참여자들로부터 동의(학위논문 글쓰기 사용 수락서는 부록 1 참조)를 받았으며, 학술지에 실린 부분 역시 해당 학회로부터 출판 허락을 받았다. 제2장에서는 학위논문에서 다루고 있는 '해석학적 현상학적 글쓰기'를 미술심리치료학의 네 가지 유형인 임상미술심리치료, 기관미술심리치료, 의료미술심리치료, 일반인을 위한 미술심리치료로 제시해 놓고 있다.

제3장에서는 유형 분류에는 속하지 않지만 전공에서 관심을 가지고 있는 슈퍼비전, 미술심리치료사, 미술작업 관련 전공과목 체험이라는 주제들을 다룬 학위논문에서의 '해석학적 현상학적 글쓰기'를 소개하고 있다.

제3부는 미술심리치료학에서 다루고 있는 미술과 저서 제작과정에서 저자들이 함께 작업한 미술작업을 살펴보고 있다.

제4장에서는 미술심리치료학 전공에서 다루고 있는 미술이 예술에서 다루고 있는 미술이나 미술교육에서 다루고 있는 미술과 공통되는 부분을 가지고 있으

나 특수성 역시 지니고 있음을 살펴보았다. 조형예술학, 미술교육학, 미술심리치료학에서는 미술이라는 용어의 표기를 동일하게 사용하고 있다. 이 장에서는 각각의 전공 영역에서 사용하고 있는 미술의 의미를 다루어 봄으로써 미술심리치료학에서의 미술을 명료히 하고, 미술심리치료학에서 다루는 미술작업의 중요성과 특수성을 강조하였다.

제5장에서는 저서 제작과정에서 이루어진 저자들의 만남과 미술작업을 다루고 있으며, 저자들의 개인 중심 미술작업과 공동으로 작업한 집단미술작업이 소개된다.

제4부는 연구 참여자들이 국내에서는 최초로 개원한 대학원과 미술심리치료학 전공을 어떻게 선택하고, 공부를 하였으며, 논문을 준비하고 학위를 취득하여 현장의 전문가가 되었는지를 다루고 있다.

제6장에서는 15인의 연구 참여자가 대학원과 전공의 선정과정과 배경 그리고 사회과학이라는 학문에 전공자로서 정체성을 갖는 공부과정, 학위논문 및 연구방법론에 대한 생각 등에 대해 어떠한 체험을 하였는지를 묻고 이들 자료를 수집하여 분석한 내용을 다루고 있다.

학부에는 없었던 새로운 융합전공인 미술심리치료학 전공과 대학원을 선택하게 된 배경을 졸업생에게 묻는 선행연구는 없다. 이에 제6장에서는 졸업생을 대상으로 대학원과 전공의 선정배경과 관련되어 있는 체험 자료를 분석하고 있다. 특히 질적 연구자들인 15인의 연구 참여자가 자율적으로 자신들이 체험한 대학원과 미술심리치료학 전공에 대해 체험 자료를 직접 써서 보내 준 자료를 분석하고 있다. 아울러 미술심리치료학 전공에서 자주 사용해 오고 있는 그림, 시, 사진 등을 함께 다루어 연구를 활성화시키고자 하였다.

이 책에서는 질적 연구와 전공의 특수성을 모두 살려 보기 위해, 전공의 특수성인 그림을 넣어 기존의 연구방법에서는 다루지 않은 시각언어를 다루었다. 특히 해석학적 현상학적 질적 연구는 미술심리치료학 전공보다 먼저 활성화된 것으로, 전공자들이 구술언어보다 접근이 더 용이하고 친근한 시각언어를 다루는 기회를 만들어 보는 것은, 기존의 연구방법을 활성화시켜 보기 위함이다. 그리고 질적 연구의 이 같은 작은 확장의 시도는 전공에 보다 적합한 연구방법을 찾아보는 것으로 전공자에게도 좋은 기회가 될 것으로 보인다.

성장과 진화는 매우 미세한 변화로부터 시작된다. 따라서 규모의 대소보다는 창의적인 아이디어가 중요하다. 이미 학위를 취득한 대학원 졸업생들이, 학위논문에서 다룬 동료들의 논문 중 일부분에 해당하는 '해석학적 현상학적 글쓰기'를 읽고 다룰 수 있으려면 그 이전에 원본의 공개를 허락해 주어야 한다. 이는 곧 나눔이란 의미를 담고 있다. 그리고 이를 다룬 후 느껴지는 내용을 진솔하게 글로 써 본다는 것은 회상, 통찰, 현재의 나를 볼 수 있는 기회를 제공하며 짧은 순간이지만 미래를 떠올리며 이들을 한 순간에 엮어 내는 재창조이자 배움이란 의미도 담게 된다.

이 책을 집필하게 된 배경은 학위 취득을 한 졸업생 참여자들로 하여금 질적 연구물을 접하는 동시에 전공의 다양한 주제를 다루면서 자신의 과거를 반추하게 하고자 함이었다. 동시에 자연스럽게 성장해 있는 자신을 스스로 볼 수 있도록 이끄는 체험 미술심리치료학의 기회에 노출이 된다는 것은 분명 나눔과 배움이라는 성장과 진화의 기회가 될 수 있는지를 알아보기 위해서였다.

저자는 사회과학으로 접근하고 있는 미술심리치료학이 고유성과 특수성을 가지고, 새로운 융합 학문으로서 시대가 요구하는 다면적인 가능성을 활성화하여, 학문적으로 최고의 자리에 오르길 희망한다. 동시에 실제적인 측면에서는 임상, 의료, 기관, 일반인을 위한 미술심리치료 장면에서 깊이가 있고 흥미를 끄는 다양한 접근법의 개발과 매체의 연구 축적이 보다 적극적으로 이루어지기를 희망한다. 나아가 미술심리치료사들이 전공과 연구를 가까이하고 전공을 깊이 사랑하고 발전시켜 나가는 열정을 갖도록 전문가 재교육 기회가 마련되기를 희망하고 있다. 시작은 미비해도 순수한 마음들이 모아지면, 희망은 현실이 될 수 있다.

이런 마음으로 저자는 미술심리치료학 전공자를 대상으로 하는 다양한 체험연구를 축적해 가고 있다. 전공은 새로운 개념과 원리 그리고 치료철학을 통해 보완해야 할 많은 부분을 가지고 있으며, 이들 부분은 연구를 통해 조금씩 채워져 갈 것이다.

이 책에서는 질적 연구와 미술심리치료학 전공이 지니고 있는 고유성과 특수성을 기반으로, 응용적 기여도의 측면을 조심스럽게 확장시켜 보는 시도를 해 보고 있다. 시도는 필요한 사람이 하는 것이고, 누구도 대신해 줄 수 없는 것이다. 저자는 짧은 역사를 지니고 있으면서도 급속히 성장해 온 질적 연구와 미술심리치료학 전공 모두가 시대 흐름과 함께 더욱 활성화되기를 바라고 있다.

이 책에서 다루고 있는 국내 대학원 미술심리치료학 전공 석 · 박사 1세대 학위취득 졸업생들의 생생한 체험 자료들은 전공의 초창기 자료로 이후의 성장과 발전을 위해 기초 자료가 될 것이다. 또한 이들의 체험 자료는 전공자들이 질적 연구를 수행하고자 할 때 해당 연구자들에게 도움을 줄 수 있을 것이다. 그리고 해석학적 현상학적 질적 체험연구에서 글쓰기뿐만 아니라 그림 그리기를 함께 다룰 수 있도록 한 것은 미술이 지닌 힘을 잘 알고 있는 미술심리치료학 전공자들에게는 큰 격려가 될 것이다. 이 책은 Max van Manen의 해석학적 현상학의 질적 연구를 수행한 내용을 기반으로 그의 해석학적 현상학의 질적 연구에서 사용하는 인터뷰법, 주제 분석법, 글쓰기하는 법 등의 틀을 그대로 유지하고 있다. 동시에 전공의 특수성을 함께 다루며, 더 나아가서는 미술심리치료학 전공 졸업생의 체험 자료인 질적 연구의 자료가 이들 전공의 졸업생들에게 새로운 자율적인 수준을 갖춘 공부법으로서의 기능을 할 수 있는지 그 가능성을 다루어 봄으로써 졸업생을 위한 질적 연구 기반의 새로운 공부법을 만들어 볼 수 있겠다는 생각을 갖도록 하고 있다.

이 책을 만든 미술심리치료학 전공의 1세대에 속하는 연구 참여자들이 생각하는 전공의 과거와 현재의 체험 내용들은 2000년대 초반 국내 대학원 과정을 개설한 한국 미술심리치료학의 초창기 역사가 될 것이며, 이들은 한국의 체험 자료로서 큰 가치를 지니게 될 것이다.

그리고 미술심리치료학 전공도 메타 미술심리치료학으로 그 활기찬 방향성을 잡아 가기 위해 좀 더 적극적이면서 심도 있는 다양한 질적 연구의 수행이 요구된다. 특히 질적 연구는 자신이 학문을 보는 수준만큼 해석과 의미를 다루어 낼 수 있다.

이 책은 2015년 6월부터 다루기 시작한 수백 부의 자료 중 일부를 다루고 있다. 그리고 이들 자료는 전공의 초창기 역사를 담고 있는 한국의 자료라는 의미를 지니고 있다. 그리고 자율적으로 자신이 전공 분야의 전문가가 되기 위해 고군분투하고 깨어 있는 연구자가 되기 위해 노력하는 체험이 고스란히 담겨 있는 자료이다. 막상 출간을 하려고 하니 부족한 부분도 많이 있고, 좀 더 체계적으로 접근하였으면 시간을 단축할 수 있었을 것이라는 아쉬움이 남는다. 전공자를 성장으로 이끌어 전문가가 되도록 하는 깊이 있고 좋은 교재를 만들어 낸다는 것은 쉽지 않다. 질적 연구와 미술심리치료학의 만남은 이를 좀 더 가능하게 만들어 줄 수 있다고 본다.

한 줄 한 줄 땀과 노력으로 이루어진 내용을 분석하고, 분석된 내용을 이해하며 의미를 찾아내고자 하였다. 이 책을 접하는 가운데 한 줄이라도 좋은 생각을 할 기회가 마련되기를 바랄 뿐이다. 그리고 미술심리치료학이 전공자들의 마음에 불씨가 되어 전공자의 도움을 필요로 하는 모든 이에게 위로가 되기를 희망한다. 또한 자유로운 표현이 충만히 살아 숨 쉬면서 아름다움과 바름을 나누는 좋은 학문으로 거듭나기를 바란다.

미술심리치료학을 가르치고, 현장에서 다루고, 연구하고, 평가하는 모든 전공자와 함께 이 책을 나누고 싶고 피드백을 받고 싶다. 저자가 질적 연구와 미술심리치료학을 깊이 있게 다루어 내도록 흔들리지 않는 의지를 갖게 해 준 친지들, 동료들, 제자들, 서울여대 특수치료전문대학원의 재학생과 졸업생 그리고 교수님 모두에게 깊은 감사의 마음을 전한다.

이 책을 만들어 내는 과정에 함께해 준 15인의 연구 참여자 모두에게 깊은 감사를 보낸다. 특히 마지막 순간까지 최선을 다해 수정을 해 준 편집위원인 최호정 박사와 홍혜정 박사에게 큰 감사를 드린다.

출판사 학지사의 김진환 사장님과 편집진의 큰 수고에도 깊은 감사를 드리며, 좋은 심리학 저서를 많이 출판하고 있는 학지사가 더욱 발전하기를 기원해 본다.

2018년 4월

저자 대표 장연집(張蓮集)

차례

Part 4 대학원과 미술심리치료학 전공의 선택

Part 1 미술심리치료학과 질적 연구

제1부는 미술심리치료학과 질적 연구에 대해 소개하고 있으며, 크게 세 부분으로 나뉜다.

첫 번째는 연구방법론으로서의 질적 연구와 질적 연구의 목적에 대해 살펴본다. 이어서 현상학, 내러티브 탐구, 근거이론, 문화기술지, 질적 사례연구 등 다양한 질적 연구방법론을 소개한다. 각각의 연구방법론이 가진 철학적 배경, 연구 목적 그리고 연구 절차를 제시한다. 그리고 질적 연구가 미술심리치료학에 도입된 배경과 미술심리치료학에 미친 영향에 대해 알아본다.

두 번째는 해석학적 현상학적 체험연구와 글쓰기를 주로 다룬다. 먼저, Max van Manen의 해석학적 현상학적 연구방법의 자세한 절차를 소개하고 마지막 단계인 글쓰기의 중요성에 대해 논한다.

세 번째는 새로운 글쓰기로의 확장 가능성의 시도에 대해 설명한다. 해석학적 현상학적 연구방법으로 석 · 박사 학위를 취득한 졸업생이 글쓰기를 중심으로 새롭게 시도한 반영적 작업과 창의적 작업에 대해 언급한다.

Chapter 1

미술심리치료학과 질적 연구

1. 미술심리치료학과 질적 연구의 개요

2018년 한국에서 미술심리치료학 전공의 대학원 과정이 굳건한 자리를 구축하기까지 짧지만 농축된 역사가 자리하고 있다.

대학원에서 전공으로 개설된 시기를 연구물들을 통해 1999년으로 잡아 볼 때 당시 국내에서 처음 사용한 전공의 표기는 미술치료였다(장연집, 2017). 대학원 학위과정에서 미술치료라는 전공명이 사용되었고 현재까지도 그 명칭으로 많이 불린다. 그 이후 학문의 성격을 강조하여 학(學)과 술(術)의 차이를 다룬 연구가 나오고(장연집, 2002), 미술치료라는 표기보다는 미술치료학이라는 표기를 달게 되면서, 전공은 보다 사회과학이라는 학문으로 자리를 굳히게 되었다. 이어 2009년도 연구(장연집, 2009)에서부터는 미술치료학은 미술치료가 연령별, 대상자별로 너무 광범위하게 다루어지고 세분화되지 않으면 전문가들 사이에서 혼란이 야기되므로, 미술치료학의 구조화 정도에 따른 유형별 구분이 요구되는 연구 수행이 이루어졌다. 오늘날은 미술치료학과 미술심리치료학이라는 용어가 모두 사용되고 있다. 미술치료학이라는 표기는 1999년 이래로 사용되어 온 것으로 이 같은 표기 속에 자리하고 있는 치료란 개념은 미분화된 표기로, 실은 방향과 목적이 불투명하고 전문성 역시 명백히 드러나지 않는다. 반면, 미술심리치료학의 표기는 조금은 이보다 세분화된 표기이다. 즉, 미술을 매개로 하여 심리치료를 수행하는 것을 말한다. 현재 한국의 경우 후자에 해당하는 미술심리치료학이라는 표기를 사용하는 대학원은 많지 않다. 이 같은 표기를 사용하기 위해서는 대학원에서 개설하고 다루어져야 하는 교과과정이 심리치료라는 특수성을 깊이 있고 충분하게 다루어 주어야 하기 때문이다.

오늘날 시대적 흐름의 급변은 학문에도 영향을 주고 있다. 기존에 미술과 심리학이 융합하여 만들어진 전공의 표기가 미술치료학이라고 할 때, 미술과 심리학이 통섭으로 만들어진 학문의 표기는 미술심리치료학이라고 할 수 있다(장연집, 2017). 오늘날 사용하고 있는 미술심리치료학이라는 표기 역시, 새 시대를 맞이하게 되면 변화하지 않는다고 볼 수는 없다.

1999년 이래로 미술치료가 미술치료학으로 그리고 미술심리치료학이라는 표기를 사용하기에 이르는 과정에서 전공은 양적 · 질적 성장을 해 왔으며 많은 수의 전공자를 배출하였다.

그러나 앞으로 미래 미술심리치료학의 발전과 전문 분야로서 자리매김을 위해서 미술심리치료학의 학문적 성장에 대해 다시 점검해 봐야 할 중요한 시기에 와 있다.

먼저, 학문적 기반에 근거를 두고 있는 미술심리치료학이란 용어에 대한 정의부터 다시 점검해 봐야 할 것이다. 장연집은 다음과 같이 미술심리치료학의 정의를 설명한다(장연집, 2017).

> 예술로서의 미술과 심리학에서의 심리치료를 합성한 미술심리치료학이라는 표기는 학문적으로는 사회과학이라는 자리를 굳건히 하는 표기로서, 전공 학생들에게는 미술심리치료사로서의 정체성을 갖도록 이끌게 된다.

이 정의에서 알 수 있듯이, 미술치료가 사회과학 안에서 미술심리치료학이라는 학문으로 자리를 굳히고 전문성의 향상을 가져오기 위해서는 미술심리치료 전공 관련 연구물들의 축적이 필요하다(장연집, 2014). 이를 위하여 미술심리치료사들은 연구를 수행할 기초적 능력을 기르고, 과학적 연구방법론에 근거한 학위청구논문 제출과 연구물 발표를 지속해야 한다. 이렇듯 미술심리치료학 전공생들에게 학문적 경쟁력을 마련하고 이를 유지하기 위한 연구 수행능력을 요구하고 있는 것이 시대적 흐름이다(장연집, 2015).

1) 연구방법론으로서의 질적 연구

미술심리치료학과 질적 연구에 대해 본격적으로 논하기 전에, 질적 연구의 목적과 다양한 질적 연구방법론에 대해 간략하게 살펴보고자 한다.

질적 연구는 인간을 연구의 대상으로 삼으며, 보다 깊은 차원에서 인간을 이해하고자 한다. 딜타이는 과학을 크게 '정신과학'과 '자연과학'으로 구분하여 제시하였다. 자연과학은 '자연의 대상' '사물' '자연적 사건' 등을 연구하며, 객관적인 관찰, 통제된 실험, 양적인 측정의 방법을 선호해 오고 있다. 반면, 정신과학 또는 인간과학으로 불리는 질적 연구는 정신(Geist), 즉 마음, 생각, 의식, 가치, 느낌, 감정, 행위 등에 관심을 기울인다. 즉, 질적 연구자들이 바라보는 인간은 이해의 대상이지 밝혀내야 하는 대상이 아닌 것이다. 질적 연구의 목적은 인간 삶의 경험 자체로 돌아가 그 의미와 본질을 추구하는 데 있다(van Manen, 2000).

질적 연구방법으로는 기술(記述)과 해석, 자기반성적 방법을 주로 사용한다. 질적 연구방법은 어떤 현상 뒤에 놓인 거의 알려지지 않은 것들을 밝히고 이해하는 데 사용될 수 있다. 이러한 방법을 통해서 이미 상당히 알려진 것들에 대한 새롭고 신선한 시각을 얻을 수 있게 된다. 그리고 양적 방법으로는 설명하기 힘든 복잡한 현상에 관해 상세한 설명을 해 줄 수 있는 장점이 있다(Strauss & Corbin, 1998).

질적 연구 안에서도 다양한 방법론이 존재한다. 전통적인 접근별로 나누어 보자면 크게 현상학, 내러티브 탐구, 근거이론, 문화기술지 그리고 사례연구를 들 수 있다. 다음에서는 각 질적 연구방법론의 특징과 분석 단계 그리고 주요 개념들에 대해 간략하게나마 짚어 보고자 한다.

현상학적 접근방법으로는 여러 가지가 있지만 그중 후설의 철학적 기반의 영향을 받은 Giorgi의 기술적 현상학과 하이데거, 메를로 퐁티, 가다머의 철학을 바탕으로 하는 Max van Manen의 해석학적 현상학을 들 수 있다.

심리학자인 Giorgi는 연구 참여자의 심리적인 내면세계에 대한 성찰을 강조함으로써 심리학을 통하여 현상학에 이르는 접근을 시도하였다(Giorgi, 2004). Giorgi의 현상학 연구 단계는 총 4단계로 나뉜다. 첫째, 전체적 맥락을 파악하기, 둘째, 의미단위를 결정하기, 셋째, 연구 참여자의 일상의 언어표현을 심리학적 민감성을 가지고 변형하기, 넷째, 변형된 의미단위들을 연구 현상에 대한 일반적 구조로 기술하기이다(Giorgi, 1997).

반면, Max van Manen의 해석학적 현상학은 연구되고 있는 현상에 대한 풍부한 기술뿐 아니라 그것이 의미하는 바에 대한 연구자의 해석적 관점이 제시된다. 또한 van Manen의 해석학적 현상학의 큰 특징 중의 하나로, 현상과 관련된 중심 단어의 어원, 중심 현상에서 자주 사용되는 관용어구, 속담, 민담 그리고 문학이나 회화, 영화 등 다양한 예술 장르의 작품들을 통해 얻게 되는 경험의 원천들을 조사한다. 즉, 연구 참여자의 현상에 대한 경험적 진술뿐 아니라 다양한 장르의 예술적 자료까지 포함하여 보다 풍부한 해석이 가능해진다. 그리고 연구자는 연구 참여자로부터 심층면담을 통해 수집된 인터뷰를 비롯한 모든 질적 자료를 모아 본질적 주제를 분리한다. 연구자의 해석은 이러한 모든 질적 자료의 근저를 이루고 있는 본질을 꿰뚫는 것이어야 한다(장연집, 2000). Max van Manen의 연구단계는 총 11단계이지만 크게 '체험의 본질로 돌아가기' '경험한 그대로의 탐구' '해석학적 현상학적 반성' 그리고 '해석학적 현상학적 글쓰기'의 네 단계로 압축해 볼 수 있다(van Manen, 2000). 해석학적 현상학의 연구단계에 대해서는 뒤에 나오는 '해석학적 현상학과 글쓰기' 부분에서 보다 자세히 살펴볼 것이다.

내러티브 탐구는 개인의 경험을 내러티브로 탐구하는 연구방법론으로 존 듀이의 경험이론을 그 철학적 바탕에 두고 있다. 존 듀이에게 있어서 경험은 개인적인 경험과 사회적인 경험 둘 다 존재한다. 사람은 개인으로서 이해될 필요가 있지만 항상 사회적 관계와 사회적 맥락 내에서 존재한다. 따라서 개인의 내러티브뿐 아니라 그 개인이 속한 사회, 문화의 내러티브 또한 관심을 가진다. 내러티브 연구에서의 특징은 시간성, 사회성, 장소라는 3차원적 속성을 잘 드러내는 방식으로 경험을 드러내는 것이다. 내러티브 탐구의 연구단계는 현장으로 들어가기, 현장에서 현장 텍스트로 이동하기, 현장 텍스트 구성하기, 현장 텍스트에서 연구 텍스트로 이동하기, 그리고 최종적으로 연구 텍스트 만들기의 단계로 구성되어 있다(Clandinin & Connelly, 2007).

근거이론의 철학적 배경으로는 프래그머티즘과 상징적 상호작용을 들 수 있다. 즉, 인간은 상징을 사용하여 의사소통을 하며 서로 구별되는 역할을 가질 수 있게 된다. 또한 개별 인간의 독특한 특성은 사회적 상호작용 안에서 가능한 것이라는 기본적 개념들을 바탕으로 근거이론이 발전되었다(Strauss & Corbin, 1998). 근거이론의 접근방식은 일련의 체계적인 과정을 통하여 어떤 현상에 대해 귀납적으로 이끌어진 하나의 근거이론을 발전시키는 것이다. 그리고 연구를 통하여 그 실제를 이론적으로 공식화하여 얻어진 결과를 제시한다(Strauss & Corbin, 1998). 근거이론의 분석방법은 개방 코딩에서부터 시작하여 축 코딩, 선택 코딩 그리고 상황모형, 이론적 표본추출에 이르기까지 매우 복잡하고 정교한 많은 단계를 거쳐야 한다.

문화기술지는 전체 문화공유 집단에 관심을 가지며 그 문화공유 집단이 가지는 가치, 행동, 신념, 언어의 공유되고 학습된 패턴을 기술하고 해석하는 질적 연구이다. 문화기술지 안에도 생애사, 자문화기술지, 실재론적 문화기술지, 비판적 문화기술지 등 다양한 유형이 존재한다(Creswell, 2015). 최근 들어서는 인터넷문화기술지라는 새로운 연구방법론이 등장하였으며 참여 관찰 등을 주로 사용하였던 연구방법에 많은 변화를 일으키고 있다. 즉 시간과 공간, 비용 등의 자료 수집과 관련된 제한점들은 인터넷의 사용으로 인하여 축소되고 해소될 가능성이 생겼다(오영범, 김영찬, 2013).

마지막으로 질적 사례연구를 살펴보겠다. 질적 사례 연구를 설명하기란 쉽지 않다. 학자마다 사례연구를 정의하거나 설명하는 방식이 매우 다양하기 때문이다. Stake에 의하면 질적 사례연구는 질적 연구를 하는 데 있어서 공통적인 방법이다. 그는 질적 사례연구는 방법론적 선택이 아닌 무엇을 연구하는가에 대한 선택이라고 주장했다(Stake, 2000). Merriam은 질적 사례연구는 하나의 프로그램, 기관, 사람, 과정 혹은 사회단위와 같이 한정된 현상에 대한 철저하고 총체적인 서술과 분석이라고 정의했다. 또한 질적 사례연구들의 특징을 특정적 · 서술적 · 발견적 · 귀납적이라고 설명하였다(Merriam, 2000). Creswell의 정의에 따르면, 질적 사례연구는 질적 연구접근의 하나로서, 사례 또는 사례들을 탐색하며, 다양한 정보원을 포함하여 상세하고 심층적인 자료를 수집한다. 그리고 사례 기술(case description)과 사례 주제(case theme)를 보고한다고 정리하였다(Creswell, 2015). 질적 사례연구의 재정의에 대한 연구에서는 질적 사례연구의 원형적 특성들을 일곱 가지로 제시하였다. 그 특성들로는 적은 수의 사례, 맥락에 대한 매우 자세한 설명, 자연적인 세팅, 특정한 시간적 · 공간적 경계, 가설 설정과 연구를 통해 배우게 되는 점, 다양한 자료, 확장성을 꼽았다(VanWynsberghe & Kahn, 2007). 다른 질적 연구방법과 크게 차이 나는 점이 있다면, 그것은 질적 사례연구에서는 양적인 자료 수집을 할 수 있다는 것이다. 연구하고 있는 중심 사례의 총체적인 이해를 돕기 위한 목적인 것이다(Baxter & Jack, 2008). 질적 사례연구의 유형도 매우 다양하며, Merriam은 서술적 사례연구, 해석적 사례연구 그리고 평가적 사례연구의 세 가지 유형으로 나누었다(Merriam, 2000).

위에서 살펴본 바와 같이 질적 연구 안에서도 연구방법론에 따라 연구 단계와 접근법이 상이함을 보이고 있다. 따라서 연구자들은 자신이 연구하고자 하는 연구 주제, 연구 문제 등에 적합한 연구방법론을 선택하는 것이 중요하다. 그리고 질적 연구를 수행하는 데 있어 유념해야 할 것은 그 절차들을 반드시 지켜야 한다는 것이다. 연구를 신속히 수행하려는 조급한 마음에 연구 단계들을 하나하나 성실하게 밟아 나가지 못한다면 좋은 연구 결과를 얻기 어렵게 된다. 질적 연구방법에 대한 공부를 한다고 해서 바로 알아지는 것은 아니다. 계속적인 연구과정 속에서 그 절차를 직접 행해 볼 때야 비로소 연구과정에서 그 절차가 어떤 기능을 담당하게 되는지 충분히 이해하게 된다. 또한 계속해서 성공적으로 연구방법론을 사용할 수 있으려면 그에 대한 연마와 충분한 경험이 필요하다(Strauss & Corbin, 1998).

이상에서 간략하게나마 질적 연구방법의 목적과 다섯 가지 전통적인 질적 연구방법론에 대해 살펴보았다. 다음에서는 미술심리치료학에서 질적 연구방법을 도입하게 된 배경에 대해 검토해 보고자 한다.

2) 미술심리치료학과 질적 연구

타 학문에서 전개되어 온 패러다임의 변화에 발맞추어, 양적 연구가 주를 이루던 미술심리치료학에도 질적 연구가 도입되는 변화의 바람이 일어났다. 근대를 거쳐 탈근대가 대두되면서 후기실증주의, 사회구성주의, 포스트모더니즘, 패미니즘 등의 새로운 패러다임들이 등장하기 시작하였다. 탈근대의 핵심은 다양성 혹은 다원주의를 지향함으로써 형식적 합리성의 지배를 피하고 모든 종족, 모든 인종, 모든 사람, 모든 성을 상호 존중하려는 시도를 하는 것이다(Wilber, 2008). 즉, 소수의 의견, 목소리에 귀를 기울이고 거대 담론이 아닌 작은 이야기들(narrative)들에도 가치를 부여하게 되었다. 이러한 시대적 변화는 학문 분야에서도 큰 반향을 일으켰다. 질적 연구는 개인의 시각을 중시하는 방법이다. 그리고 질적 연구의 주된 목적은 주체적 인간이 경험하는 생활세계에 대한 경험을 통해 이들의 본질을 깊이 있게 성찰하려는 것이다. 이러한 질적 연구의 목적이 시대의 흐름과 잘 부합하는 것이었다. 따라서 미술심리치료학 안에도 시대적 흐름을 따라 질적 연구가 도입되었던 것이다(장연집, 2002).

뿐만 아니라 미술심리치료학 자체에서 대두된 새로운 연구방법의 필요성이 질적 연구의 도입을 가능하게 하였다. 즉, 미술심리치료학만이 가지고 있는 특수성들을 보다 섬세하게 다뤄 낼 수 있는 연구방법론이 필요했던 것이다. 약 1980년대는 미술심리치료 연구에서 과학적 연구방법론인 양적인 접근과 질적인 접근이 공존하였으며, 미술심리치료 분야에서 양적 · 질적 접근 모두 필요했다. 그러나 기존의 미술심리치료 연구는 결과 중심의 양적 연구방법론을 주로 사용하였기 때문에 미술심리치료의 특수성이 통합적으로 다루어지지 못하는 제한점을 지녀 왔다. 다시 말하면, 미술매체를 이용하여 미술작업을 하며 심리치료를 하는 미술심리치료 분야만의 특수성으로 인하여, 양적 연구만으로는 미술심리치료의 본질적 가치를 전달하기에 한계가 있었다. 이로 인해 연구와 실제가 분리되는 현상을 지닐 수밖에 없었다(장연집, 2002). 따라서 이론과 실제가 융합되어 있는 미술심리치료학이 학문적으로 고유성을 유지하고 경쟁력을 갖추기 위해서는 미술심리치료의 특수성을 다루어 줄 연구와 기법의 축적이 요망되었다(장연집, 2002; Creswell, 2015).

Debra Linesch는 우리 미술심리치료사들의 미술심리치료 방식이 주관적이며, 개방적이고, 직관적이며 질적인 것이라고 했다. 그리고 미술심리치료 분야에서 전통적으로 행해 오던 연구방법에 맞추어 미술심리치료의 접근을 객관적이고 실험적이며 양적인 관점으로 전환하는 것에 대한 우려를 보였다. 또한 미술심리치료 연구 모델과 패러다임을 소개하는 글에서, 미술심리치료를 보다 잘 이해하기 위한 미술심리치료의 이론과 임상에 관한 연구방법들을 제안하며 다양한 질적 연구방법들이 포함되어야 함을 주장하였다(Carolan, 2001).

국내의 경우 미술치료가 미술치료학으로 그리고 다시금 미술심리치료학으로서 전공이 자리를 잡아 가는 과정에서, 전공에 질적 연구를 도입하여 활성화시킨 논문지도와 연구 결과는 서울여대 특수치료전문대학원을 통해 집중적으로 축적되기 시작하였다. 2001년부터 개원하여 2003년부터 제출되기 시작한 석 · 박사학위 청구논문은 2017년까지 현재 90여 편 넘게 다루어져 왔다. 초창기 연구에서는 내러티브 방법이나 근거이론도 논문지도에서 사용하였으나, 미술심리치료학 전공자에게 최적의 연구방법은 Max van Manen의 해석학적 현상학적 연구방법이라고 생각했다(장연집, 2017).

3) 질적 연구의 영향

미술심리치료학의 연구방법의 다양화가 이루어지면서 미술심리치료학 연구에도 여러 가지 변화가 나타났다. 다음에서는 질적 연구가 미술심리치료학의 학문적 발전에 어떠한 영향을 주었는지 논해 보겠다.

(1) 미술심리치료학 연구 주제

미술심리치료학에서의 질적 연구들은 미술심리치료학 연구의 범주를 확장시켜 주었다. 뿐만 아니라 질적 연구가 가지는 과정 중심의 연구 접근법과 연구 참여자들로부터 나오는 생생한 경험의 진술들로 인해, 미술심리치료학에 대한 보다 심도 깊은 이해가 가능해졌다. 미술심리치료학의 초기 질적 연구자인 Wadeson과 McIntyre는 양적 연구만으로는 설명하기 어려웠던 미술심리치료 과정을 다루는 연구들을 발표하였다(Quail & Peavy, 1994 재인용). 그리고 다양한 미술매체를 이용한 표현과 실제적인 창조과정에서 생겨나는 개인적 경험, 통찰, 영감 등을 다룰 수 있게 되었다(장연집, 2002; McNiff, 1998). 이렇게 질적 연구를 통해 미술심리치료사들은 내담자가 실제로 미술심리치료에서 어떠한 경험을 하는가에 대한 더 깊은 통찰을 가지게 되었다. 질적 연구를 수행하는 미술심리치료사들은 미술심리치료사가 항상 염두에 두고 있어야 하는 질문인 '내담자가 미술심리치료를 통해 무엇을 경험하는가?'에 대한 답을 확보할 수 있게 되었기 때문이다.

국내의 미술치료학 연구에서는 미술치료사가 다양한 임상 현장에서 마주하게 되는 경험들에 대한 연구들이 다수 발표되었다(김시내, 장연집 2010; 김초롱, 2010; 홍혜정, 장연집, 2012a; 홍혜정, 장연집, 2012b). 이러한 연구들을 통해 미술치료사가 경험하는 미술치료 임상에 대한 본질적인 이해가 가능해졌다. 또한 미술치료사 자신의 미술작업과 관련된 경험의 본질과 의미구조, 슈퍼비전 체험 등에 대해서도 깊은 탐구가 시도되었다(김태은, 2009; 홍혜정, 장연집, 2012a; 홍혜정, 2015). 미술심리치료 임상 현장 안에서 체험되는 현상들에 대한 연구는 미술심리치료사를 위한 훈련과 교육 현장에 가치 있는 정보를 제공하고 있다. 질적 연구를 통한 미술심리치료학 연구방법의 다양화가 이루어지면서 연구 주제들이 폭넓게 확장되었고 미술심리치료학을 보다 깊이 이해할 수 있게 되었다.

(2) 질적 연구와 미술심리치료학의 공통적 특성

질적 연구는 인간에 대한 따뜻한 마음을 가지고 삶에 대해 더 깊은 통찰을 하는 것을 목적으로 한다. 그리고 매 순간 삶을 대하는 태도에 있어 본질적인 것을 찾으려는 시도를 한다. 이러한 연구방법을 수행하는 미술심리치료사들은 개인적 또는 전문적으로 어떠한 영향을 받았을까?

질적 연구가 미술심리치료 분야에서 연구방법의 하나로 자리매김해 나가는 과정에서, 질적 연구방법과 미술심리치료 분야는 서로 밀접한 관계를 가지게 되었다(Kapitan, 2012). 질적 연구자인 미술심리치료사들은 질적 연구와 미술심리치료학이 가지는 여러 가지 공통적인 부분을 발견하게 된 것이다. 실제로 질적 연구에서 사용되고 있는 많은 기법 중 사람의 이야기를 끄집어내고, 민감성을 가지고 경청하며, 이해를 구축하는 것 등은 심리치료의 과정에서 다루는 것들과 유사하다(장연집, 2004). 질적 연구를 수행하는 미술심리치료사들은 미술심리치료와 질적 연구가 공유할 수 있는 특성들을 밝혔다. Crapendale과 Kapitan은 질적 연구의 주요 개념인 환원(reduction), 본질(essence), 기술(description), 해석(interpretation) 등에 대해 미술심리치료 임상 부분과 관련하여 다음과 같이 설명하였다(Carpendale, 2008; Kapitan, 2012).

먼저, 현상학에 있어서 환원(reduction)은 연구자가 지향하고 있는 현상에 대해 당연하게 여기고 있는 사항들을 점검하는 태도를 말한다(van Manen, 1984). 어떠한 경험이 해석되고 반성이 일어나기 전의 경험 그 자체를 다루고자 하는 것이다. 즉, 연구자 자신이 가지고 있을 수 있는 주관적 편견, 의견, 선입견들을 내려놓고 연구하고자 하는 현상을 마치 처음 보는 듯한 새로운 시각으로 바라보는 노력을 하는 것이다. 미술심리치료사들 역시 내담자를 선입견을 가지고 바라보지 않으려고 주의한다. 즉, 미술심리치료사들이 내담자에 대해 가질 수 있는 발달적,

임상적 또는 정신 역동적 이론들을 내려놓는 시도가 필요한 것이다. 또한 이러한 환원적 태도는 미술심리치료사로 하여금 개방성을 가지고 내담자를 병리적 관점이나 문제가 있는 존재가 아닌 있는 그대로의 한 인간으로서 존중할 수 있도록 돕는다.

본질(essence)이란 단어는 라틴어 essencia, essentia에서 유래된 것으로 '존재(being)'라는 의미를 가지고 있다. 일반적으로는 '무엇인가의 기본적 요소'라는 의미로 '어떠한 것에 특정한 성격을 부여하는 구성요소들'이라는 사전적 의미를 가지고 있다(Online etymology dictionary). 또한 essence의 영어 사전적 의미에는 '우연적 요소와 대비되는 개념으로 존재의 영원한 요소'라는 정의가 있다(Merriam-Webster Online Dictionary). 한자 사전에서 찾은 본질(本質)의 정의에서는, 本은 근본, 質은 바탕 질로서 '사물(事物)이나 현상(現象)에 내재(內在)하는 근본적(根本的)인 성질(性質), 본바탕'으로 설명된다. 이러한 어원과 사전적 정의를 종합해 보자면, 본질(essence)은 '어떠한 사물이나 현상에 근본적으로 바탕이 되는 기본적인 요소로 그것만의 특성을 부여하는 성질'이라고 정리할 수 있다. 생활세계에서 일어난 어떠한 경험의 본질(essence)을 찾는 것이 현상학에서 가장 중요하게 여기는 기본 개념이자 연구의 목적인 것이다.

그렇다면 미술심리치료 장면에서는 이러한 본질 추구의 모습이 어떻게 구현되는가? 미술심리치료사들은 내담자로 하여금 그들이 창조해 낸 미술작품의 의미를 발견하도록 격려한다. 그리고 내담자와 함께 미술작품 속에 담긴 본질을 찾으려는 시도를 한다. 이것이 가능한 이유는 내담자의 손에 의해 창조된 미술작품은 내담자가 겪은 어떠한 경험의 본질을 담고 있으며 그것을 비추는 거울과도 같은 역할을 하기 때문이다. 미술심리치료 안에서는 미술작업, 창조적 과정, 치료사와의 관계, 그리고 치료 경험 등에 대한 깊이 있는 탐색이 이루어지며, 이는 곧 내담자의 삶에 대한 본질을 찾으려는 시도인 것이다.

기술(description)은 분석이나 해석을 하기 전에 겪은 그대로의 체험을 서술하는 것이다. 미술심리치료에서는 내담자가 미술작업을 하는 것 자체가 이미 직접적인 체험이다. 이 단계에서는 내담자가 창조한 미술작업에 대해 어떠한 분석적 성찰이나 설명, 역동을 파악하지 않는 그저 순수한 기술 그 자체를 말하는 것이다. 내담자가 창조한 미술작품, 이미지들에 대해 그저 있는 그대로 보이는 것, 미술작업을 하는 과정에서 내담자가 경험한 것 그 자체에 초점을 맞추는 작업이다.

해석(interpretation)은 체험의 직접적인 기술과 그 경험을 구성하는 의미 구조들의 관계를 밝혀내는 작업이다. 해석의 과정으로서, 자신이 창조한 미술작업에 대하여 내담자들은 언어적 표현을 시도하게 된다. 표면적으로는 나타나 있지 않은 숨겨진 의미들을 찾아내는 작업은 미술심리치료 장면에서도 늘 반복적으로 일어나는 일이다. 자신이 창조해 낸 미술작품을 바라보며 그것에 대한 이야기를 한다는 것은 내담자로 하여금 자신의 내면세계와의 접촉을 시도하도록 돕는 것이다. 그렇게 함으로써 미술심리치료사들과 내담자는 내담자의 미술작품 속에 표현된 것이 어떠한 의미인지 내담자의 관점에서 이해할 수 있게 된다. 이와 같이 질적 연구에서 연구 참여자의 경험에 대한 해석의 시도는 이미 미술심리치료에서도 적용되고 있는 매우 익숙한 방식이다.

이상에서 살펴본 바와 같이 미술심리치료사들의 임상 장면에는 이미 질적 연구자로서의 사고방식이 스며들어 있다. 내담자와 같이 호흡을 맞추어서 내담자에 대한 데이터를 관찰하고 해석하며 의미를 발견하고 있기 때문이다. 즉, 미술심리치료사들은 사실상 미술심리치료의 매 회기에 질적 연구자로서의 좋은 특성들을 개발하고 있는 것이다(Kapitan, 2012). 질적 연구와 미술심리치료학 간의 이러한 밀접한 관계로 인하여, 질적 연구를 수행하는 미술심리치료사들은 사실상 두 분야에서 모두 전문적 성장을 할 수 있는 시너지 효과를 가지게 된다.

(3) 질적 연구방법이 적용된 미술심리치료 모델

질적 연구와 미술심리치료의 공통된 특성 외에도, 질적 연구를 수행하는 미술심리치료사들은 질적 연구방법을 미술심리치료 임상에서도 적용할 수 있게 되었다. 그리고 더 나아가 미술심리치료사를 위한 슈퍼비전, 미술심리치료사 훈련과정에도 질적 연구방법들을 적용하기 시작하였다. 특히 현상학적 질적 연구의 주요 개념과 연구방법들이 미술심리치료에 적절하게 통합되어 사용되었다. 다음에서는 질적 연구방법이 적용된 미술심리치료 모델들에 대해 알아보고자 한다.

먼저, 현상학적 미술심리치료를 지향한 미술심리치료사 Betenstky는 현상학을 미술심리치료에 적용하여 구체적인 미술심리치료 단계를 제시하였다. Betensky는 미술심리치료와 현상학에 대한 글에서 '본다는 것(to look at)'을 매우 중요한 요소로 여겼다(Betensky, 2001). 그녀는 미술심리치료가 두 가지의 진솔하면서도 직접적인 경험에 주의를 기울인다고 하였다. 하나는 내담자가 자신의 미술작업을 창작하는 것이며, 다른 하나는 자신이 만들어 낸 미술작업을 본다는 것이다. 그리고 내담자는 자신이 만들어 낸 미술작업에서 보일 수 있는 모든 것들을 보기 위하여 어떻게 보아야 할지를 배우게 된다고 하였다(Betensky, 2001). 그녀의 이러한 시도는 당시 프로이트의 정신분석, 융의 분석심리학이 주를 이루고 있던 미술심리치료학에 보다 새로운 현상학적 관점을 제시하였다(Betenskty, 1995, 1997).

Betcnsky가 제시한 현상학적 미술심리치료 모델의 4단계는 다음과 같다.

첫 단계에서는 먼저 미술작업 전 미술 재료를 가지고 놀며 직접적 경험을 할 수 있도록 돕는다. 두 번째 단계에서는 미술작업 과정으로 현상의 창조를 의미한다. 세 번째 단계는 현상학적 직관의 단계로 미술작업을 전시하기, 미술작업과 거리두기, 지향을 가지고 바라보기의 단계를 거친다. 그 후 자신의 미술작업에서 "무엇을 봅니까?"라는 질문을 통해 현상학적 기술과 현상학적 드러남의 과정을 시도하게 된다. 그리고 마지막 네 번째 단계에서는 현상학적 통합을 이루게 된다.

Betensky는 위의 단계들 중 특히 세 번째와 네 번째 단계인 현상학적 직관단계를 중시하였다. 내담자가 자신의 미술작업을 만들어 내는 과정, 즉 현상을 창조하는 단계를 거친 후, 미술작업을 완성하고 나서는 바라보기, 거리두기, 지향을 두고 바라보기를 한다. 그리고 내담자는 미술작업 속에서 '무엇이 보이는가?'라는 질문을 스스로에게 던짐으로써 내담자 자신의 관점에서 자신의 미술작업과 직접적으로 접촉하게 된다(Betensky, 2001). 미술심리치료에서 현상학적 대상이 되는 것은 창조된 미술작업이다. 그리고 그 미술작업은 내담자의 주관적인 세계를 드러낸다. 그러면서 미술작업 속에서 경험되고 표현된 것들을 현상학적 직관으로 발견하는 절차를 거치게 된다(Craig, 2009). 미술심리치료사 Betensky의 이러한 시도는 인간의 생활세계 속에서 일어나는 어떠한 현상의 깊은 의미와 통찰이 드러나도록 돕는 현상학적 질적 연구를 미술심리치료 과정 속에서 잘 구현한 것이라 할 수 있다.

Linesch는 '해석학적 순환(hermeneutical circle)'을 제시하며 미술심리치료에서의 임상적 접근과 연구의 실제를 양립할 수 있는 접근을 제시하였다(Linesch, 1994).

Carpendale의 경우에는 메를로 퐁티의 현상학적 주요 개념들을 미술심리치료에 적용하였다. 그녀는 다양한 미술심리치료 상황과 내담자와 치료사의 치료적 관계의 본질을 밝히는 것을 목적으로 현상학적인 미술심리치료 모델을 만들었다. 이 모델은 내담자를 위한 미술심리치료뿐 아니라 미술심리치료사의 미술심리치료 회기 후 반응 작업, 동료 또는 그룹 슈퍼비전에서도 유용하게 쓰일 수 있다고 주장하였다(Carpendale, 2002).

미술심리치료사 Moon은 Moustakas의 현상학적 방법을 적용하여 내담자의 꿈을 다룬 미술심리치료 방법을 소개하였다. 그는 내담자의 꿈 분석을 위하여 '현상학적 환원(phenomenological reduction)'의 단계들을 이용하였다. 그리고 Moustakas의 '지평(horizon)'이라는 개념을 미술심리치료에 적용하였다. '지평'은 연구 참여자로부터 나온 모든 언급과 관점에 똑같은 가치를 부여한다는 개념이다. 따라서 연구 참여자는 자신의 꿈에 등장하는 모든 요소를 중요하게 생각한다. Moon의 이러한 시도는 Moustakas의 현상학적 실존적 모델에 내담자가 그리는 꿈 이미지를 포함한 보다 확충된 모델이라 할 수 있다(Moon, 2007).

이상에서 질적 연구와 미술심리치료 분야가 공유할 수 있는 개념과 질적 연구방법이 적용된 미술심리치료 모델에 대해 조사해 보았다. 앞으로도 미술심리치료사들이 질적 연구방법이 잘 녹아든 미술심리치료 모델을 발전시킨다면 학문적 성장과 내담자들의 삶의 질 향상에도 많은 도움을 줄 수 있으리라 기대한다.

다음에서는 미술심리치료학 연구방법의 동향에 대해 검토해 보고자 한다.

(4) 국내외 미술심리치료학 연구방법의 동향

미술심리치료학 연구방법과 관련하여 미국에서 수행된 연구를 통해 볼 때, 질적 연구에 대한 관심이 과거에 비해 높아지고 있는 것을 알 수 있다. Linesch의 미국 미술심리치료 석사과정 프로그램에서의 연구 접근법에 대한 연구에서는 응답자 중 49%가 양적 연구방법을 선호하였고, 43%의 응답자는 질적 연구방법을 선호한다는 결론을 내었다(Linesch, 1992). 그러나 2004년에 수행된 연구에서는 미술심리치료 연구 교과목 중 질적 연구방법을 기본으로 가르친다는 응답이 87.5%였고, 양적 연구는 그 뒤를 이어 75%를 차지했다(Kaiser, St. John, & Ball,

2004). 또한 그 후 수행된 미술심리치료 연구 교육에 대한 논문에서도, 질적 연구방법을 양적 연구방법보다 더 강조하고 있다는 결론을 얻었다(Kaiser, St. John, & Ball, 2006).

이렇게 국외에서 질적 연구방법의 교육과 활용에 대한 관심이 높아가고 있다. 그러나 질적 연구에 대한 좀 더 세심한 분류와 개념 정리가 필요하다는 지적도 나오고 있다. 이와 같은 지적에서, 미술기반의 연구(art-based research)에 대한 보다 명료한 개념에 대한 보완이 필요하다는 의견이 제시되었다. 또한 정확한 질적 연구가 아닌 구술 형태의 사례연구를 질적 연구에 포함할 수 있는가 하는 문제들이 제기되었다(Kaiser et al., 2006).

국내의 미술심리치료학 관련 연구방법에 대한 동향을 검토해 보겠다. 국내에서는 1999년 대학원 과정에 처음으로 미술치료학 전공이 생기기 시작한 이후, 2003년 서울여대 특수치료전문대학원 미술심리치료 전공 석사 논문이 배출되면서부터 현재에 이르기까지 수많은 질적 연구물이 학위청구논문과 학술지에 기재되었다(장연집, 2004).

국내 미술심리치료학 연구방법의 동향을 다룬 연구의 결과를 조사해 보겠다. 먼저, 한국 미국의 미술심리치료 연구동향을 조사한 연구에서는 국내에서 질적 연구방법의 사용이 양적 연구나 통합연구에 비해 가장 높은 비율로 나타났다. 조사된 총 174건의 국내 미술심리치료 문헌 중에서 질적 연구의 경우 1993~1996년 57편, 1997~2000년 88편, 2001~2003년 139편으로 보고되었다. 또한 주로 사례연구 중심으로 질적 연구가 많이 수행되고 있음을 밝혔다(최윤희, 김갑숙, 최외선, 2005). 2007년도 발표된 미술심리치료 연구동향에 관한 연구에서도 비슷한 결과를 보였다. 1994~2007년에 총 276편의 학회지에 게재된 논문 중에서 질적 연구방법을 사용한 논문이 156편(56.5%)으로 과반수 이상을 차지한 것을 알 수 있다(김수빈, 2007).

이와 같이 국내 미술심리치료학 분야에서 많은 질적 연구가 행해지고 있는 점은 고무적인 일이다. 그러나 아쉬운 점은 질적 연구로 분류된 논문 중 많은 부분이 사례연구임을 밝히고 있어, 질적 연구방법이 사례연구에 편중되어 있다는 것이다. 그러나 국내에서 수행되고 있는 미술심리치료 사례연구가 엄격한 의미의 질적 사례연구방법과 잘 부합하는 것인가에 대한 재고도 필요해 보인다. 향후 미술심리치료학 연구를 위해서 보다 다양한 질적 연구방법론이 사용될 수 있는 학문적 풍토가 조성된다면 좋을 것이다.

2. 체험연구와 해석학적 현상학적 글쓰기

이 장에서는 실천 현상학인 Max van Manen의 해석학적 현상학과 글쓰기를 다뤄 보고자 한다.

미술심리치료학의 특수성을 살리는 연구방법론의 하나로 Max van Manen의 해석학적 현상학을 들 수 있다. Max van Manen의 해석학적 현상학의 연구방법의 단계 중 체험의 원천으로서의 예술 자료를 분석하는 과정이 포함되어 있다. 이러한 부분이 미술심리치료학의 연구방법으로서 더욱 빛을 발하게 하는 부분일 것이다. Max van Manen의 해석학적 현상학 연구 단계는 다음과 같이 크게 네 가지 단계로 제시되어 있으며 세세한 단계까지 합하면 모두 11단계로 연구를 수행하게 된다(van Manen, 1984).

1. 겪은 그대로의 경험으로 돌아가기
   1) 현상에 지향을 두기
   2) 현상학적 문제 형성하기
   3) 가정과 선 이해를 밝히기
2. 실존적 탐구
   4) 현상을 탐구하기: 자료 형성
      ① 시작점으로서 연구자의 개인적 경험 이용하기
      ② 어원 추적하기
      ③ 관용어구 추적하기
      ④ 연구 참여자로부터 경험적 기술 수집하기
      ⑤ 문학, 예술로부터의 경험적 자료 찾기
   5) 현상학적 문헌 참고하기
3. 현상학적 반성

6) 주제 분석하기
① 주제 드러내기
② 주제진술 분리하기
③ 언어적 변형하기
7) 본질적 주제 결정하기
4. 현상학적 글쓰기
8) 진술된 언어에 집중하기
9) 다양한 예 들기
10) 글쓰기
11) 글 고쳐 쓰기

위의 단계에서 보듯이 글쓰기는 연구 수행에 있어 마지막에 행해지는 하나의 단계처럼 보이지만 사실 글쓰기가 차지하는 중요성은 그것 이상이다. van Manen은 질적 연구에서의 글쓰기는 단지 연구의 마지막 단계로서의 의미만을 가지기보다는 인간과학 자체가 글쓰기이며, 인간과학 연구의 목적이라고 하였다(van Manen, 1990). 이는 곧 해석학적 현상학 연구방법론을 적용하여 얻어 낸 모든 연구 결과가 바로 이 글쓰기를 통해 전달된다는 것이다. 특히 자료의 재창조 과정인 글쓰기는 질적 연구의 꽃에 해당하는 부분이다. 글쓰기는 연구자가 연구물을 읽는 독자에게 연구 참여자의 이야기와 그에 대해 자신이 내린 해석적인 분석을 확신시키려고 시도하는 부분이다. 연구자가 발견한 생생한 연구 결과를 어떻게 하면 보다 투명하게 전달할 수 있을까 등은 글쓰기와 연관되는 것이다(장연집, 2002).

그렇다면 해석학적 현상학에서의 글쓰기란 도대체 어떤 것이며 좋은 글쓰기를 위해 어떠한 노력을 기울여야 하는 것일까?

글쓰기는 연구자로 하여금 인간의 삶을 바라보는 현상학적 태도를 지닐 것을 요구한다. 현상학적 태도로 삶을 살아간다는 것은 어떠한 것인가? 현상학의 주창자 후설은 현상, 그 사태 자체로 돌아가라고 요구하였다(Giorigi, 1985). 즉, 해석학적 현상학 연구방법에서 좋은 글쓰기를 하기 위해서 연구자는 먼저 생활세계(lifeworld)에 대해 좀 더 민감하고 성찰 지향적인 태도를 가져야 한다. 우리는 우리 삶 속에서 겪는 경험들에 대해 마음을 쓰지 않고 그냥 스쳐 지나가 버리고 있지는 않은가? 과연 우리는 삶의 수많은 경험이 가지고 있는 의미들을 깨달으며 살아가고 있는가? 스스로에게 질문을 던져야 한다. 현상학적 글쓰기를 하기 위해서는 너무나 평범하고 소소하여 그냥 스치고 지나가는 일상의 삶의 경험들을 포착해야 한다(van Manen, 1990). 그리고 그 안에 들어 있는 깊은 의미와 본질을 찾고 성찰하려는 노력이 반드시 선행되어야 한다는 것이다. 연구자는 현상학이란 연구를 하기에 앞서, 질적 연구자로서 현상학의 옷을 입고 현상학적 태도로 살아가는 존재방식으로 삶과 마주해야 한다. 이렇게 연구자가 실제의 삶에서 현실적으로 연구 접근방식에 따라 살아간다면 삶에 대한 보다 풍부한 시각을 가질 수 있게 될 것이다(장연집, 2000).

삶의 경험들이 어떠한 것인지 진심으로 궁금해하는 현상학적 물음이 형성되고 나면, 이제 그 현상을 늘 당연하게 받아들이던 관점에서 벗어나야 한다. 그리고 새로운 시각으로 바라보며 적극적인 사고와 사려 깊은 생각으로 이어지게 하는 노력을 기울여야 한다. 그렇기에 van Manen이 글쓰기를 '사려 깊음(thoughtfulness)'(van Manen, 1990)이라고 부른 이유가 여기에 있는 것이다. 성찰이라고 하는 것은 쉽게 자동적으로 얻어지는 선물이 아니다. 반복적으로 곱씹어 보고 면밀하게 살펴보며 주의를 기울이지 않으면 얻어지지 않는 것이다. 미술심리치료사인 우리에게는 이러한 성찰의 방식이 매우 익숙하다. 미술심리치료사는 내담자가 창조해 놓은 이미지가 내담자의 삶에 어떤 것을 의미하는가를 함께 찾아가는 여정을 반복하고 있기 때문이다. 내담자의 미술작업 속에 담긴 암묵적이고 무의식적인 요소들을 의식화하고, 그 역동을 파악해 가는 과정을 통해 내담자의 삶을 더 깊게 이해할 수 있게 된다.

또한 글쓰기를 통하여 독자로 하여금 울림이 있으며 공감할 수 있는 여지를 주어야 한다. 현상학적인 환원과 반성을 통하여 성찰된 의미와 본질들을 독자들이 잘 느낄 수 있도록 전달하는 것이 관건이다.

글쓰기가 살아 있게 느껴지도록 그 생생함을 잃지 않기 위하여, van Manen은 일화를 이용한 방법을 제시하였다(van Manen, 1990). 연구 참여자들로부터 얻은 진솔하고 가감이 없는 체험의 일화들을 기술하는 것이야말로 있는 그대로의 현상을 잘 드러내 보여 주는 방법일 것이다. 그리고 이러한 일화들 속에 담긴 그 체험의 의미를 연구자의 목소리와 시각으로 해석해 내는 것이 연구자의 통찰력이자 해석능력이라 볼 수 있다. 연구의 중심에 있는 현상을 해석함에 있어서, 모든 사람이 다 동의하는 해석이나 유일한 해석이란 존재하지도 않고 존재할 수도 없다. 그러나 연구자는 독자가 한 번도 경험해 보지 못했던 현상이라 할지라도 글쓰기를 읽으며 고개를 끄덕일 수 있는 개연성과 보편성이 느껴지는 그러한 글쓰기를 해야 하는 것이다. 그렇기에 바람직한 글쓰기는 텍스트 밖의 사물을 표현하고 전달하는 도구에 머물지 않고, 사고력 향상에 기여하고 저자와 독자의 삶까지 변화시킨다고 했다(김성수, 2013).

특별히 미술심리치료학 분야에서는 보다 생생한 글쓰기를 위하여 연구 주제와 관련하여 행해진 미술작업의 이미지들을 사용할 수 있다는 큰 이점이 있다. 미술심리치료에서 생산되는 미술과 창조의 과정 자체가 이미 중요한 텍스트이자 자료로 사용되고 있기 때문이다. 미술심리치료 현상학 연구에서는 미술작업과 이미지 창조과정이 본질을 찾기 위한 자기표현, 반성 그리고 통찰로 이끌어 줄 수 있다(Carpendale, 2002). 또한 글쓰기에는 참여자의 반응에 기초한 도표나 주제 색인을 사용할 수 있다. 또한 전사 자료에서 뽑아 낸 연구 참여자의 진술도 인용 가능하다(장연집, 2000).

글쓰기는 단시간에 성장할 수 있는 것이 아니다. 연구자 스스로가 평소의 글쓰기에 대한 관심과 연습이 반드시 필요하다. 삶의 소소한 경험에 대해서도 글쓰기를 통해 창의적인 사고를 자극하고, 사유의 힘을 길러야 하는 것이다. Max van Manen은 글쓰기에 대한 설명에서 '로고스(logos)'의 어원을 제시하며 그 근본적 의미를 밝혔다. 로고스(logos)는 그리스어로 'word, speech, statement, discourse'의 의미로 낱말, 말, 글, 담론이란 뜻을 가지고 있다. 현상학은 어떠한 현상(생생한 체험)에 대하여 그 체험을 스스로 드러내는 로고스(언어와 사고)의 적용인 것이다(van Manen, 1984). 글쓰기를 한다는 것은 결국 연구자의 지식과 사고를 표현하는 방법이다. 앞서 말한 현상학적 태도를 가지고 삶에 대한 통찰을 시도하는 사고력이 결국 글쓰기의 중요한 질료가 되어 주는 것이다. 여기서 질적 연구가 가지는 각 연구 단계들과의 순환적이고 상호 밀접한 관계들의 중요성을 다시 한 번 강조한다.

3. 새로운 글쓰기로의 확장 가능성 시도

이 장의 내용은 대학원 석사 또는 박사 학위과정의 미술심리치료학 전공생으로 질적 연구를 수행하여 미술심리치료학의 석사 또는 박사 학위를 취득한 졸업생들이 졸업 후에도 자율적으로 공부를 지속할 수 있는 방법과 그 가능성을 찾아보던 중 만나게 된 것이다. 질적 연구방법을 활용하여 학위논문을 제출한 졸업생들이 자신들의 학위논문을 기반으로 이들을 자율적으로 다뤄 봄으로써 졸업생들에게는 살아 있는 자율적인 공부법을 찾아보는 새로운 시도일 수 있다.

학위취득 후 현장의 전문가는 다양한 주제에 대해 폭넓고 심화된 내용을 다루게 되는데, 흔히는 학회를 통해 학문적 갈증을 해소하려 하지만 졸업생의 경우 아마도 기대만큼 만족도는 높지 않을 것으로 생각된다.

이에 유사한 배경과 수준을 가진 소규모의 집단을 만들어 원하는 목적을 위해 그 방법을 모색하는 것은 매우 열정적인 전문가들이므로 가능한 일이라 생각한다.

특히 새로운 접근법인 반영적 글쓰기와 창의적 글쓰기 두 가지를 다뤄 보고자 한다. 이는 석 · 박사 학위를 취득한 미술심리치료학 전문가이자 질적 연구방법을 활용하여 학위논문을 다룬 졸업생들이 자신의 학위논문을 공개하고 또한 동료들의 학위논문 중 중요한 부분을 읽고 읽은 체험을 다루는 것이다. 동시에 미술심리치료학 전공에서 전공의 특수성을 지니고 있는 형용사적 표기로서의 미술을 함께 다루어 반영적 글쓰기와 그림, 창의적 글쓰기와 그림인 '반영적 작업'과 '창의적 작업'이라는 새로운 시도의 가능성을 제시한다.

해석학적 현상학의 학위논문에서 다뤄진 글쓰기를 기반으로 한 미술심리치료학 전공 졸업생들의 반영적 글쓰기 체험의 분석이라는 연구(장연집, 2016)에서는 질적 연구 학위논문에서 다뤄진 글쓰기 부분을 활용하여 미술심리치료학 전공 졸업생들이 졸업 후에도 지속적으로 공부할 수 있는 새로운 공부법을 제시하고 있다. 이러한 방법은 미술심리치료학 전공 석 · 박사 학위논문에 게재된 해석학적 현상학의 글쓰기들을 기반으로, 이에서 확장된 다양한 글쓰기를 시도한 결과로 얻어졌다.

해석학적 현상학의 학위논문에서 다뤄진 글쓰기라는 것은 Max van Manen의 해석학적 현상학적 연구방법 중 네 번째의 단계인 현상학적 글쓰기의 부분에서 다뤄지고 있는 것이다. 기존의 연구방법론을 확장시켜, 이를 기반으로 하여 석 · 박사 학위를 취득한 졸업생들로 하여금 자율적으로 공부를 할 수 있는 새로운 접근을 시도해 본 것은 기존에 다루어진 적이 없는 독창적이고 창의적인 방식이다. 게다가 졸업생을 위한 자율적인 공부법을 만들 생각을 한다는 것 역시 기존에는 이뤄진 적도 없고 연구가 수행된 적도 없는 부분에 해당한다.

해석학적 현상학의 연구방법론을 적용하여 다루어진 미술심리치료학 전공 논문의 최신 연구 주제는 학계에서는 매우 최신의 참신한 내용들을 다루게 되며, 주제의 범위는 한정된 것이 아니므로 매우 다양할 수 있다.

학위논문에서 다뤄진 각각의 글쓰기에서 우리는 미술심리치료학 분야에서 생겨날 수 있는 다양한 현상에 대한 생생한 체험과 그것이 의미하는 본질의 깊이감에 공명할 수 있게 된다.

확장된 다양한 글쓰기는 크게는 두 가지 종류가 있다. 하나는 질적 연구방법을 사용하여 학위논문을 제출한 동료 미술심리치료사들이 서로의 학위논문에서 다뤄 놓은 해석학적 현상학의 글쓰기에 대해 자신의 체험을 적은 '반영적 글쓰기'와 그림 그리기인 '반영적 작업'을 시도하는 것이다.

다른 하나는 학위논문에서 다뤄진 글쓰기를 공개한 연구자들이 동료로부터 '반영적 글쓰기'와 그림 그리기인 '반영적 작업'을 받은 후 자신은 과연 어떠한 체험을 하게 되는지를 다룬 '창의적 글쓰기'와 그림 그리기인 '창의적 작업'이다.

이러한 확장된 방법에 함께하는 참여자의 조건으로는 첫째, Max van Manen의 해석학적 현상학적 연구방법을 이용하여 석 · 박사 학위논문을 제출하고 학위를 취득한 자, 둘째, 자신의 논문의 '글쓰기'를 공개할 수 있는 자, 셋째, 졸업 후 타인의 '글쓰기'를 읽고 나서 자신의 느낀 점을 다루는 '반영적 글쓰기'에 관심을 가지고 있는 자로 들 수 있다(장연집, 2016).

확장된 방법의 과정은 먼저 참여자들이 공개하는 자신의 학위논문의 '글쓰기' 부분을 서로 나눠 읽은 후 각자에게 느껴지는 체험을 글 그리고/또는 그림으로 다루게 된다. 그리고 원 저자는 동료들이 써 준 '반영적 글쓰기' 그리고/또는 그림을 돌려받아 이들을 접한 이후 느껴지는 체험을 다시 글쓰기와 그림으로 다루어 보는 과정을 거친다(장연집, 2016).

기존의 해석학적 현상학적 연구의 '글쓰기' 부분을 확장함으로써 새로운 시도로 계발된 졸업생을 위한 자율적인 공부법(장연집, 2016)은 더 이상 연구방법론으로 머무르는 것이 아니라, 미술심리치료학 전공자이면서 질적 연구의 수행 경험을 가진 졸업생들에게는 진정한 공부란 것을 생각도록 하는 계기를 마련해 주고 있다. 졸업생에게 학교나 공부란 것은 이제는 좀 거리가 있는 단어이다. 그러나 인간이나 사회는 쉬지 않고 변화해 간다. 배움도 끊임없이 지속되어야 하는데, 졸업생들에게 이 같은 부분은 상대적으로 제한되어 있다. 따라서 지속적이면서 발전적이며 자율적으로 접근 가능하면서 지루하지 않은 살아 있는 공부법으로의 변형을 하려면 많은 노력이 필요하다.

학문적인 측면에서 이미 다루어진 연구 주제나 관련된 주제를 다루는 것은 크게 부담 가는 것은 아니다. 졸업 후에 학위논문으로 제출된 논문에서 중요한 일부분을 다시 다루는 것 역시 마찬가지이다. 반면, 어떤 주제는 나에게 크게 다가와 날 뒤집어 놓기도 하고 과거에 힘들었던 일, 덮어놓았던 일을 들쑤셔 놓아 힘들게도 한다. 이런 것이 크게 힘들게 하는 부분이다. 게다가 시간을 내고 내가 느끼는 것을 걸림 없이 모두 표현해 내기가 어렵다는 것이다. 주지 않지만 눈치가 보이며 시간을 맞춰 내야 하는 신경을 써야 하는 것은 보이지 않는 새로운 스트레스임이 분명하다.

남이 하지 않는 일을 한다는 것, 요구하지 않아도 내가 할 일은 내가 알아서 한다는 것, 새로운 성장을 위해 내 나름 고된 정신적 투자를 한다는 것은 결코 쉬운 일은 아니다. 반면, 잠자고 있을 나를 자극시키는 충분한 가능성을 지니고 있는 이 기회, 그것도 대학원 시절의 지도교수가 함께한다는 데, 흔치 않은 이런 기회는 놓치는 것이 바보이다. 매우 다양함을 함축하고 있고 여러 가지 의미를 지니고 있는 이 조건 없는 기회임에도 불구하고 동승하지 않는 졸업생들도 있기는 하다.

확장된 방식의 '반영적 글쓰기'는 참여자들에게 과거–현재–미래를 조망해 보는 기회를 갖도록 돕는 통찰의 기회를 제공한다(장연집, 2016). 현상학을 통해 그 본질적 의미들이 드러나게 되는 중심 현상은 결국 과거의 경험일 수밖에 없다. 그러나 과거의 중심 현상을 포착하여 현재의 시간에서 뒤돌아보며 깊은 성찰을 시도하는 것이기에 현재를 반영할 수 있다. 그리고 이러한 시도를 통해 참여자들이 획득한 것은 미래를 변화시킬 수 있는 잠재적 힘과 삶에서의 실천적 변화를 가져올 수 있다. 미술심리치료사 동료들의 미술심리치료 회기와 미술심리치료사로 성장해 가는 과정의 경험에 대한 '글쓰기'들은 읽는 사람들에게 잊혔던 또는 생각지 못했으나 비슷한 경험을 했던 기억들을 불러일으키기에 충분하다. 그리고 현재의 보다 성숙해진 미술심리치료사의 모습으로 과거의 경험을 재조명해 보는 것은 자신이 얼마나 성장했는가를 확인할 수 있는 좋은 기회이다.

또한 이러한 방식은 긍정적 순환적 기회의 원천으로 몰입과 창작을 촉진시키고 토론과 나눔의 장을 열어 줄 수 있다는 의의를 가진다(장연집, 2016). 미술심리치료 대학원을 졸업하고 나면 전문성 유지를 위하여 연구, 학회 참석 등 지속적으로 학술활동을 해야 하며 미술심리치료사들과의 네트워크를 가지는 것이 필요하다. 그러나 현실적으로 이러한 사항들을 꾸준히 지켜내기가 쉽지 않은 것이 사실이다. 하지만 새롭게 제시된 확장된 글쓰기를 지속하면서 미술심리치료 임상 관련 중요한 주제들과 질적 연구를 꾸준히 접하게 된다. 그리고 글쓰기라는 창작의 결실을 맺고 그 결과를 함께 나누며 학술활동과 미술심리치료사들의 네트워크 형성 두 가지를 다 만족시킬 수 있게 된다.

질적 연구의 결과들은 추후 다양한 방법으로 활성화시킬 수 있는 잠재성을 가지고 있다. 확장된 글쓰기 방법 외에도 미술심리치료의 전공을 그대로 살릴 수 있는 이미지 작업으로의 전환을 들 수 있다. 질적 연구의 결과로 도출된 글쓰기에 대해 이미지 작업으로 반영해 보는 것은 미술심리치료사인 전문가로서의 자신과 한 개인으로서의 자신에 대한 심도 깊은 탐색의 장을 열어 줄 것이다.

뿐만 아니라 확장된 글쓰기와 이미지 작업은 미술심리치료사들의 공동 토론의 단초를 마련해 줄 수 있다. 확장된 글쓰기와 이미지 작업에서 새롭게 도출되거나 심화된 주제들을 바탕으로 서로의 의견을 진솔하게 나눌 수 있게 된다면 미술심리치료사로서 한 단계 더 성장할 수 있는 도움을 받게 될 것이다. 이러한 새로운 공부법을 통하여, 질적으로 한 현상을 깊이 있게 이해하고자 하는 진정성을 가진 미술심리치료사들의 공동 토론은 미래의 미술심리치료 학문 분야를 이끌어 나갈 주역들의 의식 수준을 한층 더 높여 줄 수 있을 것이다.

Part 2

미술심리치료학 학위논문에서 다루어진 해석학적 현상학적 글쓰기의 유형과 주제별 분류

제2부는 미술심리치료학 전공자들이 석 · 박사 학위논문에서 쓴 해석학적 현상학적 글쓰기를 다루고 있다.

제2, 3장에서는 질적 연구방법론 중 해석학적 현상학적 연구의 결과를 보여 주는 글쓰기를 미술심리치료학의 주된 연구 분야인 7개의 주제를 중심으로 분류하여 다루어 보고자 한다.

제2장에서는 7개의 주제 중 미술심리치료의 네 가지 유형인 임상미술심리치료, 기관미술심리치료, 의료미술심리치료, 일반인을 위한 미술심리치료의 4가지 주제를 다룬 학위논문의 해석학적 현상학적 글쓰기를 제시하였다.

이어서 제3장에서는 미술심리치료 분야에서 중심 연구 주제인 슈퍼비전, 미술심리치료사, 미술작업 관련 전공과목이라는 3가지 주제에 관한 학위논문의 해석학적 현상학적 글쓰기를 소개하고자 한다.

해석학적 현상학적 글쓰기에서는 참여자들이 한 이야기와 표현을 그대로 담아 생생한 현상을 보고자 하는 것이므로 어법이 틀리거나 표준어가 아닌 표현들이 있다. 그러나 그들의 표현을 연구자들은 그대로 전사하고 있으며, 이 책에서도 글쓰기에 담긴 살아 있는 표현을 전하고자 학위논문에 실린 대로 제2, 3장에서도 고치지 않고 실었다.

연구자들의 글쓰기를 책에 수록하기 위해서 동의서(부록 1 참조)를 받았으며, 학술지에 실린 경우에는 각 학회의 출판 허락을 받았음을 밝힌다.

Chapter 2

학위논문에서 다루어진 해석학적 현상학적 글쓰기의 유형별 분류

2018년 현재까지 국내에서 미술심리치료는 양적 성장이 지속되고 있다. 이제는 질적 성숙이 필요할 때이며 양적 성장을 지탱해 줄 근간이 필요하다. 미술심리치료가 학문으로서 자리매김을 하고 양적 성장에 걸맞은 질 높은 수준의 미술심리치료 전문가 배출과 양성을 위하여 어떤 노력이 필요할 것인가?

학문이란 과학적 연구방법론을 사용한다는 의미를 함축하고 있으므로(장연집, 2000, 2001), 현 시점에서 미술심리치료 현장에서 일어나는 현상을 연구 수행을 통하여 자리를 잡아 가며 미술심리치료학 전공의 질적 성장을 끌어올려야 할 것이다. 또한 미술심리치료사로서 자질과 실력을 갖추기 위하여 대학원 과정의 석 · 박사 학위과정에 개설된 미술심리치료 인접 학문, 즉 심리학, 심리치료 관련 교과목, 미술심리치료 수행을 위한 관련 교과목, 논문 작성 및 연구방법론 관련 교과목, 임상실습 및 슈퍼비전 교과목 수강으로 강도 높은 훈련이 요구된다(장연집, 2009).

국내 미술심리치료의 양적 팽창은 미술이 주는 익숙함과 미술매체가 갖는 친근한 특성 그리고 인간의 표현 욕구로 인하여 가능했다고 본다. 실제 미술심리치료가 현장에서는 그러했지만 학문적으로 자리를 잡아 가기 위해서는 미술심리치료의 효과성과 효율성을 검증해야 했다. 또한 미술심리치료 평가와 각 대상의 다양한 심리적 요인, 증상 간의 연관성을 밝히는 양적 연구가 많이 수행되었다.

양적 연구물의 축적과 더불어 학문적으로 위치를 확보하며 확장되어 갔으나 인간의 마음과 밀접한 관련이 있는 미술심리치료에서 양적 연구방법론을 적용하여 연구하기에는 닿을 수 없는 깊은 현상이 있다. 필연적으로 질적 연구방법론이 미술심리치료학 연구에 활용되기 시작하였으며 미술심리치료학의 연구 주제도 심도 있게 다루어져 갔다.

미술심리치료학이 시간이 지나면서 널리 퍼져 수혜를 받는 층도 다양하고 많아졌으나 체계적이지 않고 흩어져 있던 측면도 존재하였다. 또한 다른 치료 팀과 함께 이루어져야 하는 조직적인 문제도 생겨나게 되어 미술심리치료를 뒷받침해 주는 이론적 근거도 필요하게 되었다.

이를 위하여 미술심리치료의 네 가지 유형 분류 작업은 촘촘한 이론적 근간을 마련해 줄 수 있는 대안이 되었다. 아울러 향후 미술심리치료학의 연구 주제 중 중요한 한 꼭지가 될 것으로 전망한다.

미술심리치료의 유형은 구조화 수준에 따라 크게 네 가지 유형으로 구분해 볼 수 있다(장연집, 2009). 네 가지 유형은 임상미술심리치료(Clinical Art Therapy: CAT), 기관미술심리치료(Institution based Art Therapy: IAT), 의료미술심리치료(Medical Art Therapy: MAT), 일반인을 위한 미술심리치료(Normal Art Therapy: NAT)로 구분된다(장연집, 2009, 2014).

미술심리치료를 전공하는 석사학위 과정생은 대학원 과정 동안 임상미술심리치료가 이루어지는 가장 구조화된 미술심리치료를 수행하게 되는 현장인 정신과에서 임상실습을 받는다.

정신과의 임상실습이 이루어지는 현장은 정신과가 있는 대학병원, 또는 정신과를 위주로 설립된 병원, 일반 정신과 병원을 말한다. 임상미술심리치료는 대학원 과정에 입학한 석사학위 과정생들이 필수로 받아야 하는 임상실습 장면이다.

기관미술심리치료는 다양한 기관, 예를 들어 발달장애 센터, 노인 치매 센터, 교도소 등 특정 대상과 설립 목적에 따라 세워진 기관에서 미술심리치료가 이루어지는 것을 말한다. 미술심리치료학 전공과정생 역시 각 기관에서 실습을 하게 된다.

의료미술심리치료는 각종 병원과 신체적 질병으로 인해 의료적 개입이 필요한 의료 세팅에서 이루어진다. 의료미술심리치료는 입원 및 외래 환자를 대상으로 한 병동 또는 암 환자를 위한 호스피스 병동에서 완화 의료 및 대체 보완의 맥락에서 미술심리치료가 이루어지는 세팅을 말한다.

일반인을 위한 미술심리치료는 일반인을 대상으로 자기 성찰이나 탐색을 위한 미술심리치료 세팅을 말한다. 아동, 청소년, 성인, 노인들을 대상으로 각 대상이 겪고 있는 적응과 행동상 문제, 관계의 어려움, 개인 내적인 불편감 등을 주제로 미술심리치료가 이루어지기도 한다. 미술심리치료사는 집단의 경우, 각 집단의 성격과 특성에 따라 미술심리치료의 목적을 세우고 개입을 한다.

미술심리치료의 네 가지 유형 분석은 임상실습을 위한 길라잡이의 역할을 할 뿐만 아니라, 국내 미술심리치료 전공의 현황을 아우르며, 전공자나 연구자들에게는 대상, 즉 환자나 내담자가 누구인지 구분하게 해 주고 미술심리치료의 구조화 수준을 통해 미술심리치료사의 개입 정도와 같은 전문적인 방향성을 갖도록 이끌어 준다(장연집, 2009, 2014).

이 장에서는 미술심리치료학의 연구가 나아가야 할 근간이 되며, 연구 영역에 대한 나침반 역할이 될 수 있는 미술심리치료의 네 가지 유형을 기반으로 한 임상미술심리치료, 기관미술심리치료, 의료미술심리치료, 일반인을 위한 미술심리치료를 주제로 연구한 해석학적 현상학적 글쓰기를 제시한다.

1. 임상미술심리치료를 다룬 해석학적 현상학적 글쓰기

임상미술심리치료(Clinical Art Psychotherapy: CAPT)는 미술심리치료의 네 가지 유형 중 가장 중심이 되며 미술심리치료사의 보다 주도적이고 구조화된 접근을 요한다. 주로 정신과를 찾는 사람들에게 실시하며, 대상들은 정신병리를 갖고 있는 이들을 뜻한다. 미술심리치료사 입장에서는 임상미술심리치료를 하기 위하여 강도 높은 임상훈련을 받게 된다(장연집, 2009). 임상미술심리치료를 잘 수행하려면 미술심리치료사는 정신건강 전문가들인 정신과 의사, 임상심리학자, 임상사회복지사, 간호사들과의 의사소통이 가능해야 하며, 사례 회의 참석 및 임상 현장에서 요구하는 역할까지 감당해야 한다.

임상미술심리치료는 다른 세부 유형에 비해 정신과 병원이라는 세팅의 제한이 있지만 미술심리치료를 이해하기 위해 가장 먼저 시작해야 하고 임상훈련을 하기 위해 기본적으로 요구되는 내용이 가장 많은 유형으로 모든 미술심리치료의 토대가 된다(장연집, 2014).

임상미술심리치료 주제의 해석학적 현상학적 글쓰기는 연구자[1] 5와 연구자 10이 쓴 총 2편이다.

주의력결핍 과잉행동장애(ADHD)를 가진 초등학생을 대상으로 집단미술심리치료를 수행한 미술심리치료사의 체험과 석사학위 과정생의 정신과 병동에서의 임상실습 체험을 풀어낸 해석학적 현상학적 글쓰기를 통해 임상미술심리치료의 경험의 장으로 직접 들어가기 바란다.

1) 주의력결핍 과잉행동장애 초등학생을 대상으로 집단 미술치료를 수행한 미술치료사의 체험에 관한 해석학적 현상학적 글쓰기

한계와 좌절…… 그리고 나를 일으켜 주는 동료와 슈퍼바이저

아이들이 모두 돌아간 후 멍하니 한참을 앉아 있다가 문득 시계를 보니 저녁시간이 한참 지나 있다. 연구소 안 모든 치료실에 불이 꺼지고 나만 남았다. '내가 왜 또 이 ADHD 집단을 맡아서 여기까지 왔을까. 예전부터 그렇게 힘들었는데……. 다시는 안 맡겠다고, ADHD 아이들은 나랑 안 맞는 것 같다고 그렇게 생각했었는데……. 잘해 보고 싶은 내 욕심이었나…….' 마음속에 수많은 생각이 스쳐간다. 아이들이 가고 난 후에도 한참 동안 내 머리 속에는 '선생님, 여기요.' '선생님 나는요, 선생님 나는요…….' 하며 동시에 달려들어서 얘기하는 아이들의 수많은 외침이 들려오고, 정신없이 돌아다니는 아이들의 모습이 유령처럼 남아 있다. 어지럽고, 배가 고프다. 이 아이들과 벌써 20회기 가까이 함께하며 잘 되어 가는 것 같았는데, 다시 잘할 수 있을 것 같았는데 오늘따라 왜 이렇게 힘들까……. 머리를 절레절레 흔들면서 연구소 문을 잠그고 나온다. 집으로 돌아가는 길에 석사학위를 마친 뒤 처음 ADHD 초등학생들을 만났던 기억이 떠올랐다. 초보 미술치료사였던 그때의 감정과 지금 내가 느끼는 감정이 비슷한 것만 같다.

---

1) 제2, 3장에서 연구자란 미술심리치료학 전공의 학위논문의 글쓰기를 한 저자를 말한다. 각 글쓰기를 구분 및 분류하기 위하여 연구자들에게 번호를 부여한 것이다. 제5장에서는 연구자가 이 책의 저자이기도 하므로 저자로 표기되어 있다. 제6장에서는 연구자이자 저자인 이들의 체험 자료를 다루고 있으므로 참여자로 표기되어 있다. 즉, 이 책에서 표기되어 있는 연구자, 저자, 참여자는 각 장에서 다루는 내용에 따라 동일 인물이지만 다르게 표기되어 있다.

유난히도 무덥던 여름 어느 날 저녁, 초보 미술치료사였던 나는 아이들이 돌아간 뒤 미술치료실에 혼자 남아 결국 울어 버렸다. 무력감과 좌절감으로 너무나 힘들었다. 물감을 재료로 선택한 아이들은 여기저기 흩뿌리며 난리법석을 쳤고, 세션 내내 나는 우왕좌왕하며 어쩔 줄을 몰랐다. 급기야 한 아이가 붓으로 물감을 다른 아이 얼굴에 뿌리자, 물감이 얼굴에 묻은 그 아이는 울며불며 내가 말릴 틈도 없이 물감을 뿌린 아이에게 자기가 들고 있던 붓을 던졌다. 자칫하면 눈에 들어갈 뻔했던 상황에 나는 너무 당황하며 놀랐고, 그날 집단의 미술작업 결과물은 지금 기억도 나지 않는다. 집단미술치료사로서 나는 집단 전체를 보지도 못했고, 한 명, 한 명의 개인이 무엇을 겪고, 느꼈고, 얻어갔는지 아무것도 볼 수 없었다. 마치 엄청난 토네이도 한가운데에서 휩쓸리는 듯 긴장과 불안 속에서 정신을 차릴 수 없었다.

그때 임상일지를 정리하며 나는 석사 학위도 있고, 나름대로 공부도 열심히 했다고 생각했던 내가 얼마나 아무것도 모르는 미술치료사인지 절실히 느꼈었다. 책에서 봤던 임상 사례들은 너무 훌륭하고, 아름답고, 배울 것 투성이었던 것만 같고, 그에 비해 내 눈 앞의 현실은 암담하기만 했다. 나같이 무능력한 미술치료사를 만난 아이들에게 미안했고, 나를 믿고 여기까지 아이들을 데려온 보호자 분들께도 죄송했다. 내가 믿고 비빌 곳은 슈퍼비전 밖에 없다는 생각에 며칠 후 슈퍼비전에서 나의 슈퍼바이저에게 부끄럽지만 엉망진창이었던 그날의 미술치료 현장에서 벌어진 일들을 털어놓았다.

세션이 진행되는 동안 아무것도 감당하지 못했던 나는 부끄러운 마음으로 질책을 기다렸지만, 슈퍼바이저는 담담히 이야기를 모두 들으신 뒤, 내게 위로부터 해 주셨다. 많이 힘들었을 거라고, ADHD 아이들을 집단미술치료 현장에서 만나면 초보일 때는 당황할 수밖에 없다고, 솔직하게 이야기하고 조언을 구하는 자세를 가지고 있으니 된 거라고 하셨다. 얼마나 위로가 되고, 힘이 되던지……. 그날 나는 말씀해 주신 대처할 수 있는 방법들과 여러 조언을 꼼꼼히 적어 곱씹으며 용기를 얻어 집으로 돌아왔다.

새삼스레 예전 초보 시절을 떠올리며 터덜터덜 집으로 돌아온다. 아마도 그 시절, 슈퍼바이저 선생님이 아니었으면 나는 종결까지 계획된 회기를 모두 마칠 수 없었을 거다. 틈만 나면 '그만둬야겠다. 다른 치료사들도 많은데 꼭 내가 해야 되는 이유가 있나, 능력도 없는데…….'라고 도망갈 생각을 했다. 돌이켜 생각해 보면 그때 나는 산만하고 자신을 통제하지 못하는 럭비공 같은 ADHD 아이들을 집단에서 만나며 집단미술치료사로서의 나를 성장시키는 시간을 보내고 있었던 것 같다. 집단원 간의 역동을 관찰하고, 그들 간의 관계를 통해 얻을 수 있는 것들, 또 ADHD 아이들 스스로가 새로운 자신을 발견하고 성취해 나가도록 돕기보다는 내가 무언가를 다 해 주어야 한다는 욕심과, 또 마치 다 해 줄 수 있을 것 같은 구원자 판타지에 젖어 있었다. 그러다 보니 힘든 장면을 맞닥뜨릴 때마다 내가 뭔가 해 주어야 하는 것들을 못해 주어 아이들이 잘못 되는 거 아닌가 하는 생각에 불안했고 자기확신을 갖지 못했었다.

초보 미술치료사였던 그 시절을 떠올려 보며 햇병아리 같던 그 시절과 지금의 내가 많이 바뀌긴 한 걸까? 나아진 부분이 뭐가 있을까…… 곰곰이 되돌아본다. '그래도 이제는 그때처럼 혼란의 소용돌이 속에서 나와 ADHD 아동들을 하나로 묶어 정신없어 하는 미술치료사는 아니라고, 나를 조금은 분리해서 볼 수 있지 않냐'라며 애써 나를 다독인다. 다시 오늘 있었던 미술치료 임상일지를 정리하면서 오늘 내가 새삼스레 초보였던 그 시절을 떠올린 이유가 무엇인지 돌이켜 본다.

진성이와 성재는 오랜만에 세션에서 다툼을 벌였고, 두 아이가 싸우는 와중에 나머지 아이들까지 난리법석이었다. 나는 이 ADHD 집단에서 한동안 잠잠했던 아이들을 중재하고, 규칙들을 또다시 정하면서 기가 빨리는 듯 완전히 진이 빠졌다. 요즘 들어 부쩍 산만해진 진성이를 떠올리며 약을 계속 제대로 먹고 있는지 확인해 보아야겠다는 생각을 한다. 동시에 '진성이를 이 집단에 넣는 것이 아니었나?' 하는 생각에 또다시 후회가 몰려온다.

ADHD 아이들이 집단에서 잦은 다툼을 벌이는 것이 처음 있는 일도 아니고, 오늘따라 왜 그렇게 힘이 들었을까……. 고민하다 이 아이들이 나한테 주는 감정이 어떤 것인가를 다시 돌아본다. 아마 이 ADHD 아동들과의 만남을 떠올리자니 마치 뾰족한 창으로 여기저기 찔러 대는 것 같은 이미지가 떠오른다. 그 창에 찔리지 않으려고 이리저리 피하면서 또 어디를 언제 어떻게 찌를지 모른다는 생각에 무서웠던 것 같다. 이 속에서 어떻게든 집단을 정리하고 마무리해야 한다는 생각, 어쩌면 그건 내가 이 안에서 살아남아야 한다는 생각과도 비슷한 것 같다. 이 아이들이 그려 내는 무지막지한 싸움과 전쟁, 피 튀기고, 잘려진 시체들의 이미지들도 나한테는 섬뜩하고, 그 아이들이 주는 그 엄청난 에너지와 공격성에 압도되는 느낌이다. 아마 아직도 나는 이 아이들을 피하고만 싶은 대상으로 여기는 것인지도 모르겠다.

진성이는 성재를 먼저 괴롭히고도 미안한 기색이 없이 당당하다. 오히려 성재보다 더 씩씩대면서 내 말을 들으려 하지 않는다. 그 순간은 깐죽거리면서 한 마디, 한 마디마다 말도 안 되는 변명을 하며 내 말을 막는 진성이가 밉고 화가 났지만, 얘들의 감정에 내가 같이 휘말려서 널뛰면 안 된다고 마음을 다잡았었다. 지금 회기를 돌아보자니 마치 엄청난 무게의 돌덩어리들이 가득 담긴 보자기를 행여 놓칠세라 간신히 부여잡고 버티는 것 같은 느낌이다.

세션이 끝나고 진성이 어머님께 병원에서 준 약들을 제대로 먹고 있는지 여쭤 보았다. 역시 예상대로 어머님은 약을 챙기지 않고 계셨고, 오히려 내게 '근데 이 약을 계속 먹으면 나중에 부작용이 엄청나다면서요? 주는 대로 다 먹다 보면 다 크고 난 다음에 바보 된다던데요? 약을 너무 먹어서 그런지 애가 축축 늘어지기만 하고 숙제도 안 하고……. 좀 끊어 봤다 다시 먹이든지 하려고요.' 등등의 얘기들을 하셨다. 최근 들어 진성이가 더욱 충동적으로 변하고 자신의 욕구와 공격성을 조절하지 못하는 부분을 말씀드렸다. 그리고 약을 자의로 아무렇게나 끊으시면 안 되는 것과 집에서 일관적인 태도로 도와주셔야 할 부분들을 다시 하나씩 설명해 드렸고, 병원에 다시 찾아가 의사와 논의해 약을 바꾸거나 조절하는 방법들을 찾아보시라고도 권했다.

일지를 쓰다 보니 그때는 당황하기도 했고, ADHD에 관한 교육을 하기에 바빠서 느끼지 못했던 진성이 어머님에 대한 감정들을 정리하게 된다. 처음부터 ADHD를 인정하지 않고 큰아버지를 닮아서 산만하다는 등의 이야기를 하시며 부모교육 시간마저 회피하던 어머님은 집에서 자신이 얼마나 힘든지를 치료실에 오실 때마다 토로하셨고, 알려 드린 방법들을 집에서도 함께 노력하시는지 확인해 보면 이런저런 핑계로 어려움만을 늘 얘기하셨다. 나는 진성이 어머님을 떠올리며 마치 벽을 마주한 듯한 느낌으로 무기력해진다. 상담하던 당시에 말문이 막혀 더 이상의 대화가 어려웠을 때도 아마 이런 느낌이었던 것 같다. 어머님의 어려움은 이해한다고 말은 했지만, 진심으로 공감할 수 없었던 이유도 알 것 같다.

가슴이 답답하고 일지를 더 이상 쓸 수 없을 만큼 완전히 에너지가 소진됨을 느낀다. 답답한 마음에 같은 미술치료사인 친한 후배에게 전화를 건다. "나 오늘 걔가 진짜 밉더라. 그 엄마는 아무것도 안 하려고 하고 다 나한테만 떠맡겨 놓는 것 같고……. 일주일에 딱 한 시간 만나는 나한테 뭘 어쩌라는 말야. 진짜 오늘은 걔가 너무 얄미워서 머리를 한 대 쥐어박고 싶었다니까…….” 마침 나처럼 ADHD 집단미술치료를 진행하고 있는 후배는 “오죽하면 그랬겠어. 나는 이해한다. 나도 정말 얘들은 안 되는구나, 때려치워야겠다는 생각을 맨날 한다니까.”라며 나를 위로한다. 후배 역시 ADHD 아이들 관련한 고민들을 내게 털어놓으며, 우리는 서로 자기 일처럼 함께 고민한다. 아무에게도 털어놓을 수 없고, 얘기를 한다 해도 이 상황들은 일반인은 아마 이해하지 못할 것이다. 후배와 실컷 얘기하면서 ‘내가 지금 필요했던 건 위로였구나.’라는 생각과 함께 마음이 편안해진다. 우리는 부모교육 회기를 따로 잡아보는 것이 어떨지 방법들을 고민하고, 서로를 격려하면서 밤이 깊어 가는지도 모르고 이야기를 나눈다.

불협화음도 음악이 될 수 있다는 작은 희망을 발견함

일찍 도착한 진성이가 멋쩍은 표정으로 들어왔다.

“선생님……. 저 오늘은 진짜 안 싸우고 잘할 거예요.”

기특한 모습에 나도 모르게 웃음이 나왔다. “하하……. 진성이가 그렇게 말해 주니까 선생님 진짜 기쁘다. 왜 그런 생각을 했어?”

“아 그게 성재가 먼저 나를 괴롭혀서 그랬는데 생각해 보니까 나도 잘못했더라고요.”

“그랬구나……. 좋아. 오늘은 다시 즐겁게 해 보자.”

그렇지만 아이들이 모두 들어와 세션이 시작된 지 15분이 조금 넘었을까……. 아이들 틈에서 ‘아, 선생님. 진성이 좀 봐요. 진짜!’ 하는 소리가 들려온다.

“어, 진성이 너. 배신이야~ 뭐야, 또 배신 때리기야?”

진성이는 얼른 아무 일도 없었다는 듯이 그림을 그리는 시늉을 하며 다시 자세를 고쳐 앉는다. 사실 진성이는 오늘 많이 참고 있는 거다. 속으로 웃음이 나오려고 하는 걸 참고 진성이 옆으로 가서 조용히 그림을 바라본다. 진성이는 고개를 푹 숙이고 열심히 그림에만 몰두하는 척하지만, 내 눈치를 보고 있다는 것이 느껴진다. “선생님, 진성이가 약속 잘 지키려고 하는 거 다 보고 있었어. 너 아까도 일어나려고 엉덩이 들썩 했다가 다시 앉았지?” 진성이가 눈을 반짝하며 나를 쳐다본다.

결국 회기 중반이 넘어가자 진성이는 또 다른 집단원인 정석이와 소리를 지르면서 말싸움을 벌인다. 그러자 옆에 있던 혜은이가 갑자기 한 마디를 한다. "네가 또 그러면 선생님 힘들다고. 저번에 선생님이 도와달라고 그랬잖아. 진짜 너 좀 그만 좀 해라……. 정말……. 으휴." 지난주에 치료사인 내가 힘든 것도 좀 알아 달라는 마음에 나는 화가 난 모습을 감추지 못하고 아이들에게 내 감정을 있는 그대로 드러냈었다. 혜은이는 그때 '제발 좀 선생님 좀 도와 달라'는 내 부탁을 기억하고 있는 거다. 아이들에게 짜증이 났었던 그때 생각이 들며 미안한 마음도 들고, 또 내가 힘든 거를 알아주는 것 같아 정말 위로가 된다. "고마워 혜은아. 선생님 부탁 기억하고 있었네. 혜은이가 그렇게 얘기해 주니 선생님이 좀 힘이 난다." 진성이와 정석이도 잠잠해지고, 서로 사과를 하는 모습이다.

마무리 작업으로 아이들은 벽에 붙여 둔 큰 종이에 각자의 그림을 원하는 곳에 붙이고, 같이 꾸며서 하나의 그림을 만들기로 한다. 언제 싸웠냐는 듯 다시 웃고, 얘기하며 작업을 열심히들 한다. 다시 한 번 구조를 명확히 하고자 "벽에 있는 이 종이 밖으로는 안 나가는 거야. 규칙 알지?"라고 아이들의 주의를 환기시킨다. ADHD 아이들에게는 계속해서 구조를 명확하게 잡아 주는 것이 스스로를 통제해 나가는 데에 도움이 됨을 아이들의 작업 과정을 보며 다시 깨닫는다. 자신들이 스스로 정한 규칙들을 떠올려 잘 지키려는 모습에 나는 아이들에게 바로바로 명확하게 피드백을 주었다. 자신을 통제하고 조절하는 시간이 짧은 아이들에게는 주의를 집중하는 시간을 연장할 수 있도록 즉각적으로 보상을 주는 것이 반드시 필요하다. 아이들은 약속한 대로 돌아가며 한 사람씩 말하고, 얘기가 끝날 때까지 비교적 잘 기다려 준다. 오늘 세션은 비교적 안정적으로 진행되어 요 근래 불안했던 마음이 조금은 안심이 된다.

작은 소란은 있었지만 나는 불협화음도 음악의 일부라고 생각한다. 꼭 완벽한 3도, 5도 화음만 아름다운 건 아니다. 새로운 화음을 들려주는 현대음악과 재즈처럼 이 아이들도 각자의 특성을 개성으로 만들어 나갈 수 있을 거라고 나는 믿는다. 이 과정 속에서 미술치료사인 나는 각자가 연주하는 소리들을 들으면서 전체 음악이 조화롭게 들리도록 이끌어 주고, 다른 사람의 연주도 들어 볼 수 있도록 도와주는 지휘자가 된 듯한 느낌이다. 마무리를 하며 각자의 그림이 모여 하나가 된 작품을 보며 아이들도 뿌듯한 표정이다.

세션이 끝난 뒤, 조금 늦으시는 진성이 어머님을 기다리고 있는데, 진성이가 한 마디 불쑥 '진짜 참은 거라고요.' 한다. 참느라고 참는데, 진짜 노력하는 건데 안 된단다……. 안타깝다. 그래……. ADHD 진단이 괜히 나온 게 아니지. 마음대로 안 되는 저 녀석은 얼마나 답답할까…….

"그래, 선생님도 알아. 네가 노력하고 있다는 거. 오늘도 약속한 거 잘 지키려고 한 것도. 근데 잘 안 되는 것도 알아. 정신 차리고 보면 벌써 소리 지르고 난 다음이지? 아니면 때린 다음에 '또 그랬구나.' 이러는 거잖아. 선생님도 알아. 진성아, 그래서 약을 먹는 거야. 도움을 받으려고……. 네 마음이 그렇다는 거, 진짜 노력하고 있는데 그렇다는 거를 선생님은 아는데, 다른 사람들은 몰라. 그래서 너도 속상하지? 그러니까 약 빼먹지 말고, 잘 챙겨 먹자. 그러니까 요즘에 더 힘든 거야." 진성이는 고개를 끄덕인다. "다음 주에는 친구도 안 괴롭히고, 안 싸울게요." 아직은 순수한 아이 같은 모습에 처음으로 진성이가 귀엽다는 생각이 든다. "그래, 선생님은 너 믿어."

다음 시간에도 어쩌면 진성이는 또 싸우고, 소리지를 지도 모른다. 단시간에 변화할 수 없는 게 이 아이들이니까 말이다. 그렇지만 믿고, 기다리고, 약속해 주고……. 이 ADHD 아이들과 끊임없는 약속을 해 주며 믿어 주는 게 치료사 역할에서 가장 큰 부분일수도 있다는 생각이 든다. '내가 안 믿어 주면, 누가 믿어 주겠니. 다른 사람들이 다 너희들을 안 믿고, 귀찮아해도 내가 믿어 줄게. 선생님이 여기서 너희가 다 들어가는 큰 그릇을 꼭 잡고 버티고 있을 테니 이 안에서 신나게 놀아 보렴.' 신이 나서 오늘 한 작업을 보며 이런저런 얘기를 하는 진성이 옆에 앉아 나는 짠한 마음으로 이런 생각들을 되뇐다.

아이들이 돌아간 뒤, 생각해 보니 혜은이도, 진성이도 조금은 변한 것을 알 수 있다. 다른 사람의 마음에는 도통 관심이 없던 ADHD 아이들이었는데, 치료사 부탁도 기억하고, 또 속상하고 힘들 거라는 걸 알아주고, 말로 표현하다니……. 아이들은 내 마음을 받아 주었는데 내가 그동안 아이들의 마음을 바라보지 못한 게 아닐까…….

진성이도 오늘 자세히 관찰해 보니 예전보다 착석 시간이 길어진 모습이다. ADHD 아이들의 변화 속도가 워낙 느리다 보니 내가 감지를 하지 못한 거 같다. 회기 중에서 좀 더 구체적으로 관찰하니 분명 변화가 보였다. 아이들은 초반보다 규칙들을 잘 기억하고 지키는 모습이었고, 순서도 잘 기다리고 있었다. 다시 돌아다니거나, 떠들 것 같은 타이밍을 잘 살펴서 미리 관심과 반응을 보여 주니 다시 조절이 가능한 모습도 보였다.

지난 20회기가량의 일지와 작업 사진들을 다시 처음부터 꼼꼼히 보면서 기억들을 떠올려 정리를 해 본다. 분명히 아이들은 조금씩 변화가 있다. 지금까지의 과정들을 정리해 보니 집단의 역동도, 또 개인적으로도 아이들은 조금씩 변하고 있었고, 집단 응집력도 단단해졌으며, 서로를 조금씩 이해하고 있었다. 아이들은 변하고 있는데, 치료사인 내가 섬세하게 관찰하지를 못하니 막연하게 늘 힘이 들고 피하고 싶다는 생각만 들었던 거 같다. 초기의 일지들을 보니 ADHD 아이들이 내가 계획한 과정과 목표에 따라오지 못하는 부분만 잔뜩 적혀 있다. '아직도 나는 내가 가진 틀과 치료사로서의 욕심을 이렇게 많이 가지고 있었구나.' 하는 생각에 부끄럽고, 아이들에게 미안하다. 변화의 가능성들이 보이는 것 같아 희망이 생긴다.

다음 주에 있을 부모교육 시간을 준비하며 여러 이론서들과 사례집들을 뒤져 내가 모르는 정보들을 모은다. 마침 ADHD를 주제로 한 세미나가 열려 주말에는 거기도 다녀왔고, 몸은 피곤했지만 새로운 힘들이 생기는 것 같다. 미술치료뿐만 아니라 심리치료, 아동상담, 놀이치료 등 다른 분야의 저널들을 찾다 보니 미술치료 세션에 응용해서 프로그램을 계획하면 좋을 것 같은 아이디어들이 떠오른다.

ADHD 집단의 보호자들을 대상으로 한 부모교육 시간에 정석이 어머님은 요즘 TV에서 자주 보도되고 있는 군대 폭력 사건을 꺼내시면서 나중에 우리 아이가 그런 사건에 휘말릴까 봐 너무 걱정된다는 말씀을 하신다. 다른 어머님들도 학교에서 또래 관계가 어려운 ADHD 아이를 염려하시며 집에서 아이들을 돌보고 교육하는 것이 생각만큼 쉽지가 않음을 토로하신다. 어머님들은 하나둘씩 마음을 열고 같은 환경에 있는 서로를 위로하고, 위로받는 모습이다. 나보다 훨씬 더 많은 시간을 ADHD 자녀와 함께할 어머님들의 얘기를 들으며 내가 가늠할 수 없을 고통과 아픔이 있을 거라는 생각에 안타깝다. 늘 뭔가를 알려 드려야 한다는 강박관념과, 저분들이 노력하지 않으면 아이도 바뀌기 어렵다는 생각에 그들의 아픔을 돌아보기보다는 내 감정 위주로만 바라봤다는 생각에 죄송하기도 하다.

내 마음을 열고 어머님들의 이야기를 들으니 모임의 분위기도 달라짐을 느낀다. 치료사인 내가 일방적인 전달하는 교육이라기보다는 서로 소통하는 또 하나의 집단원들 같은 느낌이다. 나는 세미나에 참석해 들은 내용 중에 전달해 드릴 사항과 준비해 간 자료들을 잠시 내려놓고, 우선 그분들의 얘기를 진심으로 공감하며 듣는다. '마음이 좀 시원해졌다.' '우리 ○○ 또 잘 부탁드린다.'면서 눈물을 닦으며 돌아가는 어머님들을 보며 나도 다시 새로운 마음으로 아이들을 만나야겠다는 다짐을 해 본다.

조금은 성장한 나, 그리고 새로운 만남

아이들은 찰흙을 쓰겠다고 의견을 모았다. 내심 너무 퇴행을 하지는 않을까 걱정이 되지만 아이들을 믿어 보기로 한다. 각자 자기 작업을 하며 시작한 아이들은 에너지가 솟았는지 갑자기 책상과 바닥에 찰흙 덩어리를 뭉쳐 던지기 시작한다. 한 아이가 시작하자 너도나도 여기저기에 던지는 모습이다. 나는 목소리를 높여 아이들한테 규칙을 상기시켜 주었지만, 이미 통제할 수 있는 한계선을 넘은 듯한 아이들은 멈추지 않는다. '또 시작이구나'라는 생각에 불안함이 몰려왔지만, 다시 정신을 차리고 이 상황에서 적절한 개입을 할 수 있는 방법을 찾는다.

나는 '얘들을 밖에서 이렇게 멈추게 하지 말고, 내가 저 안으로 들어가자.'라는 생각을 순간적으로 떠올렸고, 집단원으로 찰흙을 들고 참여하자고 마음먹는다. 한쪽 바닥에 두꺼운 비닐을 깔고, 넓은 청테이프를 꺼내는 나를 아이들이 슬쩍 쳐다본다.

"뭐 해요?"

"게임할라고. 누가 여기 좀 잡아 줄래?"

아이들은 앞다투어 자기들이 붙이겠다고 나선다. 나는 슬쩍 빠져서 아이들에게 "자, 저기 테이프로 붙인 네모 칸 보이지? 저 안에다가 넣는 거야. 어떤 순서로 할래?" 자기들끼리 번호를 붙이는 틈에 나도 끼워 달라고 해서 마지막 번호를 받았다. 아이들은 '이거 스트레스 짱 잘 풀려요.' 하며 신나게 비닐 위에 던져 댄다. 직접 참여해 미술작업을 함께 해보니 비닐에 찰싹하며 들러붙는 찰흙은 생각보다 쾌감을 주며 시원한 느낌이 든다.

세션을 마무리할 시간이 되자 아이들은 너도 나도 '더 하고 싶다'를 외친다. 평소에는 산만하고 정신없어 보이는 ADHD 아이들이지만 자신이 원하고 흥미 있는 일에는 누구보다 몰입을 잘하는 특성을 여실히 보여 주는 모습이다.

다음에도 원한다면 또 할 수 있고, 그때는 너희들이 한 주 동안 또 생각해 보고, 더 좋은 아이디어가 있으면 그 게임도 해 보자고 제안한다. 신이 난 얼굴의 아이들을 자리에 앉히고 아까 치료실 여기저기 던지고, 친구들한테 마구잡이로 던질 때를 돌아보는 대화를 잠시 나눈다. 한 아이가 멋쩍은 얼굴로 학교에서 지우개나 종이뭉치를 친구들에게 던져 혼이 났었던 사건들을 이야기한다. 아이들은 비슷한 각자의 경험을 서로 이야기하는 모습이다. 스스로 외부의 현실 상황과 회기에서 진행된 작업들을 연결해 생각할 수 있는 아이들을 보며 나는 미술작업이 가진 힘을 새롭게 바라본다.

세션이 끝나고 찰흙들을 정리하다가 나는 갑자기 작업을 해 봐야겠다는 생각에 그대로 앉아 무언가를 만들기 시작한다. 뭔가 부족한 느낌이 들어 물을 떠다 놓고 찰흙에 조금씩 부어 문지른다. 진흙처럼 질척해진 찰흙을 비닐 위에서 마구 치댄다. 내 안의 무언가가 해소되는 느낌이다. 아이들이 스트레스 풀린다고 했던 이유도 좀 알 것 같다. 뭔가를 만들고 끝내야 한다는 결과물에 대한 강박을 내려놓으니 마음이 편안해진다.

그동안 미술작업을 한참이나 하지 못했다는 생각이 들면서 미술치료사인 내가 정작 미술치료에서 미술작업이 가진 힘을 등한시한 건 아닌가 하는 반성도 해 보게 된다. 새삼스레 점토라는 매체가 가진 매력이 느껴지며 도예를 배우고 싶다는 생각이 든다. 그러고 보니 온전히 나만을 위해 투자한 시간이 근래에 전혀 없었다는 걸 알아차린다. 늘 무언가를 위해 쫓기듯 책을 봤고, 일지를 정리하고, 시간이 나면 밀린 집안일을 하기에 바빴다. 내 즐거움과 휴식을 위해 시간을 보냈던 게 언제인지 까마득하다. 단 한 시간이라도 새로운 에너지를 만들어 낼 나만의 시간을 내야겠다고 다짐해 본다.

오늘 미술치료 회기를 돌아보면서 '내가 미술치료사로서 조금은 노련해졌구나.'라는 생각으로 뿌듯하다. 지지부진한 듯 진행될 때도, 좌절과 한계를 느낄 때도 있지만 내 감정까지 모두 드러내며 바닥을 치고 올라온 후 나는 아이들을 새롭게 바라보게 되었고, 이후 세션도 변화를 보였다.

오늘 임상일지 말미에 아이들의 장점을 하나씩 적어 본다. 생각보다 적을 내용이 많다. '나 하나 마음 챙기기가 힘들어서 이 아이들을 제대로 바라봐 주지 못했구나.' 하는 생각에 미안하다. 재치 있고, 통통 튀는 아이디어들이 넘치는 아이들인데 정작 미술치료사인 내가 이 아이들의 창의성을 몰라봐 주었다는 생각에 부끄럽다.

내게 의미 있는 세션들을 기록해 두는 치료 노트에 오늘 내가 작업한 작품사진도 함께 붙이고 마지막에 이렇게 적어 넣는다. '내가 만나는 ADHD 아이들에게 숨어 있는 더 많은 잠재력과 가능성들을 찾아 주자. 이런 과정 중에 아마 나도 함께 성장하고 있을 거야. 고맙다, 얘들아.'

2) 미술치료 석사과정생의 정신과 임상실습 체험에 관한 해석학적 현상학적 글쓰기

나는 미술치료 실습생이다!

나는 일주일을 정신과 병원에서 임상실습을 하는 것으로 시작한다. 내가 임상실습을 하는 곳은 입원병동이 있는 정신과 병원으로, 나는 그곳에서 사회사업팀에 속해 있는 자원봉사자이다. 병원에서 실습생을 받으려면 실습생을 관리 · 감독할 전문가가 있어야 하는데, 그렇지 못하기 때문에 나는 '자원봉사자'라는 이름으로 존재해야만 한다.

나는 배우는 과정에 있는 실습생으로 아직 부족한 것이 너무 많다. 하지만 내가 하는 임상실습 시간은 정신과 병동에서 '미술치료'라는 이름으로 불리고 있고, 나 또한 거기서 '미술치료 선생님'으로 불리고 있다. 이 두 가지 이름이 나에게 무거운 책임감과 중압감을 준다.

"안녕하세요, 저는 월요일마다 여러분과 만나러 오는 '미술치료사 박현주'입니다."

난 미술치료사가 아닌데……. 이렇게 소개할 때면 뒷머리가 찌릿하고 가슴이 따끔거린다. 병원에서 환자들에게 미술치료 시간에 들어오게 하기 위해 이렇게 '실습생'이 아닌, '미술치료사'로 소개하라고 하였다.

내가 여기서 임상실습을 하기 전에 학회 자격증을 가진 미술치료사가 있었는데 그분은 돈을 받고 일을 했었다고 했다. 그분이 개인적인 사정으로 그만두시게 되면서 미술치료사를 구하던 중, 병원에서는 미술치료 대학원생들이 돈을 받지 않고 '자원봉사자'로 미술치료를 실시해 준다는 것을 알게 된 것이다. 이전 미술치료사와 같은 학회에 있다가 대학원에 오게 된 동기 선생님으로부터 이 이야기를 들었을 때 화가 났다.

'아니…… 뭐, 이런 경우가 있나! 공부의 전문성은 둘째치고라도 시간을 들여도 내가 더 들였고 돈을 들여도 내가 더 들여서 공부하고 있는데, 누구는 돈 받고 일하고 누구는 그냥 자원봉사고 뭐 이런……!'

아무튼 기존에 있던 시간에 내가 들어간 것이니까 그냥 '미술치료사'라고 소개하라는 것이다. 또한 병원에는 간호 실습생들이 오는데, 환자들은 그들을 학생으로 생각하고 어리게만 보기 때문에 '실습생'이라는 단어가 적절하지 않다는 것이다. '하긴!

3개월 공부한 사람도 미술치료사라는데 뭐~!'라는 생각이 들기도 했다. 그렇지만 뭔가 속이는 듯한 생각이 들어 찜찜한 것은 어쩔 수가 없다.

"선생님, 선생님은 직업이 그럼 미술치료사라는 거예요? 멋지다!"

"아……. 저는 지금 미술치료 대학원에 다니고 있어요. 그러면서 이곳에서 여러분을 만나는 거예요."

주저리주저리 변명을 하고 있다. 얼굴이 화끈거린다. 괜히 이런 생황을 만든 병원도 원망스러웠다. 또 전문성이 없는 사람들이 미술치료사라고 떠벌리고 다니는 현실이 화가 난다. 사실 어떻게 보면 이게 아직 정신과에서 미술치료가 제대로 자리 잡지 못해서 벌어진 일들이다. 결국 내가, 우리가 해결할 수밖에 없는 문제라는 생각이 든다.

그래! 좀 더 공부하고 좀 더 노력하고 좀 더 열심히 해서 그들과 내가 다르다는 것을 느끼게 해야 한다! 나 스스로에 떳떳해져서 언제 어디서라도 미술치료를 공부하고 있는 대학원생이라는 것을 당당하고 자랑스럽게 이야기할 수 있는 날이 올 때까지!

끊임없이 물갈퀴를 저어대는 백조

미술치료 석사과정생은 참 바쁘다.

내 가방 한 편에는 대학원에 들어오기 전까지는 잘 먹지 않던 초콜릿과 사탕이 들어 있다. 배고프면 예민해지니까, 예민해지면 임상실습을 제대로 할 수 없으니까 항상 비상식량을 넣고 다녀야 한다. 밥 먹을 시간도 제대로 없을 만큼 요즘 나에겐 하루가 짧다.

대학원에 입학하기 전에는 그냥 열심히 공부만 하면 되는 줄 알았다. 일에 찌들어 있다가 새로운 공부를 하게 되었다는 기대도 있었고, 열심히 할 자신도 있었다. 그런데 요즘 나는 좀 지쳐 있다. 이론 공부는 할수록 내가 무엇을 모르는지만 더욱더 분명해지고, 그럴수록 끝이 보이지 않는 길을 걷고 있는 느낌이다. 하나를 알면 내가 두 개를 모른다는 각성이 일어나게 되고 그럼 알게 되었다는 기쁨보다 자괴감이 먼저 든다. 이래서 공부에는 끝이 없다는 얘기를 하는구나 싶다.

그래……. 임상실습!

사실 요즘은 이것 때문에 더 힘이 든다. 한 시간의 세션을 한다는 것은 단지 한 시간의 의미가 아니다. 회기가 끝난 후 보고서를 작성하는 데도 2~3시간이 족히 걸린다. 그리고 다음 회기를 준비하고 계획을 세우고 하는데도 적지 않은 시간이 소요된다. 그래서 가끔씩은 내가 '정말 무능력한 인간이구나!'는 생각이 들 때도 있다. 이렇게 오래 걸려서 해도 아무도 알아주는 이도 없는데 '왜 이렇게 아등바등하고 있나.' 하는 생각이 들 때도 있다. 뭐 알아 달라고 하는 건 아니지만 그래도 이런 내 모습에 대해 지지받고 격려받고 싶을 때가 있다. 힘들게 열심히 하고 있는 거 알고 있다고, 힘들지만 조금만 더 힘내라고!

마치 백조가 된 기분이다!

우아하게 떠 있기 위해 끊임없이 물갈퀴를 저어야 하는 백조! 한 시간 남짓의 매끄러운 세션을 위해 나는 오늘도 미친 듯이 물갈퀴를 저어 댄다.

정신과 환자와 치료진 사이의 다리가 되다!

"제 생각에 이분은 지금 의사소통을 하고 싶지 않은 게 아니라, 자신이 먼저 선뜻 다가가지 못하는 거 같아요."

사건의 발달은 이 한마디였다!

정신병원에서 미술치료 회기를 끝나고 나오는데 의사가 내게 말을 건넸다.

"어? 저분도 미술치료 하셨어요? 신기하네……. 병원에서 아무하고도 이야기 안 하는데, 저랑도 잘 이야기 안 해요. 의사소통에 문제가 좀 있어요. 근데 미술치료 했네! 잘 못하죠? 얘기도 안 하고!"

"아, ○○님 말씀하시는 거예요?"

"네!"

"○○님 몇 달 전에도 입원하셨던 거 같은데, 그때도 미술치료 했어요."

"진짜요? 저가 저분 주치의가 된 지 얼마 안 돼서, 지난번은 잘 몰랐어요. 근데 요즘 제가 이 환자 좀 지켜보고 있거든요. 아예 다른 사람하고 말을 안 하니까, 간혹 간호사 분들이랑은 얘기를 한다는데 언어가 많이 와해돼 있고 뜬금없는 소리를 하니까!"

"아, 근데 미술치료 시간에는 잘하세요. 아무래도 작업은 말로 하는 게 아니니깐."

"그림 한번 보여 주실 수 있어요? ○○씨 꺼!"

"네, 보여 드릴 수 있죠!"

"바쁘시지 않으면 잠깐 들어가서 이야기하면서 볼까요?"

사실 이 전까지만 해도 치료진과 이야기할 기회가 많이 없었고, 기껏 해야 간호사들과 미술치료 시간에 환자들 행동에 대한 이야기를 하거나, 환자의 병명에 대해 질문하고 답하는 정도였다. 회기 보고서를 쓰고 나오지만 과연 내가 쓴 보고서를 읽을지도 의문이었다. 치료진과의 교류에 대해 어느 정도 포기를 하고 있었던 나에게, 잠깐 이야기하고 가라던 의사의 말은 가슴을 두근거리게 했다.

"앉으세요. 차도 좀 드시고요."

"네!"

"아, 이 그림이에요? 생각보다 그림은 잘 그리네요."

"네! 그리고 표현하는 데 주저함이 많고 신중해서 그렇지 결과물만 보면 꽤 잘 그리시는 거죠!"

"이거 다 그리고 나면 그림에 대해서 이야기도 하죠? 말은 잘해요?"

"말을 아주 조리 있게 하거나 또박또박 이야기하시지는 못하는데 그래도 자기 그림에 대해서는 말씀하시는데!"

"아~! 진짜요? 신기하네!"

"제 생각에 이분은 지금 의사소통을 하고 싶지 않은 게 아니라, 자신이 먼저 선뜻 다가가지 못하는 거 같아요."

이 말에 의사는 흥미롭다는 듯 나를 바라보았다. 네가 뭘 알아서 그런 말을 하냐는 눈빛인 것 같기도 했다. 어쨌든 이 한마디로 이후 내 병원 생활은 바뀌게 되었다.

"그렇게 생각하는 이유가 있어요?"

"음, 우선 ○○님이 미술치료 시간에 보이는 행동을 보면 말을 안 해서 그렇지 다른 환자들의 작품에 관심이 많아요. 적극적으로 질문을 하거나 그러진 않는데, 지난주에는 좀 뒤에 앉으셔서 나누는 시간에 다른 환자분들 그림이 잘 안 보이셨나 봐요. 제가 재료 정리하고 있는데 다가와서 작은 목소리로 그림 좀 봐도 되냐고, 아까 보고 싶었는데 잘 안 보였다고 그러더라고요. 그리고 어떤 환자분들은 자기 이야기만 하고 다른 환자분들이 이야기할 때는 멍하게 있거나 다른 데를 보거나 하는데 ○○님은 이야기하시는 분을 쳐다보세요. 물론 눈을 맞추거나 하지는 않지만!"

"저는 거의 ○○씨랑 둘이서만 이야기를 하니까 다른 사람들 이야기를 들을 때는 어땠는지 잘 알 수 없었는데 그렇군요. 자기 이야기를 할 때는 어때요?"

"오히려 본인 이야기를 하실 때는 책상을 보면서 눈을 떨구고 이야기를 해요. 많은 사람들이 자신을 보고 있는 게 좀 힘들어 보이긴 하는데 그래도 작지만 자기가 한 작품의 제목은 뭐고, 어떤 내용이고 그런 거에 대해서 짧게나마 이야기를 해요. 오늘은 사실 미술치료 시간에 ○○님이 주목을 좀 받으셨어요. 보시다시피 잘 그렸잖아요. 그래서 다른 환자분들께서 칭찬도 해 주시고 좀 부러워하기도 하고 그랬었거든요."

"하하! 그러니깐 뭐래요?"

"미소를 보이면서 고맙다고 하긴 했는데 관심에 대해 부담스럽게만 생각하진 않은 듯 보였어요."

"미술작업 할 때는 어때요?

"이분 같은 경우에 작업에 몰입이 상당히 잘되는 분이세요. 그래서 결과물도 좋고! 몰입이 되는 건 이분의 큰 장점이죠. 그런데 작업을 하지 않는 일상에서의 과도한 몰입은 다른 사람과의 소통을 방해할 수도 있을 것 같아요. 누가 부르거나 쳐다봐도 자기 생각에 빠져서 못 듣거나 못 볼 수도 있잖아요. '그런 모습이 ○○님 일상에도 있지 않을까…….'라는 생각을 해 보기도 했어요."

"왜 그림을 보고 해석하고 그러던데, 그림 해석 부탁 드려도 돼요?"

"해석이라는게 딱 이렇게 그린 거는 뭐다! 라고 말씀드리기는 어려운 부분이 있어요. 그런데 ○○님의 그림에서 몇 가지 눈에 띄는 특징이 있긴 해요."

"그게 어떤 겁니까?"

의사의 또다시 호기심 가득한 눈으로 나를 바라보았다. 하지만 이번에는 아까와는 달리 다소 진지해 보였다.

"우선 여기를 보면 흔적이 여러 개 있죠? 이건 색연필로 연한 선을 여러 번 그린 다음에 조금 더 진한 선으로 긋고 그 위를 다시 파스넷으로 그린 거예요."

"다소 과도하게 신중한 모습을 보인 거네요."

"신중하다고 해석될 수도 있지만, 자신감이 없다거나 위축되어 있는 자아를 이야기할 수도 있고……. 사실 하나의 현상으로도 환자가 왜 그렇게 그렸는지에 따라 다르게 해석될 수 있어서 아직까지는 속 시원하게 말씀 드리기가 좀 그렇고요. 이런 현상이 반복되어서 보이니까 저도 유의미하고 보고 있어요. 이런 부분은 선생님과 같이 의견을 교환하면 환자의 마음에 좀 더 다가갈 수 있을 것 같아요."

"그럼 자주 만나야겠네요."

나는 어렵게 온 이 기회에 미술의 특수성에 대해서 이야기하고 싶었다. 그리고 작업을 해석할 때는 조심해야 하며 일대일 해석은 위험하다는 것도 말하고 싶었다. 그리고 나는 ○○님이 그림으로 걸어오는 말에 대답해 주기 위해 노력하고 있고, 그것에 대해 의사와 공유하며 의사에게 환자의 마음을 알 수 있게 그 말을 전해 줄 수 있는 사람이라고 말하고 싶었다. 내 뜻이 그대로 전달되었는지 완전히는 알 수 없지만, 이날 이후 나는 치료진과 환자에 대해 이야기하는 시간들이 늘어났고 환자와 치료진 사이의 다리 역할을 하는 존재가 되었다.

'미술치료사'라는 근사한 집 가지기

학교에서 이론들을 공부하고 실습 현장에서 임상실습을 하면서 나는 이 둘을 떼놓고 이야기할 수 없다는 생각을 한다. 특히 정신과에서 이루어지는 임상실습은 나에게 큰 의미로 다가왔다. 글자로 만나는 병리들을 살아 움직이는 사람들로 체험함으로써 더욱 본질에 가까워진 느낌이 든다. 이론을 실재를 경험하면서 비로소 완성되어가는 듯했다.

처음에 심리치료에 대해 공부를 하고 정신병리를 배울 때는 병리가 나올 때마다 다 나인 것 같고 내 주변의 사람들을 껴 맞춰 보기도 하고……. 심지어는 정신과 병동에서 만나는 환자들을 라벨링해서 선입견을 갖고 바라본 적도 있다. 그리고 '이 병이면 이런 증세를 보여야 하는데 저 사람은 왜 그렇지 않을까?'에 대한 의문을 품기도 했다. 그런데 지금은 사실 실습생이기 때문에 조금은 허용되는 실수들이 있다는 것을 인정하게 되었다. 또한 이런 경험 해 보지 않고 현장에 투입되었다면?이란 생각을 해 보면 아찔하다.

뭐랄까? 집을 짓는 과정이라고 본다면, 막 심리학 공부하고 정신병리 딸딸 외우고 미술치료에 대해서 익히고 하는 것이 설계도를 만드는 과정인 것 같다. 그리고 임상실습은 그 설계도를 갖고 골조를 만들고 집을 짓기 시작하는 작업이다. 설계도만 만들어 본 사람은 그게 실제 집을 지을 수 있는 현실 가능한 설계도인지 모를 수도 있고, 막상 집을 지을 때 어떤 문제들에 봉착하는지 알 수 없다. 또 설계도 없이 집을 짓는다면 그 집은 두서가 없고 엉망인 집이 될 것이다. 완성된다고 해도 많은 실패와 시간이 투자될 것이다. 그래서 제대로 된 설계도를 기반으로, 설계도에 충실한 튼튼한 집을 지어야 한다.

나만의 근사한 집을 짓기 위해 인테리어를 하고 집을 꾸미고 가꾸는 것도 필요하다. 나만의 집을 짓기 위해서는 우선 내가 어떤 사람인지를 알아야 한다. 그래서 나를 탐색하고 돌아보는 시간이 필요한 것이다. 임상실습을 하면서 자기 작업도 하고 슈퍼비전도 받고 상담도 받아 보며, 좀 아플 수도 있지만 나를 알아야 나의 집을 지을 수 있다는 것을 알게 된다.

나에게 정신과는 집을 짓기 위한 든든한 철근이다. 미술치료에 대한 인식 부족으로 좌절을 경험하기도 하고 힘든 환자를 만나면서 힘든 적도 있었다. 하지만 환자로부터 에너지를 얻기도 하고 변화하는 환자들을 보며 보람도 느끼고, 그로 인해 성장욕구도 느꼈다. 정신과 임상실습은 나에게 이론과 실제를 연결하는 고리이며 정신과 임상실습을 하면서 실습 경험을 쌓는 것 뿐 아니라 학문적 성장을 경험하게 하였다.

이 든든한 철근을 갖고 나는 오늘도 집을 짓는다. 그리고 이 집이 근사하게 완성되면 나도 성숙한 미술치료사가 될 것이라고 믿는다!

2. 기관미술심리치료를 다룬 해석학적 현상학적 글쓰기

기관미술심리치료(Iintitutional Art Psychotherapy: IAPT)는 특수아, 치매 노인, 교도소 수감자와 같은 특수 대상자 중심의 교육이 필요하며(장연집, 2009), 임상 현장은 정신지체 교실, 특수아 학교, 시청각장애자 학교, 노인치매 센터, 교도소 등 각 대상자들의 특성에 맞춰 설립된 기관이 될 것이다. 미술심리치료사는 각 기관의 설립 목적에 따라 대상자의 상황에 맞춰 예술로서의 미술, 미술심리치료적 접근으로 다가가야 한다. 예를 들어, 국내 복지관에서는 방과 후 아동을 위한 교육과 정서 돌봄 프로그램이 활성화되고 있어서 복지관에서의 미술심리치료도 활성화되고 있다. Rubin(2008)은 미술심리치료사가 체제 내부로 들어가 프로그램의 성장과 발달에 도움이 되는 방법으로 미술심리치료에 관한 지식 외에 그 기관의 가치 기준과 구조를 파악할 수 있어야 한다고 하였다.

기관미술심리치료 주제의 해석학적 현상학적 글쓰기는 연구자 14와 연구자 13이 쓴 총 2편이다.

석사학위 과정생의 복지관에서 아동 미술치료 현장실습 후 종결 체험 글쓰기와 노인복지시설에서 집단 미술치료를 수행한 체험 글쓰기를 통해 각 기관 미술심리치료 경험의 장으로 들어가길 바란다.

1) 미술치료학 전공 석사학위 과정생의 아동 미술치료 현장실습 종결 체험에 관한 해석학적 현상학적 글쓰기

첫 번째 아이, 첫 번째 만남, 만남의 시작

미술치료학 석사학위 과정에 입학하고 적응하기 위해 안간힘을 쓰며 한 학기를 보냈다. 배워야 할 것, 지녀야 할 것, 갖추어야 할 것들이 정말 많다. 내가 정말 미술치료사가 될 수 있을까? 혼란스러운 와중에 고민할 새도 없이 2학기 현장실습 시작이 다가왔다. 나의 첫 번째 내담자는 여자 아동이라고 한다. 무엇을 어떻게 해야 할지 모르는 상황에서 펼쳐 본 이론서에서 '사전 정보'가 눈에 들어온다. 나는 단서를 찾은 듯 반가운 마음으로 사회복지사에게 '아동의 사전 정보'에 대해 물어본다. 전화기 넘어 사회복지사는 빠르고 간략하게 아동에 대해 이야기한다.

"진이는 초등학교 3학년 여자아이고요, 부모님이 재작년에 이혼하시고 두 분 모두 지방에 계세요. 두 분 다 재혼하셨고 연락도 거의 없다고 하고요. 할머니가 주 양육자라고 보시면 돼요. 언니랑 사이가 안 좋아요. 학교에서도 친구들이랑 잘 못 어울리고 적응하기 어려워하는 게 좀 있고요. 할머니는 진이가 주의 산만해서 학습 능력이 조금 부족하다고 생각하셔서 인지적으로 많이 다루어 주셨으면 하시더라고요. 아참, 치료 기간은 저희가 항상 하듯이 16회기로 진행해 주시면 될 것 같아요."

'아 네 선생님. 잘 알겠습니다. 감사합니다. 다음 주에 뵙겠습니다.' 숨도 안 쉬고 공손하게 인사하면서 전화를 끊은 후, 받아 적은 내용을 한참 동안 바라보았다. 초 3학년 여아. 이혼 가정. 학교 부적응. 또래 관계 문제. 주의 산만. 학습 문제. 인지적으로 다루기. 인지적으로 다루기? 이게 무슨 말이지? 어떻게 해야 되지? 다시 한 번 보자……. 진이라는 아이는 초등학교 3학년이고, 할머니와 살고, 학교생활에 잘 적응하지 못하고, 친구를 사귀지 못하고, 주의가 산만하고, 학습에 어려움이 있구나. 10살짜리 여자아이에게 이렇게나 많은 문제가 있다니. 내가 이 아이에게 어떻게 무엇을 해 줄 수 있을까……. 걱정되고 불안해진다.

첫 회기가 진행되는 날 30분 전에 복지관에 도착하였다. 사회복지사와 만나 인사를 나누고, 미술치료가 진행될 공간을 안내받았다. "진이는 10분 정도 있다가 도착할 거예요. 오면 들여보낼게요."라는 말을 남기고 복지사 선생님은 문을 닫고 나간다. 작은 방을 둘러보니 창문, 책상과 의자, 미술 재료들이 차곡차곡 정리되어 있는 수납장이 있다. 나쁘지도 않지만, 좋지도 않고. 낯선 것만은 분명한데. 지금 낯설지 않은 것은 하나도 없으니까. 대수롭지 않게 재료들을 펼쳐 놓았다. 연필과 지우개, 파스넷, 도화지. 아이가 앉을 자리에 정갈하게 놓고 맞은 편 자리에 앉아서 '나는 지금부터 미술치료사다.'라고 되새겨 본다.

문이 열리고 '진이'라는 아이가 들어왔다. 어색하게 웃으면서 "진이야! 안녕, 반가워." 하고 인사하였는데 "네."라는 짧은 대답이 돌아왔다. 자리를 안내하고 우리는 작업대를 사이로 마주앉았다. 나는 진이에게 나를 소개하고, 미술치료 시간에 대해 안내하면서 조심스럽게 진이를 살펴본다. 진이는 깨끗한 분홍색 티셔츠와 남색 치마를 입었다. 한 갈래로 묶고 땋아 틀어 올린 작은 머리에는 앙증맞은 핀이 세 개나 있다. "그래서 앞으로 매주 이 시간에 만나서 그림을 그리고 이야기를 나눌 거야." 하고 말하니 "네." 하는 대답이 다시 나온다. 어떡하지? 다음에 무슨 말을 해야 하지? 고민하는 동안 흐르는 정적을 무찌르기 위해 나는 다급하게 "머리를 아주 예쁘게 묶었네, 누가 해 줬어?"를 묻는다. "할머니가……." "아, 할머니가 해 주셨구나, 할머니가 매일 이렇게 진이 머리 묶어 주셔?" "네." 나는 어린 손녀의 머리를 만지고 예쁜 옷을 입혀 주는 조모의 역할을 잠깐 생각한다. 상당한 보살핌이겠구나. 아이의 이런 모습이 의외라고 생각한 나 자신에 놀란다. 구멍 난 옷을 입고 콧물이라도 흘리면서 올 것이라고 생각했다는 말인가? 이런저런 생각을 하는 새 또다시 정적이 찾아왔다. "진이는 그림 그리는 거 좋아해?" "네." "아, 그렇구나. 다행이네. 진이야, 그럼 우리 오늘 그림 그리기 시작해 볼까?" "네." "오늘은 우리 첫 시간이니까 선생님은 진이에 대해서 궁금한 게 많아. 그래서 오늘 그림으로 진이가 자기소개를 해 줬으면 좋겠어." 한참을 망설이다가 살구색 파스넷을 골라 도화지에 작은 사람을 그리는 진이를 바라보며, '그런데 이 아이는 왜 이렇게 말이 없지?' 하는 의문이 생긴다. 원래 이렇게 말이 없는 것일까, 아니면 처음 만난 사람이 어색해서 그런가. 낯가림이 심한 아이인지를 사회복지사에게 물어봤어야 했나. 이런저런 생각을 하는데 진이가 파스넷을 놓고 고개를 들어 내 얼굴을 빤히 쳐다본다. "다 했어요" '벌써?'라는 단어가 튀어나올 뻔했다. 도화지 안에 분홍색 티셔츠와 남색 치마를 입은 사람이 서 있다. 나는 고개를 들어 진이와 그림을 번갈아 보았다. 진이와 그림 속 사람이 입고 있는 옷이 같다. 갑자기 진이가 귀엽게 느껴졌다. 진이는 그림을 보는 나의 얼굴을 조심스럽게 바라보고 있다. 나는 "진이랑 그림 속 사람이 똑같은 옷을 입고 있네?" 하고 물으니 진이 얼굴에 옅은 웃음이 번진다. 아, 웃었다. 그 웃음에 나의 긴장과 어색함이 희석된다.

어쩐지 마음이 벅차고 기분이 좋은 상태로 복지관을 나선다. 집에 가는 버스 안에서 휴대 전화에 저장된 진이 그림 사진을 확대해서 본다. 그림 속의 진이가 작고 귀엽다. 나의 첫 번째 내담자가 그린 첫 번째 그림이다. 소중하고 조심히 다뤄 주고 싶다. 그림을 들여다보며, 문득 '그런데 이 넓은 공간에 왜 혼자일까' 하는 의문이 든다. 사람뿐만 아니라 어떤 개체나 배경도 없이 아이 혼자서 작게 서 있다. 그림 속 아이의 표정은 웃는 것 같기도 하지만 무표정으로 보일 만큼 희미하다. 이렇게 하얗고 빈 곳에 아무것도 없이 혼자 서 있는 어린아이의 느낌은 어떤 것일까. 외롭지는 않을까? 무섭지는 않을까? 텅 빈 곳이 조금씩 채워질 수 있으면 좋겠다.

한 걸음씩 좁혀지는 간격

진이와의 세 번째 만남이다. 진이는 전보다 조금씩 더 말하고 더 웃기 시작했다. 하지만 질문에 '몰라요.' '그냥요.'라 대답하거나 미묘한 미소를 지으며 고개를 도리도리 흔드는 진이를 보며, 아직도 아이와 나 사이에 꽤 먼 거리가 있음을 짐작한다. 이 거리를 언제 쯤 좁혀져 진이와 내가 만나질까 궁금해하며 진이를 바라본다. 몰두해서 강아지를 색칠하는 진이를 보니 이 아이가 왜 주의산만하다는 평가를 들었던 것인지 알 수 없다. 진이는 미술에서만큼은 적극적이고 상상력이 풍부한 아이이다. 지난 회기에서 그리다 만 강아지를 오늘 마저 그려 완성하겠다고 하는 것을 보니 끈기도 있고 추진력도 있어 보인다. 진이와 만나기 전에 들었던 진이에 대한 이야기들과는 정말 다른 모습이다. 혹시 다른 아이의 정보가 아니었을까 싶을 정도로 다르게 느껴진다. 귀로 들었던 진이와 눈으로 본 진이의 차이를 생각하면서, 지금 내 앞에 앉아 있는 아이의 '진짜' 모습을 하마터면 놓칠 뻔했구나 하고 생각한다.

그림을 다 그린 진이가 고개를 들고 나를 조용히 바라본다. 아 다 했구나, 하면서 그림을 보며 진이와 이야기한다. "이 강아지를 지난주하고 오늘 이어서 했네, 강아지 그리는데 어땠어?" 하고 물으니 진이는 "강아지…… 다 그려 주고 싶었어요." 하고 조심스럽게 말한다. 강아지는 빳빳하게 서서 있는데 입을 굳게 다물고 꼬리가 축 쳐져 있다. 도화지 아래에는 초록색 풀이 그려져 있지만 강아지의 발과 풀 사이에 틈이 있어 땅을 딛고 있지 않다. 진이는 그림 속 강아지에서 눈을 떼지 않고 물끄러미 강아지를 바라보고 있다. 그 눈빛에서 2주간 그린 강아지에 대한 각별한 마음이 느껴진다. 나는 "강아지의 이름을 한번 지어 볼까?"를 물었다. 강아지의 이름은 '아롱이'다.

여섯 살 난 강아지 아롱이는 지금 엄마를 기다리고 있다고 한다. 엄마는 아롱이를 다른 집에 데려다 놓고 떠나 오랫동안 돌아오지 않고 있다. "아롱이의 기분은 어때?" 진이는 가만히 있다가 작은 목소리로 "슬퍼요."라고 말한다. 조금 멈칫하다가, "외로워요."라고 덧붙인다. 문득 부모님의 부재한 진이의 상황이 떠오른다. 갑자기 진이가 안쓰럽고 가엽다. 그 빈자리가 어떻게 채워질 수 있을까. 그래서 나는 "선생님은 아롱이가 안쓰러워……. 어떻게 하면 아롱이가 슬프고 외롭지 않을 수 있을까?"를 묻는다. 진이는 오랫동안 가만히 있다가, "집 만들어 줘요." 하고 말한다. "아롱이는 집이 없어?" 하고 물으니, "있는데…… 아롱이 집이 아니에요." 하고 말한다. 시간을 확인하니 5분이 남았다. 나는 남은 시간이 5분이 있는데, 혹시 그림 속에 아롱이의 집을 그려 넣고 싶은 마음이 있는지 물었다. 눈을 반짝이며 고개를 끄덕이는 진이를 보니, 지금이 진이에게 부족한 부분을 채워 줄 수 있는 기회처럼 여겨졌다. 진이는 아롱이 옆에 집을 그려 넣기 시작했다. 아롱이의 집은 마치 사람이 사는 집같이 보였는데, 현관과 창문, 굴뚝도 있었다. 진이가 색칠을 시작할 때 시간을 확인하니 1분이 남아 있다. 나는 1분이 남았고 다음 시간에 이어 해도 좋으니 완성하지 못해도 괜찮다는 것을 상기시켰다. 진이가 서둘러서 색을 칠하고 있는데 시간이 다 되었다. 자, 이제 끝낼 시간이 되었다 하고 이야기하니 진이의 손놀림이 더 바빠진다. 그런 진이의 다급한 모습에서 완성에 대한 강한 의지가 느껴진다. 아롱이의 집을 보니 조금만 더 하면 완성할 수 있을 것 같다. 이 상태로 회기를 중단하고 싶지 않은 느낌이 들었다. 슬프고 외로운 아롱이에게 해 줄 수 있는 것을 겨우 찾았는데, 그것을 해 주지 못한 채 이 시간을 끝내고 싶지 않았다. 무엇보다 아롱이의 집을 완성하기 위해서 서두르는 진이의 모습을 보니 중단하고 싶지 않았다. 진이가 집을 완성했을 때는 예정된 시간보다 5분이 지났다. 파스넷이 묻은 진이의 얼굴에 미소가 있다. "집이 생긴 아롱이는 기분이 어떨까?" 하고 물으니 진이는 "좋아요." 하고 대답한다. 그 대답을 듣고, 시간은 지났지만 잘됐다, 진이가 만족해서 다행이다 하고 생각했다.

한 주 후 만난 진이 얼굴이 어쩐지 창백하였다. 어디가 아픈 것이 아닌지를 확인하였는데, 진이는 "괜찮아요." 하고 말한다. 지난주의 그림을 꺼내어 아롱이의 집에 대해 이야기하는데 진이의 안색이 영 좋지 않았다. "진이야, 괜찮다고 했지만 선생님은 네가 아픈 게 아닌지 걱정이 돼. 혹시 어디가 아프면 선생님한테 말해 줘." 하고 말하니 진이가 "화장실에 다녀와도 돼요?" 하고 묻는다. 진이를 화장실에 보내고 혹시 도움이 필요하지 않을까 싶어 화장실 앞을 기웃거렸다. 문이 열린 맨 끝 칸에서 '우웩' 하는 소리가 들렸다. 깜짝 놀라 가 보니 진이였다. 들어가 진이의 머리카락을 잡고 등을 쓸어 주었다. 진이는 점심 급식을 먹고 체하여 괴로워하고 있었다. 보호자가 진이를 데리러 올 동안 복지관의 직원 휴게실에 진이를 눕혔다. 식은땀을 흘리고 얼굴이 창백하다. 체한 속이 괴로웠을 텐데 괜찮다고 앉아서 버틴 진이의 모습이 생각나 속상하고 가여웠다. 따듯한 담요를 덮어 주고, 마시기 편한 정도의 따듯한 물을 가져와 옆에 두었다. 진이가 눈을 뜨고 나에게 "죄송해요." 하고 말했다. 자기가 아파 그림을 못 그려서 미안하다는 것이다. "미안할 일이 전혀 아니야. 진이가 아프지 않고 건강한 게 가장 중요한 거니까 불편해하지 말고 쉬어도 돼." 하고 말했다. 진이는 고개를 끄덕이고 눈을 감았다. 식은땀에 젖은 머리카락이 작은 이마에 붙어있다. 나는 잠깐 망설이다가 머리카락을 손가락으로 가만히 떼어 주었다.

진이를 데리러 온 할머니와 처음 만나 간단히 인사를 했지만, 아픈 진이를 병원에 데려가시느라 이야기를 나눌 새가 없었다. 다음 주에 만난 진이는 훨씬 좋은 안색으로 도착하였다. 나도 반가워서 "진이야 지난주 괜찮았어? 선생님이 많이 걱정했어." 하고 말하니 진이는 수줍게 웃으면서 "이제 괜찮아요. 그날 집에 가니까 바로 괜찮아졌어요." 하고 말한다. 이날 진이는 회기 시간이 또다시 5분을 넘기도록 많은 이야기를 했다. 어쩐지 지난주 진이가 아팠던 일을 기점으로 나와 진이 사이의 거리가 당겨진 느낌이다. 예전보다 자신의 이야기를 훨씬 더 많이 하고 웃는 진이를 보니, 이제 진이가 마음을 열기 시작하는가보다 싶다. 나는 그런 진이의 변화가 반갑고 기쁘다. 이제 정말 진이와 닿아진 느낌이다.

오늘은 진이와 일곱 번째 만남이다. 학교가 끝나고 바로 복지관에 온 진이가 미술치료실 문을 열며 "선생님, 안녕하세요." 하고 밝게 인사한다. 처음의 모습에 비해 밝고 쾌활한 모습을 보여 주는 진이가 기특하다. 오늘의 주제는 '학교에서 생긴 일'이다. 진이는 바로 파스넷을 쥐고 쓱쓱 그림을 그려 나간다.

완성된 그림 안에는 진이가 책상에 앉아 급식을 먹고 있다. 웃으며 숟가락을 쥐고 앉아있는 진이가 가운데 있고 한편에 다른 아이들의 무리가 있다. 그 아이들이 진이와 멀게 느껴진다. "진이야, 여기 있는 애들은 누구야? 진이랑 따로 앉아 있네?" 하고 조심스럽게 물으니, 진이는 "같은 반 애들이요. 저랑 안 놀아 줘요." 하고 대답한다. 나는 걱정스러운 마음이 들어, "아이들이 진이랑 안 놀아 줘?" 하고 묻는다. "애들은 나 싫어해요."라는 진이 대답이 속상하다. "언니도 나 싫어해요." 하고 진이가 덧붙인다. 진이의 언니는 중학교 2학년이다. 언니는 진이를 부끄러워하고 귀찮아하여, 등교길이 같은 방향임에도 불구하고 진이에게 다른 길로 등교할 것을 요구한다고 하였다. 언니가 전교 회장이라는 이유로, 할머니는 무조건 언니의 편을 들어준다고 진이는 말한다. 나는 갑자기 어렸을 때 나와 언니의 관계가 떠오른다. 공부를 잘하고 성실했던 언니가 내 앞에서 끔찍한 폭군이었던 비밀은 아직까지 지켜지고 있다. 그 당시의 원망이 아직까지 깊이 자리하는 까닭에, 가끔 언니에게 참기 힘들 정도로 화가 난다. 갑자기 진이가 어리고 약한 동생이었던 나처럼 보인다. 그래서 언니에게 화가 난다. 나의 언니인지, 진이의 언니인지 잘 모르겠다. 진이가 안쓰러운 건지, 어린 내가 안쓰러운 건지도 잘 모르겠다. 분명한 것은 내가 진이의 감정을 알고 있다는 것이다. 세상에 하나밖에 없는 언니로부터 거부당할 때, 나는 모르는 듯 괜찮은 듯 그 자리에 가만히 존재해야 했던 서러움이 어떤 것인지 잘 알고 있다. "진이야." 하고 다음 말을 잇기 힘들다. 마음이 뻐근해서 어떤 말을 해야 할지 모르겠다. 어떤 말을 해 주어도 그 기분이 나아지지 않을 것 같다. 내가 그랬으니까. "진이가 마음이 많이 속상했겠다……." 진이의 눈물이 반짝 맺힌다.

오늘은 20분 일찍 와서 할머니와 보호자 상담을 하는 날이다. 지금 막 도착한 할머니가"진이는 여기서 책 읽고 있어."라며 대기실로 진이 등을 떠민다. 진이가 빼꼼 고개를 내밀고 웃으며 "선생님 안녕하세요." 하고 인사한다. "그래 진이야, 안녕, 선생님은 오늘 할머니하고 잠깐 이야기하기로 했어. 있다가 20분 후에 시작하자." 하고 말했다. 나조차 들어본 적 없는 상냥한 내 말투에서 진이에 대한 애정이 넘실거린다.

할머니가 보는 진이의 모습은 내가 생각하는 진이보다 훨씬 더 문제 많은 아이였다. 특히 최근 들어 등교를 거부하고 짜증과 투정이 많아졌다고 말씀하시며, "언니하고도 사이 안 좋고 고집도 어찌나 부리는지……." 그로 인해 본인이 '얼마나 매일같이 정신이 없고 힘든지'를 호소하면서 '지 언니처럼 공부를 해야 되는데 그러지를 못해서' 걱정이 된다고 하신다. 일주일에 한 시간씩 보는 진이의 모습이 집에서의 모습과 꽤 다르긴 한 모양이다. 나는 진이의 편에 서서 이 문제들을 이해해 보려고 노력한다. 등교를 거부했다니, 학교에서 많이 힘들었구나. 그동안 꿋꿋하게 참아냈던 것이구나. 집에서는 언니 때문에 많이 속상했겠구나. 그런 마음을 할머니에게 표현하였구나. 그런데 할머니가 알아주시지 않아서 더 속상했겠구나. 짜증과 투정이 네가 할 수 있는 감정 표현이었구나. 진이가 많이 힘들었겠구나. 그런 마음에 대해 나만큼은 알아줘야겠다. 읽어 주고, 받아 주고, 담아 줘야겠다고 생각하며 문을 열고 진이를 부른다.

"진이야, 미술치료 시작하자!"

성급하게 다가온 마지막 순간

진이를 만나러 가는 길에 그동안의 우리 시간들을 생각해 본다. 진이는 지난 회기 운동회에서 친구들과 단체 줄넘기를 하고, 함께 점심을 먹고, 방과 후에도 같이 그네를 탔다고 했다. 그래서인지 진이는 요즘 "학교에서 재미있었어요."라며 웃는 일이 많아졌다. "선이랑 제일 친해요."라는 말을 듣고, 나는 친한 친구가 생긴 것이 마치 나인 것처럼 뛸 듯이 기쁘고 행복해진다. 오늘은 진이와 10번째 만남이다. 복지관에 도착하니 사회복지사 선생님이 "선생님 잠시만요, 드릴 말씀이 있어요." 하며 나를 부른다.

"선생님 진이랑 지금 몇 번째까지 하셨었죠? 아……. 그래도 다행이다, 선생님 다름이 아니라 저희가 내부 공사 겸 하반기 프로그램 개편을 시작하게 됐어요. 그래서 지금 치료 사례들이 정리가 하나씩 되고 있는데요. 진이랑 선생님 치료가 기간이 안 맞아서 예정보다 일찍 종결을 부탁드려야 할 것 같아요."

지금까지 생각해 본 적 없는 종결이라는 단어가 갑자기 툭 튀어나온다. 나는 귀가 먹먹하다. 나는 종결에 대해 아무런 준비가 안 되었는데. 앞으로 6주가 남은 종결에 대해 아무런 생각도 계획도 한 적이 없다. 사실 종결 자체를 전혀 염두하고 있지 않았다.

정신을 가다듬고 애써 침착하게 "어…….저는 원래 정해졌던 대로 16회기를 생각하고 있었어요." "네, 그렇죠. 처음에 그렇게 기간을 잡았는데 저희도 예상치 못하게 상황이 양해를 부탁드리게 됐어요. 그런데 오늘 당장 하는 것은 아니고요, 앞으로

2주간 시간이 있어서 12회기로 종결해 주시면 될 것 같아요." 반박할 틈 없이 종결 통보를 위한 짧은 면담은 끝이 났다. 혼란스러운 마음으로 미술치료실 안에 들어왔다. 12회기. 오늘을 빼면 앞으로 두 번의 만남 후 종결이다. 어떻게 이렇게 될 수 있지? 나와 진이의 관계가 우리 둘을 제외한 상황으로 인해서 중단된다니. 그동안 정성스럽게 쌓아 왔던 관계가 이렇게 허무하게 끝나다니. 내가 해 왔던 노력과 나의 진심이 함부로 취급된 것 같은 느낌이다. 화가 난다. 미술치료가 이렇게 끝나 버리는 것에 대해서. 나의 소중한 첫 번째 사례가 이렇게 막 다루어지는 것에 대해서. 나와 진이의 목소리가 소외된 채 우리의 운명이 결정된 것에 대해서. 지금 이 시간이 일주일 중 가장 행복한 시간임을 고백하던 진이의 얼굴이 떠오른다. 진이에게 어떻게 말을 꺼내야 하나. 나도 받아들이지 못하겠는 이 결정이 진이에게 상처가 되지는 않을까. 까맣게 타드는 내 속을 알 리 없는 진이는 밝게 웃으며 치료실 문을 연다. "선생님 저 왔어요." 방긋 웃으며 들어오는 진이를 보며 나는 얼떨결에 미소로 답한다. "어, 진이 왔구나." 하지만 조금 전까지 고민하던 종결에 대해 입을 굳게 닫는다. 우선은 어떻게 이 상황을 이야기할지 모르겠다. 회기를 시작하는 지금 이야기를 해야 할까? 아니면 회기가 끝날 때 말해 줘야 할까? 그 얘기를 듣고 혼자 집에 가는 진이의 마음이 힘들지 않을까. 나는 잠시 고민하다가, 지금 진이에게 이야기하고 그에 대한 감정을 나누기로 결심한다. "진이야." 하고 불렀는데 말 떼기가 어렵다. 혹시 지금 내 감정에 휩싸여 지나치게 무겁게 말을 전달하는 것은 아닌가? 내 감정을 어느 정도는 제어한 채 이야기를 해 줘야 하는 것이 맞는 걸까? 너무 무겁지만은 않게, 담담하게 그러나 조심스럽고 부드럽게, 그렇다고 지나치게 가볍지 않게, 진지하지만 따뜻하게……. 고민하고 또 고민하는데 진이가 "선생님 왜요?" 하고 궁금해한다. "어……. 진이야 오늘 선생님이 할 이야기가 있어. 우리가 지금까지 열 번 만나 왔잖아. 우리 처음에는 16번 만나기로 했었지. 그런데 여기 복지관에 사정이 생겨서 진이 미술치료를 12번까지 해야 되는 상황이야." 진이는 표정에 변화 없이 "왜요?" 하고 묻는다. "응, 왜냐하면 복지관에서 하는 일이 조금 변경된데. 그리고 공사도 한다고 해서. 아쉽게도 우리가 미술치료를 계속할 수가 없는 상황인 것 같아." "아……." 진이의 반응에서 마음이 비춰지지 않는다. "진이 괜찮아?" "네." "그래? 괜찮아?" "괜찮아요." 예상보다 덤덤한 진이의 반응이 의외다. 나는 조금 당황스러운 동시에 서운함도 느낀다. 그런데 이 아이가 정말 괜찮은 것일까? 나만 이 종결이 갑작스럽고 아쉬운 것일까? 이 시간이 진이한테는 별거 아니었나? "선생님 그럼 우리 두 번 더 만나요?" "응. 지금 이 시간 포함하면 세 번이 더 남았네." 진이는 아무 말이 없다. 잠시 정적이 흐른다. 나는 조심스럽게 진이에게 오늘 하게 될 작업에 대해 이야기한다. 처음으로 이어서 진행할 연속작업을 계획해 왔는데, 우리에게 남은 시간이 없으니까. 세 번의 회기를 헛되이 보내서는 안 된다. 나는 지금 여기서 진이를 위해 무엇을 해 줄 수 있을지 고민한다. "진이야, 네가 평소에 해 보고 싶었던 작업이 있어? 만들기든, 그리기든 진이가 제일 하고 싶은 것. 무엇이든 말해 봐. 우리 오늘 그것을 해 보자." 그냥 막연하게 진이가 하고 싶은 것을 해 주고 싶었다. 그것이 무엇이든 이렇게 된 상황에서. 예상치 못한 마지막을 앞두고 미술작업만큼은 아이가 원하는 것을 하고 싶었다. 진이는 잠시 망설이다가 "아롱이 만들기 하고 싶어요."라고 말한다. 아롱이는 진이가 3회기 때 그렸던 강아지이다. 진이는 그때 엄마를 기다리며 외롭고 슬퍼하는 아롱이를 위해 집을 만들어 주었다. 나는 먼 오래전처럼 여겨지는 그때의 진이를 떠올려 본다. 그래 우리 아롱이를 만들어 보자. 나는 재료 수납장에서 아이클레이를 꺼내 진이 앞에 펼쳐놓는다. 진이는 말없이 노란색 아이클레이를 쥐고 길게 늘였다가 뭉치기를 반복한다. 엄마에게 버림받은 아롱이를 만들고 싶었던 이 아이의 마음이 어떤 것일지를 생각해 본다. 이제 자신의 솔직한 마음을 나한테 말하기 시작했는데. 이제 웃음과 울음을 보여 주기 시작했는데. 이제 나를 믿고 마음을 열기 시작했는데. 그런 시점에서 끝과 마주한 이 아이의 마음이 어떨지를 생각해 본다. 아이의 입장에서 종결이라는 개념을 이해할 수 있을까. 혹시 인간적으로 버림받았다고 생각하면 어떡하지. 처음으로 믿어 본 어른에게 버림받고 배신당하는 기분이 들지는 않을까. 그러면 이 종결이 아이에게 너무 상처가 될 텐데. 서운하지는 않을까. 이렇게 끝나 버릴 것을 처음부터 시작하지 말 걸 그랬다며 후회하지는 않을까. "선생님!" 클레이에 시선을 고정한 채 진이가 나를 부른다. "저 아롱이 못 만들겠어요. 만들 줄 몰라요. 강아지." 진이는 이날 아롱이와 아롱이의 밥그릇, 아롱이의 집까지 모두 "못 만들겠어요."라며 나의 도움을 요청하였다. 나는 직접 시범을 보여 주고 진이가 따라서 만드는 방식으로 작업하였다. 그러나 진이는 아롱이의 집이 너무 어렵다며 직접 만들기를 포기하였고 내가 만든 집을 갖기를 원했다. 완성된 아롱이와 집을 보며 우리는 대화를 이어 갔다. "진이야, 오늘 아롱이를 만들어 보니까 어땠어?" "몰라요. 그냥 그랬어요." 그렇게 대답하면서도 진이의 시선은 미동 없이 아롱이를 향하고 있다. "예전에 그림 속 엄마를 기다리는 아롱이는 슬프고 외롭다고 했었지, 지금 클레이 아롱이는 무엇을 하고 있을까?" "그냥 있어요." "음, 그래. 그럼 아롱이의 기분은 어때?" "몰라요." "응, 잘 모르겠구나. 한번 생각해 볼까?" "아무렇지도 않아요. 그냥 그래요."

복지관을 나서며 크게 한숨을 쉬었다. 무거운 공기를 털어내고 싶은 마음에 빠르게 걸어 본다. 오늘 진이는 평소보다 말과 웃음이 없었고, 모른다거나 그냥 그렇다는 대답만 했다. 그 모습이 처음에 봤던 진이와 많이 닮았다. 처음으로 돌아간 느낌이다. 집에 돌아와 일지를 읽으며 진이와의 회기를 돌이켜 본다. '부모의 부재에 대한 상실감정 수용 및 감정인식 증진, 학교생활 적응을 위한 또래관계 기술 향상.' 진이와 2회기를 진행한 후 계획했던 미술치료의 목표이다. 지금의 진이 모습과 치료 목표를 견주어 보며 변화를 가늠해 본다. 미술치료 목표에 걸맞은 모습이 없다. 오늘 진이가 보인 모습만 봐서는 어떠한 변화도 확인할 수 없다. 변화가 없다는 것은 미술치료가 효과가 없었다는 것인가? 아니지, 미술치료사로서 내가 능력이 없다는 말이지. 나는 갑자기 불안해진다. 10회기 동안 미술치료사로서 나는 진이에게 무엇을 해 주었을까. 우리의 미술치료는 2주 후 종결할 만큼 완성되지 않았다. 나의 첫 번째 사례를 이렇게 불완전한 채 접어야 한다니 속상하고 좌절스럽다.

열한 번째 회기를 앞두고 본격적인 종결 작업을 위해 늦은 시간 도서관에 남았다. 나는 지금 우리의 종결 과정을 도울 미술작업이 무엇일지 고민하고 있다. 종결에 대한 감정 표현, 그동안의 치료 경험에 대한 느낌을 그리는 방법 등이 이론서에서 보인다. 나는 이런 작업들이 진이를 위한 것으로 와닿지 않는다. 끝이 지나치게 강조되는 것이 불편하다. 진이가 보내온 좋은 경험들이 끝나는 것을 정말 원치 않는다. 미술치료가 끝난 후 진이의 삶은 어떠한 것일까. 평가하지 않고 통제하지 않고 자신을 지지하는 어른이 이 아이에게 또 있을까. 자신을 표현할 수 있는 기회가 진이에게 또 있을까. 이제 막 친해지기 시작한 학교 친구들이 진이에게 계속 잘해 줘야 할 텐데. 할머니의 편애가 더 심해지지는 않을까. 언니가 진이를 너무 구박하지 말아야 할 텐데. 나는 종결 이후 진이의 삶을 계속해서 걱정한다. 살아가면서 힘든 일이 생길 텐데. 어린 나를 혼자 두고 떠나는 느낌이다. 미술치료가 끝나도 진이의 조력자로서 계속 진이를 만나고 보고 싶다. 어린 진이가 커 가는 모습을 가끔이라도 만나 확인하고 싶다. 나는 문득 이렇게 종결할 것이 아니라 다른 장소를 마련해서라도 진이와의 미술치료를 이어 가고 싶은 마음이 든다. 빌릴 수 있는 대안 공간만 있으면 예정된 기간대로 종결할 수 있지 않을까. 아니면 진이 집에서 방문 미술치료를 진행할 수 있는 방법도 있고. 여러 가지 고민들을 내려놓는다. 진이를 향한 나의 각별한 마음이 이별에 저항하고 있다.

슈퍼비전이 있는 날이다. 동기 연이가 9개월간 학교에서 진행해 온 아동 미술치료 사례를 발표하고 있다. "그래서 기관에 재차 재료비 지원을 부탁드렸는데, 결국 거절이 되었고 5개월째부터는 재료를 제가 부담해서 진행하게 되었습니다." 연이는 담담하게 말을 이어 간다. "사실 협의된 사실과 다르게 갑자기 지원이 중단된 것에 대해서 기관에 안 좋은 감정이 있었던 것도 사실이었어요. 그래도 처음에는 재정적인 부분 때문에 이 아동 내담자와의 미술치료를 중단하는 것은 아니라고 생각했습니다." 연이는 4개월 동안 매주 재료와 도구들을 준비하며 갖게 된 부담감에 대해 이야기했다. 그녀는 어느새 미술치료 작업 이전에 필요한 재료값을 먼저 생각하는 자신을 발견하였고, 그로 인해 자책하는 일이 잦아졌으며, 아동과의 미술치료가 힘겨운 시간으로 전락해 버린 상태에서 본인의 이사가 결정되었다. "초심을 잃고 힘들었던 무렵에서 그런 상황이 종결을 위한 구실이 되었어요. 그래서 기관에 종결 의사를 전달한 후 종결을 진행하게 되었습니다." 나는 가만히 듣고 있다가 '종결'이라는 소리에 끼고 있던 팔짱을 풀고 자세를 고쳐 앉는다. 예정된 치료 기간보다 3개월이 빠른 종결이었다. 연이는 자신의 종결 결정으로 인한 감정에 대해 놀랍도록 솔직하고 담대하게 털어놓는다. "사실 종결을 진행하면서 유기 경험이 있는 아동에게 제 결정이 또 한 번의 상처로 남을 거란 생각이 들기 시작했습니다. 죄책감이 들었어요. 어쨌든 약속을 어기고 떠난 또 한 명의 어른인 거잖아요. 지금까지도 미안한 마음이 커요." 연이는 지금 다음 사례의 시작이 망설여진다고 말한다. "책임감이요. 무슨 일이 생겨도, 어떤 일이 생긴다 해도 끝까지 책임질 수 없다면 처음부터 시작을 하지 말아야 한다는 생각이 들었어요." 이어서 연이는 미술치료사가 한 아이의 인생을 책임질 수 없다는 것을 알면서도 아이의 현실적인 상황을 책임져 줄 수 없음에 무력함을 느꼈다고 말했다. 종결 경험으로 인해 연이가 품게 된 죄책감은 책임감과 혼합되어 새로운 시작을 방해하고 있다. 저렇게 왜곡된 책임감이 증식되면 연이의 현장훈련이 앞으로 더 힘들어질 것 같은 예감이 든다. 연이는 수업이 끝난 후 슈퍼바이저의 제안에 따라 반응작업을 위해 작업실에 남았다. 종결을 앞둔 나도 동참했다.

고요함 속에 선 긋는 소리만 반복된다. 나는 처음 종결을 들었을 때 내가 느꼈던 감정을 떠올려 보고 그림을 시작한다. 그림을 다 그린 나는 그 안에 고여 있는 감정들을 바라본다. 충격. 당황스러움. 놀라움. 불안함. 그런데 왜 이렇게 놀라고 불안하기만 하는데? 마치 영화의 충격적인 반전을 본 것처럼. 종결 자체를 전혀 있을 법한 일이라고 생각하지 못했던 사람처럼. 미술치료가 예정된 기간만큼 진행이 되었다 해도 종결은 일어날 일이었잖아. 나는 왜 그것에 대해 단 한 번도 생각하지 않았던 걸까. 나는 반응 작업을 보며 종결의 존재에 대해 생각해 본다. 지금 이 종결이 예상치 못한 사고처럼 여겨지는 이유에 대해서. 인간관계에서도, 일상의 크고 작은 일들에 대해서도, 최종적인 순간을 최대한 보류하는 것이 나의 개인적인 습성이다. 관계가 끝났다는 것을 알면서도 헤어짐을 마주할 자신이 없어 놓지 못하던 인연의 끈을 생각한다. 마지막이라는 존재는 나에게 항상 불편한 감정을 건네어 왔다. 그래서 내가 선택한 방법은 마지막 자체를 아예 쳐다보지 않는 것이었다. 끝을 염두에 두지 않고 끝이 와도 못 본 체하려고 애써 왔다. 이토록 어리석은 나에게 미술치료 종결이 아프고 충격적인 것은 당연한 일이었다.

끝의 시작

11회기를 진행하기 위해 복지관으로 향하는 길. 지난 시간에 진이가 보였던 모습을 생각한다. '괜찮아요.'라고 했던 진이의 대답과 달리 그날 진이의 행동들은 괜찮지 않은 것처럼 느껴졌다. 진이는 갑자기 왜 솔직한 감정 표현들을 철회하였을까. 왜 종결하는 것이 괜찮다고 말할 수밖에 없었을까. 아쉬움과 서운한 마음을 표현하는 것이 어려웠던 것일까. 그러다가 지난 회기 나의 모습을 생각해 본다. 나는 종결에 대한 서운한 마음을 진이에게 표현해 주었던가. 아니었다. 나조차도 종결에 제압된 채 내 감정을 다스리고 있지 못했다. 그런 상황에서 진이가 솔직한 마음을 비추지 못한 것이 당연했다. 그렇지만 서운함이 없는 척, 모르는 척 진이와 이별하기 싫다. 이런 감정을 나누는 것으로서 우리의 종결 과정을 시작하고 싶다. 오늘은 내가 먼저 용기를 내 솔직한 마음을 말해야겠다.

"안녕하세요." 진이가 조용히 문을 열고 들어왔다. 한 주간의 안부를 간단히 나누고, 조심스럽게 나의 지난 경험들을 진이에게 고백한다. 나는 예정보다 빠르게 다가온 우리의 마지막이 갑작스러웠다고. 그리고 매주 만나던 너를 못 보게 되는 것이 진심으로 아쉽고 서운하다고. 마지막이 너에게 상처가 될까 봐 많이 걱정했다고. 진이가 고개를 들고 나를 보았다. 나는 이 상황에 대한 솔직한 너의 마음을 알고 싶다고 말했다. 너의 마음이 걱정되고, 마지막에 대한 마음을 나누면서 이 과정을 함께 견뎌 내고 싶다고 말했다. “슬퍼요.” 진이가 작게 말했다. “저는 미술치료 계속 하고 싶었어요.” 그랬구나. 나는 미안하고 안타까운 마음이 든다. 이번에는 그런 내 마음을 소리 내어 진이에게 전한다. “선생님도 안타깝고 진이한테 미안한 마음이 들어. 그래도 진이가 서운한 마음을 선생님한테 말해 준 것이 대견하고 고마워. 그런 마음을 표현하는 것은 어른에게도 참 힘든 일이야.” 진이가 나를 보며 묻는다. “선생님도 어려워요?” “당연하지. 그래서 선생님도 지난주에 못하고 지금에서야 말하잖아.” 풋 하고 진이가 웃었다. 오늘은 진이의 미래에 대해 그리고자 한다. “미래의 진이는 어떤 모습일 것 같아?” 진이는 “예쁜 모습이요.” 하고 말한다. “어떤 게 예쁜 모습이야?” “음……. 눈 크고 머리도 길고 예쁜 모습이요.” 진이는 어느 때 보다 신이 나서 그림을 그렸다. “우아! 이 사람이 진이 미래의 모습이야? 정말 예쁘게 잘 컸네?” 진이가 후훗 하고 웃는다. “그림 속 이 아가씨는 몇 살이야?” “20살이요.” “어른이 되었구나. 옆에 있는 이 사람은 누구야?” “남편이요.” “벌써 결혼했어?” 진이가 소리 내어 웃는다. 진이와 나는 이야기를 이어 간다. “진이가 이렇게 예쁜 사람이 되기 위해서는 어떻게 해야 할까?” 진이는 잠시 고민하다가, 우유를 많이 먹어야 된다고 말한다. “맞아, 좋은 생각이야. 또 필요한 노력이 있을까?” “음……. 잠을 잘 자요.” “맞아, 미인은 잠꾸러기라고 하니까. 이 그림 속 아가씨는 행복해?” “네, 아주 행복해요.” “무엇 때문에 그렇게 행복할까?” “음……. 그냥 전부 다 행복해요.” 나는 모든 것이 다 행복한 스무 살 진이를 상상하며 기분이 좋아진다. ‘전부 다 행복한 진이’ 나는 말풍선 모양 메모지에 글씨를 써서 그림 속 진이 위에 붙여 준다. “선생님이 보기에 그림 속 미래의 진이 모습처럼 예쁘고 행복하려면 이런 것들이 필요할 것 같아.” 나는 두 번째 말풍선에 ‘스스로 내 마음 위로해 주기’를 써서 붙인다. “슬플 때면 진이가 스스로 진이 마음을 위로해 주는 거야.” “그건 어떻게 하는 거예요?” 나는 세 번째 말풍선에 ‘내 마음이 어떤지 알아주기’를 써서 붙인다. “위로해 주려면 우선 진이가 스스로 진이 마음을 알아줘야 해. 네가 지금 기쁜지, 슬픈지, 화가 나는지, 서운한지. 그래야 진이가 진이 마음을 달래 줄 수 있으니까.” “내 마음이 어떤지 알아주기, 스스로 내 마음 위로해 주기.” 진이가 소리 내어 문장을 읽는다. 그동안 내가 진이에게 해 주고자 노력했던 역할들이다. 이제는 진이가 스스로 이런 역할을 해 나갈 수 있기를 바라면서 진이와의 11번째 회기를 마쳤다.

둘이서 함께 찍은 마침표

처음 종결을 마주하였을 때와 다르게 나는 지금 한결 편안해진 마음으로 마지막을 준비하고 있다. 비록 예정과 다르게 종결이 결정되었지만, 진이와의 헤어짐을 준비할 수 있는 시간이 허락된 것이 다행이었다. 이른 종결에 대한 분개가 나와 진이에게 아무런 도움이 되지 않는다는 것을 알게 되었다. 생각해 보면 진이와의 만남에 있어 기관은 가장 결정적인 기여를 했으니까. 그리고 어쩔 수 없는 사정이었다는 것은 사실이니까. 적어도 마음이 아닌 머리로는 이해가 된다. 어른에게 의존하는 아이의 입장에서 미술치료를 시작하고 끝내는 결정이 보호자에 의해 이루어진다는 것을. 언제까지나 내가 진이 곁에 존재할 수는 없는 것이다. 그리고 가장 필요한 것은 미술치료가 없는 삶에서 진이가 스스로 행복하고 건강하게 지내는 것이니까. 그것이 미술치료가 진이에게 해 주어야 할 가장 큰 도움인 것이다.

문제 제기에서 벗어나 종결 자체를 받아들인 나는 차분하게 우리의 헤어짐을 준비할 뿐이다. 처음에는 방법을 몰라 막막하게 여겨졌던 종결 작업도 점점 실마리를 찾아가고 있다. 나는 우리의 마지막 회기에서 그동안 진이가 만들어 왔던 그림들을 모아서 함께 돌아보고자 한다. 우리의 시간이 헛되지 않았다는 것을 진이에게 확인시켜 주고 싶다.

진이의 그림들이 담긴 포트폴리오를 소중하게 품에 안고 기관에 도착하였다. 차곡차곡 쌓인 그림들이 생각보다 많다. 그것이 마치 우리의 경험이 풍부한 것임을 증명해 주는 것만 같아 뿌듯하다. "선생님 안녕하세요." 오늘도 어김없이 조금은 수줍은 목소리로 인사하며 진이가 들어온다. 나는 진이를 물끄러미 바라본다. 처음 보았던 모습보다 키가 조금 커 보인다. 진이가 컸구나. 짧은 시간이라 생각했는데 그동안에도 진이는 자라고 있었구나. 우리의 시간이 조금 더 허락되었다면 지금보다 조금 더 큰 진이를 볼 수 있었을까? 심난한 내 마음을 모르는 듯 진이는 호기심 찬 목소리로 물어본다. "선생님 이게 뭐예요? 오늘 뭐해요?" 나는 포트폴리오를 조심스럽게 열어 진이에게 보여 준다. "진이가 그동안 그려 왔던 그림들이야. 처음부터 한번 같이 살펴보려고 해. 이 그림 기억나?" 진이가 첫 번째로 그린 그림을 펼친다. "기억나요. 이거 저예요." 그림 속 진이는 넓고 흰 공간에 혼자 우두커니 서 있다. "이 그림 다시 보니까 어때?" 진이는 곰곰이 생각하는 듯 한참을 망설이다가, "잘 모르겠어요." 하고 웃으며 대답한다. 두 번째 그림, 세 번째 그림, 한 장 한 장 넘기며 진이와 소소한 이야기를 이어 간다. "진이가 이 중에 다시 그려 보거나 고치고 싶은 그림이 있어?" 진이는 망설임 없이 바로 "첫 번째 그림이요." 하고 대답한다. 나는 반가운 마음으로 포트폴리오에서 그림을 꺼내 진이 앞에 놓는다. "이 그림을 어떻게 해 보고 싶어?" "제 옆에 아롱이하고 친구 그릴 거예요." 진이는 분홍색 티셔츠와 남색 치마를 입고 있는 그림 속의 본인 왼쪽에 아롱이, 오른쪽에 친구 한 명을 열심히 그려 넣는다. 혼자 있는 진이 옆에 누군가 그려지는 것은 첫 회기를 마치고 내가 바랐던 일이었다. 그 바람이 마지막 회기에서 이루어진 것 같아 나는 기쁘고 벅찬 마음이 든다. 생각해 보면 진이는 얼마 전부터 친구 이야기를 시작했다. 자신이 하고 싶은 것을 뚜렷하게 주장하는 모습도 예전의 진이와는 다른 모습이었다. 시간이 지날수록 더 많이 웃고, 주장하고, 이야기하는 진이가 있었다. 열 두 번의 만남 동안 이루어 온 작은 진전들이 있었구나. 진이는 자라고 있었구나. 나는 이제야 보게 된 진이의 성장이 반갑고 고맙다. "다 그렸어요." 진이가 마지막 작업을 완성했다. 진이의 친구와 아롱이가 진이의 양 옆에서 해맑게 웃고 있다. 나와 진이도 마주보며 해맑게 웃었다.

"이거 제가 가져가요?" 진이는 내가 준 포트폴리오를 보며 묻는다. "응, 진이가 그린 그림이니까, 전부 다 진이 거야." 진이는 작은 손으로 가만히 포트폴리오를 쓰다듬는다. 나는 문득 궁금해서, "이거 가져가면 어디에 둘 거야?" 하고 묻는다. 진이는 "음……. 몰라요. 할머니한테 물어볼 거예요." "그런데 진이야, 이거 가져가서 가끔은 한 번씩 다시 펼쳐서 볼래?" "왜요?" 진이가 물었다. 나는 그냥 막연히 그림들이 정말로 진이에게 간직되기를 바란다. 그림으로서가 아니라 우리가 보내 온 시간들의 기억으로서 진이의 마음속에 간직되었으면 좋겠다. 나는 조심스럽게 "그냥 가끔, 진이가 이 그림들 보면 우리 미술치료 기억도 나고 좋을 것 같아서. 추억하는 거야. 우리 시간들을." 진이가 갸우뚱 하더니 "네." 하고 대답한다.

"안녕히 계세요." "진이야 잘 지내." 진이는 자신의 몸집만 한 포트폴리오를 두 손으로 들고 미술치료실을 나갔다. 진이는 미술치료실 문 앞으로 걸어가 다시 한 번 뒤돌아서 "선생님 안녕히 계세요." 하며 또 인사를 한다. "응, 그래. 진이야, 잘 지내고 건강해." 나는 또다시 반복해서 인사한다. 진이는 문은 열고, 또 한 번 뒤돌아서 "선생님이 보고 싶을 것 같아요." 하고 말한다. 나는 순간 마음이 시큰하다. 나도 당연히 진이가 정말 보고 싶어질 것이다.

이 경험을 담고 앞으로 차곡차곡 쌓아 가는 것이구나. 언젠가 커다란 서재가 완성될 것이다. 그렇게 내 첫 미술치료 사례가 완성되어 저장되었다.

마침표 뒤에 오는 것들

3학기에 시작한 실습이 벌써 종결을 앞두고 있다. 주말 오후에 문득 생각이 나서 지난 학기의 미술치료 보고서를 열어 보았다. '2학기 미술치료 현장실습' 폴더 안에 진이와의 회기 보고서 파일이 나란히 정렬되어 있다. 나름 잘했던 것들도 있었네. 괜찮게 여겨지는 부분이 있어서 놀랍다. 그런데 실수도 눈에 들어온다. 미술치료 시간 5분 초과하였음. 10분 초과하였음. 비고 칸에 반복되어 기록되어 있다. 시간을 잘 지키지 못했었구나. 지금 하고 있는 현장실습에서는 가장 중요하게 생각하는 것이 치료 시간 엄수인데. 이때는 왜 이렇게 시간 지키는 것을 어려워했지? 문득 궁금해진다. 나는 반복해서 자기반영 부분을 읽어본다. 진이에 대한 안타까운 마음이 반복되어 있다. 그때의 기억이 되살아난다. 진이가 하는 작업을 중단하는 것이 어려웠었다. 그 기억 속에서 진이에게 만족을 주고 싶었던 내 욕구가 느껴진다. 시간이 다 되었으니 다음 회기에서 이어서 하자, 지금은 당연한 그 말이 그때는 왠지 미안하고 냉담하게 여겨졌다. 왜 그랬을까? 더 초반의 보고서를 읽어 본다. '아동 내담자는 언니가 자신을 싫어한다고 말했다.'라는 문장이 눈에 들어온다. 맞아. 진이가 그때 그랬었지. 그때부터였던 것 같다. 나는 자꾸만 진이가 아닌 어린 나를 달래 주고 있었다. 이제야 보이는구나. 그토록 부족했던 나를 '선생님'이라고 부르며 따르던 어린 진이에게 미안해진다. 현장실습. 나는 어쩜 나의 훈련만으로서 이것을 생각했던 것일까. 현장실습을 졸업을 위한 임상실습 시간을 채우는 수단으로, 나의 훈련 과정으로 여겼던 지난 생각을 반성하게 된다. 미술치료 현장실습에는 나만 있는 것이 아니었다. 가장 중요하게 여겨지는 한 사람이 있다. 내담자라고 불리는 사람. 나에게는 그 사람에 대한 책임이 있다. 미술치료사로서, 동시에 한 사람으로서 성장하기 위해 노력해야 할 가장 큰 이유이다.

생각해 보면 나는 누군가와 그렇게 성실하게 헤어져 본 적이 없었다. 진이와 나는 이제 만나지 못하는 것에 대해서 많은 이야기를 했었다. 서운한 마음을 나누는 것이 헤어짐에 그토록 큰 도움이 된다는 것을 처음으로 알게 되었다. 미술치료 종결은 정말 중요한 것이었다. 진이와의 미술치료가 종결된 후 몇 달이 흘렀는데 나는 아직 진이를 생각하고 진이를 보내고 있다.

진이와의 관계는 정말 특별한 것이었다. 진이뿐만 아니라, 미술치료에서 만나는 다른 내담자들과의 관계도 마찬가지라는 생각이 든다. 그림을 그려 가면서 가까워지고 헤어지는 독특한 만남은 사적인 인간관계와는 아주 다르다. 명확한 끝이 정해져 있다는 사실이 가장 큰 특징으로 여겨진다. 관계의 끝. 정성스럽게 쌓아올린 미술심리치료의 관계에는 항상 끝이 있다. 마치 녹을 것을 알면서도 눈사람을 만드는 일과 같다. 나한테 언제나 어렵고 두려웠던 그 경험을 반복해야 한다는 사실이 처음에는 힘들게 느껴졌다. 그러나 나는 어쩌면 가장 큰 난제를 연습하고 있다는 생각도 든다. 끝이라는 것은 극복하는 것이 아니라 경험하는 것이 중요하다는 생각을 한다. 그러니까 나를 떠나가는 누군가를 진심을 다해 '잘' 보내는 것이다. 이제는 누군가와 정성스럽게 마지막을 준비하며 헤어지는 과정이 소중하게 여겨지기 시작했다.

2) 노인복지시설 집단미술치료를 진행한 미술치료학 석사학위 과정생의 현장실습 체험에 관한 해석학적 현상학적 글쓰기

머릿속에 가득한 물음표

어영부영 여름방학을 보냈다. 미술치료학을 배우고자 대학원에 진학하고 1학기를 보내면서 그렇게 공부의 필요성을 느꼈건만. 언제나 그랬듯 다짐뿐이었다. '2학기부터는 학교에서 현장실습도 나가라고 하는데…….' 걱정이 이만 저만이 아니다. 나는 그동안 뭘 배웠지? 내가 미술치료를 해도 되나? 아무것도 모르는데 무슨 실습을 나가라는 거야? 가슴은 답답하고 머릿속은 물음표만 가득하다. 결국 압박에 못 이겨 노트북을 열고 실습지를 검색해 본다. '아동…….' 몇 군데 있긴 하지만 자격이 안 된다. 그럼 청소년을……. 아, 안타깝게도 지역이 너무 멀다. 장애인 시설? 좀 더 공부한 다음에……. 그럼 노인? 생각지도 못한 노인 실습지가 떡 하니 올라와 있다. 새로 오픈

한 주간보호센터. 집도 가깝고 일주일에 한 시간 12회기만 하면 되고, 자원봉사니까 자격도 될뿐더러……. 실습 시간도 준다고? 치매 노인집단이라는 게 썩 내키지는 않지만 어쨌든 학기 중에 다양한 경험이 필요하니까. 구인한 지 한참이나 지났는데 뭐 안 되면 그만이고. 일단 메일이나 보내 보자……. 그랬는데 기관에서 곧바로 답 메일이 왔다. 음……. 어쩔 수 없군. 이렇게 나는 첫 실습지를 정하게 되었다.

'치매 노인이라…… 노인도 잘 모르겠는데 치매 노인이라니. 뭐 책이랑 논문 찾아보면 되겠지…….' 도서관에 가서 노인을 대상으로 한 미술치료 이론서와 논문들을 골라 잔뜩 쌓아 놓고 보기 시작한다. 치매 노인은 우울하고, 공격적일 수 있고, 퇴행된 행동을 보일 수 있고, 돌발 행동에 주의……. 신체도 부자유스럽고……. 언어 와해와 기억력 상실……. 부정적인 것들만 눈에 들어온다. '난 가서 이분들하고 뭘 해야 되지?' '하라고 했는데 안 하면 난 어떻게 해야 되지?' '아……. 나 냄새에 민감한데 티 안 낼 수 있을까?' 자료를 보면 볼수록 막막하기만 하다. 학교교육은 왜 아동 위주였던 거야……. 학교 탓도 해 본다.

결국 기법 책 위주로 보며 프로그램을 짠다. 음…… 어르신들이 성취감을 갖게 하기 위해서는 쉬운 거 위주로. 이 정도는 하실 수 있겠지? 요거 재밌네. 초반에는 라포 형성을 하고, 중반부에는 자기 얘기 많이 하실 수 있는 걸로. 그리고 종결기에는 통합. 통합이 중요하지. 노인들이 좋아할 만한 프로그램과 매체를 위주로 하고 초기, 중기, 종결기에 적당한 주제를 선정한다. 이때는 내가 열심히 준비한 치료 계획서가 물거품이 될 거라고는 예상하지 못했다.

모든 일이 예측불가

드디어 첫 실습일. 30분 정도 일찍 가서 관리자와 이야기를 나누기로 했다. 떨리는 마음이지만 최대한 침착한 척하면서 사무실 문을 열고 들어간다. "최민지 사회복지사님이 어느 분이신가요? 미술치료 때문에 왔는데요." "아, 네. 선생님. 잠시만요." 사회복지사 선생님은 뭐가 그리 바쁘신지 인사 나눌 새도 없이 책상 위로 시선을 돌린다. 그리고 잠시 후, "죄송해요. 제출할 게 있어가지고. 이소은 선생님 되시죠? 일찍 오셨네요~" 일찍 오면 안 되는 거였나? 괜히 멋쩍다. 소개를 할 틈도 없이 사회복지사 선생님은 기관을 안내해 주겠다고 하며 나를 이끈다. "여기는 어르신들 운동하시는 데고요. 여기는 식당이에요. 그리고 여기를 미술치료 공간으로 쓰시면 돼요." 미술치료실이 따로 있을 거라는 생각은 안했지만, 미술치료실로 정해진 곳은 식당과 이어진 뻥 뚫린 공간에 사람들이 왔다 갔다 하는 장소였다. "독립된 공간이 있었으면 했는데……." "아. 네……. 저희가 보시다시피 시설이 좀 작고 오픈한 지 얼마 안 돼서 좀 불편하시겠지만……. 저희가 미술치료도 이번에 처음 하는 거거든요." "네……. 그럼 재료는?" "기본 재료는 말씀드렸다시피 구비되어 있어요. 여기 색연필이랑, 크레용, 사인펜, 종이. 더 필요하신 게 있으면 일주일 전에 말씀하시면 준비해 드릴게요. 근데 저희가 정해진 예산이 있어 가지고……. 3만 원 안쪽으로." 일단 재료를 살펴본다. 크레용에는 뽀로로와 친구들이 그려져 있고, 색연필과 사인펜 역시 정체불명의 아동용 캐릭터가 참 발랄하다. 나라면 이 재료들로 그림을 그리고 싶진 않을 것 같지만, 이왕 사 놓으신 것에 대해서 '전문가용이었으면 하는데요.'라고 말할 용기도 없다. 기본 재료는 준비되어 있다고 했는데, 연필, 지우개, 파스텔, 물감, 붓, 먹물은? 내가 생각하는 기본 재료와 그들이 생각하는 기본 재료는 다른 것이었다. 그나마 새 제품인 것에 위안을 삼자.

사회복지사 선생님은 또 다른 업무를 위해 급하게 이야기를 마치고 싶어 하는 듯 보였지만, 나는 내 할 일을 해야겠다는 심정으로 이야기를 꺼낸다. "선생님. 제가 어르신들 미술치료 프로그램 계획서를 만들어 왔는데요. 이거 설명 드리면서 간단하게 미술치료에 대해서 이야기도 드리고 싶고요. 어르신들에 대해서도 좀 자세히 듣고 싶어요." "아. 네. 그러셔야죠." 그때서야 자리에 앉는다. "저희 어르신들이 좀 기능이 많이 안 좋으세요. 나이도 많으시고. 그리고 말씀드렸다시피 인원도 많고 그래서 좀 힘드실 거예요." 사회복지사 선생님도 본인의 임무를 다한다. 미술치료에 참여하는 노인분들의 성함과 나이, 병명 등이 적힌 종이를 보여 주며 요주의 인물들에 대해 이야기한다. "이 어르신은 인지는 괜찮으신데 귀가 잘 안 들리세요." "이분은 관절염이 심하셔 가지고 잘하실 수 있을지 모르겠네……." "이분은 성격이 좀 괴팍한데 그래도 친해지면 또 괜찮아요." 치매 노인집단이라고는 했지만 열다섯 명 중 정작 치매로 진단받은 사람은 손에 꼽힐 정도이다. 치매 고위험군, 파킨슨, 청각장애 등 각종 노인성 질환을 앓고 있는 70대에서 90대까지 다양하다. '어떡하지……?'라는 나의 걱정이 얼굴에 드러난 듯 사회복지사 선생님이 말한다. "저기 계신 공익 근무요원이 보조해 주실 거고요. 저도 중간중간 들어가 볼게요." 공익근무요원이 보조를? 그래도 거기에 대한 언급 없이 나는 미술치료에 대해 간단히 설명을 한다. 그리고 "기관에서 미술치료에 기대하시는 건 뭔지 말씀해 주시면……." 하고 물으니, "음……. 어르신들 재밌는 시간 보내시는 거?" 하고 대답하신다. 재밌는 시간이라……. 더 할 말이 떠오르지 않아서 "네 알겠습니다." 하고 말았지만 '아, 여기서 나에게, 미술치료에게 크게 기대하는 건 없구나.' 하는 생각에 씁쓸하기도 하고, 한편으로는 '그럼 뭐 편하게 해야지.' 하며 일종의 안도감도 생긴다.

사회복지사 선생님은 어르신들을 불러 모으러 떠나고, 나는 책상 위에 재료를 정리한다. 그때 한 어르신이 와서 관심을 보였다. "오늘부터 미술치료 시간이 있어요. 잠시 후 10분 후부터 시작하는데, 어르신도 참여하세요?" "아니, 뭐 애들이 하는 걸 뭐 한다고 해?" 그렇게 말씀을 하시면서도 그 자리를 맴돈다. 잠시 후 사회복지사 선생님이 와서는 "손정렬 어르신 일찍 와 계셨네~ 제가 말했죠? 미술치료 하는 거예요. 여기 앉으세요." 한다. 벌써부터 어려움이 예상된다.

어르신들이 삼삼오오 모여 자리에 앉는다. "선상님이 젊고 이쁘네~" "요건 뭐하는 거래?" 하며 미술치료사와 재료에 관심을 보이는 분들도 있지만, 대부분의 어르신들은 초점 없는 눈으로 책상만 바라보고 있다. 그중에는 백내장으로 눈이 뿌옇게 된 분도 계시고, 힘없이 입을 벌리고 침을 흘리고 계신 분도 있어서 쳐다보기가 불편하다. 나는 내 소개를 하고, 최대한 쉽게 미술치료에 대해 설명한다. "어르신들~ 오늘부터 일주일에 한 번 수요일 오전 11시부터 1시간 동안 12번 미술치료 시간이 있어요. 오늘은 첫날이고요. 미술치료는 미술 하시고, 하신 거에 대해 얘기도 나눠 보고 서로 돌려도 보고 하면서 즐거운 시간을 갖는 거예요. 잘하시지 않아도 되니까 편하게 하시면 돼요~" 평소보다 느리고 크게 그리고 쉽게 얘기하면서도 왠지 기분이 찜찜하다. '내가 이분들을 너무 무시하는 거 아닌가? 그렇게 느끼시면 어떡하지?'

"오늘은 우리가 처음 만나는 날이니까 각자 이름을 도화지에 크게 쓰고, 자신을 표현할 수 있는 것들로 이름을 꾸며 주는 걸 해 보려고 해요~" 도화지를 나눠 드려도 선뜻 시작하는 사람이 없다. '못 알아 들으셨나?' 나는 도화지에 내 이름을 크게 쓰고, 꽃을 그려 꾸민 후에 이렇게 편하게 하시면 된다고 보여 드린다. 그걸 보고는 이름을 쓰기 시작하신다. 그런데 유독 한 분이 불만이 가득한 표정으로 팔짱을 끼고 도화지만 째려보고 있다. 옆으로 가서 "어르신, 시작하기가 어려우세요? 성함이 어떻게 되세요?" "난 이름 없어!" 예상치 못한 반응에 화들짝 놀랐다. "네? 이름이 없으시다고요?" "난 이름 없다고!" 너무 크게 호통을 치셔서 다른 어르신들과 사회복지사 선생님, 멀찌감치 앉아서 핸드폰을 만지작거리던 공익근무 요원까지 이쪽을 쳐다본다. 얼굴이 후끈거리고 뭘 어떻게 해야 할지 모르겠다. 사회복지사 선생님께서 나서 주신다. "아이, 어르신 왜 또 그러세요~ 어르신 이름 있잖아요. 안수복 어르신!" 그러고는 어르신 도화지에 이름을 크게 써 준다. 결국 안수복 어르신은 그날 아무것도 하지 않았다. 팔짱만 끼고 불만 가득한 눈으로 나를 쳐다보는 것이 '네가 어떻게 하나 한번 보자.'라는 식인 것 같았다. 뭐가 저렇게 불만인 거지? 이름 쓰는 게 뭐 그렇게 어렵다고 참 나……. 난 비록 실습생이긴 하지만 내 차비 들이고 시간 들여서 당신들 좋게 해 드리려고 와 있는 건데 도대체 나한테 왜 저러시는 거야? 없던 힘마저 쭉쭉 빠진다. 그 어르신뿐만이 아니었다. 정말 이름을 못 쓰는 분, 이름이 기억이 안 나시는 분들이 있었고, 이름까지는 써도 "나는 못 배워서 이런 거 못해~" 하시며 끝끝내 작은 그림 하나 안 그리시는 분들이 대다수임에 답답함을 느꼈다.

어리고 부족한 나라도 괜찮을까?

벌써 4회기째 아침이 다가왔다. 눈을 뜨자마자 오늘은 어떻게 한 시간을 버티고 나오나 한숨이 절로 나온다. 노인미술치료를 진행하기 이전에 만들었던 계획서는 이미 물거품이 되어 버렸다. 어르신들은 내 예상보다도 할 수 있는 활동이 별로 없었다. 뭔가를 상상해서 그리는 작업은 꿈도 꿀 수 없고, 손에 힘이 없어서 오리거나 만드는 작업도 할 수 없었다. 작업을 하고 거기에 대해 이야기를 나눠 보자고 하면 "자알~했네." "감사하지유~" "이뻐." 등 단답형의 대답밖에 나오지 않았다. 하는 수 없이 미술활동에 시간을 많이 배분하고, 작업 내용도 색칠하는 것 위주로 하게 되었다. 그러다 보니 내가 뭘 하고 있는 건지 모르겠다. "여기에 예쁘게 칠해 보세요~" 하는 말 외에는 내가 하고 있는 일이 없는 것 같다. '나는 미술 선생님인가? 미술치료사인가?' 헷갈리기도 하고, 내 임상실습 시간 채우려고 여기에 있는 것 같아 죄스러운 마음도 든다. 그러다 보니 나부터가 이 시간이 재미가 없고, 의욕도 없다. '나는 노인미술치료는 진짜 안 맞나 봐…….'라고 생각하며 다음에는 노인미술치료는 절대로 하지 않겠다고, 내가 관심 있어 했던 아동을 해야겠다고 다짐해 본다. 그렇지만 한편으로는 '내가 아동을 한다고 잘할까?' 싶다. 슈퍼비전 시간에 아동, 청소년 미술치료를 진행하고 있는 다른 동기들의 이야기를 들어 보면 그들은 진짜 내담자에게 애정을 가지고 잘해 나가고 있는 거 같은데 나는 어르신들한테 민폐나 안 되면 다행이라고 생각하고 있으니……. 미술치료사로서의 자격 자체가 없는 건 아닌지 너무 좌절스럽다.

이런 생각들을 하며 무거운 발걸음으로 센터에 도착했다. 재료를 세팅하고 있는데, 김말자 어르신이 들어와서 말을 건다. "아이고 우리 미술선상님 오셨네~ 오늘은 또 뭘 가지고 오셨나?" "오늘은 만다라 도안을 가지고 재밌게 작업하실 거예요~" "아이고 뭐 이런 걸 준비해 왔데. 고마워……. 다 늙어 죽을 것들 뭐 좋게 한다고." 갑자기 가슴 한편이 뜨끔해진다. 하기 싫다고 투덜대며 여기까지 온 내가 한심스럽다. 부족한 나를 이렇게 기다려 주시고, 고맙다고 하시는 어르신께 죄송해서라도 최선을 다해야겠다는 생각이 든다.

오늘도 안수복 어르신은 "도대체 뭘 하라는 건지……." 하며 불만스럽게 얘기하신다. 어느 정도는 이해가 된다. 이 어르신은 수십 년 동안이나 미술활동과는 거리가 먼 삶을 살아오셨을 것이다. 나이도 까마득하게 어린 여자애가 와서는 치료사 노릇을 하며 그림을 그려 보라고 하고, 얘기를 해 보라고 한다. 만약 내가 이 어르신의 입장이었으면 어땠을까? 나도 하기 싫지 않았을까? 최대한 어르신의 심기를 건드리지 않으면서 이 시간을 이해해 보시길 바라는 마음으로 나는 조심스럽게 이야기한다. "네. 어르신. 어르신 말씀이 맞아요. 애들이나 하는 거라고 생각하실 수 있어요. 재료가 아이들 쓰는 거랑 같아서 그런 느낌 드실 수 있고요. 더 좋은 재료를 준비했어야 하는데 죄송해요. 그럼에도 불구하고 계속 참여해 주시고 이 시간 함께 미술활동 해 주셔서 제가 얼마나 감사한지 몰라요." 안수복 어르신의 표정이 조금 풀린다. '그래. 난 이런 거나 할 사람은 아닌데. 잘 알고 있네.' 하시는 것 같기도 하다. 옆에 계시던 김말자 어르신은 "아이고 우리가 감사허지~" 하면서 치료사를 쳐다본다. 나는 김말자 어르신에게 감사의 미소를 보낸다.

"오늘은 만다라 도안을 가지고 왔는데요. 이렇게 동그라미 안에 어떤 문양이 그려져 있는 것을 만다라라고 해요. 제가 어떤 책에서 보기로는 만다라를 하루에 하나씩 그리는 사람은 스트레스도 없고 건강하다고 해요. 어르신들도 제가 가지고 온 도안 중에 맘에 드시는 걸 골라서 자신만의 만다라를 만들어 보셨으면 좋겠습니다." 설명이 끝나고 도안을 나누어 드리자, 여느 때와는 다르게 어르신들은 의욕적으로 만다라 도안을 고르기 시작했다. 아마도 건강에 도움이 된다는 나의 말이 효과가 있었던 듯하다. 어르신들은 바들바들 떨리는 손으로도 어떻게든 테두리를 벗어나지 않고자 노력하시며 색을 채워 나간다. 그렇게 노력해서 테두리 안에 색을 넣고는 옆 칸에 바로 같은 색을 칠하신다. "어르신 옆에는 다른 색으로 칠하시면 더 화려하고 풍성할 거 같은데요." 옆으로 가서 넌지시 말을 건넨다. 그때서야 손정렬 어르신은 "아~" 하시며 "요놈으로 할까? 요놈으로 할까?" 하며 치료사에게 노랑, 초록을 보이며 묻는다. "어르신이 좋은 색으로 하셔야죠~ 어르신만의 만다라잖아요." 하자 "고럼 요놈으로 해야겠다." 하시며 노란색을 고르고 색을 칠하시는 어르신의 눈빛이 매우 진지하다. 퇴화되어 가는 기능에 안타까운 마음이 들지만, 그럼에도 불구하고 하고자 하는 의지가 있다는 것이 대단하다는 생각이 든다.

자신을 먼저 점검하기

'오늘 슈퍼비전 시간에는 꼭 내 얘기도 하고, 교수님께 여쭤 봐야지…….' 그동안은 내가 잘 못하고 있다는 생각에 동기들과 함께 하는 슈퍼비전 시간에 노인미술치료에 대해 이야기하는 것이 껄끄러웠다. 슈퍼바이저이신 교수님이 나를 무능하게 보실까 걱정스러운 마음도 있었다. 그렇지만 더 이상은 미룰 수 없어 용기를 내서 이야기를 꺼내본다. "제가 진행하고 있는 집단의 노인들은 기능이 안 좋고……. 어쩌고 저쩌고" 노인들이 미술치료 대상으로서 얼마나 어려운지를 한보따리 펼쳐 놓는다.

"그래서 선생님은 내담자들에 대해서 어떤 느낌을 가지고 있나요?" 슈퍼바이저 선생님이 정곡을 찌른다. "음……. 저는 어려운 것 같아요. 솔직히 말해서 처음에는 이해가 안 갔어요. 그리고 제가 하는 일이 무슨 소용이 있나 싶었어요. 지금도 그 생각 때문에 좀 혼란스러워요. 그리고 제가 잘 못하고 있다는 생각도 들어요. 제가 더 잘했으면 이 분들도 잘 따라 주지 않았을까 하는……." 내가 이야기하는 내내 진지하게 듣고 계시던 슈퍼바이저 선생님이 이야기한다. "선생님이 어렵다고 느끼는 건 너무나 당연한 거예요. 처음부터 잘할 수 있다면 훈련이 왜 필요하겠어요? 선생님 얘기를 들어보면 내담자에게 자신이 도움이 될지에 대해 고민하고 있는 거 같은데 맞아요?" "네……." "그 마음이 중요하다고 생각해요. 지금 그렇게 고민하고 내담자를 생각하는 마음이 전달이 된다면 그것만으로도 그분들은 충분히 좋은 시간을 보내고 계신 거예요. 선생님 아주 잘하고 있는 거예요." 순간 울컥하면서 눈시울이 붉어진다. '왜 이러지?' 내 어려움을 알아주고 감싸 주는 슈퍼바이저 선생님이 너무 고맙게 느껴지면서 한편으로는 마음이 편해진다. '그래 진심을 다하면 되는 거야!'

7회기가 되었다. 아직까지 나를 못 알아보시는 분들도 있지만 대다수의 어르신들은 이제 내가 도착하면 반갑게 맞이해 주신다. 손부터 잡고 어루만지면서 고맙다고 하시는 분들도 있다. 처음에는 조금 낯설었지만 이제는 내가 먼저 손을 잡거나 어깨를 쓰다듬으면서 "잘 지내셨어요? 어르신?" 하는 것이 꽤 익숙하다.

5회기부터는 빠지지 않고 워밍업도 하기 시작했다. 슈퍼바이저 선생님이 일러 주신 대로 간단히 체조를 하기도 하고, 서로 마사지를 해 주는 시간이 집단원 간의 분위기를 화기애애하게 만들어 주고 있다. 또 오늘은 지금까지 사용하기 조심스러웠던 '점토'를 과감하게 사용해 보기로 했다. 회기를 진행하면서 이제는 '드시지 않을 것이다'라는 믿음이 생기기도 했고, 입에 들어간다고 하더라도 내가 관찰한다면 제지할 수 있다는 어느 정도의 자신감을 갖고 있었기 때문이다. 원래는 손에 힘이 약한 어르신들을 위해 '천사점토'를 사용하려고 했지만, 열다섯 분이나 되는 인원이 사용할 만큼 충분한 양을 구입하기에는 재료가 다소 비싸다는 사회복지사 선생님의 말에 찰흙을 사용하기로 하였다.

솔직히 미술치료사에게도 무급이면서 12회기 통틀어 3만 원의 재료비만을 책정하고 있는 기관이 이해가 되지 않았다. 몇 만 원이 그렇게 아까우면 미술치료사는 왜 구했나 싶기도 하고, 대우까지는 바라지도 않지만 미술치료 시간이 기관의 시간 때우기 용인 것 같은 생각에 화가 났다. 하지만 난 '을'의 입장이니 어쩔 도리가 없다. 내가 더 잘해서 어르신들이 좋아하는 모습을 보이면 그땐 조금 달리 생각해 주실 수 있겠지……. 더 힘을 내보자고 스스로를 다독인다.

점토를 만져 보며 어르신들은 아이로 돌아간 것 같았다. "아이고 애기 살같이 보들보들 허네~" 하시기도 하고, "나 어렸을 적에는 흙 많이 가지고 놀았어." 하시며 어린 시절 기억을 떠올리기도 하셨다. 한 어르신이 "이거 꼭 유방 같네." 하고 큰 소리로 이야기하셔서 나는 얼굴이 후끈거릴 정도로 당황했지만, 다른 어르신들은 너무나 유쾌하게 상황을 받아들이고 함께 웃으셨기 때문에 분위기가 한결 편안해졌다.

그런데 그때 조용히 계시던 정이례 할머니가 찰흙을 입 안에 넣고 계셨던 모양이다. 나는 미처 보지 못했는데 아무것도 하지 않는 듯 보이던 공익근무 요원이 정이례 할머니의 입에 있는 찰흙을 손으로 쏙 빼더니 "아~ 할머니. 이거 먹는 거 아니야~ 이런 거 먹으면 큰일 나~" 한다. 고맙기도 하고 놀랍기도 하다. 그동안은 기관 사람들이 어르신들에게 반말 비슷하게 하는 것이 보기 좋지 않았는데, 이때만큼은 자신의 할머니를 대하듯 하는 모습이 더욱 정겹게 느껴졌다. '아 이분들도 이분들 나름대로 어르신들을 위하고 있구나…….' 각자의 방식이 있음을 이해하게 된다. 한편으로는 더 주의를 기울이지 못했던 나 자신을 책망하며, 더욱 안전에 유의해야겠다고 다짐한다.

진심을 다하는 치료사의 존재

어르신들은 쉽게 작업물이 잘 나오는 것을 좋아하신다. 처음에는 잘 못하시니까 쉬운 거 위주로 하자는 마음이 컸다. 그렇지만 어르신들의 입장에서 생각해 보는 나름의 노력을 하다 보니 이런 생각이 든다. '무시당하고 싶지 않은데……. 본인도 잘한다는 걸 보여 주고 싶은데. 생전 안 하던 걸 쉽다고 해 보라고 하니 잘 안 될 걸 생각하면 얼마나 좌절스러우셨을까?' '이분들은 젊은 시절 활발하게 생산성 있는 활동을 해 오셨던 분들인데, 지금은 인정받을 만한 그 무엇도 남아 있지 않다. 그래서 과거에 집착하기도 하고, 남아 있는 자존심이나마 상처받고 싶지 않을 것이다.' 이렇게 생각하니 단순히 쉬운 작업이 아니라, 어르신들이 하실 수 있는 최선으로 멋진 작업물이 나올 수 있는 것을 구상하게 된다. 그리고 어떠한 작은 것이라도 내가 지시를 한다기보다는 어르신들이 선택하실 수 있게 하는 것에서 존중받는 느낌을 가지실 수 있을 거라는 생각이 들었다.

안수복 어르신이 갈라진 점토에 물을 바르고 계신다. 나는 조심스럽게 옆으로 다가가서 "어르신, 제가 좀 도와드려도 될까요?" 하고 묻는다. 어르신은 고개를 끄덕이신다. "어르신, 저는 어디를 할까요? 여기요? 여기서부터 여기까지?" "여기는요? 여기도 물 좀 바를까요?" 어르신의 입이 씰룩거린다. '왜 그러시지?' "아이 그냥 좀 해~ 뭔 말이 그렇게 많아." 하시며 안수복 어르신은 웃고 계셨다. 이 모습을 본 나도 웃으며 답한다. "어르신 작품인데 제가 잘 못 망칠까 봐서요~" 처음으로 안수복 어르신의 미소를 보았다.

이런 사소하다면 사소한 사건이 나에게 큰 변화를 가져온 것 같다. 이전에 바라본 안수복 어르신의 인상은 다소 거칠고, 위압적이고, 무서웠다. 그렇지만 이 사건 이후 나에게 안수복 어르신은 그저 등이 굽은 80세의 남성이고, 표현을 잘 못하시지만 작업할 때는 최선을 다하시는 열성적인 집단원이 되었다. 그렇게 느끼고 나니 집단원 한 분 한 분이 너무 소중하고 감사하게 느껴지며 집단의 공기까지 달라진다. 그동안의 나를 되돌아본다. 나는 그분들을 있는 그대로 바라보았던가? 내 기준과 잣대로 그분들을 평가하고 있지는 않았었나? 그동안 내가 느낀 어려움은 그분들의 어려움이 아닌 내가 가진 문제들에서 기인한 것은 아니었을까? 이렇게 생각을 하고 나니 슈퍼바이저 선생님께서 하신 말씀이 비로소 이해가 된다. '내담자를 존중하고 위하는 진심 어린 치료사의 태도'만으로도 치료적인 시간을 보낼 수 있다는 것을.

제가 더 감사합니다!

10회기가 되었다. 센터에 들어서자마자 사회복지사 선생님이 기다렸다는 듯 말을 걸어온다. "선생님~ 매주 제출하셨던 일지 있잖아요." 나는 매 회기의 일지를 정리하여 그간 제출해 왔다. 열다섯 분이나 되기 때문에 일지는 7장, 8장을 넘기기 일쑤였다. "네. 뭐가 잘못된 게 있었나요?" 소심한 마음에 실수한 건 아닌지부터가 걱정스럽다. "아니요~ 성의 있게 잘해 주셔 가지고, 저희가 이번에 기관 평가를 너무 좋게 받았어요. 프로그램 잘 돌렸다고요~ 감사해요~" 쑥스러운 듯 웃어 보이니 음료수를 내민다. "아, 감사합니다. 잘 먹을게요." 음료수를 받아들고 미술치료실로 향하는 발걸음이 그 어느 때보다도 가볍다. 뭔가 인정받은 것 같은 느낌에 뿌듯하기도 하고, 음료수 하나에도 감동하는 내가 이상하리만치 기분이 좋다.

미술치료실에 들어갔더니 다섯 분이 앉아서 얘기를 나누고 계신다. "안녕하세요. 어르신들~ 미술치료 시간 기다리고 계신 거예요?" 웃으며 인사하니 "아이고. 내 정신이 이랴. 오늘이 미술시간이당가?" 하신다. 기억하지 못하셔도 미안해하시는 모습이 감사하다. "어르신들 손톱 예쁘게 바르셨네요~ 너무 예뻐요." "늙은이 손에 이쁘긴 뭘~" 하시지만 은근슬쩍 모두들 손을 내밀어 보여 주신다. '아, 이 분들도 여자구나…….' 새삼 같은 여자임이 실감나며 수다를 떨어 본다. "저는 손톱이 지금 엉망진창인데 저도 바르고 싶어요. 다음 시간에는 바르고 와야겠어요~" "선상님 이쁜 손에 바르면 더 이쁘겄네~" 하시며 손을 어루만져 주신다.

회기가 시작되고 나는 종결까지 얼마 남지 않았음을 이야기한다. "어르신들 우리 오늘 몇 번째 만난 건지 기억하세요? 벌써 10번째나 됐어요. 제가 처음에 12번 만난다고 했었죠. 근데 이제 2번밖에 안 남았어요~" 여기저기서 "또 안 와?" "보고 싶어서 우쩐댜……." 하신다. "그러게요. 저도 어르신들 보고 싶을 거 같아요. 그래도 오늘 포함해서 앞으로 세 번 남았으니까 저도 어르신들도 힘내서 더 좋은 시간 만들었으면 좋겠어요~" 서운해하시는 모습을 보니 마음이 짠하다. 그동안 정도 많이 들었는데……. 내가 더 서운한 것 같기도 하고, 더 하고 싶은 마음도 생긴다. 그렇지만 그건 내가 결정할 수 있는 문제는 아니기 때문에 헛된 약속을 하기는 힘들다.

"오늘은 어르신들이 자손들에게 남기고 싶은 것들에 대해서 작업을 해 보려고 해요~ 제가 이렇게 복주머니를 그려 왔어요. 이 안에다가 어르신들이 가진 장점, 예를 들면 나는 양심적으로 살아왔다, 그러니 너희들도 착하게 살아라 하는 게 될 수도 있고, 잘 웃으시는 분들은 웃으며 살라고 웃는 얼굴을 그리실 수도 있겠죠. 그리고 건강하기를 바라는 마음도 있으실 거예요. 어려우신 분들은 제가 오려 온 그림을 붙이시고 색칠하셔도 되고요~ 직접 그리시거나 글을 쓰셔도 상관없어요~"

사실 이 작업은 '남기고 싶은 것'이 주제로 '죽음'을 전제로 하고 있기 때문에 하기에 망설여졌었다. 고민 끝에 노인미술치료를 해 본 선배에게도 전화를 걸어 물어보았다. 선배는 자신도 처음에는 '유산'에 대한 작업을 하는 것이 조심스러웠지만 막상 해 보니 어르신들은 자신이 생각한 것만큼 심각하게 받아들이지 않았다고 했다. 그렇게 생각하는 건 우리 생각일 수 있으며 어르신들은 준비가 되어 있을 수 있다는 것을 이야기해 주었다. '아 나만 이런 생각을 하고 있는 건 아니구나…….' 하며 위안도 되었고, 프로그램을 진행할 수 있는 용기도 생겼다. 전화하길 잘했지 싶었다.

선배의 말처럼 어르신들은 생각보다 담담하게 받아들이는 것 같았다. 조금 생각하시는 듯싶더니 이내 내가 가져온 그림들을 살펴보신다. 그림은 넉넉하게 준비했지만, 서로 더 갖겠다고 투닥거리시는 모습이 마치 아이 같다. "제가 더 많이 준비해 올 걸 그랬네요. 그래도 한 분당 하나씩은 충분히 가지실 수 있어요. 혹시 더 가진 분들은 조금씩 양보해 주시면 좋겠어요~" 김말자 어르신이 그림을 챙겨 정이례 어르신께 내민다. "아줌마. 이거 여기다 붙여. 자식들한테 주는 거래~" 하신다. 말투가 상냥하지는 않지만 그 모습이 보기 좋다. "김말자 어르신께서 그림도 양보해 주시고, 도와드리는 모습이 너무 보기 좋아요. 감사드려요~" 하자 김말자 어르신은 으쓱해하며, 작업을 마칠 때까지 정이례 어르신을 도와주셨다. 이렇게 서로 돕기도 하고, 몰입하여 작업하시는 어르신들을 보고 있자니 갑자기 울컥하는 마음이 든다. 이 시간이 너무나 소중하고 아름답게 느껴진다. 이 시간을 제공하고 있는 내가 너무 괜찮은 사람이 된 것 같은 느낌에 어르신들에게 감사하는 마음도 커진다.

작업을 하고 나서 한 분 한 분 그림에 대해 여쭤 보았다. "어르신은 행복이랑 사랑을 붙이셨네요~" 하자 "그럼 행복해야지. 서로 사랑하고. 나는 먹고살기 힘들어서 사랑이란 것도 모르고 살았어. 그래도 우리 사식들은 행복해야지." 하시고, 어떤 분은 "우리 손주 갖다 줘야지. 건강혀라~ 하믄서." 하신다. 나는 "손주가 좋아하겠어요. 할머니가 자기를 얼마나 위하는지 알 수 있을 것 같아요." 하고 답한다. 이런 말들이 오가는데 갑자기 김말자 어르신이 말씀하신다. "우리 손주는 내가 이런 거 가지고 가면 할머니 집도 좁은데 가지고 왔다고……. 싫어해……. 난 안 가지고 갈 거야." "아, 그럴 수도 있겠네요. 두고 가시면 제가 소중히 보관할게요." 더 무슨 말을 해 드려야 할지 모르겠다.

더 높고 더 넓게 삶을 바라보다

마지막 회기를 앞두고 마음이 싱숭생숭하다. 처음에는 이 노인집단에 대해 회의적이었지만, 지금 어르신들은 너무나 잘해 주고 계신다. 이야기를 나누는 것도 자연스러워졌고, 절대 선 하나도 긋지 않겠다고 하시던 분들이 이제는 누구보다 몰입하여 작업을 하고 계시며, 나를 못마땅하게 생각했던 어르신들도 이제는 예쁘다고 손을 잡아 주신다. 이러한 변화들이 내가 그동안 헛된 일을 한 것은 아니라는 생각을 하게 한다. 헛된 일이 아니었을 뿐 아니라 너무나 값지고 귀한 시간이다. 미술 선생님이 아닌가? 하던 초반의 서툰 걱정들은 어느 순간부터는 고민거리가 아니게 되었다. 나는 미술치료 안에서 내담자의 적극적인 탐색이 있어야만 한다는 좁은 시야에서 벗어나 더 확장된 미술치료를 경험하고 있다.

"어르신들~ 오늘이 마지막 날이에요. 제가 너무 부족한데도 참여해 주시고 열심히 미술작업 해 주시고 이야기도 나눠 주셔서 정말 감사해요~" 어르신들은 담담한데 나만 코끝이 찡해져 온다. 얼른 오늘의 주제로 넘어간다. "오늘은 지난주에 하신 작품을 예쁘게 색칠하고 꾸며줄 거예요. 오늘 작업 다 하시면 선물도 있으니까 기대하세요~" 선물이라는 말에 어르신들은 간식을 기대하시는 듯하다. 말하고 싶어 입이 간질간질 하지만 깜짝 놀라게 해 드릴 생각에 꾹 참는다. 작업 시간이 끝나고 드디어 선물을 공개했다.

"제가 어르신들에게 너무 감사하는 마음이 커서 이걸 어떻게 표현할 수 있을지 고민하다가 어르신들이 열심히 해 주신 작품을 사진을 찍어 왔어요. 이렇게나 잘하셨어요. 한번 보세요" 한 분 한 분의 작품을 찍어서 인쇄하고 예쁜 카드봉투에 담아서 드렸다. 어르신들은 받자마자 꺼내 보시며, "아이고 이쁘네. 귀엽네. 내가 이런 걸 다 했어?" 하신다. 어떤 분은 "워매 나는 왜 요거밖에 안 된당가? 저이는 저렇게 많은디." 하신다. "저기 어르신은 한 번도 안 빠지고 참석해 주셔서 많으신 거고요~ 어르신께서는 몇 번 결석하셨잖아요~ 그래도 이렇게 이쁘게 잘하셨네요." 웃으며 대답한다. "아닌디……. 나 다 왔는디……." 하시며 아쉬워하신다. "다음에 또 이런 기회 있으면 열심히 참여하시면 되지요~" 사진을 보며 뿌듯해하시고 서로 돌려도 보시며 기뻐하시는 모습을 보니 내 마음이 꽉 차오르는 느낌이다.

"근데 오늘 하신 작품은 제가 찍어서 전달할 수가 없어서, 즉석 사진기를 가져왔어요. 하나씩 찍어서 넣어 드릴게요~" 하면서 하나를 찍고 보여 드리자, "이왕이면 나도 같이 찍어 주소." 하시며 작품을 들고 줄을 서신다. 늘 근엄하시던 안수복 어르신도 줄에 끼어 있다. 즐거운 모습이다. 김말자 어르신은 줄도 안 서시고 사진만 하염없이 바라보고 계신다. 사실 이 선물은 김말자 어르신께 각별할 것이다. 자신의 작품을 가져가고 싶어도 자식, 손주 눈치 보느라 못 가져가시는 것이 안타까웠기 때문에 슈퍼바이저 선생님께 이런 마음을 말씀드렸고, 슈퍼바이저 선생님이 이런 아이디어를 주셨던 것이다.

집으로 돌아가며 어르신들을 통해 내가 얻은 것들을 생각해 본다. 초반에 비하면 정말 장족의 발전이다. 회기에서도 내 입장 생각하기에 급급했던 나는 조금이나마 내담자의 입장을 생각하게 되었다. 내담자와 연결된다는 느낌을 처음으로 가질 수 있었다. 나와 내담자가 같이 성장하는 경험을 하였다. '내가 미술치료사를 할 수 있을까?' 하던 생각은 사라진 지 오래이다. 그 대신 '나도 이런 걸 할 수 있는 사람이구나. 이걸 하면서 살면 행복할 수 있겠구나.'라는 거창한 생각까지 하게 되었다. 미술치료사로서의 성장뿐만이 아니다. 나는 어느 순간 한 인간으로서도 훌쩍 자라 있었다. 노인미술치료를 하며 너무나 자연스럽게 늙는다는 것은 무엇인지, 죽음이란 무엇인지 생각하는 기회를 가졌다. 나 또한 이분들처럼 노인이 되어 갈 것이고, 그것은 불변의 진리이다. 내가 당연하게만 생각했던 이 젊음이 당연하지 않을 순간이 언젠가는 올 것이다. 그렇다면 나는 어떻게 늙을 것인가? 죽음을 목전에 두고 있는 어르신들도 창작 작업에 몰두하며 만족하시는 것을 보고 깨달은 바가 컸다. '아……. 나도 저렇게 늙고 싶다.'는 생각을 하게 되었다. 영원히 나를 지켜 줄 것 같던 부모님과 이제는 역할을 바꿀 때가 다가온다. 어르신들은 한없이 이해하려고 노력했건만 왜 내 부모님에게는 사소한 걸로도 화를 냈었던 걸까? 이제부터는 미술치료사로서 가졌던 태도의 반의 반만이라도 가지고 부모님을 이해해 보아야겠다고 다짐한다.

어르신들의 얼굴이 한 분 한 분 떠오른다. 웃음이 번지기도 하고, 뱃속에 있던 불덩이가 쑥하고 올라가는 느낌이 들면서 눈시울이 붉어지기도 한다. 나의 첫 내담자. 많은 것을 얻게 해 주신 분들. 잊지 않고자 가슴속에 새겨 본다.

3. 의료미술심리치료를 다룬 해석학적 현상학적 글쓰기

의료미술심리치료(Medical Art Psychotherapy: MAPT)는 정신병리를 갖지 않은 신체적 질환으로 인해 관련 병원에 입원한 환자들을 위한 미술심리치료 유형이다(장연집, 2009). 이들 환자들에게는 신체적 질환에 따라 주치의가 있게 되며 주된 1차적 치료 효과를 높이기 위해 보조적인 접근을 하게 된다. 의료 상황에서 원하는 미술심리치료는 이완, 스트레스 감소, 통증 감소, 불안 감소를 목적으로 하며, 대체보완의학적(Complementary Alternative Medicine: CAM) 성격을 가진다(장연집, 2014).

Malchiodi(1995)는 미술작업은 의료적 처치를 보완해 주며 창조과정은 웰빙과 건강에 중요한 영향을 미친다고 언급한 바 있다. 의료 세팅에서의 미술심리치료사는 실시할 대상에 관한 신체질병과 관련 기초 지식을 알고 있어야 하며 치유적 접근을 하는 것이 요구된다.

의료미술심리치료 주제를 한 해석학적 현상학적 글쓰기는 연구자 11이 쓴 1편이다.

대학병원의 병원학교에서 소아암 환아를 대상으로 미술심리치료 실습을 한 석사과정생의 체험 글쓰기를 통해 의료미술심리치료의 경험의 장으로 들어가 보기를 바란다.

1) 미술심리치료 석사과정생의 소아암 환아를 대상으로 한 병원학교 미술치료 실습 체험에 관한 해석학적 현상학적 글쓰기

소아암 환아를 위한 전문 미술치료사로 성장해 가는 나

• 낯설기만 한 소아암 환아들과의 첫 번째 만남

이번에 미술치료 실습을 나가게 되는 곳은 병원학교다. 나는 이곳에서 소아암 환아를 만나게 된다. 지금까지 1년 반 동안 여러 현장에서 미술치료 실습을 해 왔다. 병원에서, 기관에서, 학교에서. 아이들도 만났고, 성인도 만나고, 어르신들도 만났다. 하지만 만성적인 질환을 가졌고, 그중 소아암 환아를 만나는 건 이번이 처음이다. 특히나 내담자가 죽음과 맞닿아 있는 경우는……. 이제까지 많은 사람들을 만났으니깐 크게 걱정을 하지 않지만, 왠지 모르게 자꾸만 긴장된다.

소아암 환아들과 만나는 첫 시간. 햇살이 환하게 들어오는 병원학교 교실은 참 아늑해 보인다. 하지만 미술치료를 위해 모여 있는 환아들에게 알 수없는 무거운 공기가 흐른다. "안녕하세요? 이제부터 여러분과 미술치료 시간에 함께 할 ○○○입니다." 반응이 없다. 무표정한 얼굴들이 나를 쳐다볼 뿐이다. 나는 다시 한 번 용기를 내서 인사를 건넨다. "이렇게 만나게 돼서 반가워요!" 역시나 반응이 없다. 머쓱해진 나는 서둘러 미술치료를 진행한다.

미술치료를 하는 도중에도 아이들은 별 말이 없다. 차분하다 못해 고요하다. 이런 분위기가 너무 낯설게만 느껴진다. 같은 또래의 초등학생들은 쉬지 않고 떠들어 몇 번이나 주의를 줘야 하고, 의자에 엉덩이 붙이고 10분 앉아 있기도 힘들어하는데……. 갑자기 나도 모르게 측은한 마음까지 든다.

"에취" 갑자기 기침이 나온다. 갑자기 아이들의 모든 시선이 나에게 향한다. 지금까지 아무 말이 없던 별이란 아이가 나에게 한마디 던진다. "어? 선생님 감기예요? 그럼 다음 주에 못 보겠네요?" 나는 당황한다. "어, 갑자기 기침이 나오네? 선생님이 꼭 병원에 가서 감기인지 확인해 볼게. 놀랐다면 미안해." 속으로 '아차' 싶다. 아이들이 소아암이라 건강에 많이 민감하구나. 아이들을 위해서라도 앞으로 내 건강에 신경을 써야겠다는 생각이 든다.

작은 소동은 이렇게 마무리되고, 다시 아이들은 작업에 열중한다. 힘든 치료로 인해 몸에 힘이 없다 보니 치료사의 손길이 많이 필요하다. 풀 뚜껑도 열어 줘야 하고, 간혹 몸이 너무 안 좋은 아이들은 사인펜 뚜껑조차 열 힘이 없어 치료사가 도와줘야 한다. 내가 생각했던 것보다 아이들은 더 힘이 없었다. 다음 시간부터는 아이들을 위해 많은 힘이 들어가지 않아도 되는 프로그램을 준비해야겠다는 생각을 한다.

어떻게 시간이 흘러간지도 모른 채 첫 회기가 끝났다. 나의 준비가 부족했구나라는 생각이 든다. '아이들에 대해서 너무 모르는 게 많았어, 나도 참…….' 갑자기 내 자신이 부끄러워진다. 집에 돌아가는 길에 학교 도서관에 들려 소아암에 관한 책을 이리저리 찾아보고 그중 몇 권을 빌린다. 한 시라도 아이들에 대해 알고 싶은 마음에 흔들리는 버스 안에서 나는 책을 꺼내 읽기 시작한다. '아, 아이들이 이런 걸로 많이 힘들어하는구나…….' 오늘은 집에 가자마자 미리 세워 놨던 계획들을 일부 수정해야겠다. 제대로 알아보지도 않고, 내 생각대로 '소아암 아이들은 이럴 것이다.'란 가정하에 미술치료 프로그램을 세워 놨었다. 그동안 쌓아 왔던 실습 경험들로 내가 안일해졌었나 보다. 어쩌면 교만해졌었는지도 모르겠다. 정말 하룻강아지 범 무서운 줄도 몰랐었나 보다.

• 나는 외부인? 아니, 나는 소아암 환아를 위한 미술치료사!

일주일 동안 틈틈이 소아암에 대해서 공부를 했다. 소아암 미술치료에 대한 논문도 찾아 읽어 봤다. 나는 병원 담당선생님께 내가 공부한 것들을 토대로 함께 어떻게 진행해야 될지 상의를 드려야겠다는 생각으로 수업이 마치자마자 곧장 병원으로 향했다. 병원에 도착하니 미술치료 시작하기 전까지 한 시간 정도 시간이 남았다. 다행히 병원학교 담당선생님도 자리에 계셨다. 나는 선생님께 내가 소아암에 관해서 알아본 것들과 그에 따라 미술치료를 어떻게 진행하고 싶은지 말씀을 드렸다. 그러긴 위해선 아이들이 지금 어떤 상황인지 치료사인 내가 알고 있어야 좋을 것 같다고 말씀을 드렸다. 하지만 돌아오는 말은 정말 예상 밖이었다. "선생님, 선생님이 하시는 말씀은 무슨 말인지 알겠는데, 병원 원칙상 환자에 관한 상황은 외부로 나갈 수가 없어요. 그리고 한번 생각해 보세요. 여기 있는 아이들은 심할 땐 내일을 장담할 수가 없어요. 그렇게 예민한 상황인데 누가 지금 우리 애가 이래요 저래요란 말이 오가는 걸 좋아하겠어요? 아이들 상태에 말씀드리는 건 좀 어렵겠네요."

뒤통수를 한 대 세게 얻어맞은 느낌이었다. '내가 지금 뭘 잘못 들었나? 내가 뭘 잘못 말했나? 아, 그리고 나보고 외부인이라고?' '외부인'이라는 그 세 글자가 내 마음속 깊이 박혀 버렸다. 너무 서운했다. 나는 좀 더 아이들을 돕기 위해서 도움을 요청한 건데……. 그랬구나…… 난 그들한테는 외부인이었구나……. '그럼 내 존재는 뭐야? 나는 그냥 외부에서 일주일에 한 번 아이들에게 재밌는 시간을 만들어 오기 위해 오는 사람이야? 아니야, 나는 아이들이 병으로 인해 상처 난 마음을 달래 주기 위해 오는 치료사야. 그들도 소아암 환아들이 정서적으로 많이 힘들다는 걸 알고 있고, 그래서 나의 존재가 필요한 거잖아. 또 그래서 이렇게 시간표에 '미술치료'가 정규 시간으로 있는 거잖아. 서운한 마음이 갑자기 화로 변했다. '아니, 필요해서 불러왔으면 좀 제대로 써먹지, 나 같은 전문 인력을 가져다가 왜 그 정도로밖에 못 써먹어? 난 당신들이 외부에 잘 보이기 위해 우린 이런 시간도 있다고 자랑하는 장식이 아니라, 아이들을 돕기 위해 오는 사람이라고!'

병원학교 담당선생님과 얘기를 마친 후, 멍한 상태로 미술치료를 하기 위해 이것저것 준비물들을 챙기고 있었다. 그때 지난주에 나의 기침에 민감하게 반응하던 별이가 시작 시간보다 일찍 들어오면서 나에게 말을 건넨다. "어, 선생님, 오셨네요? 감기 아닌가 봐요?" "어, 그래. 별이 왔구나? 선생님이 병원 가 봤는데 다행히 감기 아니래. 선생님이 피곤해서 그런지 목이 조금 붓기는 했는데, 별 문제 없다고 그러더라고." "정말요? 다행이다. 선생님 안 오시면 어쩌나 싶었거든요." "어머, 선생님 걱정해 준 거야?" "어……, 뭐……. 선생님 안 오시면 미술치료 못하잖아요. 전 병원학교에서 미술치료 시간이 제일 좋거든요." 아이가 부끄러운 듯 살며시 웃었다. 갑자기 황량하던 사막에 촉촉한 단비가 내리는 것 같았다. 마음이 따뜻해졌다. '그래, 이 아이들에게는 미술치료는 정말 필요한 시간이구나. 내가 이 시간을 잘 지켜내야겠어. 아이들의 상처 난 마음이 잘 아물 수 있도록 옆에서 도와줘야겠어.'

• 소아암 환아를 위한 그리고 치료사인 나를 위한 중심 잡기

병원학교에서 소아암 환아를 만난 지 3개월이 흘렀다. 처음에 삐거덕했지만 나는 이곳에 어렵지 않게 적응할 수 있었다. 이렇게 될 수 있었던 가장 큰 힘은 아이들이었다. 아이들과 만나는 미술치료 시간이 아이들에게도, 나에게도 너무 소중한 시간이었다.

그렇게 안정된 미술치료가 진행되기 시작했을 무렵, 나는 또 다른 어려움들과 마주쳤다. 아이들에게 소아암이 진행되고 치료를 받으면서 몸이 안 좋아지는 모습들을 지켜봐야만 했었다. 그 모습을 지켜봐야 하는 건 초보 치료사인 나에게 너무 큰 어려움이었다.

나의 기침으로 조금 더 가까워질 수 있었던 별이는 입원한 지 얼마 안 돼서 나와 만나게 되었다. 그 아이도 나도 소아암과 싸우기 시삭하면서 서로 만나게 되어 유대감이 더 강했다. 별이를 처음 봤을 때는 입원한 지 얼마 안 돼서 혼자만 긴 머리를 하고 있었다. 아이는 예쁜 리본 머리띠를 많이 가지고 있었는데, 올 때마다 새로운 머리띠를 하고 왔었다. 그런데 한 주가 지나고 또 한 주가 지나고 아이의 머리는 듬성듬성해지더니 나중에는 다른 아이들처럼 민머리가 되었다. 더 이상 별이의 예쁜 리본 머리띠는 볼 수 없게 되었다. 미술치료 시간마다 재잘재잘 자기 얘기를 하던 아이는 말수가 눈에 띄게 줄었다. 자신도 외모가 변화하는 것에 신경이 쓰였는지 이따금씩 머리를 만지작거렸다. 나는 아이에게 '많이 속상하겠다.'라고 위로를 해 주고 싶었다. '이렇게 모습이 변한다고 해서 네가 변하는 건 아니야, 너는 지금도 충분히 예쁘다.'라고도 말해 주고 싶었고, '우리 빨리 병에서 이겨 내서 다시 예쁜 머리띠를 쓰자, 우리 힘내자.'라고도 말하고 싶었지만 입 밖으로는 아무 말도 꺼낼 수 없었다. 애써 아픔을 이겨 내고 있는 아이에게 다시 아픔을 확인시켜 주면 어쩌나, 나로 인해서 더 슬퍼지면 어쩌나 하는 생각에 망설여졌다. 그리고 그 자리에 같이 있던 아이들도 다 그와 같은 상황을 겪었을 텐데, 내가 그 아이들에게도 다시 한 번 아픈 기억을 떠올리게 하는 것만 같았다. 이럴 땐 어떻게 해야 하는지 너무 당혹스러웠다. 나는 속이 상했다.

아이의 상태는 더 안 좋아졌다. 그 작은 손이 치료로 인해 검게 변했고, 피부도 들뜨고 거칠어졌다. 나는 아이의 상태가 안 좋아지는 걸 볼 때마다, 내 마음도 같이 무거워졌다. 하루는 병원학교에 도착했더니 치료를 받으러 올라간 아이도 있고, 갑자기 몸 컨디션이 안 좋아진 아이도 있어서 미술치료에 참석할 수 있는 아이가 아무도 없었다. 나는 미술치료를 진행하기 위해 준비했던 것을 다시 제자리에 가져다 놓다가 병원학교 담당자 선생님께 별이는 요즘 몸이 쫌 어떤지 물어보았다. "아, 별이요? 요즘 많이 힘들어해요……. 선생님도 아시겠지만 상태가 많이 좋지 않네요. 어제 무균실로 올라갔어요. 가면서도 미술치료 못하게 돼서 많이 속상해하더라고요." "그럼, 혹시 제가 무균실로 올라갈 수 있나요? 오늘은 참석한 아이들도 없고, 온 김에 별이 보고 가고 싶네요. 만나서 회기를 진행할 수 있으면 더 좋고요" "아, 그러시겠어요? 재료들을 소독해서 올라가시면 하실 수 있을 거예요. 잠깐만요, 제가 준비 도와드릴게요."

나는 서둘러 준비를 마치고 무균실로 올라갔다. 창문 너머로 몸에 여러 주사를 달고 축 처져 있는 아이의 모습이 보였다. 나는 물을 열고 아이에게 인사를 건넸다. 아이는 나를 보고 무척 놀라하면서, 너무나 기뻐하는 모습을 보였다. "와, 선생님, 어떻게 오셨어요? 저 보러 여기까지 올라오신 거예요?" "그럼, 별이 보고 싶어서 올라왔지. 치료 잘 받고 있었어?." 아이 너머로 무균실의 작은 공간이 보였다. 많이 답답했겠다……. 그런데 침대 옆에 작은 노트 한 권과 색연필이 있었다. "별아, 여기 올라와서도 그림 그렸었나 보네?" "네, 여기에선 할 수 있는 게 너무 없고, 답답하기만 해요……. 그럴 땐 그림을 그리면 시간도 빨리 가고, 기분도 다시 좋아져요." 아이는 예전에 보였던 수줍은 미소를 보이면 말했다. "오늘은 선생님이 별이가 좋아하는 파스넷을 가져왔어. 우리 이걸로 여기 도화지에 그림 그려 보자." "정말요? 네, 네. 빨리 해요. 우리."

힘이 하나도 없어 보이던 아이는 어디서 그런 힘이 났는지 쉬지 않고 그림을 그리기 시작했다. 도화지는 금세 가득 채워졌다. 그림에는 천사와 어린 소녀가 그려져 있었다. 그 소녀는 노란 동그라미 안에서 웃는 얼굴을 하고 있었다. 그림을 그리고 나서 별이는 이렇게 말했다. "여기는 하늘나라예요. 이건 저고요. 이 천사는 제 수호천사예요. 하늘나라에서 저를 지켜 주고 있어요." "그렇구나……." "선생님, 정말 천사도 있고, 하늘나라도 있을까요? 나중에… 나중에… 하늘나라 간다면……. 거긴 아픔도 없고 슬픔도 없겠죠?" 쿵하고 가슴이 내려앉았다. 죽음을 얘기하는 이 아이한테 무엇을 말해 줘야 할까……. 아무 말도 생각나지 않았다. 머리가 백지장처럼 하얘졌다. 갑자기 죽음과 마주하려니 너무 당황스러웠다. 나도 아직 죽음에 대해서 깊게 생각한 적이 없는데……. 나는 저 나이 때 죽는다는 게 뭔지 생각해 본 적도 없었는데……. 나는 많이 힘드냐며 수호천사가 지켜 줄 것이란 말만 짧게 하고 마무리 지었다.

돌아오는 길에 너무 마음이 무거웠다. 가슴에 무거운 돌덩어리가 내려앉는 느낌이었다. 아이들의 그림에서 죽음의 이야기가 나올 것이란 생각을 안 해 본 건 아니었지만 실제로 이렇게 이야기가 나오니 어떻게 다뤄 줘야 하는지 아득하기만 했다. 그리고 날이 갈수록 몸이 안 좋아지는 아이를 보며, 나도 같이 너무 괴로웠다. 그날 이후로 그 아이에 대한 생각이 내 머릿속을 떠나지 않았다. 어딜 가나 그 아이에 대한 염려 때문에 제대로 수업을 들을 수도, 공부를 할 수도 없었다. 아이 생각에 사로잡혀 내 삶을 제대로 지탱하기가 힘들어졌다. 나는 이 문제를 어떻게 풀어내야 할지 너무 망막했다. '어떻게 해야지 내가 흔들리지 않을까? 내가 아이와 같이 흔들린다면 아이한테도 도움이 되지 못할 거야…….'

오랜 고민 끝에 슈퍼비전 시간에 얘기를 꺼내 놓았다. 슈퍼바이저가 나를 어떻게 볼지 두려웠다. 이제 졸업을 앞둔 4학기생인데 이런 얘기를 꺼내 놓으면 지금까지 뭘 배웠냐는 비난을 듣게 되는 건 아닌지……. 그동안 발전하지 못한 나의 모습을 들키는 것 같아 겁이 났다. 하지만 나의 우려와는 달리 슈퍼바이저는 날 따뜻하게 위로해 주었다. 나의 고민을 함께 진지하게 나눠 주었고, 내가 미처 생각하지 못한 부분도 짚어 주었다. 그동안 많이 힘들었겠다는 위로와 내담자와 나를 분리시키지 못한 문제점을 짚어 주었다. 그리고 나만의 시간이 필요하다고 말해 주었다. 지금까지 달려온 시간들과 미술치료사로서 자신에 대해 다시 한 번 생각해 보라고 하였다. 그리고 좋은 치료사가 되기 위한 준비과정을 잘 헤쳐 나가고 있으니 조금 더 힘을 내라는 격려도 함께 받았다. 나는 뜨거운 눈물이 흘렀다. '그래, 나는 미술치료사가 되기 위한 성장통을 겪고 있는 거야. 내가 보낸 시간이 헛된 시간들이 아니었어. 그리고 나를 위한 시간을 갖자. 나는 지금 휴식이 필요해.'

내 마음을 짓눌렀던 걱정거리들을 하나씩 내려놓았다. 지금까지 얽매였던 나의 상황에 대해 한발 물러섰다. 나는 그동안 바쁘다는 핑계로 보지 못했던 친구들도 만나고 같이 영화도 보고 수다도 떨었다. 전공 책 보기에도 시간이 모자라다며 사 놓고 열 장도 채 읽지 못한 소설책도 다시 꺼내 읽었다. 기분 전환하겠다면 도시와는 조금 떨어진 한적한 곳에 있는 미술관을 찾아 정말 오랜만에 전시회도 관람했다. 오랜만에 만끽하는 여유로움이었다. 이제 깊게 숨을 들이마실 수 있었다. 이제야 내 자신이 존재하는 것 같았다. 내 안에 것을 비우고 나니, 치료사로서 다시 설 힘이 생겼다.

• 무표정한 얼굴에서 밝은 미소가 번지는 미술치료 시간

재충전을 하고 나니 다시 아이들과 마주할 수 있는 힘이 생겨났다. 예전보다 아이들 이야기에 더 깊이 공감할 수 있었고, 미술치료 회기에 집중할 수 있었다. 아이들은 미술치료 시간에 어디에도 털어놓지 못한 자신의 이야기들을 꺼내 놓고 있었다. 아이들은 때때로 부모님께 죄책감을 느끼고 있었다. 자신 때문에 고생하시는 것 같아 죄송스러운 마음들을 가지고 있었다. 그렇지 않아도 힘들어하시는데 자신의 얘기들을 꺼내 놓으면 부모님이 속상해 하실까 봐 말하지 못했다. 그렇다고 아이들에게 또래 친구가 많은 것도 아니었다. 오랜 병원생활로 인해 학교생활을 제대로 하지 못해 친구 사귈 기회가 없었다. 병원에서는 자신이 소아암을 앓는다는 자체가 큰 상처로 다가와, 이곳에서는 빨리 치료만 받고 나가야 되는 곳으로 생각했다. 이런 생각 때문에 같은 병실에 있는 아이들과도 제대로 관계를 맺지 못하는 경우가 많았다. 그저 컴퓨터나 게임으로 오락을 하며 시간을 보내고, 아이들과 어울릴 생각은 별로 하지 않았다. 이러다 보니 자신의 이야기를 솔직하게 꺼내 놓을 곳이 없었다. 하지만 미술치료 시간에는 작업을 통해 자유롭게 자신의 이야기를 할 수 있었다. "선생님, 전요, 주황색이 싫어요. 항암치료를 받을 때 쓰는 약 색이랑 똑같거든요. 항암치료가 얼마나 힘든데요. 다시는 받고 싶지 않아요." "주사는 너무 아파요. 이건 슈퍼 암 치료기인데요. 이건 주사를 맞지 않아도 암을 치료할 수 있는 거예요. 나중에 제가 이걸 정말 발명해 볼까 해요." "이건 불사조예요. 악당들과 싸워서 죽은 것처럼 보이지만 다시 살아나서 싸워요. 아무리 강한 악당들이 쳐들어와도 끄떡없어요." 아이들은 미술치료를 통해 자신의 상처를 스스로 치유하고 있었다.

그리고 미술치료 시간에 아이들과 함께 작업을 하면서 다른 아이들과 소통의 시간도 가졌다. "너 혹시 노란색 필요하면 이거 써. 나는 다 했어." "어? 나도 3학년인데 너도 3학년이네. 난 ○○초등학교 다니는데, 너는 어디학교 다녀?" "와! 너도 이 캐릭터 좋아해? 나도 이거 되게 좋아하는데. 이따 미술치료 끝나면 같이 게임하고 가자." "내일 수술이면 되게 무섭겠다. 근데 나도 수술해 봤는데, 그거 생각보다 무섭지 않아. 그냥 자고 나면 다 끝나. 그러니깐 너무 무서워하지 마." 공동 작업일 때는 이런 힘이 더 커졌다. "나는 우리 마을에 과수원을 만들고 싶은데, 너는 뭐 만들고 싶어?" "강을 그렸네? 그럼 나는 여기 위에 다리를 만들어야지." 이렇게 공동 작업을 통해 서로의 생각들을 나누고, 함께 같은 목표를 위해 힘을 합하는 경험을 했다.

아무 표정 없었던 아이들이 미술치료 시간에는 밝은 미소를 되찾아가고 있었다. 다시 생기발랄한 그 또래의 아이들의 모습으로 되돌아가고 있었다. 이런 모습을 보며 나는 다시 한 번 미술치료의 힘을 느낄 수 있었다. '미술치료가 이렇게 아이들에게 많은 도움을 주는구나. 병원학교에서는 일반적인 교과목 수업들도 있지만, 무엇보다 상처 난 아이들의 마음을 보듬어 줄 수 있는 미술치료와 같은 심리치료 수업은 꼭 있어야겠어. 이곳은 내가 정말 필요한 곳이야!' 나는 그곳에서 치료자로서 나의 존재감을 느낄 수 있었다.

• 우리 모두의 힘이 합쳐져 만들어진 행복

많은 우여곡절이 있었지만, 나는 내 자리에서 치료사의 역할을 묵묵히 해내 갔다. 치료진도 이제 조금씩 내가 하는 일을 이해하고 받아들였다. 처음에는 멀게만 느껴졌던 병원학교 담당선생님도 이제 먼저 아이에 대해 나에게 묻는다. "오늘 ○○ 어땠어요? 요즘 약을 바꿔서 많이 예민해졌는데, 미술치료 시간에는 괜찮던가요?" 나는 그날그날 아이들이 어떤 작업을 했었고, 어떤 행동들을 했다고 전한다. 미술치료가 끝나고 자연스럽게 병원학교 담당선생님과 아이들에 대해 이야기를 나누는 시간이 늘어났다.

아이들의 어머니들도 미술치료가 끝나고 나를 찾아오는 일이 많아졌다. 나도 아이들의 그림에서 계속 반복적인 이슈가 나오면 어머니를 찾아가 이야기를 전한다. "○○, 요즘 어때요? 이런 일로 많이 힘든 거 같은데, 어머니가 보시기에는 어떤 거 같으신가요?" 나는 아이들의 부모님과 이야기를 나누면서 아이들의 병원생활에 대해서 이야기도 나누고, 때로는 지친 부모님께도 힘이 되어 드리기도 한다.

요즘은 치료진과 부모님과 함께 미술치료를 이끌어 간다는 생각이 든다. 나 혼자서 이끌어 갈 때보다 아이들에게 더 도움이 될 수 있는 미술치료를 진행할 수 있어 감사한 마음이 든다. 그러던 중 정말 반가운 소식을 들었다. 다음 주부터 금요일마다 열리는 케이스 콘퍼런스에 미술치료사인 나도 스태프의 입장으로 함께 참여했으면 좋겠다는 소식을 들었다. 나에게 어떻게 미술치료를 진행하고 있으며, 아이들이 어떻게 변화해 가고 있는지 직접 듣고 싶다고 한다. 또 아이들에게 다른 치료가 들어간다거나 치료 방법을 바꾸기 전, 현재 아이의 심리 상태와 그 시점이 적당한가에 대한 이야기를 듣고 싶다고 한다. 이제부터는 나의 역할이 더 무거워진다. 내가 해야 할 일이 더 많아졌다. 이것저것 신경 써야 할 것도 많고, 준비해야 할 것이 많아 바빠졌지만 마음만은 너무 행복하다. 나는 미술치료사로서 성장해 가는 내 자신이 자랑스럽다. 그리고 전문적인 미술치료사가 되기 위해서는 끊임없이 공부하고, 나 자신을 발전해 나가야겠다는 다짐을 한다.

4. 일반인을 위한 미술심리치료를 다룬 해석학적 현상학적 글쓰기

현대 사회의 급변화로 인해 스트레스가 많아지고 일반인들도 정신건강의 유지와 증진에 대한 관심이 높아지고 있다(장연집, 2009). 일반인을 위한 미술심리치료(Normal Art Psychotherapy: NAPT)는 다양한 대상의 심리적 문제뿐만 아니라, 자기 통찰과 현대 사회의 적응을 위하여 치유적 접근을 한다.

예를 들어, 한부모가족 아동이나 이혼가정 자녀들과 같이 현대의 가족 체계의 해체와 붕괴로 인한 자녀들의 정신건강을 위하여 미술심리치료는 적절한 개입과 도움이 된다. 또한 불임 여성의 스트레스와 고령화 사회로 인한 노인들의 안녕과 복지를 위하여서도 행복감이나 삶의 질을 고취시키고 예방적 차원에서도 미술심리치료가 수행되기도 한다.

앞으로도 복잡하고 다변화되는 현대 사회에서 일반인을 위한 미술심리치료적 요구는 더욱 늘어 갈 것이다. 일반인을 위한 미술심리치료 주제를 한 해석학적 현상학적 글쓰기는 연구자 1, 연구자 7, 연구자 8, 연구자 3이 쓴 총 4편이다. 이 장에서는 저소득층 한부모가족 아동, 이혼가정의 자녀, 30대 불임여성, 노인을 대상으로 다룬 일반인을 위한 미술심리치료의 해석학적 현상학적 글쓰기를 소개한다.

1) 저소득층 한부모가족 아동의 집단미술치료 활동 체험에 관한 해석학적 현상학적 글쓰기

가족 이야기가 나오는 순간 밀려드는 복잡한 심정

엄마나 아빠하고만 사는 가족을 둔 아동들은 늘 가족에 대한 불편함을 가지고 생활한다. 그 불편함은 때론 불안함으로, 때론 원망으로, 또는 짜증스러움으로 표현되기도 한다.

선생님을 포함해 처음 보는 어른들이 참여아동들에게 다가와 친절한 말투로 "이름이 뭐니?" "가족 관계는 어떻게 되니?"라고 묻게 되면, 참여아동들은 솔직하게 "아빠는 돌아가셨어요." 또는 "엄마는 안 계세요."라고 이야기한다.

이때 어른들의 반응은 참여아동들을 당황하게 만들곤 하는데…… 참여아동들은 갑자기 굳는 어른의 표정과 어색하기만 한 그 말투를 금세 눈치를 채기 때문이다. 어색한 표정의 어른은 얼른…… "물어봐서 미안하다."라고 말한다. 그리고 다시 한 번 아래위로 한번 쳐다본다. 쳐다보는 사람 입장에선 따뜻한 시선일지 몰라도 그 시선을 느끼는 참여아동들은 기분 나쁘고 착한 척하는 시선이라고 말한다. 참여아동은 그 따가운 시선을 온몸으로 받으며 다짐하고 또 다짐한다. 절대로 다음에는 솔직하게 말하지 말아야지…….

이러한 경험이 점점 많아질수록 상처에 피가 나고 진물이 나다가 딱지가 앉듯이 점점 딱딱한 것으로 자신의 마음을 닫아 버리고 다시는 상처를 입지 않으려고 준비하고 또 준비한다.

누군가를 만나 '너희 가족은 어떠니? 너의 어머니는 어떠시니?'라는 질문을 듣는 순간, 가슴은 두근두근거리고 거짓말을 할까 말까 고민을 시작한다. 자신을 바라보고 있는 시선을 예민하게 느끼며 다른 사람에게 어떻게 비춰질지, 이 사람은 어떻게 반응을 할지에 대해 빠르게 파악하기 위해 계산을 시작한다. 그러다가 어느 순간에는 이러한 자신의 모습에 짜증이 나고 나는 왜 꼭 이런 고민을 하고 있어야 하나 하며 대상이 없는 원망을 하게 된다.

이에 집단미술치료 활동에서도 가족과 관련된 주제를 겪을 때마다 혹은 집단 안에서 다른 참여아동들이 가족에 대한 이야기를 할 때마다 연구 참여아동은 자신에게 시선이 집중되지 않길 바랐고 깊이 이야기하게 될까 봐 망설이게 되는 경험을 하게 된다. 같이 방과후 교실에서 생활하고 있는 아동들은 서로의 집안 사정을 다 알고 있는 친구, 언니, 오빠, 동생들이지만 내가 아닌 다른 사람에게 나의 집안 이야기를 하는 것은 좋지 않으며 고민되는 일이라고 말한다.

"엄마, 아빠가 있다고 뻥으로 그림을 그릴 순 있지만 전번에처럼 그냥 숙제를 개는 집에서도 할 수 있다고 생각하니까 걔가 다 얄미워 보였어요. 내가 잘못한 게 아닌 것 같은데 나는 아빠가 없으니까…… 요……. 이렇게(알림장에 쓰는 시늉을 내며) 써 주는 걸 집에 가져가서 할 수 없잖아요. 막 그럼 걔가요…… 되게 얄미워요. 꼭 날 무시할 것 같고."

자신의 부모 중 한 명의 부재는 왠지 자신이 무엇인가 부족해서 가지지 못한 것처럼 느끼고 있다. 초등학생에게 한쪽 부모의 부재는 단지 슬픔, 그리움뿐만이 아닌 남들은 다 가지고 있는데 나는 가지고 있지 못한, 그래서 왠지 숨겨야만 할 것 같은 감정을 느끼게 한다. 결코 친한 친구에게도 이야기하기는 어려운 가족에 대한 감정은 매우 비밀스러운 일로 받아들이고 있다. 자신이 잘못한 것이 아닌데 꼭 내가 잘못하고 부족한 것만 같아서 어느 순간부터는 답답하기만 한 감정들을 가슴속에 묻기 시작한다.

현재 같이 살고 있는 엄마, 나, 아빠에 대해 혼란스러운 감정을 가짐

가족 이야기를 함에 있어서 어떠한 상황에서든 위축되고 눈치를 살피게 되다가도 지금 내 옆을 지켜 주는 엄마(아빠)가 떠오르면 그나마 다행이란 생각을 한다. 그리고 가슴이 따뜻해지면서 고맙다는 생각을 한다. 한쪽의 부모가 떠난 후로 자기 어려워진 집안 환경을 잘 알고 있으며 일을 하러 나가는 엄마(아빠)를 보내고 자신은 덩그러니 홀로 집에 남아 있어야 하는 신세가 되어 버린다. 늦게까지 일을 나가 있는 엄마(아빠)가 참으로 세상을 열심히 살고 있다는 것을 말하지 않아도 느끼고 있다. 그리고 이런 생각이 들 때마다 왠지 미안한 마음도 들고 아무것도 하지 못하는 아이라는 것이 답답하기도 하다. 그러면서도 종종 아주 가끔씩 떠난 부모에 대한 생각이 막연히 스치게 된다. 우리를 버리고 어디론가 가 버린 아빠(엄마)가 원망스럽고 지금 어려운 처지가 모두 다 우릴 떠난 아빠(엄마) 때문이라는 생각이 들기도 한다. 하지만 때론 이렇게 힘이 들 때 아빠(엄마)가 우리 곁에 있어 준다면 아주 큰 힘이 되어 줄 것 같다. 많이 보고 싶고 그리워진다. 아빠(엄마)가 없는 엄마(아빠)의 모습은 더욱 초라하게 느껴지기 때문이다. 이런 그리움과 바람의 생각도 아주 잠시, 떠나 버린 아빠(엄마)를 생각하는 것은 왠지 지금 내 옆에서 열심히 살고 있는 엄마(아빠)에게 미안한 일이고 죄를 짓는 것 같아 금방 생각을 지우려고 애쓰기도 한다.

"사실 친구들이 집 얘기 하면서 그럴 때 나도 엄마 생각이 나서 거짓말로 엄마 얘기 지어서 몇 번 한 적이 있었거든요. (다리를 흔들며 연구자를 살짝 쳐다봄) 우리 엄마도 돈가스 만들어 주고 그랬다고 그랬거든요. 근데 그때 딱 걱정이 되는 거예요. 얘가 우리 아빠한테 말하면 어떡하나 하면서 불안해졌어요. 걔도 우리 동에 살잖아요. 아 아 아뇨. (다리를 심하게 떨며) 우리 아빠가 알면 좀 미안할 것 같아요. 아빠한테. 돕고 싶어요, 아빠를 그냥 좀."

엄마(아빠)와 나의 곁을 떠나 버린 아빠(엄마)를 그리워하는 것은 마치 너무나 비싸서 절대 살 수 없는 학용품을 사 달라고 엄마(아빠)에게 조르는 철없는 짓 같다고 생각한다. 다른 아이들은 필통 안에 다들 가지고 있는 학용품이지만, 나에게는 너무나 비싸서 우리 엄마(아빠)는 절대로 사 줄 수 없는 것이다.

하지만 내가 다른 친구의 그 학용품을 보고 갖고 싶다고 엄마에게 사 달라고 조르면, 내 옆에 있는 우리 엄마(아빠)를 힘들게 하고 비참하게 만드는 것이라고 생각하기 때문이다.

떠나 버린 아빠(엄마)를 그리워하는 게 엄마(아빠)를 배신하는 일은 아닐까? 엄마가 나를 위해 열심히 살 듯 나도 이제 엄마를 위해 무언가 해야 하는데……. 그것은 바로 떠나 버린 아빠(엄마)를 그리워하지 않고 아무렇지 않게 잘 지내는 것 같다고 생각한다. 그래서 나는 아빠(엄마)를 절대로, 평생토록, 정말로 가질 수 없는 것으로 인정하고 포기해 버리기로 한다. 이렇게 떠난 부모를 그리워하는 참여아동들의 감정들은 말하면 안 되는 조심스러운 이야기로, 가슴속에 하나의 응어리로 점점 딱딱하게 굳어 가고 있다. 세월이 흐르면서도 말로 표현하지 않았던 가슴속의 응어리는 더욱 딱딱하고 크게 자리 잡게 되어 숨을 쉴 때마다 가슴속에 따끔따끔 하면서 건드려지는 것이 되어 버린다.

"엄마가 있을 때는 피카추 운동화도 사 주고 피카추 물감이랑 공책도 사 줬어요. (단호하게) 말 안 해도 (목소리 작아지며) 근데 (지금 크레파스를 가리키며) 이제는 이런 거 쓰거든요. (크레파스를 챙기며) 좀 싫어요. 근데 말할 수 있는 건 아니잖아요."

이렇게 현재 내 옆에 있는 양육자에 대한 감정은 단순하게 좋다, 싫다로 표현되는 감정이 아닌 때론 나를 서운하게도 하고, 때론 답답하게도 만드는, 그래서 종종 나를 서글프게 만드는 존재……. 하지만 결국 나에게 하나 남은 부모이기에 꼭 지키고 싶은 존재이다. 이렇게 특별한 존재인 만큼 말하지 않아도, 나를 지켜 주는 엄마(아빠)가 상처받을까 봐 말은 못하지만, 그래도 자신이 무슨 생각을 하고 무슨 바람을 가지고 있는지 알아서 딱딱 챙겨 줬으면 하는 바람을 가진다.

공평하지 못한 세상에 대한 분노감을 표출하게 됨

참여아동들과의 집단미술치료 활동 속에서 그들의 세계에서 유용하게 잘 지켜지고 있는 하나의 법칙을 볼 수 있다. 아이들은 집단미술치료 활동을 시작한 초기에도 집단작업에서 일어나는 다양한 대립 상황이나 갈등 상황에서 당당하고 또렷한 말투로 '원래 사는 게 다 그런 거예요.'라고 하며 부정적인 경험에 대해 회의적으로 이야기하곤 한다. 집단미술치료 활동이 진행되는 동안 여러 장면에서 이러한 모습은 여전히 나타났고, 이것이 바로 참여아동들이 세상을 바라보는 시각이라는 것을 알 수 있다.

집단미술치료 5회기에 진행되었던 감정 그림 그리기를 마치고 각자의 솔직한 감정에 대해 이야기할 때 '내 감정 당신이 알아서 뭐 어쩔껀데'라고 제목을 붙이던 참여아동의 반응도 같은 맥락으로 볼 수 있는 것 같다. "내가 내 솔직한 감정을 얘기하면 선생님이 해결해 줄래요?"라는 말을 하고 그 상황을 모면하려고 했는데 그 안에 담겨 있는 정서는 바로 '어쩔 수 없이 아무도 해결해 줄 수 없는 내 감정이다. 내 문제를 해결할 사람은 나밖에 없다……. 난 언제나 그래 왔다. 그리고 앞으로도 그럴 것이다.'라는 반응이다.

집단미술치료 활동 중 8회기의 주제였던 피카소의 가난한 가족의 기도에서 "그들이 무엇이 필요한 줄도 모르면서 도와주려고 하는 것은 재수없는 짓이에요." "자기들이 알아서 해결하라고 해요."라고 이야기했던 참여아동의 이야기에서도 본 연구의 참여아동들이 세상을 바라보는 시각을 느낄 수 있었으며, 이는 세상의 냉소적인 면을 바라보고 있다는 생각을 하게 되었다.

초등학교 1학년인 아동도 쉽게 '사는 게 다 이 모양이지 뭐.'라는 이야기를 할 만큼 참여아동들은 삶에 대해 그리고 인생에 대해 이야기를 쉽게 하고 있었는데 쉽게 나오는 그 인생 이야기 속에는 대체로 가치 없음, 희망 없음의 정서가 많이 느껴진다. 어차피 혼자 사는 인생이라는 어른스러운 말투는 곧 '남은 나를 도울 수 없다, 그래서 나 또한 남을 도울 수 없다.'는 확신으로까지 느껴진다.

"그냥 사람들은 자기만 중요하다고 생각하는 것 같아요. 오빠도 그러고요. 오빠도 오빠밖에 몰라요. (시큰둥) 원래 세상 사는 게 다 그런 거래요. 자기 밥그릇은 내가 지켜야지……. 뭐 그런 얘기 할머니한테 디게 많이 들어요. (5초 정도 쉼) 그렇게 살면 되나 싶어서 공부방을 보잖아요? 그럼 다들 그렇게 사는 것 같아요."

이러한 참여아동들의 삶의 태도는 지금까지 자신의 삶 속, 깊이 있는 체험 속에서 얻어진 것이다. 참여아동들은 그동안 자신이 어떠한 문제에 처해 있어도 그 누군가에게 관심을 받으며 지지받으며 희망을 얻어 보지 못했다. 그래서 자기 문제는 직접 자신이 해결해야 하는 이 세상은 안전하지 못한 곳이다.

이곳에서 자신이 살아남기 위해서는 내 것은 내가 똑바로 챙기는 것이다.

그리고 혼자서 살아가는 세상을 이야기하는 참여아동들만의 또 다른 법칙 하나는 받은 만큼 돌려줘야 하듯 당한 만큼 갚아 줘야 한다는 신념을 가지고 있는 것이다. 참여아동은 혼자서 안전하지 못한 세상을 살아가기 위해서는 누군가 자신을 때렸을 때 무엇인가를 뺏어 갔을 때 자신이 맞은 곳, 상처 당한 부분에 대해서 똑같은 부분을 똑같은 양으로 갚아 주겠다는 것이다. 내가 맞은 것보다 더 많이 때리진 않겠다. 똑같은 양, 똑같은 부위를 때리겠다는 참여아동들의 이야기는 나름대로 안전하지도 못하고 불공평하기만 한 세상에서 자신을 지키기 위한 하나의 방법이다. 어린이인 자신이 아무리 얘기해 봐야 어쩔 수 없는 세상, 언제나 나에게 힘이 드는 세상이 바로 본 연구의 참여아동들이 바라보고 있는 세상이다. 집단미술치료 활동에 대해 그들의 경험을 이야기함에도 참여아동들은 여덟 살이면 여덟 살짜리답게, 열두 살이면 열두 살짜리답게 불공평한 세상에 대한 이야기를 담담하고 단호하게 이야기해 나가는 것을 보면 어쩔 수 없는 세상에 대해 벌써 순응하고 포기해 버린 것만 같은 인상을 갖게 된다.

이러한 참여아동들의 모습들은 집단미술치료의 체험 속에서 어떠한 방어 없이 여러 가지 방식으로 자연스럽게 표출되는 참여아동들이 나타내는 강한 신념이다.

반복되는 답답하고 속터지는 상황이 재현됨

짜증나, 속 터져요, 맨날 그래요 맨날이라는 단어들은 참여아동들이 어떠한 문제에 처했을 때 가장 많이 하는 말이다.

자신의 상황을 구체적으로 설명을 하기보다는 발을 동동 구르고 눈을 꽉 감아 버리고 양손을 불끈 쥐고 부들부들 떨면서 가슴을 친다. 그리고 말한다.

짜증~나요…….

속 터~져요…….

맨날 그래요 맨날…… 맨날…….

지금 참여아동들이 짜증난다고 말하고 있는 것은 집단미술치료 활동 상황이지만 참여아동들이 말하고 있는 그 감정은 결코 그들에게 단순히 그림을 그리면서 처음으로 경험하게 되는 낯선 감정이 아니다. 오늘 아침에 학교 가기 전에 바쁘기만 한 엄마에게 공감받지 못했던 감정, 학교에 가다가 부자인 친구에게서 무시당한 감정, 학교에서 선생님에게서 알 수 없는 꾸중을 들었던 감정…… 그 모든 것이 안전한 집단미술치료 활동 상황에서 터져 나오게 된다.

이것은 단순히 글자 그대로 짜증나고 답답한 상황이 아닌 참여아동만이 느끼고 있는 답답한 현실에서 자신의 삶의 무게를 실어 소리 지르는 것이며, 이에 한스러움마저 느껴진다.

이는 또한 그 누구와도 전달되지 않는 의사소통에 대한 답답함의 표현인데, 그들은 자신의 상황을 차근히 설명하지도 않은 채 먼저 '맨날 이래요.'라고 하며 울고, '말해 봤자 쟤는 안 들어 줄 거예요, 어차피 안 된다니까요.'라며 소리를 지르고 화를 낸다. 이는 아마도 참여아동의 주변에서 함께 그들의 이야기를 귀담아 듣고 공감해 주고 반영해 주는 사람이 없었다는 점, 그래서 의사소통을 위한 기술이 미숙하다는 이유를 들 수 있을 것이며, 이러한 상황의 반복이다 보니 이러한 답답하고 짜증나는 상황은 집단미술치료 과정에서뿐 아니라 학교생활이나 가정생활에서도 겪고 있다.

어떤 집단에나 '나보다 힘이 센 아이니, 혹은 선생님이 싸우지 말랬으니까'의 이유로 나는 참아야 한다고 생각하지만 집단에는 너무나 자기 멋대로 구는 아이들이 있기 마련이다. 이런 아이들과의 갈등이 나타났을 때 연구 참여아동들은 말하고 싶은 건 많은데 입이 안 따라 주는 상황이라고 이야기한다. 나는 여기에 분홍색을 칠하고 싫어라고 말하지 못하고 이 세상 그 누구와도 이야기가 통하지 않을 것 같은 상황으로 받아들인다. 가슴속에서는 부글부글 말하고 싶은 이야기들이 꿈틀거리는데 내 입은 도무지 움직여지지 않는 상황, 내가 말하려고 시도를 해 보아도 아무도 내가 말하는 뜻을 알아듣지 못할 것만 같고 함께 집단미술작업을 하고 있는 짝꿍도, 동생도, 아무도 나와는 말이 안 통하는 사람들인 것만 같다. 이러한 상황은 마치 얼굴은 알고 있지만 전혀 말이 통하지 않는 외국인들과 함께 작업을 하는 것만 같다. 이렇게 참여아동들로 하여금 답답하고 속 터지고 짜증난다는 말들로 표현되는 감정은 마치 억울함의 빛깔을 띠기도 한다.

"말이, 말을, 말로 표현하지 못하고…… 가슴엔 하고 싶은 게 많은데 입이 따라 주지 않는 거. 근데요. 사람들도요. 우리말을 하지 못하는 사람. 다른 나라 사람들이요, 만약에 우리나라에 왔는데 우리나라 말을 할 줄 몰라요. 마음속으로는 막 이거 하고 싶다 저거 하고 싶다 하는데 말을 할 줄 못하니까 그 사람들도 막 짜증날 것 같아요."

이렇게 외국인이 되어 버린 것만 같이 옆에 있는 사람들과 말이 안 통하고 답답한 상황의 연장으로 연구 참여아동들은 맨날 그런 짜증이라고 이야기한다.

"집에서는 (빨라짐) 맨날 잔소리 들어요. 할머니한테 막 걸레질을요. 제대로 하는데요. 할머니가 왜 그렇게 하냐고 하면서 막 뺏어서 막 해요. 내가 왜 그렇게 했는지도 묻지 않고 자세히 내가 뭘 하는지도 잘 안 보고…… 그냥 그렇게 해 버려요. (우울해진 표정－고개 숙임) 짜증날 때도 있는데 우울해져요."

이처럼 일상생활에서 가족에게 그리고 친구에게 공감 받고 대화 나누지 못하는 연구 참여아동들은 집단미술치료 활동 안에서도 자신이 그림을 그린 영역과 미술재료에 대해서 특별한 애착을 보이며 매우 신경이 예민해진다. 평소생활에서 누군가 나를 무시할까 봐 다른 사람의 시선을 유난히 신경 쓰는 아이들은 자신의 그림에 누군가 손을 대기만 하면 '왜 그러니?' 또는 '네가 이러니까 내가 싫다.'라고 방어하듯이 말하게 된다. '저 친구가 나를 도와주려고 하는 건 아니었나?'라고 생각하기 이전에 '재가 날 무시하는 거다.'라고 판단해 버리고 그 친구에 대해 마음을 닫기 시작한다. 이와 마찬가지로 내가 집단의 다른 친구의 그림을 도와줄 마음으로 다가갔을 때도 그 친구의 반응은 '야! 너 왜 그래?'라고 반응을 보이는데 순간 '어~ 너 도와주려고 그랬어, 싫어?'라고 이야기하지 못한 채 '쟤는 나를 싫어해서 이렇게 화를 내는구나.'라고 생각해 버리며 자신감을 잃게 된다.

역시 그럴 줄 알았어 애들은 다 날 싫어하는구나……. 어쩔 수 없어……. 내 거나 열심히 해야지……. 이러한 반복된 경험으로 참여아동들은 또래들과의 관계에서도 예민하게 주위를 살피곤 하며, 또래에게 거부당한 순간은 매우 큰 상처를 받은 듯 아파한다.

집단미술작업에서 참여아동들은 답답하고 짜증나는 상황을 경험하면서 그들에서 각자가 매우 예민해져 있고 서로의 눈치를 보면서 자신의 의견이 수용되지 않았을 때 매우 큰 좌절을 경험하며, 쟤는 나를 싫어하는 것 또는 나를 무시하는 것이라는 극단적인 사고를 하게 되며 스스로 만든 갈등을 겪게 된다. 이처럼 본 연구의 참여아동들이 경험하는 집단미술치료 활동 속에서의 이완된 분위기 속에는 자유로움의 경험과 함께 활동하는 과정에서 불쑥 느껴지는 짜증스러움은 결코 낯설지 않은 매일 겪는 일상의 일부분이다. 그저 늘 느끼고 있는 짜증과 답답함이지만 집단미술치료 상황에서는 그 답답함에 대해 큰 소리로 '속 터져요.'라고 이야기할 수 있었으며 '아~ 맨날 집에서도 그런단 말이에요.'라고 시원하게 말해 버릴 수 있다.

그림 속에서 내맘대로 그려 갈 수 있는 세계를 맛보게 됨

선생님, 오늘은 뭐 그릴 거예요?
선생님, 이렇게 해도 돼요?
선생님, 물감 써도 돼요?
여기다 해도 돼요?
그럼 이것도 써도 돼요?
같이 해도 돼요?
정말 내 맘대로 해도 돼요?

참여아동들의 질문의 목소리는 점점 커지고 생기가 돈다. 연구 참여아동들은 점점 그림을 통해서 자신의 감정을 해소할 수 있는 방법을 학습해 나가고 있었으며 알아보지 못할 듯한 난화로 집단 구성원들끼리의 감정을 교환하는 듯이 깔깔대고 웃으며 이야기를 나누곤 한다. 미처 말하지 못한 것들을 글씨로 적어 넣을 수도 있고, 그것을 다시 지울 수도 있는 마술과 같은 그림 그리기…….

일주일에 한 번씩 찾아오는 속 시원해지는 시간이다.

이 시간은 이렇게 스트레스 해소가 되는 시간이며 그 무엇보다도 이 시간은 내 자신이 주인공이 되고, 내 마음대로 도화지 한 장을 이렇게 저렇게 주물러 버릴 수도 있고 그렸다가 지웠다가 할 수 있는 시간이다. 힘으로 상대가 안 되는 무서운 친구, 답답하고 짜증나는 생활, 기분 나쁘게 하는 사람 등 어쩔수 없이 나는 말로나 힘으로 상대할 수 없는 대상 혹은 상황에 대해서 참여아동들은 소리를 지르고 발을 동동 구르면서 난화를 그려 대며 내가 이긴 기분을 이야기했는데 상기된 얼굴로 깔깔거리는 모습을 보면 참여아동이 정말로 행복하고 자유로움을 경험하는 듯 보였다. 자신이 짜증나고 화나는 일을 그린 것이라도 내 맘대로 그림을 그리고 나면 행복하고 자유로움을 경험하는 것이 신기하기만 하다고 했다.

"미처 말로 하지 못한 것을 그림으로 표현한다거나…… 막 화날 때……. (재미있어하며) 그럼요. 저는요. 오빠랑 막 싸우고 나면요. 종이에다가 '짜증난다'고 쓰고 그 글씨를 쓰다가 그게 낙서가 돼서 그 글씨를 다 덮어 버려요. (실제 도화지에 글씨를 쓰고 난화를 계속하며) 이렇게요. 글씨 자체가 '짜증난다'라는 글씨 자체가 짜증나는 글씨가 되는 거……. 그러니까…… 감정이…… 느낌이…… 글씨에도……. 그러니까…… 느낌을…… 감정을 나타내는 글씨 자체가 그렇게 돼요. '짜증난다'라는 글씨를 쓸 때는 짜증난다는 표현하는 것 같고. 행복하다를 쓸 때는 글씨가 예쁘게 써지고요. (행복하다라는 글씨를 쓰며) 이렇게요."

이처럼 연구 참여아동들은 함께 미술작업을 해 나감에 있어서 의미를 찾기 시작했으며 무엇보다 재미를 느끼기 시작한다. 그리고는 미술작업에 몰두할수록 그림에 말하지 않았던 자신의 감정이 담긴 게 된다는 것을 체험한다. '내가 미처 말로 하지 않았던 내 기분, 감정들이 여기 그림에는 담겨 있구나…….'를 깨우치게 되면서 자연스럽게 나의 옆에 있는 친구들의 그림을 보면서 그들의 그림 속에 담긴 감정이 궁금해지고, 느껴 보려는 시도가 시작된다.

"근데요 피카소가요. 이 그림을 그릴 때요 만약에 짜증날 때 그렸다면은요 이게 어떻게 됐을까 궁금해요. 만약에요. 그랬다면은요.

이 사람들을 싸우게 그릴 수도 있고요. 되게 막 이렇게 (그림 위에 난화 그리는 듯한 손짓을 하며) 할 수도 있고……."

이러한 관심과 궁금증은 상호관계를 맺는 것에 시작이 되기도 하고, 때론 친구로부터 상처를 받게 되는 또 하나의 좌절이 되기도 한다. 슬픈 그림을 그리는 친구가 있다면 쟤가 슬픈가를 먼저 생각하는 것보다 슬픈 척하는 건 아닌가? 훨씬 슬프고 불쌍한 사람이 많은데라고 이야기하는 것으로 보아 자신의 상황과 한번 비교해 보는 것은 아닌가 생각해 보게 되었다. 나보다 상대가 좀 더 안 좋은 상황이라면 그 아이는 정말 슬픈 것이고, 쟤는 그래도 엄마는 있잖아. 혹은 쟤는 그래도 공부를 나보다 잘하잖아라고 생각이 들면 그 친구는 역겹고 재수없는 괜히 불쌍한 척하는 나쁜 아이가 되는 것이다.

이러한 과정을 통해서 참여아동들은 친구의 그림을 나름대로 해석하고 읽어 보려 애를 쓰며 망설이다가 궁금해서 친구에게 다가가 보려고 첫발을 내딛는 시도를 시작한다.

나를 무시해서 한 번쯤 꼭 혼내 주고 싶었던 녀석을 맘껏 자유롭게 혼내 주고, 그동안 하고 싶은 말들은 많은데 가슴속에 꽁꽁 묻어 놨던 이야기들, 자꾸만 자꾸만 감추려 했던 자신의 이야기들을 그림 속에 가득히 담아 놓고 가벼워진 마음을 가지고 밝은 웃음소리와 함께 다시 일상으로 되돌아간다. 일주일 뒤면 다시 무거운 세상의 짐을 어깨에 가득 짊어지고 오겠지만, 참여아동들은 자신들이 주인공이 되는 미술치료로 자유로움과 통쾌함을 맛보게 되었으니 이제는 한결 양쪽 어깨가 자유롭게 느껴진다.

또래에게 인정받음에 자신감을 가지게 됨

나이에 걸맞지 않은 회의적인 태도와 공격적인 행동을 취하는 참여아동들도 주변에서 칭찬의 소리가 들리면 더 잘해야지 하는 야무진 표정을 지으며 열심히 작업하는 모습을 볼 수 있었다.

집단미술치료 활동을 통해 가족 이야기가 나올 때마다 불안하고 불편한 마음을 갖기도 했으며 옆에서 함께 그림을 그리는 또래와 갈등을 겪게 되었다. 그리고 함께 그림을 그리고 찰흙을 만지고 종이를 접어 보면서 새로운 재료들을 사용해 보았고 그 속에서 자유스러움을 느낄 수 있었다.

이러한 참여아동들에게 가장 효과적인 치료제는 바로 칭찬이었다. 선생님의 칭찬보다도 함께하고 있는 집단 구성원끼리의 칭찬이야말로 가장 좋은 방법이었다.

"두 번째 장 그릴 땐 ○○ 언니가 옆에서 내 거 보고 그리는 거 같았거든요. 그렇게 원래 잘 그리는 언니가 내 옆으로 와서 그리는 거 보니까 왠지 내가 잘 그려서 그런 것 같았거든요.

내가 첫 번째 장 그림을 잘 그리니까 내 옆으로 와서 그림을 그리는 거 같았어요. 그래서 좋았어요. 그래도 다른 애들이 그랬으면 싫었을 텐데……. 그땐 언니는 원래 잘하는데…… 내 것을 따라 하니까…… 좋은 거 있죠. 그 언니를 원래 다른 애들이 따라 하는데 정작 그 언니가 나를 따라 하잖아요. 막……."

참여아동들은 또래로부터 주목받고 있음에 굉장히 큰 자신감을 얻곤 했는데 개인면담 때에 자신이 그림을 그리고 있을 때 자신보다 훨씬 큰 언니가 자신의 그림을 보고 따라 그린다거나 '야 너 잘 그린다.'라고 던지는 그 한 마디가 자신에게 큰 자신감을 주었으며 '야~ 이 언니 봐봐 되게 잘 그리지?'라고 하며 몰려드는 동생들을 볼 때 뿌듯하고 주목받고 있음에 짜릿한 경험을 한다고 말한다. 참여아동들은 선생님이 앞장서서 '얘들아, ○○ 봐라. 참 잘 그리지?'라고 말해 주는 것보다 자연스럽게 집단 안에서 이루어지는 집단 구성원끼리의 칭찬이 더 큰 자신감을 주고 의미 있게 작용한다. 참여아동들이 반복된 상처받음으로 인해 자신의 주변을 딱딱한 것으로 방어하고 있지만 그만큼 인정받고 싶음과 주목받고 싶음에 욕구를 갈구하고 있다.

'우와! 너 이거 잘하는구나!'라고 시작된 작은 칭찬이 '언니는 되게 동생을 잘 챙겨주는 거 같아.'라는 대답을 주게 되고, '언니 이거 잘 그리지? 나 좀 도와줘.'라는 동생의 부탁에 '그래 이거 해 줄게, 근데 너 오늘 숙제는 다 했니?'라고 언니의 관심이 대답이 된다. 참여아동들은 서로의 그림에 대한 관심에서 서로의 학용품 그리고 머리

핀, 옷, 운동화 등 다양하게 서로에 대해 이야기 나누려 했으며 나중에는 집단미술치료 활동이 끝난 뒤에도 고학년들이 동생들의 숙제를 챙기는 모습이나 또는 함께 놀이를 하는 모습을 볼 수 있었다.

이러한 관계의 형성은 숙제처럼 억지로 한 것도 아니고 선생님이 시킨 것도 아니다. 자연스럽게 집단미술치료 활동을 통해서 참여아동들이 체험하게 된 경험이다.

서서히 저학년과 고학년의 틀이 없어지면서 함께 서로의 그림에 관심을 보이고 그것으로 인해 평소생활로 연결될 수 있는 자신감과 집단 유대감이 시작된다. 각자의 그림에 집중을 하고 옆에서 미술작업 하고 있는 또래의 그림 속 이야기가 궁금하다. 그래서 한참 동안 옆에 있는 아이들의 그림을 살펴보기도 한다. 이러한 과정 속에서 옆에 앉은 친구의 그림에서 참 예쁜 것들이 보이기도 한다. 자연스럽게 칭찬이 나오게 되고 칭찬은 마치 마술사와 같이 집단 구성원들을 한순간에 친한 친구들로 만들어 버린다.

이에 같은 집단 구성원들끼리의 갈등의 양상이 조금씩 줄어들게 되면서 서로에 대한 관심이 높아져 갔는데, 학년을 떠나서 서로에게 관심을 보이기 시작했고 무섭게만 느껴졌던 언니가 이제는 학교에서 만나도 웃어 주고 안아 주고, 응석장이 애기로만 봤던 저학년 동생들이 착한 동생으로 느껴진다.

이렇게 함께 집단미술치료 작업을 했던 사람들에게서 받는 긍정적인 반응을 통해 '나도 할 수 있구나.'라는 가슴 벅찬 느낌과 '더 잘해야지.'라는 생각을 갖게 된다. 다른 사람들이 나를 빤히 바라보는 건 엄마 없는 아이라고 귓속말하는 것 같고, 꼬진 아파트에 산다고 놀리는 것만 같았다. 그래서 다른 사람들이 나를 쳐다보는 것은 어떤 상황에서든지 반갑지 않은 순간이었다. 하지만 일주일에 한 번 집단미술치료 활동에서 주목받는 기분은 썩 좋은 것이며 앞으로 더 잘할 수 있다는 자발적인 희망과 용기의 솟음이 느껴진다.

하나하나 같이 하면서 완성됨에 성취감을 느끼게 됨

일주일에 한 번씩 진행되는 집단미술치료 활동뿐 아니라 참여아동들은 방과 후 보호센터의 프로그램을 통하여 매일 다양한 프로그램을 경험하게 된다. 그래서 참여아동들은 이미 많은 것을 알고 있다. 집단 활동에서는 고학년이 주도권을 잡는다는 것, 목소리가 크면 일단 유리하다는 것, 대충 해도 끝이 있는 시간이라는 것, 나에 대한 특별한 책임이 있지 않다는 것……. 하지만 집단미술치료 활동은 참여아동들이 작업에 몰두하면서 스스로 작업 과정에서 의미를 찾게 되는 경험이며 이것은 글로 배운 협동의 의미보다는 직접 함께 하는 것을 체험하므로 얻게 되는 체험이다.

뭐예요, 나보고 이 꼬마랑 하라고요?

'아~ 짝 바꿔 줘요.'라고 이야기하며 시작된 집단미술치료 활동은 어느새 재미, 자유로움, 속시원함뿐만 아니라 자신감과 성취감을 맛보게 해 준다. 집단작업 안에서의 서로에게 지지적인 경험을 통해 또래끼리 관심을 갖기 시작했다면 친분이 많지 않았던 집단 구성원들과의 작업을 통해서 함께 무엇인가를 만들어 냈다는 성취감을 느끼는 데에는 많은 시간이 걸리지 않았다.

'내가 누구랑, 무엇을 만든 걸까?'라는 생각보다 우리가 이렇게 완성을 해냈다고 말할 수 있으며 친하지 않다고 생각했던, 그래서 옆에 앉기도 싫었던 또래와 함께 한 번씩 번갈아 손이 움직이며 만들어지는 우리의 작품은 그것 자체로 의미가 있는 것이다.

함께 작업한다는 것에 대해 의미 없음, 가치 없음, 희망 없음의 정서를 표출해 내던 참여아동들은 집단미술치료 활동을 통해 완성품을 만들어 내고 그것에 대한 긍정적인 반응을 나누기 시작하면서 함께 작업해 나가는 과정과 그 과정을 거쳐서 완성된 결과물을 보며 만족감을 맛보게 된다.

하나하나 손이 움직여지면서 선이 그려지고 선이 모여 면이 되며 시간이 흐를수록 주어진 공간이 내가 가진 크레파스의 색으로 메워지는 것을 보며 나와 함께 도화지를 맡고 있었던 옆의 친구를 한 번 더 바라보게 되고 우리가 함께 만들어 낸 작업을 보며 함께 했음에 대한 묘한 감정을 느끼기도 한다.

"사실 좀 황당했거든요 선생님이 그렇게 큰 종이 주고 조그만 애들이랑 하래니까. 그리고 그때 걔네 표정 봤어요?(오른팔을 저으며) 완전 꽝이었거든요. 완전 멍~ 해 가지고 그런데 되게 막 움직이고 그러는데 일단 재밌는 거예요. (흥분된 목소리로)

내가 누구랑 하고 있다는 생각 전에 그냥 막 재밌게 손이 왔다 갔다 하고 그러면서 막 공간이 채워져 나가는 거예요. 그러다 보니까 '내가 혼자 너무 했나?' 하는 생각으로 애들 한 번씩 할 기회 주면서 조금 비켜 줬어요. 내가 원래 너무 덩치가 있으니까……. (크게 웃음) 그러다가 선생님이 그만이라고 말하고 나니까 우리 그림이 다른 애들 그림보다 훨씬 뭔가가 많이 채워져 있더라고요. 놀랐어요. 교과서에서 말한 같이 하는 거에 대해서 뭐 있잖아요. 역겨운 얘기들…… 협동 뭐 어쩌고…… 그런 게 이런 건가 하면서 되게 좋았어요. 음……. 새로웠다고 볼 수 있고……."

어려운 과정을 함께하며 완성된 그림을 바라보는 그 가슴 벅참과 뿌듯함을 느끼며 우리의 세상살이도 이렇게 하나하나 만들어지는 것이라는 것을 배우기 시작한다. 공동작품을 만들면서 싸움이 나고 우는 일이 벌어지기도 했고 남자아동들이 장난을 쳐서 모든 작품을 망쳐 버린 일도 있었다. 하지만 그 모든 과정을 마치고 우리 집단 구성원들이 원으로 둘러앉았을 때 눈앞에 놓인 우리의 집단미술의 결과물은 내 자신이 꼭 유명한 화가가 되어 버린 것만 같은 착각을 들게 했다. 집단미술치료 활동 6회기에 만들어 본 신체 본뜨기는 별것도 아닌 것 같았는데 모든 작품을 모아서 벽에 걸어 놓으니 가수 콘서트 현장에 걸린 현수막처럼 재미있기도 했고, 4회기에 작업했던 우리가 함께 사는 집 만들기를 보면서는 함께 대단한 아파트를 만들어 낸 것과 같은 완성에 대한 만족감을 경험한다.

일주일에 한 번씩 찾아오는 자유로운 집단미술치료 활동은 절대 말하고 싶지 않았던, 비밀인 가족 이야기마저 떠올리게 한다. 그동안 수도 없이 많이 느꼈던 가슴 철렁한 심정을 또다시 집단 속에서 느껴야 하는 것 같아 걱정스럽다.

그냥 그림이나 그리지 왜 자꾸 이야기를 나누는 거지? 꼭 이렇게 같이 그림을 그리면서 말하기 싫은 식구들 얘기를 해야 할까? 말하면 뭐가 달라지나? 저기 선생님이라고 온 사람 왠지 내 마음을 이해해 주지 못할 것 같다.

모든 게 싫고 피하고 싶은 심정이다. 집단미술치료 활동 속에서 가족에 대한 이야기를 말해야 할까 봐 불안함을 느끼며 그 불편하기만 한 가슴속에 함께 떠오르는 엄마(아빠)에 대한 복잡하고 혼란스러운 감정이 무겁게 가슴을 누른다.

이렇게 집단미술치료 시간은 말하고 싶지 않은 비밀스러운 감정을 표현하게 하고 또한 말해 볼 수 있는 시간을 제공한다. 비밀스러운 감정의 노출이 처음에는 불편하고 피하고 싶기만 하다. 하지만 어느 순간에는 반창고를 붙여 두었던 상처에 깨끗한 공기를 쐰 기분처럼 이렇게 말해 보니 괜찮네~라는 생각도 든다.

어느 날부터 찾아오는 미술 선생님의 '함께 해 보자, 신나게 해 보자, 맘껏 해 보자, 솔직하게 표현해 보자.'라는 소리가 낯설기만 하다. 그렇게 해 봤자 안 될 일인데 자꾸만 해 보자고 하는 저 선생님이 뭔가 모르는 사람인 것 같다. 같이 그림을 그리면서는 내 자리도 지켜야 하고 여기 내가 쓰고 있는 크레파스도 지켜야 하는데 자꾸만 함께 해 보라는 게 거슬리게만 들린다. '안 된다니까요. 원래 안 되는 일이라니까요.'라고 말한다. 이렇게 안 된다고 말하는 게 저의 솔직한 표현이에요. 됐어요? 우린 원래 이래요. 원래 평소에 가지고 있던 감정을 솔직하게 말해 버렸다. 말하고 나니 갑자기 가슴속에서 화가 치밀어 오르는 것 같고 답답하다. 정말 세상은 이런 걸까? 그림을 그리는 내내 이런저런 생각이 든다. 옆에 친구를 살펴보니 열심히 그림을 그리고 있다.

역시 각자 자기의 것만 챙기면 되는 게 세상살인가 보다.

역시나 여럿이서 무엇인가를 하는 것은 귀찮고 짜증나는, 속 터지는 일이다.

함께 그림을 그리고 이야기를 나누는 과정에서 맨날 나만 무시당하고, 짜증나는 일 투성이다. 갑자기 내가 그리고 있던 자리에 누군가 다른 색으로 칠하고 있는 것을 봤는데 그 순간 가슴속에 들어 있던 딱딱한 공이 팡 하고 터지는 것처럼 울음이 터져 나왔다. 선생님은 옆에서 왜 그러냐고 묻지만 이렇게 답답해서 미쳐 버릴 것만 같은 짜증나는 일을 어떻게 말로 설명을 할 수 있을까?

답답함에 더욱 울음소리는 커지고 나도 모르게 발을 동동 구르게 된다. 이 순간 머리속에는 엄마 얼굴, 할머니 얼굴, 오빠 얼굴, 학교 선생님 얼굴들이 스쳐간다. 지금은 내가 이렇게 울고 짜증내고 소리칠 수 있는 이 공간이 소중하다. 또 내 옆에 있어 주는 친구들과 미술 선생님이 너무나 따뜻하게 느껴진다.

이제는 조금씩 선생님의 이야기가 이해되기 시작한다. 열심히 솔직하게 그리는 그림 속에는 내 마음이 담겨 있다는 게 참 재미있는 일이다. 다양한 미술 재료가 눈앞에 있고 내가 무엇을 그리거나, 무엇을 만들거나 옆에서 함께 이야기 들어주는 친구와 선생님이 있다. 여기에서는 누구나 다 주인공이 된다.

좋아하는 연예인도 싫어하는 친구도 다 내 마음대로 할 수 있는 시간이다.

친구들의 웃음소리도 듣기 좋다. 옆에 있는 친구 그림에도 많이 얘기가 담겨 있는 것 같다. 무슨 생각을 하고 있는 걸까? 이 시간이 끝나면 나는 또다시 비좁은 나의 집으로 가겠지만 이제는 종이 한 장과 연필 한 자루만 있어도 내 스트레스를 후련하게 풀어 버릴 수 있다는 것을 알게 되어 기쁘다.

이렇게 같이 그림을 그리면서 짝꿍이 어리다거나 너무 뚱뚱하다거나 장난이 심하거나하는 경우에는 같이 그림을 그려야 하는 짝꿍이 정말 맘에 안 들 때도 있다. 그런데 참 신기하다. 그림을 그리기 시작하면서 이리저리 손이 움직이다가 보면 그저 무언가를 만들고 있다는 생각에 기분이 좋기만 하다. 완성된 것을 보는데 같이 그림 그린 아이가 생각나기도 하고 뿌듯하기도 하다. 그 속에서 기대하지 않았던 옆의 친구에게 관심과 칭찬을 듣게 된다. 이런 칭찬에 익숙하진 않아 어색하기도 하지만 이렇게 아이들의 관심을 받고 보니 기분이 썩 괜찮다. 나도 뭔가 잘할 수 있을 것 같고 가슴이 벅차고 설렌다. 미술활동 시간이 많이 기다려진다. 다음 주에는 뭘 그려 볼까? 다음에는 더 큰 종이에다 더 많은 것들을 그리고 만들어 보고 싶다. 그러면 더 잘할 수 있을 것 같다. 그림 그리는 것도, 방과 후 생활도, 학교생활도…….

2) 이혼가정 자녀의 집단미술치료활동 체험에 관한 해석학적 현상학적 글쓰기

엄마와 함께 버스를 타고 상담센터의 미술치료실이라는 데를 왔다. 엄마는 내가 중학교에 가게 되면 미술실기 평가를 하기 때문에 방학을 이용해서 미술을 배워 보라고 하면서 데리고 왔다. 나는 미술을 배우는 것을 원하지 않았다. 미술을 싫어하는 것은 아니지만 지금은 내가 댄스를 배우고 있고, 학원도 다니고 해야 하기 때문에, 그렇게 뒤떨어지지도 않는 미술을 더 배울 필요는 없다고 생각한 것이다. 게다가 방학이라도 평일에는 학원을 다니기 때문에 별로 놀 시간이 없어서 오늘은 마침 토요일이라 모처럼 아이들하고 놀기로 약속했는데 엄마가 갑자기 가야 한다고 하며 나를 이곳으로 끌고 왔다. 엄마와 실랑이를 하다가 결국 짜증을 내며 버스에 올라탔는데 막상 엄마와 단 둘이서만 나란히 버스에 앉아 있으니까 그래도 마음은 행복한 느낌이 들었다.

버스를 타고 약 30분가량 오니 아주 큰 교회가 있었는데 좀 낯설었다. 그 안에 들어가 4층으로 올라가니 상담센터라는 푯말이 붙어 있고 안내하는 방 쪽으로 갔다. 몇몇 아이들과 엄마들이 복도에 있었는데 나중에 알고 보니 그 아이들도 이혼가정 아이들로 정해진 시간에 와서 미술치료 프로그램에 대한 설명도 듣고 앞으로 할 미술치료 요일과 시간도 정하고 그림을 한 장씩 그리고 끝내고 나가던 참이었던 것이다. 우리가 늦은 것이었다. 여기에 오네, 안 오네 하며 엄마와 옥신각신하느라 오라는 시간에 늦은 것이었다. 엄마가 들어가기 싫다는 나를 끄집어 당겨 선생님 앞으로 데려왔다. 어떤 여자 선생님이 앉아 계시다가 일어나면서 나와 엄마를 반갑게 맞이하였다. "네가 예지구나, 기다렸다."라고 말하고 의자를 권하고 우리는 그 자리에 앉았다. 나는 선생님 앞에서도 계속 짜증을 내며 엄마한테 "안 온 댔잖아. 싫어."라고 말하였고 엄마는 눈을 크게 뜨고 가만 있으라고 했다. 나는 발을 동동 구르며 싫다고 더 크게 말했다. 선생님은 웃으시며 "오기 싫었구나, 저런……. 오기 싫은데 여기까지 왔으니 얼마나 속상하겠니?"라고 말을 하셨다. 나는 선생님의 얼굴을 슬쩍 바라보았다. 선생님은 여전히 웃고 계시며 말을 이었다. "끝까지 안 올 수도 있었을 텐데……. 엄마의 부탁을 들어주었구나. 그렇게 싫은데도 와주어서 고맙구나."라고 하며 부드러운 목소리로 내가 얼마나 오기 싫었는지를 이해하듯이 말씀하셨다. 정말로 짜증났었는데 그 말을 들으니 마음이 조금 누그러지는 것 같았다. 엄마는 나가시고 나와 선생님만 교실에 남았다. 고개를 조금 들고 교실을 둘러보니 교실에는 풀, 가위, 붓, 연필들이 가지런히 진열되어 있고 여러 가지 예쁜 색깔의 종이들과 상자가 근사한 오일파스텔, 컬러마커, 색점토, 색모래, 색연필, 파스텔, 비싼 파스넷, 글라스데코, 반짝이, 구슬, 그 외에도 정말 셀 수 없이 많은 미술 재료들이 진열되었다. 갖고 싶어도 비싸서 사 달라고 하지 못했던 것들도 있었다. 여러 가지 신기한 미술 재료들은 내 시선을 사로잡았다. 선생님은 내 손을 잡고 교실을 한 바퀴 돌면서 여러 가지 미술 재료들을 설명해 주시고 여기 있는 것을 내가 다 써도 된다고 설명해 주셨다. 자리에 앉자 선생님의 이름과 하는 일이 '미술을 하면서 아이들의 마음을 알아주는 사람'이라고 소개를 하셨다. 나에 대해서는 그림으로 소개를 받고 싶다고 하시며 선생님을 따라서 심호흡을 하자고 하고 마음이 좀 가라앉았는지 물어보신 후 여러 가지 문양이 그려져 있는 '만다라'라는 것을 보여 주며 마음에 드는 무늬를 하나 골라 보라고 하셨다. 무늬들이 다 예뻤다. 나는 그중에서 동그란 원 안에 여러 겹의 꽃무늬가 있는 무늬를 골랐다. 선생님은 크레파스, 색연필, 사인펜, 파스텔의 뚜껑을 열어 보여 주며 이 재료를 이용해 원하는 색으로 색칠해 보라고 하였다. 나는 원래 색칠하는 것을 좋아하는데 그것을 하라고 하니까 자신이 생겼다. 파스텔이 쓰고 싶었다. 상자 안에 여러 가지 예쁜 색깔의 각진 파스텔이 놓여 있는데 너무나 쓰고 싶었다. 나는 내가 좋아하는 파랑색 파스텔을 집어서 가장자리에서부터 그리기 시작하였다. 그다음에 핑크, 그다음에 빨강색의 순으로 그렸다. 아직 두 칸이 남았는데 갑자기 밖에서 기다리는 엄마가 생각이 나서 빨리 해야겠다고 생각하고 여러 칸으로 나누어진 원 안에 한꺼번에 노란 색으로 칠하고 손으로 문질러 주었다. 다 했다고 하니 선생님이 "너의 작품에 대해 듣고 싶구나." 하시면서 내 작품에 대해 듣고 싶다고 하셨다. 내가 내 이름과 학교와 학년을 말하고 색칠한 것을 설명을 하였는데 선생님이 설명을 참 잘하였다고 하며 칭찬을 해 주셨다. 그리고 "나중에 원 안엘 한꺼번에 칠한 부분은 마음이 급한 건 아니었니?" 하고 얘기를 하셔서 나는 깜짝 놀랐다. 내 마음을 어떻게 알았을까? 과연 선생님은 그림으로 사람의 마음을 알아줄 수 있는 분 같았다. 처음에 오기 싫었던 것과 달리 이제는 속상한 것도 없는 것 같고 마음이 밝아져서 한 번 해 보고 싶은 마음이 들었다. 다 끝났다고 하여 문 밖으로 나가니 저만큼 엄마가 서 계셨다. 나는 엄마를 부르며 달려갔다. 엄마는 나의 웃는 모습에 함께 웃으며 "재미있었어?" 하고 물었고 나는 재미있었다고 고개를 끄덕였다. 엄마는 "그럼 너 할 거야?"라고 하였고 나는 "응." 하고 대답함으로써 어렵게 시작된 나의 미술치료는 출발하게 되었다. 엄마와 나는 선생님의 안내로 이혼가정 자녀들의 집단미술치료 참여 동의서를 읽고 사인을 하였다.

미술치료는 일주일에 두 번 수요일과 토요일에 하기로 하였다. 오늘이 토요일이니 다음번은 다음 주 수요일에 하게 된다. 지금은 방학이라 여유가 있어서 엄마가 방학 동안에 시간 많으니까 이 미술을 시키려고 하였던 것이다.

두 번째 미술치료 날이다. 나는 버스로 30분이 걸리는 것을 생각해서 1시간 일찍 집에서 나와 버스정류장까지 걸어가서 버스를 기다려 타고 30분간 와서 버스에서 내려 또 조금 걸어서 미술치료실에 왔다. 교실에 들어가니 선생님이 미술 재료를 정리하고 계시다가 일찍 왔다면서 환영해 주셨다. 벽에는 지난 시간에 그렸던 '만다라' 그림이 주욱 붙어 있었는데 나는 지난번에 급하게 했는데도 참 멋있었다. 나는 선생님께 아이들이 오기 전까지 지난 시간에 했던 색칠공부를 할 수 있는지 여쭈어 보았다.

선생님은 쾌히 승낙하시며 지난주처럼 여러 가지 무늬의 만다라를 보여 주셨다. 나는 오늘은 지난 주보다 조금 더 복잡한 것을 선택하였다. 역시 파스텔을 이용하여 색칠을 해 갔다. 선생님은 티슈를 가져다주시면서 손으로 문질러도 되지만 싫으면 화장지로 문질러도 된다고 하셨다. 색칠을 반쯤 했을 때 남자아이 둘이 이야기를 하면서 들어왔다. 하나는 키가 크고 한 아이는 작았다. 선생님은 나를 그 아이들에게 소개하고 그 아이들도 소개해 주셨다. 이어서 하나둘 아이들이 도착했고 미술치료 시간이 시작되었다. 선생님은 나를 다시 한 번 여러 아이들에게 소개하고 다른 아이들도 하나씩 소개해 주셨다. 나를 포함해서 모두 여섯 명이었다. 남자아이들이 넷, 여자아이는 나와 곧 초등학교를 졸업하는 언니 이렇게 둘이었다. 이 아이들이 모두 이혼가정 자녀들이라니……. 나만 부모님이 이혼한 줄 알았는데……. 이렇게 많을 줄 몰랐다. 가만히 보니 이혼가정 자녀라고 하지만 일반 아이들하고 뭐 그렇게 다를 것이 없다. 옷도 예쁘게 입었고 잘생긴 애도 있고 평범하게 생긴 애도 있다. 어쨌든 모두들 이혼가정 자녀라서 다행이다. 오늘은 낙서를 하였다. 혼자씩도 하다가 모두 다 함께도 하게 되었다. 큰 종이를 책상 위에 붙이고 모두들 크레파스를 쥐고 일제히 달려들어 누가 많이 더 진하게 칠하는지를 하였다. 남자아이들이 우르르 달려들어 하얀 종이 위에 마구 그어 대기 시작했다. 나도 비집고 들어가 마구 긋기 시작했다. 점점 손에 힘이 들어가고 더 많이 나의 색을 칠하고 싶은 욕심이 생겼다. 나는 옆 친구를 밀며 팔을 더욱 휘두르며 색칠을 해 갔다. 아뿔사! 내 크레파스가 부러졌다. 그러고 보니 나는 내가 좋아하는 노란색으로 칠하고 있었는데 다른 아이들은 진한 파랑과 녹색, 빨강, 검정을 가지고 하고 있었다. 나보다 더 색도 진하고 더 많이 차지하였다. 6학년 언니는 아직까지 손에 크레파스만 쥐고 옆으로 비켜서서 웃고만 있었다. 언니는 참 착한 것 같다.

나도 이번에는 검은색을 쥐었다. 검은색으로 온 바닥을 다 칠해 버릴 생각이다. 한참을 칠하는데 내 검은색을 흰색이 덮어 왔다. 그리고 다른 아이도 검은색으로 하고 있어서 내 땅인지 걔 땅인지 구별이 가질 않았다. 나는 보라색을 집어서 모든 색 위를 덮어 갔다. 남자아이들한테 지고 싶지 않았다. 나는 남자라면 싫다. 남자아이들이 힘을 쓰는 것을 보면 화가 치민다. 나는 더욱 빠르게 남자아이들의 색을 지워 나갔다. 얼굴에서 땀이 난다. 나는 '아이…….' 하며 소리를 지르고 남자아이들의 팔을 밀며 나의 자리를 더 많이 차지하려고 나의 색을 칠해 갔다. 선생님이 그만 하라고 말씀하셨다. 그러나 아이들은 멈추지 않았다. 어어? 그런데 종이가 찢어지기 시작했다. 아이들은 잠시 멈칫하였으나 계속, 아니 더욱 세게, 힘 있게 색칠을 했다. 종이는 점점 더 찢어졌다. 이제 아예 다 찢어서 나눠 가져갔다. 한 아이가 많이 가져가서 자기 품안에 움켜 안았다. 나는 쫓아가서 그 품안에 있는 것을 빼앗았다. 이때 선생님이 중지시키셨다. 나는 찢어진 종이를 별로 많이 차지하지 못하였고 남자아이 하나가 제일 많이 차지하여서 약이 올랐다.

선생님은 이 찢어진 종이를 가지고 아름다운 작품을 만들라고 하셨다. 아니, 다 찢어진 종이로 어떻게 아름다운 작품을 만들어? 선생님은 새 종이가 더 필요하다면 더 써도 좋다고 하셨다. 우리는 남자아이의 가슴에 안겨 있는 찢어진 종이를 가져다가 똘똘 뭉치기 시작했다. 선생님이 넓은 접착테이프를 내놓으셨다. 우리는 테이프로 뭉쳐 있는 종이뭉치를 붙여 나갔다. 6학년 언니가 테이프를 들고 동글동글하게 만들어 나갔다. 우리 모두 더 큰 공을 만들기 위해 책상 밑에 떨어진 작은 조각까지도 다 주어서 붙였다. 공이 완성되었다. 선생님이 제목을 붙이라고 하였을 때 아이들은 '축구공' '사랑의 공'이라는 제목을 말했고 결국 '사랑의 축구공'이라고 제목이 정해졌다. 선생님은 여러 가지 색깔의 모루를 보여 주시며 자신을 상징하는 색깔을 골라 원하는 길이만큼 잘라서 이 공에 붙이라고 하였다. 나는 당연히 내가 좋아하는 노란색을 30센티 정도 잘라서 붙였다. 아이들도 모두 파랑색, 흰색, 연두색, 남색 또 노란색 모루를 매달았다. 선생님이 받아서 선생님의 상징 색인 빨강을 위쪽에 붙여 천장에 매달았다. 천장에 매달릴 때 우리들은 환호성을 지르며 박수를 쳤다. 정말 시원하고 후련하고 재미있었다. 사실 선생님이 종이가 찢어지지 않도록 하라고 했고 그만 하라는 지시가 있었는데도 우리가 계속하다가 종이가 찢어져서 혼날까 봐 걱정이 됐는데 뭐라고 하지 않으시고 그걸로 아름다운 작품을 만들라고 해서 너무 놀랐다. 나는 종이가 찢어지고, 아예 종이를 찢어 나눠 가져갈 때 싸움이 날까 두려웠다. 이때 선생님이 계셔서 얼마나 다행인지 모르겠다. 나는 엄마랑 아빠가 싸울 때가 생각이 났다. 이러다가 큰 싸움이 벌어지면 어쩌나 하는 불안한 마음이 언뜻 스쳐 지나갔다. 그런데 이렇게 아름다운 '사랑의 공'이 만들어지다니 정말 이제는 마음이 안심이 되고 편안해졌다. 목 캔디를 먹은 것처럼 온몸이 시원해졌다. 그동안 욕심 부리는 일, 나쁜 일, 무서운 일이 있어도 다시 아름답게 만들 수도 있겠다는 생각이 났다.

오늘은 토요일이라 모처럼 학원도 쉬고 그래서 놀고 싶은데 엄마가 교육받으러 가야 한다고 동생들을 잘 보라고 한다. 나는 동생이 둘 있는데 엄마가 차려놓고 간 점심을 동생들과 먹어야 되고 집도 치워야 하고 저녁까지도 내가 먹이라고 했다. 나는 요즘에 걱정이 많다. 엄마가 교육을 받으러 갔다가 사고가 나서 못 오게 되면 어쩌나 하는 생각이 나고 막내 동생이 어린이집 다녀오다가 누구한테 납치를 당할까 봐 걱정되어 죽겠다. 나도 버스를 타고 미술치료실에 갈 때 누가 나를 쳐다보면 겁부터 난다. 특히 남자들을 보면 내가 싫다고 해도 나를 끌고 가서 때릴 것만 같아 너무 무섭다. 아빠랑 엄마가 이혼한 뒤 나는 배가 끊어질 듯이 아프고 어지럽고 밥을 먹지 못하고 속이 계속 답답하고 숨이 잘 쉬어지지 않아서 병원에 갔는데 배 아픈 약을 계속 먹어도 낫질 않았다. 그때 엄마를 상담해 주는 여성의 집 선생님이 그 얘기를 듣고 소아정신과에 가보라고 하여 가게 되었다. 거기에서 약을 먹은 후 많이 좋아졌는데 엄마가 자꾸 잠만 자고 힘이 약해지는 것 같다고 끊어 버렸다. 그 뒤로 가끔씩 또 가슴이 두근거리고 아무것도 하기 싫고 그랬는데 오늘 엄마가 교육받으러 멀리 간다니까 좀 불안해지면서 걱정이 자꾸 된다. 미술치료도 가기 싫은 마음이 생긴다. 엄마가 미술치료 가라고 차비도 주었는데 그걸로 과자나 사 먹고 안 갈까 하는 생각이 자꾸 든다.

그런데 선생님한테 전화가 왔다. 미술치료 선생님이다. 출발했는지 알아보려고 전화했는데 내가 전화를 받으니까 놀라시면서 어서 출발하고 조심해서 오라고 하셨다. 나는 가기 싫다고 했다. 엄마가 없어서 동생들 저녁까지 차려 줘야 한다고 했다. 그랬더니 선생님이 오기만 하면 저녁 때는 선생님 차로 데려다 주겠다고 하였다. 나는 그 말에 그냥 가겠다고 대답을 하고 말았다. 미술치료실에 와 보니 나는 30분이나 늦었다. 아이들은 다 왔는데 언니가 안 왔다. 여자는 나 혼자뿐이다. 언니는 왜 안 왔냐고 하니까 롯데월드로 친구랑 놀러갔다고 한다. 에이, 그럴 줄 알았으면 나도 안 오는 건데……. 괜히 왔다는 생각이 들었다. 선생님은 예쁜 카드를 여러 장 보여 주시며 각자 미술치료실에 다니면서 좋아지기를 바라는 점에 대해서 쓰라고 하였다. 모두들 몰려들어 서로 예쁜 카드를 가지겠다고 야단이다. 카드가 다 예뻐서 고르기가 어려웠다. 이렇게 비싼 카드를 우리를 위해 사다니! 정말 우리에게 되게 잘해 주는 것 같다. 나는 나뭇가지를 말려서 물들여 붙여 놓은 살색과 갈색이 조화롭게 만들어진 카드를 골랐다. 나는 이렇게 썼다. '나는 끈기가 있기를 원합니다. 또 마음이 불안하지 않았으면 좋겠습니다. 화가 나는 마음, 때리고 싶은 마음이 없어졌으면 좋겠습니다.'라고 썼다. 나는 또 하나의 카드를 더 가져도 되는지 물어보았다. 선생님이 승낙해서 나는 그 카드에는 '어떤 아저씨가 나를 만졌을 때 용기가 나게 해 주세요.'라고 썼다. 나는 선생님 말고는 아무도 보지 못하게 카드의 입구를 풀로 붙여서 선생님께 드렸다. 그리고 그림을 한 장 그리고 선생님과 함께 미술 재료를 정리하고 선생님의 차를 타고 집에 왔다. 차 안에서 선생님이 동생들을 잘 돌보는 나를 칭찬하셨다. 나는 엄마가 우리를 키우느라 희생하신다고 얘기했고 선생님은 혼자 힘으로 세 자녀를 키우시는 엄마가 훌륭하신 분이라고 했다. 정말 텔레비전에서는 엄마, 아빠가 이혼하고 아무도 아이들을 키우지 않으려고 해서 아이들이 아동보호시설이나 보육원에서 지내는 걸 보았다. 아이들이 엄마, 아빠가 보고 싶어 우는 것을 보았다. 그거에 비하면 나는 엄마가 우리를 키워 주셔서 정말 다행이다. 그런데 양육비도 주지 않는 아빠는 미웠다. 낳아 놓고 양육비도 주지 않는 아빠가 무슨 아빠냐고 하며 큰 소리로 말해 버렸다. 선생님이 말없이 내 손을 잡아 주셨다.

수요일이어서 미술치료에 왔다. 잡지와 4절지, 가위, 풀 등이 있었다. 선생님은 청색으로 된 슬픈 그림을 보여 주었고 우리에게도 한 장씩 나누어 주었다. 그림을 잘 보니까 가족 같았다. 꼭 엄마, 아빠가 싸우고 헤어지기로 마음먹고 있는 것 같았다. 그때 나는 이러지도 저러지도 못하고 있었고 아빠한테 참으라고 말하며 아빠의 옷자락을 붙잡았다. 이 그림이 꼭 그때를 생각나게 한다. 다른 아이들도 엄마, 아빠의 이혼이 생각나는가 보다. '제목을 무어라고 붙일 수 있겠는가?'라고 하자 아이들은 일제히 '이혼가족이요.'라고 말하였다. 아빠가 도박을 해서 경제적인 이유로 이혼했다고 하는 ○○는 '도박가족'이라고 했고 '불쌍해요.' '따뜻하게 해 주고 싶어요.' '감옥에 가두어 콩밥 먹게 해 주고 싶어요.'라고들 얘기했다. 이 사람들을 해 주고 싶은 대로 어떻게든 해 줘도 된다고 하였는데 나는 손도 대기 싫었다. 둘러보니 언니는 '아빠는 신문을 들고 밖으로 나가는 모습과 벽난로 앞에서 웅크리고 있는 엄마, 엄마 쪽을 바라보고 있는 아이'를 만들었고, ○○는 낭떠러지에서 아이와 아빠가 같이 죽자고 하는 작품을 만들었다. ○○은 뱀이 몸을 꽁꽁 묶고 있고 그 밑에서는 가마솥이 뜨겁게 달궈지는 모습을 담은 그림을 그렸다. 나는 여자를 오려서 종이에 붙이고 그 앞에 꽃바구니와 케이크를 붙여 주었다. 엄마에게 잘해 주고 싶은 맘이 들어서 그렇게 했다. 엄마가 불쌍하다. 아빠가 엄마를 너무 때려서 이혼하게 되었다. 아빠랑 엄마가 슈퍼를 했는데 아빠는 장사는 안 하고 사람들하고 놀러 다니고 술 먹고 들어와서는 엄마와 우리를 때렸다. 엄마는 가게 방에다가 우리를 놓고 밥해 먹여 가면서 가게를 보느라 고생이 많았다. 그런데 도와주기는커녕 힘들다고 말하는 엄마를 때리고 발로 차고 물건을 부쉈다. 동생들은 무서워서 구석에서 울고 나는 엄마 때리지 말라고 아빠를 말렸다. 아빠는 그러는 나까지 때렸다. 정말 나쁜 사람이다. 그래서 나는 지금까지도 남자가 싫다. 나는 피카소 그림 속에 있는 남자와 남자아이는 하나도 불쌍하지 않아서 쓰레기통에 버리고 여자만 오려서 사용하였다. 끝나고 선생님이 나더러 잠깐 남으라고 했다. 왜 그럴까? 조금 걱정이 되었다. 선생님은 카드를 잘 읽었다고 하시며 얘기하기 힘들었을 텐데 선생님을 믿고 솔직하게 말해 주어서 고맙다고 했다. 한 가지 궁금한 것이 있는데 '옆집 아저씨가 나의 몸을 만졌을 때 용기가 나게 해 달라.'는 말에 대해 조금 더 얘기할 수 있는지 물으셨다. 나는 아무것도 아니라고 했다. 선생님이 말하기 힘들면 말하지 말라고 하시며 '그림은 그릴 수 있겠니?'라고 했다. 나는 그림은 그리겠다고 했다. 선생님이 조금 큰 종이에 서로 번갈아 가며 그림을 그리자고 했다. 나는 선생님이 먼저 하시라고 했고 선생님은 물결무늬를 그렸다. 나는 이어서 그것을 뱀으로 만들었다. 선생님은 똑같은 물결무늬를 또 하나 그렸다. 나도 또 뱀으로 만들었다. 선생님이 산을 그렸다. 나는 산 속에 숨어 있는 생쥐를 그렸다. 선생님이 나무와 풀을 그렸다 나는 풀밭에 짐승을 잡는 큰 덫을 그렸다. 전에 텔레비전에서 보니까 그 덫은 강력해서 곰도 걸리면 죽는 덫이었다. 나는 그것을 생각하며 크게 그렸다. 선생님이 덫에 강한 이빨을 그려 주었다. 나도 더 진하게 덫을 색칠했다. 이제 그만 하자고 하고 얘기를 나누었다. 나는 뱀들이 생쥐를 잡아먹으려고 해서 산 속으로 도망가 뱀이 쥐덫에 걸리는지를 살펴보고 있다고 하였다. 선생님은 뱀이 어서 쥐덫에 걸리고 생쥐가 산 속에서 나오기를 바란다고 했다. 큰 종이에 그림을 그려서인지 속이 후련하였다.

토요일이어서 친구들과 모처럼 목욕탕에 가기로 하였다. 엄마에게 얘기하고 목욕비를 타려고 하는데 엄마가 여동생을 데리고 가라는 것이다. 싫다고 했다. 엄마는 언제나 내가 친구들하고 놀려고 하면 꼭 동생 ○○를 데리고 가라고 한다. 내가 여우도 아닌데 왜 매일 꼬리를 달고 다니라고 하냐고? 정말 화가 난다. 그런데 엄마는 안 데리고 가려면 나까지 가지 말란다. 나는 하는 수 없이 동생을 데리고 목욕탕에 갔다. 목욕탕에 동생 데리고 온 아이는 나 밖에 없었다. 친구들이랑 얘기 좀 하려고 하면 동생이 쳐다보고 있고 내가 움직이는 대로 계속 따라 해서 화가 치밀었다. 나는 동생에게 "제발 나 좀 따라다니지 말라고!" 하며 소리쳤다. 동생은 말없이 가만히 내 옆에만 붙어 있었다. 집에서는 나한테 반말 하고 내가 시키는 일도 엄마가 언니보고 하랬는데 왜 저한테 시키느냐고 하며 따지는 아이다. 여기까지 따라와서 내 속을 썩인다. 나는 동생 없는 아이들이 제일 부럽다. 집에 오니까 미술치료 선생님이 전화를 하셨다. 오늘 무슨 일이 있었느냐고 물으셔서 친구들하고 목욕탕에 갔다고 했더니 다음부터는 빠지게 될 때는 미리 얘기해 달라고 하셨다. 조금 미안하였다.

나는 끈기가 없다. 뭐든지 시작해 놓고 끝까지 하질 못한다. 지금 벌써 미술치료도 끈기가 없어질려고 한다. 가려고 하면 가기가 싫고 귀찮아서 그냥 집에서 멍하니 앉아 있거나 시내에 나가 돌아다니거나 그런다. 오늘 또 미술치료를 빠지게 되었다. 내일이 발렌타인 데이여서 초콜릿을 사야 하는데 친구들이 미술치료 하러 가는 시간에 시내로 초콜릿을 사러 간다는 것이다. 엄마는 동네 문방구에서 사라고 하지만 종류가 별로 없어서 시내로 가고 싶은 것이다. 내가 싫다고, 나도 시내에 나가서 살 거라고 하니까 엄마는 그냥 하는 수 없이 허락해 주셨다. 그래서 미술치료 선생님에게 전화를 해서 못 간다고 했다. 선생님은 미술치료에 오라고 여러 가지 설명을 했지만 안 간다고 하고 전화를 끊어 버렸다. 나는 미술치료도 재미있지만 친구들이랑 더 놀고 싶다. 사실 나는 친구들이 안 놀아 줄까 봐 두렵다. 내가 아빠랑 살다가 여기 엄마 동네로 전학 와서 친구가 하나도 없어서 힘들었다. 아이들은 내가 만지는 것은 다 물건이 썩는다고 하면서 만지지도 못하게 하고, 촌스럽고 미모가 이상하다고 하며 내 머리를 잡아당기고, 다시 시골로 전학 가라고 했다. 정말 죽고 싶었다. 학교가 가기 싫고 정말 지옥 같았다. 아이들은 내가 지나가면 나더러 전따(전교생 왕따)라고 하며 지들끼리 모여 비웃었다. 그래서 6개월을 다니다가 다시 아빠의 시골 학교로 가게 되었다. 학교는 시골 학교가 좋았다. 따 같은 것도 없었다. 그런 대로 학교생활은 괜찮았는데 아빠가 일 나간 사이에 나 혼자 있으니까 심심하고 아빠가 들어올 때까지 혼자 있는 게 무서웠다. 또 우리 집에는 낮에는 텔레비전이 안 나왔다. 옆집에 아저씨가 혼자 살았는데 그 아저씨네 집에서 텔레비전 소리가 나서 가 보았다. 아저씨가 들어오라고 했다. 아저씨네는 낮에도 텔레비전이 나왔다. 아저씨는 과자를 주며 편히 앉아 텔레비전을 보라고 하였다. 그렇게 해서 나는 매일 학교에 갔다 오면 그 아저씨 집에 가게 되었다. 아저씨는 편히 침대에 누워서 보라고 하면서 나를 눕혔다. 아저씨는 내 몸을 만졌다. 나는 집에 간다고 하고 일어났지만 아저씨가 팔로 눌러서 일어날 수가 없었다. 나는 부끄러워서 가만히 있었다. 아저씨는 집에 가라고 하면서 천 원을 주었다. 다음부터는 안 가려고 해도 너무 심심하고 아빠가 늦게 오니까 무서워서 자꾸만 가게 되었다. 학교 선생님한테 이 말을 하였다. 그랬더니 그 아저씨가 나쁘다고 하면서 절대 가지 말라고 하였다. 생각해 보니 내 입으로 아저씨의 병균이 들어왔는지 감기가 낫질 않는다. 지금도 가끔씩 그 아저씨만 생각하면 기침이 난다. 아래에서 뭐가 자꾸만 나오는 것 같아서 자꾸만 화장실에 가서 팬티를 보게 된다. 그러다가 엄마가 데리러 왔다. 내가 없어서 동생들을 놓고 일하러 갈 수가 없다고 한다. 아빠가 안 된다고 했다. 엄마랑 아빠는 나를 사이에 두고 또 싸웠다. 엄마는 나의 왼팔을 잡아끌고 아빠도 나의 오른팔을 잡고 놓아주질 않았다. 나는 내 몸이 찢어질까 봐 겁이 났다. 엄마는 나를 데려가겠다고 말하면서 울었다. 나는 그냥 엄마를 따라가겠다고 말했다. 그래서 나는 다시 엄마 동네 학교로 전학을 오게 되었다. 5학년 때도 역시 나는 따를 당했다. 나는 학교 가기가 정말 싫고 죽고만 싶었다. 나는 낙서를 좋아해서 내 연습장에다가 낙서를 잘한다. 그 낙서를 엄마가 보고 선생님을 찾아갔다. 내가 따를 당해서 학교 가기를 싫어한다고 말했다. 선생님은 아이들에게 주의를 주었지만 그때뿐이고 아이들은 또 나를 따를 시켰고 선생님은 무관심했다. 나는 이제 겨우 한 명의 친구가 생겼다. 그런데 그걸 시기해서 다른 아이가 와서 걔는 공부도 못한다고 놀지 말라고 한다. 나는 지금 또 따를 당하느냐 마느냐 하는 그런 상황에 있다. 내가 오늘 친구랑 함께 초콜릿을 사러 안 가면 나는 친구를 뺏기고 말 것이다. 그래서 나는 미술치료를 안 간 것이다. 내가 끈기가 없는 것은 불안해서 그렇다. 여러 가지로 불안하기 때문에 뭐든 꾸준히 다닐 수가 없는 것이다. 또 길에 다닐 때 사람들이 바라보면 너무 무섭기 때문이다.

오늘 미술치료에 와서 ○○와 싸움이 벌어졌다. 내가 글라스데코로 만든 예쁜 무늬를 책상 위 유리에 붙여 놓았는데 ○○가 허락도 없이 떼고 있었다. 내가 하지 말라고 했지만 떼어서 집으로 가져가겠다고 했다. 나는 욕을 하며 "야 이 개새끼야, 너 죽고 싶어? 떼지 말라는데 왜 떼고 지랄이야?" 하고 소리쳤다. 그 새끼가 뭐라고 뭐라고 입으로 중얼거렸다. 나는 더 화가 났다. 꼭 나더러 '저 누나가 저러는 걸 보니 저 누나 엄마도 그렇고 그렇겠지.'라고 말하는 것 같았다. 나는 점토를 그 새끼 앞으로 던졌다. 그 새끼가 일어나서 나에게 달려왔다. 선생님이 말리지 않았으면 나는 아마 맞아죽었을지도 모른다. 선생님이 나서서 싸움이 끝났고 싸움에 대한 얘기를 들어보고 마무리가 되었다. 그런 후 선생님이 풀과 물감으로 하는 핑거페인팅이라는 것을 가르쳐 주었다. 우리는 옷소매를 걷어붙이고 풀과 물감을 가지고 재미있게 놀았다. 언니랑 나랑은 풀과 물감을 가지고 찍기도 하고 문지르기도 하고 손끼리 만나 악수도 하고 정말 재미있게 놀았다. 내가 만든 색이 환상적이었다. 모두에게 보여 주니 '와, 예술이야.'라고 말해 주었다. 어깨가 으쓱해졌다. ○○는 손에 묻히지도 않고 붓으로 물감을 찍어서 종이에 찍고 다른 종이를 덮어서 그 찍힌 모습을 보고 있었다. 나는 ○○에게 가서 손에 풀 묻히면 더 재미있다고 말해 주었다. 핑거페인팅을 하다 보니까 ○○가 별로 신경이 쓰이지가 않았다.

미술치료에 왔다. 오면서 정말 속상한 일이 있었다. 버스를 타고 엄마가 준 천 원을 냈다. 사람들이 밀려들어와서 나는 점점 안으로 들어가야만 했다. 나는 운전기사 아저씨께 내 거스름돈을 달라고 하였다. 근데 아저씨가 네가 언제 돈을 냈냐고 하면서 큰 소리로 화를 냈다. 나는 아까 천 원짜리 냈다고 했더니 무슨 천 원짜리를 냈냐고 하면서 천 원짜리가 요금 통에 들어가는 걸 못 봤다고 했다. 아후! 하! 정말, 진짜, 미치고 팔짝 뛸 지경이다. 냈다고 해도 안 믿으니 환장하겠다. 사람들은 모두 나를 쳐다보고 쪽팔려 죽겠는데 너무 화가 나서 그냥 중간에 내리려다 꾸욱 참았다. 고생고생하며 왔는데 미술치료실에 오늘도 늦었다. 선생님이 늦었구나 하면서 무슨 일이 있었는지 물어보셨다. 나는 좀 전에 있었던 얘기를 꺼냈다. 그러자 선생님이 "뭐 그런 아저씨가 다 있어? 그 버스 번호 몇 번이야? 그 아저씨 혼내 줘야 한다."라고 했다. 아이들도 모두 내 편을 들어주었다. 그 아저씨를 패 주고 싶다고 했고 다음부터는 돈을 내지 않고 냈다고 하라고 했다. 선생님은 다음부터는 "아저씨 여기 천원이에요." 하고 말하며 코앞에서 돈을 보여 주고 타라고 하였다. 나는 내 편을 들어주어서 좋기도 하고 코앞에다가 돈을 보여 주는 모습이 상상이 되어 우습기도 해서 웃었다. 아이들도 따라서 웃었다. 그러고 나니까 기분이 좋아지고 마음이 편해졌다. 나는 선생님이랑 애들이 내 편을 들어주고 나쁜 사람을 함께 욕해 줘서 기분이 좋았다.

오늘은 사람 모양의 종이인형에 아빠와 엄마를 그려 보라고 했다. 한 면에는 아빠를 또한 면에는 엄마를 그리라고 했다. 정말 진짜로 싫었다. 엄마도 아빠도 다 그리기 싫었다. 아이들도 모두 싫다고 한다. 선생님은 말없이 기다리고 있다. 할 수 없이 그려야 할 것 같다. 엄마를 먼저 그렸다. 배꼽 티를 입고 청바지를 입은 모습으로 그렸다. 머리를 꼼꼼하게 예쁘게 그렸다. 그리고 허벅지에 살이 많아서 허리와 허

벽지를 날씬하게 가위로 오려 주었다. 한 아이가 "그럼 아빠는 어떻게 돼?" 하고 물었다. "그 인간? 그 인간은 어떻게 되든 상관없어."라고 말하였다. 내가 시골에 가서 있을 때 나 혼자 놓고도 매일같이 술을 먹고 늦게 들어왔다. 그러고서는 나한테 일만 시키고 내가 투덜대면 지 애미 닮아서 못됐다고 하며 나에게 욕을 퍼부었다. 나는 엄마도 없는 곳에서 정말 무서웠다. 가끔씩 엄마에게서 전화가 와서 아빠 술 먹고 오는지 물어보고 몇 시에 들어오냐고 했다. 내가 솔직하게 말했더니 엄마가 나를 데려가야지 안 되겠다고 했었다. 우리가 엄마랑 고생하는데도 양육비도 안 주고 엄마랑 나를 때리고 술 먹고 욕만 하던 아빠는 어떻게 되든 상관이 없다고 생각한다.

요즘 아빠에 대해서 자주 생각을 하게 된다. 미술치료 하면서 아빠를 생각 안 할 수가 없었다. 무슨 작업만 하려고 하면 가족이기 때문에 계속 연결이 돼서 생각을 할 수밖에 없었다. 그 후 점토놀이를 할 때 아빠를 만들었는데 자꾸만 목이 부러졌다. 목에 이쑤시개를 넣고 만들어도 자꾸만 목이 휘었다. 그러더니 마르면서 아예 목이 댕강하고 끊어졌다. 솔직히 가슴이 철렁하고 내려앉았다. 아무리 실물이 아니고 미술 작품이라지만 목이 부러지니 씁쓸했다. 그리고 그러는 내가 처량하게 느껴지면서 화가 났다. 미친 사람들! 그렇게 싸우더니 끝내 이혼을 하였어. 때리는 아빠도 대드는 엄마도 다 싫다. 내가 아직은 어려서 집도 못 나가지만 내가 중학교만 가면 집 나가서 알바 하면서 꼴 안 보고 상관없이 살고 싶다.

오늘은 여러 가지 모양의 상자가 쌓여 있다. 자기와 닮은 점이 있는 상자를 하나씩 골라서 상자가 나 자신이라고 생각하고 상자를 꾸며 보는 시간이다. 상자의 겉면은 밖에서 보는 나의 모습이고 상자의 안에는 나의 속마음을 표현하면 된다. 나는 피자 상자를 골랐다. 뚜껑의 한쪽 면은 바닥 면과 붙어 있어서 열었다 닫았다 할 수 있게 되어 있다. 나는 뚜껑이랑 몸체가 하나로 되어 있으면서 열리기도 하고 닫히기도 하는 모양이, 내가 내 속마음을 감추기도 하고 말하기도 하여서 나랑 비슷하다고 생각했다. 또 내가 얼굴이 좀 둥그런 편이라 넓적한 피자 상자가 닮았다고 느꼈다. 나는 피자 상자 겉모양을 보라색 반짝이 종이로 쌌다. 거기에 무지개 빛깔의 색칠을 하고 별을 붙였다. 요즘에 보라색이 좋아서 보라색으로 붙였고 이제 6학년에 올라와서 조를 만들었는데 내가 이 조에서 잘 지낼 수 있기를 바라는 마음에서 우리 조의 이름인 레인보우를 따서 무지갯빛을 했다. 별은 내가 성공해서 별처럼 빛나기를 바라는 마음에서 붙였다. 안에는 때리고 싶은 마음인 방망이, 꾸미고 싶은 마음인 구슬, 불 지르고 싶은 마음의 라이터, 동생들이 아플 때 찢어지는 마음인 쓰다만 오아시스(꽃꽂이용), 포근한 게 좋아서 푹신한 털실, 답답한 마음의 양파망, 하늘을 날고 싶은 마음의 폭죽, 터트리고 싶은 마음의 콩알탄 상자, 콩알탄을 터트려 동생들 때리고 싶은 마음을 없애고 싶고 어두운 세상을 밝히고 싶어서 빨강 전깃줄, 죽이고 싶은 마음의 칼, 깨끗해져 가는 마음인 흰색 실, 겉은 단순하지만 속은 여러 가지 표정이 있는 눈 스티커를 붙였다. 내 마음이 너무 많은 것 같지만 다 솔직한 내 마음이었다.

내 마음을 담아내고 나니 얼마나 속이 시원한지 오늘 안 왔더라면 어쩔 뻔했는지 모르겠다. 집에 와 보니 엄마가 일찍 집에 와 있었다. 엄마는 화를 내고 있다가 나를 보더니 "너 학원 갔다 왔어? 안 갔다 왔어?" 하고 물었다. 나는 거짓말을 못해서 그냥 피아노를 못 갔다고 말했다. 엄마는 나를 때리면서 그럴 거면 아예 다니지도 말라고 하였다. 친구들도 아무도 데려오지 말고 놀지도 말라고 하였다. 엄마는 내가 정리해 놓은 것을 다 끄집어내 놓고 정리가 안 됐다고 또 화를 냈다. 속에 있는 것을 다 끄집어내 놓고 왜 화를 내는 거야? 아니 나더러 어떡하라는 거야? 오늘은 수요일이라 조금 일찍 끝났지만 이제 6학년이라 학교에서 늦게 끝나고 보습학원 갔다 오면 피아노 갈 시간은 없다. 게다가 오늘은 바로 미술치료 갔다 온 건데 나더러 어쩌라고? (울음) 엄마는 요즘 매일 화만 낸다. 나보고도 미술치료 선생하고 가서 살란다. 엄마는 매일 같이 있지만 미술치료 선생님은 일주일에 두 번밖에 안 만나는 거다. 두 번만 만나면 짜증을 안 낼 수도 있지만 매일 같이 살면 너무 힘든 거라고도 했다. 내가 저번 날에 미술치료 선생님 어떠냐고 해서 엄마처럼 화도 안 내고 토닥토닥 나를 달래 준다고 했더니 그것 때문에 계속 화를 내고 있는 것 같다. 엄마는 요즘엔 동네 단짝 아줌마랑 하는 운동도 안 한다. 그러고 매일 우리한테 화만 낸다. 교회 사모님은 나더러 아빠 없으니까 남편처럼, 친구처럼 그렇게 엄마한테 해 주라고 했는데……. 나는 그러려고 했는데……. 남편도 아니고 친구도 아니고 이게 뭐냐고? 에이 씨 진짜 짱나! 미치겠다.

미술치료 선생님이 이제 미술치료가 몇 번밖에 안 남았다고 말해 왔었다. 곧 16번이 끝나고 친구들과 선생님과 헤어질 때가 되어 가고 있었다. 나는 그 말에 신경을 못 쓰고 있었는데 오늘 또 선생님이 종결을 준비한다는 말을 하니 갑자기 어찌해야 할지를 모르겠다. 이제 나는 어떻게 해야 하는가? 너무나 막막하였다. 다른 사람에게 선물을 주는 시간인데 나는 아무것도 하고 싶지가 않았다. 다른 아이들은 잡지에서 시계, 예쁜 여자. 오디오 세트, TV, 진주목걸이, 침대, 맛있는 음식 등 비싸고 좋은 것들을 같이 미술치료 했던 친구와 형, 누나, 동생에게 붙여 주었다. 나는 아무것도 하기가 싫었다. 그냥 아이들이 하는 것을 보고만 있었다. 모두들 웃으면서 재미있게들 한다. ○○가 내 이름 밑에 남자 사진을 붙였다. 내 애인이라는 것이다 그러니까 모두들 웃었다. 나는 "야!" 하며 달려가 그 남자 사진을 떼어 버렸다. 그리고 잡지에서 여자 사진을 오려서 ○○에게 붙여 버렸다. ○○도 떼어 버렸다. 나는 △△ 언니에게 자전거를 붙여 주었다. 언니가 좋아했다. 그러지 않아도 언니가 중학교에 가게 되어 다이어트가 필요하다고 하였다. 기분이 좋았다. 이런 식으로 우리는 선생님이 그만 하라고 할 때까지 계속했다.

나는 요즘에 정말 기분이 좋지 않다. 왜 그런지 모르겠다. 더 불안하고 다시 속이 답답하고 현기증이 나고 배도 아프려고 한다. 이런 말은 엄마에게는 하지 않고 있다. 엄마가 걱정을 할 것이고 엄마에게 말해도 별로 달라질 게 없기 때문이다. 오늘은 미술치료가 끝나는 날이다. 미술치료실에 도착하니 그동안 우리가 했던 작품들이 사람별로 다 진열이 되어 있었다. 먼저, 만다라를 그리고 작품 감상을 한다고 한다. 만다라를 선택해서 그리는데 너무나 허전하고 쓸쓸하여 색칠을 할 수가 없었다. 나는 거의 다 비워 둔 채로 선생님께 냈다. 아! 나는 어떻게 해야 하는가? 나는 힘을 내고 싶지도 않아 나는 어떡하면 좋아? 정말 막막하다. 작품 전시를 보러 아줌마들이랑 복지관 관장님이 오셨다. 모두들 나보고 손재주가 좋다고 하신다. 나는 부끄럽기도 하고 진짜 그런가 하는 생각이 들었다. 그런 얘기를 들으니 기분이 좀 나아졌다.

3) 30대 불임여성의 미술치료 활동 체험에 관한 해석학적 현상학적 글쓰기

잠이 오지 않는다. 내일은 드디어 피검 날이다. 일주일 동안 하루하루가 어찌나 안 가던지……. 오늘도 분명히 뜬눈으로 밤을 새게 될 것이다. 이게 벌써 몇 번째지? 이제 무던해질 때도 됐는데 난 왜 이리 아직도 조마조마하고 그럴까. 남들은 한 번 만에도 패스하고 한 달 만에 실패고 성공이고 알 수 있다던데 난 어쩌면 이것조차도 재수가 없어서 수개월씩이나 걸린다 말인가. 수치는 왜 또 그리 늘 간당 간당한지. 도대체 되는 일이 없다. 난…… 이번에도 만일 실패하면 3개월을 또 어떻게 기다릴까……. 매일 맞는 주사도 지겹고…… 이젠 돈도 없는데……. 카드값도 또 어떻게 감당해야 하나…… 아직도 갚아 나가야 할 게 많은데……. 엄마한테도 이젠 눈치가 보여 더 이상 말 못하겠다. 정말. 휴~ 남들은 시험관이라면 별나라 이야기로 생각한다. 나한테는 이라크 전쟁 이야기가 더 별나라 이야기인데. 아, 벌써 가슴이 죄이는 것 같다……. 밤은 또 왜 이리 길게만 느껴지나…….

오늘따라 옆에서 코만 골고 무심하게 자는 신랑이 얄밉게 보인다. 저 사람이랑 같이 안 자 본 지가 얼마나 됐나? 기억도 잘 안 난다. 혹시 이이가 요즘 바람이라도 피우는 건 아닐까? 나도 점점 잠자리가 싫어지는데 이이도 오죽할까. 겁난다. 갈수록 저이는 말수도 적어지고 서먹서먹해지는 것 같다. 내일은 정말 패스해서 애가 빨리 생겨야 어쨌든 저이가 집에다 정을 좀 붙일 텐데. 저녁엔 놀러온 조카애들을 나보란 듯이 물고 빨고 난리를 치더니만……. 거기다가 웬 비디오로 애들을 찍고 난리인지. 뭐가 좋다고. 저이 하는 행동을 보면 내 맘을 도대체 아는지 모르는지 모르겠다. 내가 분명히 아침에 내일 피검날이라고 이야기를 했건만. 하긴 내 눈치 보는 게 더 싫기는 하다. 따지고 보면 불쌍한 사람이다. 나야 원래 재수없는 사람이긴 하지만 저이가 무슨 죄가 있을까. 돈 버느라 애쓰고 그 돈 벌어다 마누라 섬관이니 뭐니 병원비로 다 쓰고 게다가 마음고생도 해야 하고……. 다 마누라 잘 못 만난 죄겠지.

휴~나만 안 만났으면 자기는 애 낳고 잘 살 텐데……. 말은 안 해도 속으론 자긴들 얼마나 지 새끼가 갖고 싶을까. 말은 안 해도 나 만난 거 후회도 가끔은 되겠지……. 암튼간 저 사람을 더 이상 초라하게 만들 수는 없다. 내일은 어떻게 하든 패스 꼭 돼야 되는데. 하느님, 하느님 제발 딱 한 번만, 한 번만 되게 해 주세요…… 꼭!

또 실패다. 끝이다…….

전화가 온다. 분명 언니겠지. 안 받아야지. 뻔한 소리 할 텐데. 내가 맨날 괜찮다고 하니까 진짜인 줄 아나 보다. 남은 억장이 무너지는지는 줄도 모르고. 날 생각하면 차라리 물어보지나 말지. 엄마는 내가 속상해할까 봐 절대 먼저 전화도 안 하시는데…… 눈치도 없이. 아…… 정말 이젠 남편 얼굴 못 볼 것 같다. 정말 미칠 것 같다.

내가 무슨 얼굴로……. 밤에 들어오면 또 뭐라고 말해야 하나……. 눈물이 앞을 가린다. 어떻게 하나 정말……. 하느님은 도대체 계시는지 안 계시는지. 내가 뭘 그렇게 전생에 뭘 그렇게 잘못을 했을까. 나는 살면서 그렇게 남한테 나쁜 짓 한 적도 없는데. 하느님…… 이젠 그만해도 되시지 않나요. 이토록 마음 고생할 만큼 하고 살았는데. 하느님, 지금까지 도대체 몇 년째인가요. 아니면 확실히 포기하게 아예 큰 병을 주시든지요. 왜 날 이러지도 서러지도 못하게 하고 이렇게 고통스럽게 하시나요. 그리고 왜 하필이면 나인가요. 제가 아직도 치러야 할 대가가 남아 있는 건가요. 전 자식 하나만 주시면 정말 더 이상 바랄 것도 없는 사람입니다……. 딱 하나만. 하나만 주셔도 되는데…….

밤새 울어서인지 눈이 퉁퉁 부었다. 저 사람은 오늘 또 말이 없다. 술을 잔뜩 먹고 들어와서 어떻게 되었는지 물어보지도 않더니만……. 회사에서 무슨 일이 있었을까? 아니면 병원에 전화를 해 봤나. 직접? 시어머니가 또 저 이한테 한소리 하셨나? 병원비에 등골 빠진다고? 눈을 못 맞추겠다. 어젯밤에 내가 몰래 우는 걸 눈치챘나 보다……. 빨리 출근했으면 좋겠는데……. 미안하지만. 난 어떤 표정을 지어야 할지 모르겠다. 이젠 미안하단 소리조차도 입에서 도저히 떨어지지 않는다.

이 기분에 이따 오후에 혜수 돌잔치를 어떻게 갈까. 또 둘째까지 가졌다는데. 재수 없다. 못 가겠는데 이번에는. 안 가면 또 나를 측은히 여기겠지. 지들끼리 모여서 이렇고 저렇고 할 텐데. 진짜 오늘은 영 갈 맘이 나지 않는다. 표정 관리가 안 될 것 같은데 오늘은. 겁난다. 나도 모르게 눈물보가 터지면 어떻게 하지? 남의 잔치 가서 분위기 망치면 안 되는데. 그러면 다들 또 위로해 준답시고 한소리씩 번갈아 할 거고. 혜수 그 계집애는 왜 연락을 굳이 하는지 이해할 수 없다. 뻔히 알면서. 아예 연락 안 하면 나중에 딴 애들한테는 몰랐다고 해 버리면 그만인데 짜증나네 정말……. 그냥 숙희 편에 반지만 보낼까? 시어머니가 아프다고 할까? 핑계인줄 알겠지……. 와서 진짜 그냥 밥만 먹고 떡만 가져가라고? 웃긴다……. 진짜 걔가 바라는 게 그걸까? 내가 지금 거길 가서 마음에도 없는 축하한다는 말하고 또 어떤 표정을 짓고 앉아 있어야 되나……. 다들 알 텐데. 속으론 얼마나 날 불쌍히 여기며 수군댈까. 생각만 해도 자존심 상하고 쪽팔린다. 꼭 가야만 하나……. 휴~ 가도 할 말도 없는데……. 또 지네끼리 학원 이야기하고 선생 이야기하고 애들 자랑만 늘어질 텐데……. 난 뭘 하고 앉아 있어야 하나. 비참하게……. 참……. 남의 돌잔치에 갖다 바친 반지로 집도 사겠다. 난 언제 다 돌려받게 될까…….

앞집 여자는 왜 내가 늘상 못 본 척 피해 가도 굳이 와서 아는 척을 하는 걸까. 제발 그냥 지나쳤으면 좋겠다. 안 그래도 머리가 돌 지경인데. 이 남자는 도대체 왜 이렇게 엉망일까? 어떻게 나한테 한마디도 안 하고 보증 서서 경고장까지 날라오게 만들지 뭐 믿고? 허 참 정말…… 기가 막힌다. 남편은 정말 나를 뭘로 보는 걸까……. 나한테 한 마디 상의도 없이. 우리가 애가 없다고 가정이 가정이 아니라고 생각하나? 아님 내가 그렇게 우스워 보이는 걸까. 내가 지 눈치 보고 이렇게 구기고 사니까 책임감이라곤 정말 눈곱만큼도 없나보다. 애가 없어서일까? 애가 있었다면 이렇게 덜커덕 남의 보증이나 서고 그럴까? 웃긴다 정말……. 정말 스트레스 생겨 죽겠다. 저 여자가 결국은 말을 거는구나. 난 별로 반갑지도 않는데. 또 지겨운 소리 늘어놓는다. 그놈에 성당 나오라 소리. 내가 몇 번 알았다고 하면 눈치를 채지 못하나. 하느님한테 간절히 기도하고 바라면 좋은 일도 생긴다고? 당신이나 기도 많이 해~ 남 걱정하지 말고. 당신이 내 맘을 어떻게 알아! 이 여자는 또 아랫집 여자 소리를 한다. 웬걸. 9년 만에 애기 낳은 소리……. 나도 다 아는 소리다. 그 여자는 안 해 본 게 없다고? 나도 피가 마르도록 안 해 본 게 없다, 이 아줌마야. 딴 데 가서 그런 무자식이 상팔자라느니 입양하면 애가 생긴다느니 부부금술이 너무 좋은 거 아니냐는 둥 제발 그만 소리 하지 마라. 그게 우리 같은 사람한테는 얼마나 치가 떨리는 소리인데. 알고나 하는 소리인지. 우리 심정을 어떻게 당신들이 알아? 아니면 아예 모르는 척하는 게 낫네, 이 아줌마야. 내가 낳으면 아줌마가 키워 줄 거냐고. 왜 그리 남의 사생활에 관심이 많냐고! 염장은 있는 데로 다 질러 놓고는 그놈에 또 사람 잡는 소리 '마음 편하게 먹어~' 하고는 가 버린다. 망할 여편네.

아……. 또 생리가 시작된다. 생리만 하면 더 우울하고 아무것도 하기가 싫어진다. 배도 아프고……. 진통제는 먹어도 소용이 없다. 이따 밤에 제사에는 또 어떻게 가나. 가서 장도 미리 봐야 하는데. 할 것은 많은데 정말 꼼짝하기가 싫어진다. 왜 이리 생리는 이렇게 꼬박꼬박하는지 모르겠다. 몸에 좋다는 것 백날 챙겨 먹어도 생기라는 애는 안 생기면서 생리통도 안 낫고. 병원을 옮겨 볼까? 숙희가 알려 준 거기나

낼 가 볼까? 거기가 더 잘 본다는데. 안 그래도 그놈의 의사는 나한테 관심도 없고. 뭘 물어봐도 대답도 잘 안 해 주고……. 내내 차트만 바라보고 알 수 없는 용어만 말하고……. 오히려 내 돈 내고도 내가 눈치 살펴야 되고……. 뭐하는 짓인지 이게. 의사도 못 믿겠고 모든 게 다 싫다. 다 때려치울까. 아니야, 병원이라도 안 가면 집에서 혼자 뭐해. 더 미치겠지. 아~

또 외로워진다. 세상에 나 혼자 날랑 있는 기분이다 정말……. 도대체 내가 언제까지 이 노릇을 계속 해야 하나. 그만둘 수도 없고 이 막연한 기다림의 끝이 언제일까. 난 더 이상 지칠 대로 지쳐 손가락 하나 까딱 못할 지경인데……. 엄마 생각이 난다. 불쌍한 우리 엄마. 딸년 잘못 둔 덕분에 시어머니 앞에서 죄인처럼 굴고……. 엄마한테도 너무 미안해서 볼 면목도 없다. 어떻게 해야 하나……. 정말 답답하다…….

세상에 내 편은 아무도 없는 것 같다. 서럽고 외롭다. 이대로 눈감으면 그냥 내가 없어져 버렸음 좋겠다. 아무도 모르게…….

오늘따라 동서가 더 얄밉다. 저 여자는 복이 어디 들었기에 이해 잘해 주는 신랑에 떡두꺼비 같은 아들에 직장도 근사하고……. 왜 이리 내 자신이 초라하게 느껴질까. 동서만 보면 심술이 나고 질투가 난다. 그래서인지 동서한테는 안 그러려고 해도 말이 곱게 나오지 않는다. 어머니는 나는 몸도 안 좋은데 겨우겨우 일어나 장 혼자 다 보고 와서 지금까지 죽도록 혼자 전 부치고 있는데 수고한다 소리 한 번 안 하신다. 동서는 몸 푼 지가 벌써 4개월째인데 들어가서 쉬라니! 와서 한 것도 별로 없는데. 자기가 뭘 했다고? 시어머니는 내 생각도 안 해 주시고 동서 애기 쪽쪽 빨아 대고 난리를 피우신다. 이때는 묵묵히 못 본 척하고 일만 하는 게 상책이다. 내색은 안 하시는 분이시지만 날 얼마나 시원찮게 여기실까. 차라리 뭐라고 대 놓고 욕을 하시면 속이 더 편할 것 같은데 저 양반은 속으론 무슨 생각을 하실까. 좀 있으면 시누들이랑 아이들이 몰려올 텐데……. 오늘은 또 어떻게 견뎌 내야 하지? 힘내자, 힘내.

작은 시누가 애기를 안고 들어오고 그 뒤를 큰시누와 조카들이 쫓아 들어온다. 난 애들이 싫다. 죄다 어질러 놓고 정신을 하나도 없게 만든다. 세상에서 제사니 명절이니 이런 게 좀 없어졌으면 좋겠다. 근데 나중에 내가 죽으면 내 제사상은 누가 차려줄꼬……. 나는 아예 화장을 해 버려 바다에 날려 달라고 해야지……. 마음 착한 작은 시누이가 나더러 수고한다고 말을 건넨다. 목이 멘다. 요즘은 자그마한 일에도 누가 뭐라고 하면 목부터 멘다……. 그래도 작은시누라도 오늘 같은 날 같이 있어 주니

다행이다.

얄미운 큰시누가 도와준다고 부엌에 들어온다. 또 들어와서 자기 자식 자랑만 실컷 하겠지. 내 마음 다 이해한다고? 같은 여자로서 왜 모르겠냐고? 애 먹이는 자식이 차라리 없는 게 속이 편하다고? 늙어서 둘이 여행이나 다니고 좋지 그러면서 날 위로한답시고 말은 늘어놓으면서 은근히 눈치를 준다. 말이나 말지. 나는 아무 소리 안 하고 미소만 지을 뿐이다. 산 넘어 산이다.

밤새 꿈에 시달렸다. 멍하다. 꼭 진짜 같은데…… 아직도 내 몸에 촉감이 남아 있는데……. 서글퍼진다. 날 닮아 이마가 톡 튀어 나온 예쁜 아가가 내 젖을 물고 날 빤히 쳐다보고 있었는데…… 진짜였는데…… 꿈이 아니었는데 분명……. 아, 나도 빨리 엄마가 되고 싶다. 나도 진짜 내 속으로 낳은 내 아가한테 젖 한 번만 물려봤으면……. 뭐든지 다 해 주고 싶다. 우리 아가한테……. 예쁜 옷도 사주고 싶고 바이올린도 시켜 주고 싶고 맛있는 떡볶이도 해 주고 싶고 목욕탕도 가고 싶고…… 뭐든지 다 해 주고 싶다. 절대 공부 같은 거 하라 소리 안 하고 맨날 같이 놀아 줄 텐데. 똑같이 커플룩 입고 공원이나 가고…….

이럴 줄 알았으면 그때 애를 떼 버리는 게 아닌데…… 이렇게 결혼할 줄 알았으면……. 그때 낳았으면 학교를 갈 나인데……. 내가 정말 큰 죄를 지었나 보다……. 그래서 내가 지금 이렇게 고통을 당하고 있나 보다……. 후회된다, 정말. 그래도 '하느님. 남들은 애를 몇 번씩 떼고도 멀쩡히 결혼해서 아들 낳고 잘만 사는데 왜 나만 이렇게 죗값을 치르게 하십니까. 왜 나만…… 이렇게 미워하십니까…….'

아침부터 짜증이 또 나기 시작한다. 아무리 참으려고 해도 한 번씩 울화가 치밀어 오는 알 수 없는 내 감정을 나도 어떻게 해 볼 도리가 없다. 출근하는 사람을 결국 불쾌하게 만들어 버리고 나니 내 자신에게 더 화가 나고 짜증이 난다. 또 미안하다. 내가 뭘 잘했다고……. 안 그래도 재수없는 마누라가 아침부터 재수없게 성질은 있는 데로 다 내고……. 나가서 될 일도 안 되겠다. 근데 왜 내 마음조차 이렇게 내 맘대로 안 되고 이렇게 감정은 널을 뛸까. 아침저녁 멋대로 날 뛰는 종잡을 수 없는 이 기분을 도대체 어떻게 해야 할까. 세상에 내 뜻대로 되는 건 하나도 없다. 하나도……. 가서 내 화초들에게 물이나 줘야 되겠다.

요것들만 보고 있으면 기분이 좋아진다. 하루 종일 시간 가는 줄도 모르게 하고. 귀여운 내 새끼들. 니네들은 늘 나를 보고 웃어만 주는구나. 요 예민한 벤자민은 베란다에 내놓으니까 잎이 금세 파릇파릇해지네? 살 만하니 이제? 찬바람이 좋아? 치~ 요것들 봄단장 해 줘야지. 우유가 좀 남아 있었던가? 줄 것이 있나 좀 찾아봐야겠구나. 뭘 줘야 요것들이 더 생생해지나~ 그래……. 뭐 나쁘지도 않다. 곰곰이 생각해 보니까. 남들보다 이렇게 여유도 많고 시간도 많은데. 말썽만 피우는 애들 뒤치다꺼리 안 해도 되고……. 돈도 절약되고. 애 낳느라 몸도 안 망가져도 되고 실컷 키워나 본들 나중에는 자기들이 잘난 줄 알고 에미는 몰라라 할 텐데. 자식 밥이 뭐 그리 따뜻할까. 이만하면 내 몸매도 괜찮은 편이고. 낼은 스포츠센터에 등록이나 할까? 아니지, 가면 또 무시무시한 아줌마들이 아는 척하고 난리겠지. 안 가. 암튼 아직 처녀이냐고 물어보는 사람도 있고. 살 만하다, 뭐 그래도. 애 엄마들은 또 이런 즐거움은 모르겠지. 자고 싶으면 자고 먹고 싶으면 먹고 나가고 싶으면 나가고……. 좋지 뭐~

인터뷰하러 온다고 하는 미술치료산지 뭔지는 왜 안 오나. 시누 부탁이라 안 들어줄 수도 없고 재수없게 뭘 이런 걸 인터뷰한다고 그러지? 내가 설명한다고 뭐를 알기는 알까……. 해서는 또 뭘 어쩌겠다고. 아주 상처에 소금을 뿌려라 뿌려. 나한테 도움이 될 수 있다고? 그냥 가만히 놔두는 게 도와주는 거네, 이 사람들아. 제발 건드리지 말고. 앗! 왔다. 들어오면서 집을 살핀다. 집이 무척 정갈하고 조용하다고. 당연하지~ 기껏 해 봐야 우리 둘이 사는 집인데. 애가 없으니 당연히 집이 깨끗할 수밖에. 딸기를 사들고 왔네. 보니 유기농은 아닌 것 같고 분명히 그냥 약 줘서 키운 딸기겠지. 몸에 안 좋은 건데. 나중에 앞집 여자나 줘 버려야 되겠다. 이 여자는 애가 있을까? 결혼은 했나 안 했나. 조금 있다 물어봐야지. 대답하기 싫은데 이 미술치료산지 뭔지는 자꾸 물어보고 빤히 쳐다본다. 그냥 부담 갖지 말고 내가 불임녀로서 이 세상에 살아가는 이야기를 해 달라고? 설마 지 녹음기를 다른데 가서 사람들이랑 다 같이 듣는 건 아니겠지? 부담스럽다. 왜 자꾸 날 건드리는지 모르겠다. 잘 살고 있는 나를. 간신히 참고 있던 눈물이 나온다. 신랑 이야기만 나오면 나도 모르게 눈물이 솟구쳐 오른다. 이 사람이 또 나를 얼마나 불쌍하게 볼까. 저 이해한다는 표정이 싫다. 정말 싫다. 지가 어떻게 내 이 터지는 심정을 어떻게 감히 이해한다고……. 아예 아무 표정 짓지 말고 있었으면 좋겠다. 내가 연신 눈물을 훔치니까 저두 미안한지 눈을 내려

깔고 있다. 그래도 한 시간이 넘게 내 이야기만 들어주니 고맙다. 나도 실컷 해대고 나니 속이 좀 후련해지는 것 같고. 근데 그림을 안 그려 본 지가 거진 15년이나 됐는데 날더러 어떻게 그리라고 그러는지 모르겠다. 잘 그리고 못 그리고가 없으니까 그냥 편하게 마음대로 그리고 싶은 걸 그리라고? 말은 쉽지. 그래도 하얀 도화지를 보니까 슬며시 기분이 좋아진다. 색지들도 색깔이 너무 곱다. 그래도 이 사람이 뭔가를 준비를 많이 해 왔네? 찰흙도 있고 잡지도 있고……. 뭐가 많구나. 그래, 학교 때는 내가 그림을 그래도 꽤 잘 그린다는 소리도 많이 들었는데.

기분이 좋아진다. 그리라고 미술치료사가 말하는 순간 나도 모르게 산이 생각이 났다. 왜 그럴까? 산……. 가고 싶다. 산을 그려야 되겠다. 이 하얀 종이 위에 뭔가를 채워 그릴 수 있다는 게 좀 부담도 되지만 은근히 즐거운 구석도 있다. 그리는 내내 사람도 아무도 없는 깊은 산골에 혼자서 한 한 달만 푹 쉬고 싶다는 생각이 간절하게 든다. 산도 있고 새들도 있고 내 숨통을 탁 트게 해 줄 것 같은 시원한 바람 부는데 강가에 발 담그고 혼자 앉아 책도 읽고 노래도 부르고……. 마치 내가 이 그림 속에 살고 있는 기분이다. 이 그림 속으로 쏙 들어갔으면 좋겠다. 물고기도 한 마리 그려 넣어야지~ 여긴 내가 하고 싶은 대로 하는 거니까. 그네도 그려 넣을까 나무 아래에? 좋다, 그리자. 이게 은근히 사람 기분 좋아지게 하네? 나무 밑엔 다람쥐도 한 마리만 그려 넣자.

아~ 이런 데서 살고 싶다. 조용히. 또 뭘 그려 넣을까. 아…… 벌써 30분이 지났네? 더 그려도 되나?

내가 그린 그림을 소파에 올려놓고 같이 보잔다. 꽤 괜찮게 그려진 것 같아 흐뭇하다. 뭐가 보이냐고? 음…… 뭐가 보이나……. 그러고 보니 내가 꿈속에서 가끔 본 것 같은 장면이다. 자주 저런 꿈을 꿨었지. 그리고 마치 바람도 그림 속에서 솔솔 불어 나오는 것같이 느껴진다. 바람이 되서 여기저기 하늘을 훨훨 날아다니고 싶다는 생각도 들고……. 불현듯 꼭 저런 곳을 찾아가야 되겠다는 생각도 들고……. 휴~ 진짜 저렇게 사람도 아무도 없는 먼 곳에 훌쩍 혼자만 가서 조용히 좀 쉬고 싶다는 생각도 든다. 한도 끝도 없이……. 그래. 맞아. 나는 지금 너무 지쳐 있는 거야. 휴~ 지금껏 너무 애쓰면서 살아왔어. 있는 눈치라는 눈치는 다보고 내가 뭘 그리 잘못했다고 그건 나로서도 더 이상 어쩔 수가 없는 거 아닌가? 난 정말 할 만큼 했어……. 할 만큼 한 거야. 갑자기 또 내 신세가 처량하고 서글퍼진다. 참아야지……. 제목을 붙여 보라고? 이건 내가 살고 아니, 가고 싶은 곳이야. 정말로……. 이 그림 제목은 '내가 가고 싶은 곳'이야. 이게 진짜 내 마음을 딱 나 대신에 말해 주고 있는 거야, 진짜로…….

미술치료사는 고맙다 하고 다시 오겠다고는 가 버렸다. 혼자 또 덩그러니 앉아 있다. 지금 기분이 이상하고 뭐라고 말할 수 없다. 이상하다. 내가 왜 이러는 걸까. 날 뒤흔들어 놓고 간 것 같다. 미술치료산가 뭔가가. 샤워나 하고 기분을 바꿔야 되겠다. 또 내 감정에 빠지지 말자. 빠지면 죽음인데. 저녁도 해야 하고……. 얼른 정신 차리자!

발가벗은 나를 거울로 바라보니 딴 사람같이 느껴진다. 생소하다. 물어보고 싶다. 너는 누구냐고. 거울 속에 이 지치고 초라한 이 여자는 누구이냐고……. 또 눈물이 흐른다. 내가 왜 이렇게 되었지? 내가 왜 이러고 살고 있냐고. 뭐 때문에 네가 이렇게 살고 있냐고! 이건 사는 게 사는 게 아니다. 결혼 6년 만에 나에게 남은 건 황폐해질 대로 황폐해지고 비뚤어질 대로 비뚤어진 내 마음과 쓸모없는 몸뚱이뿐……. 지친다, 이젠……. 내가 어떻게 하다가 이렇게 되었지? 봐! 네 자신을! 네 모습을! 너……. 그동안 애 많이 쓰고 할 만큼 했어. 최선도 다하고 네가 할 수 있는 건 다 했어. 그래도 이렇게 꿋꿋이 살려고 발버둥치고 있는 네가 대견하지도 않니? 너는 너 자신에게 미안하지도 않니? 가만히 네 마음속에서 들려오는 소리를 들어봐. 외치고 있잖아? 살고 싶다고…….

놓자……. 그래, 이젠 놓자. 놓는 거야. 이젠 원래 너로서 살아. 예전처럼. 네가 스스로 만든 감옥에서 벗어나서 자유로워지자고. 그게 너 인생의 전부일 수는 없어 절대로……. 나는 나야. 나는 나라고! 애가 없으면 어때? 누구를 위해 애를 꼭 낳아야 하냐고. 남들이 이상하게 생각하든 말든 그게 뭐가 그렇게 중요하냐고. 왜 이렇게 바보같이 살고 있냐고. 뭐가 무서워서 숨 한 번 제대로 크게 쉬지 못하고 스스로를 비참하게 만드냐고……. 네가 너를 안 챙기면 누가 챙기냐고……. 어느 누구도 네 인생을 대신해 줄 수는 없는 거야.

날 보살피고 살자 이제는.

진짜 나답게 살아 보자고!

4) 미술치료 기반의 '미술작업 인터뷰'를 적용한 노인되어 감에 관한 해석학적 현상학적 글쓰기

언제 이렇게 늙었는지…… 낯설은 나의 늙은 모습이 그저 안타까움

거울 앞에서 지쳐 있는 나의 모습을 멍하게 마주하며 나를 찬찬히 바라본다. 염색한 지 얼마 안 된 것 같은데 벌써 희끗해진 머리가 보이고, 눈가와 입가의 자글자글한 주름이 두드러져 보인다. 언제 이렇게 늙었을까? 좀 전에 동창모임을 마치고 붐비는 지하철을 타고 집에 돌아오는 길에 누가 툭툭 치며 "할머니, 교통카드 떨어졌어요."라는 말을 들은 걸 생각하니 한숨이 나온다. 나를 건드리지 않았다면 그냥 무시하고 지나갔을 것이다. 할머니……. 어린 내 손주도 아닌 다른 사람들에게 듣는 할머니란 말이 낯설다. 도대체 나의 나이 든 모습이 어떻게 보이는지 궁금하여 오후에 친구들과 찍은 휴대폰 속 사진을 보았다. 사진이 흐릿하게 보여 돋보기를 찾으며 헛웃음이 나온다. 사진 하나도 돋보기 없이 제대로 볼 수 없는데 이것이 늙었다는 게 아니면 뭔가 싶은 것이 씁쓸하다.

거울을 보며, 그리고 사진을 통해 본 나의 모습이 너무 낯설다. 머리는 허옇고 윤기 없이 푸석거리고, 피부는 탄력을 잃어 처져 있고, 목은 두꺼워져 있다. 참 안 이쁘다. 젊은 시절의 곱고 뽀얀 피부는 어디로 가 버렸을까? 젊은 시절 생기 넘치고 그 모습은 온데간데없고 이제는 볼품없어진 힘없는 내 모습이 초라해 보여 너무 속상하다. 세월이 흘러 늙어 버린 나의 모습을 보고 있자니 나이 들어 눈이 침침해지는 것이 다행이다 싶으면서도, 다른 사람들에게는 늙은 모습이 그대로 보이겠다 싶어 기분이 착잡하다. 외출하기 전에도 이 옷 저 옷 갈아입으면서 뭘 입어도 안 어울리는 것 같아 속상했다. 그래도 나름 옷차림에 신경 썼는데, 그것조차도 늙은 모습을 감춰 주지는 않는가 보다.

그렇게 사진을 보다가 피곤함을 느끼며 소파에 기대어 눈을 감았다. 정말 몸이 전 같지 않다. 아침에 일어날 땐 뻣뻣해진 몸을 풀어 주려고 눈뜨며 팔다리를 이리저리 움직여 준다. 오전엔 그래도 쌩쌩하게 모임에 나갔는데, 오후가 되어 가며 체력이 달리는 걸 느낀다. 붐비는 지하철을 타고 움직였더니 무릎이 쑤시고 힘이 든다. 몇 시간 전 친구들과 나눈 대화들이 떠오른다. 한 친구가 내리사랑이라며 손주가 너무 이쁘다고 자랑을 하면서도 손주를 봐 주는 게 힘에 부친다고 투덜거렸다. 손주가 커 갈수록 여기저기 더 쑤시고 아프다며 짜증이 나서 딸하고 가벼운 말다툼도 했다고 하며 '늙은 몸이 원수구나.'라고 하는 말에 서로 맞장구를 쳤다. 한창때 자식들 키울 때는 '울 엄마는 슈퍼우먼!'이라는 소리도 들었는데……. 이젠 늙어서 힘이 부치고 여기저기 아픈 게 안타까울 뿐이다.

피곤함에 쏟아지는 졸음 속에서 '순간순간을 살다 보니 흐르는 세월에 이렇게 늙어버렸구나!'라고 혼잣말을 하며 그저 씁쓸하다는 생각에 눈시울이 뜨거워진다.

어떻게 늙어야 할까?
잘 늙어 가는 그림의 퍼즐 조각을 하나씩 맞춰 감

TV를 켜니 노인에 관한 뉴스가 나온다. TV 화면을 통해 아파서 병원에 힘없이 누워 있는 노인의 모습과 간병인이 밀어 주는 휠체어를 타고 병원 복도를 이동하는 노인의 모습을 보고 있자니 순간 가슴이 철렁 내려앉는다. 설마 나는 저렇게 불쌍하게 늙진 않겠지? 그러고 보니 나도 늙어 가는데, 늙은 노인을 어떤 이미지로 생각하고 있는지 궁금하다. 흰 종이에 머리에 떠오르는 대로 연필로 쓱쓱 빠르게 그림을 그려 본다. 추운 겨울날 가지만 앙상하게 남은 한 그루의 나무가 한쪽에 서 있고, 한 사람이 그 나무를 등지고 걸어가는 장면을 그렸다. 그렇게 서 있는 그 나무가 너무 슬프게 보인다. 왜 이렇게 쓸쓸하고 침체되어 있는 장면이 떠오르는 걸까? 내 안에도 이런 침체되어 있는 노인의 모습이 있다는 것에 당황스럽다. 그래서 노인이 된다는 것이 부담스럽게 느껴졌나 보다. 그 순간 아프고 힘없는 노인의 모습을 보여 주는 TV 프로그램이 원망스럽다. 언젠가부터 TV나 신문에서 고령화 사회라 하며 노인의 모습을 자주 보여 주는데, 대부분이 아픈 노인, 독거 노인, 치매 노인의 모습이다. 노인이 젊은이와 다르다는 건 알지만 이렇게 부정적인 모습이 많이 노출되어 있는 것이 이제 남 얘기가 아닌 것 같아 화가 나고, 노인 하면 아프고 힘없는 것으로 생각나는 게 참 서글프다.

나이를 먹어 가는 자연의 법칙을 거스를 수만 있다면 노인이 되는 걸 멈추고 싶은 마음이 굴뚝과 같지만, 피해 갈 수 없으니 받아들여야 하지 않겠는가. 아까 그린 그림을 보며 해를 그리고 싶어졌다. 그래! 난 잘 늙고 싶다. '겨울의 앙상한 나무라고 쓸쓸하기만 하겠는가, 그리고 겨울을 어떻게 날지도 다 다르지 않겠는가.'라고 생각하며 어떻게 늙어야 할지 고민해 본다. 그동안 보았던 TV 방송이나 책에서 본 것들을 기억해 보니 건강에 대한 이야기가 먼저 생각나며 너무나 다른 모습인 돌아가신 친정어머니와 시어머니의 모습이 떠오른다. 평생 애 낳고 지식 키우는 것만 아시고 자신의 몸은 신경도 안 쓰시고 결국 중풍으로 쓰러져 돌아가시는 날까지 고생하셨던 친정어머니를 생각하니 긴 병에 효자 없고 아프면 서럽기만 하다는 말이 머리를 스친다. 이와는 달리, 자신의 건강을 철저하게 관리하시며 복지관에 스포츠댄스도 배우러 다니고 재미있게 사시는 시어머니를 생각하니 몸 건강하고 내 앞가림 잘해서 내 몸 내가 잘 지켜야겠다는 마음이 든다. 역시 노인에게 건강이 우선이다. 먹는 거, 운동하는 거, 이 모두 내 스스로 내가 챙겨야 한다. 이제는 자식이 부모를 공양하고 돌보는 것은 기대도 하기 어려운 세상이다. 우리 아들, 딸도 가정 꾸리고 살기 힘들 텐데 나까지 부담이 되기는 싫다. 마찬가지로 이젠 내 한 몸, 내가 지키고 사는 것도 힘드니 신경 안 쓰이게 잘 살아주는 것이 효도가 아니고 뭐겠는가. 세상이 참 많이 바뀌었다. 우리 조부모 세대에는, 아니 부모 세대까지만 해도 나이 들면 대접받고 자녀들의 돌봄 속에서 살았는데……. 우리 아들, 딸에게 짐이 안 되는 노인으로 늙고 싶다. 눈을 감고 잘 늙은 나의 노인의 모습을 이미지로 떠올려 보니 시골 오래된 느티나무 밑에 있는 정자가 그려진다. 소박하지만 여유롭고 평화롭게 쉴 수 있어 부담 없이 자녀든 손주든 누가 와도 반길 수 있고, 그들 또한 나를 반겨 주는 그런 노인의 모습을 생각하니 노인이 되는 것도 괜찮은 것 같다. 아무도 안 찾아온다면 쓸쓸하겠지만……. 나도 모르게 작은 한숨이 나온다.

아침에 일어나 집 앞 산책로를 도는 것으로 하루를 시작한다. 과거 무릎 수술을 생각하며 상쾌한 아침 공기를 마시니 몸이 가벼워지는 것 같다. 몇 년 전 무릎 수술을 하고 나서는 살 만하다. 조금만 움직여도 무릎이 붓고 아팠던 걸 생각하면 너무나도 끔찍하다. 죽을 때까지 그렇게 늙을 것 같아 우울했었다. 움직이는 것이 두려워 할 일 없이 하루를 지루하게 보냈고, 그 하루는 너무 길게 느껴졌으며, 어둡고 깊은 우물 안에서 온갖 걱정이란 걱정을 혼자 끌어안고 지냈다. 어제가 오늘 같았고, 또 오늘 같은 내일만이 있을 것 같은 일상들이었다. 수술을 한 후에도 마땅히 할 일이 없어 일상의 무료함은 다를 게 없었고, 혼자서 지내는 시간 동안 외로웠다.

우연히 이웃과 대화를 나누며 소중한 나의 삶의 시간을 이렇게 보내기 아깝다는 생각을 했다. 하루하루를 규칙적으로 바쁘게 사는 내 또래의 이웃집 여자를 보며 나의 무료한 일상과 달라 보였고 뭔가를 배우고 싶어졌다. 오카리나를 배우기 시작한 지 이제 2년이 되어 간다. 문화센터에 등록하고 배우러 왔다 갔다 하며 지루함이 없어졌다. 무엇인가를 할 수 있다는 것이 이렇게 좋은지 이전엔 몰랐다. 오카리나를 배우게 된 것이 어린 시절의 선물을 받는 것처럼 느껴진다. 처음 낯선 악기에서 소리가 나는 것이 신기했고 조금씩 음정과 박자가 맞춰지며 내가 하나의 노래를 연주할 수 있는 것이 놀랍고 내 스스로가 대견스러웠다. 이 나이에도 배움이 이렇게 즐겁고, 더 잘하고 싶은 욕심이 생기며 생동감이 느껴진다. 아침에 일어나 갈 곳이 있다는 것이 좋고, 시간이 지루하지 않나. 더 잘하고 싶은 의지가 생기면서 집에 있는 시간에도 연습을 하게 되니 나에게 언제 무료함이 있었나 싶다. 그 즐거움과 기쁨을 무엇으로 표현할까? 마치 어린 시절로 돌아간 것 같기도 하다. 아니, 그 이상이다. 자유로운 시간 속에 누구의 선택도 아닌 내 스스로의 선택으로 누구도 아닌 나 자신을 위한 활동인 것이다. 이것은 즐거움 그 이상의 행복을 안겨 주는 최고의 보상이다. 오카리나를 연주하는 시간은 내가 노인이라는 것을 잊게 하고, 그 공간에서 연주하는 그대로의 나만이 느껴질 뿐이다. 내가 호흡하고 움직이며 새로운 것을 배우고 기쁨을 경험하는 것에 정말 감사하다. 점점 더 잘하고 싶은 마음이 생기니 아프지 말아야겠다는 생각이 들며 건강에도 더 신경 쓰게 되었고, 늙어서도 하하 호호 웃고, 감탄하며 즐거움을 공유하는 사람들을 만날 수 있다는 것이 축복이 아니면 무엇이겠는가.

오늘은 더 바쁜 날이다. 오전에는 문화센터에서 새로운 곡을 배우고, 오후에는 요양원으로 봉사를 가야 한다. 오카리나 연주 실력이 늘며, 함께 배우는 사람들과 한 달에 한 번씩 자원봉사를 다니게 되었다. 내가 배운 오카리나로 나보다 더 늙은 어르신들 앞에서 작은 공연을 하는 것이 뿌듯하고 보람도 느낀다. 어르신들이 함께 박수를 쳐 주며 기뻐하는 모습 속에서 연주를 하고 집으로 돌아오는 날은 항상 가슴이 벅차오른다. 내가 누군가에게 기쁨을 줄 수 있는, 그리고 도움이 될 수 있는 존재라는 것이 무척 감동적이다. 오늘 하루 배움과 봉사로 몸은 피곤하겠지만 오늘 하루 있을 즐거움과 감동이 기대된다.

나의 건강과 행복은 가족의 행복!

결국 딸에게 화를 냈다. 맞벌이하는데 힘드니 손주를 봐 달라는 것이다. 아들, 딸

출가하고 이제야 내 시간을 가져보며 나를 위해 살아보고자 마음을 먹었는데 말이다. 나이 먹고 노인이 되어서 시간이 자유롭다는 것을 느끼며 이젠 가족을 위해, 다른 사람을 위해 사는 것이 아니라 나를 위해 살고 싶었다. 하다못해 반찬을 해도 '애들이 뭐 좋아하지? 뭘 해야 할까?' 생각했는데, 이젠 내가 먹고 싶은 것을, 내 몸에 좋은 것을 생각하며 반찬거리를 사고 음식을 하고 싶었다. 이제는 그래도 되는, 아니 그래야만 한다고 생각을 했다. 생각하니 억울하다. 우리 윗세대야 나이 먹고 노인 되면 자식들이 해 주는 거 받아가며 돌봄 받고 편안하게 살았지만, 이젠 기대할 수 없는 시대가 아닌가. 우리는 자녀에게 부양받길 바랄 수도 없다. 아들, 딸이 알뜰살뜰 힘들게 맞벌이하며 사는 것 보면 내 스스로 내 앞가림하며 잘 살아야겠다 싶었다. 자녀 독립시키고 나도 독립해야지 맘먹고 보니 그동안 나를 위해 살았던가 싶은 마음에 울컥했었다. 내 자식을 위해 그동안 희생했으니 억울해할 건 아니지만, 더 늦기 전에 이제 내가 배우고 싶은 것 맘껏 배우고, 더 늙어 아프기 전에 여행도 다니고 싶었다. 생각해 보면 내가 건강하고 내가 행복하면 그런 나를 보는 자녀도 부담이 없으니 더 편하지 않겠는가. 예전에야 가족이 행복하면 내가 행복했지만, 이제는 내가 행복해야 가족이 행복하니까. 그런데 내가 아직도 희생을 해야 하나 싶어서 억울하고 짜증이 난다. 손주 봐 주다 보면 애 뒷바라지도 해야 하고, 또 애한테 묶여 지낼 테니 그것이 억울하다. 남은 노년 동안 아프지 않고 건강할 때 나를 위해 살고 싶었는데, 그것도 쉽지 않다니 씁쓸하고 속상할 따름이다. 그래도 딸인데 모른 척할 수도 없고, 딸에게 화를 낸 것이 미안하다. 결국 딸애랑 타협을 했다. 엄마도 늙어 언제 어디가 아플지 모르니 너도 양보해 달라고 했다. 오전에는 내 시간을 갖고 오후에 손주가 어린이집에서 온 후에 봐 주고, 자원봉사 가는 날 하루는 못 봐주겠다고 했다. 그리고 일단 1년만……. 화장대 앞에 있는 손주 사진을 보며 그냥 씁쓸한 웃음이 나온다.

지금까지 이고 있었던 삶의 무게를 이제는 내려놓고 싶다. 가볍게 나 자신을 위해 살고 싶은데, 그 마음이 왔다 갔다 한다. 아들 딸 고생하는 거 보면 그 무거운 짐 내가 좀 들어주고 싶기도 하다. 그것이 부모 마음이니까. 그러면서도 내 몸이 힘들고 내 여생을 생각하면 그 짐이 부담스러워 내려놓고 싶기도 하고……. 더 늙어 힘없고 아프면 아들딸에겐 내가 그런 짐이 될까? 그런 부담스러운 짐 보따리가 되기 싫은데 말이다. 짐 보따리에 하나에 온갖 생각과 감정이 뒤섞여 있어 정리가 안 된다. 아직은 내가 아들 딸 짐 좀 들어주고 더 늙으면 아들딸이 내 무게의 짐을 들겠지. 거동하며 내 앞가림할 수 있을 때까지만 살아서 우리 아들딸에게 짐이 안 됐으면 좋겠다.

잘 늙고 싶은 마음이 스치는 바람에 움츠러듦

이번 주는 기분이 영 좋지 않다. 매일 즐겁게 살며 늙고 싶었는데 그것도 쉽지 않다. 욕심을 내서 사진편집반을 등록한 게 실수였나 보다. 아직 내 맘은 이팔청춘인데 몸이 안 따라 주는 게 속상하다. 나도 젊었을 땐 한번 배우면 잘 따라 했었는데, 이젠 돌아서면 잊어버리니 몇 번을 반복해서 해야만 한다. 옆에 나보다 젊은 사람한테 물어봤는데 또 잊어버렸다. 다시 물어보자니 너무 부끄럽고 미안하다. 지난번엔 딸애한테 물어보다가 몇 번 물어보니 짜증내서 '너도 나중에 늙어 봐라.'라는 생각이 들며 너무 속상했다. 며칠 전엔 같이 있을 때 전화 받았는데 엄마 목소리 왜 이리 커졌냐며 창피하다고 하더니. 늙은 엄마도 이해 못해 주고. 잘 늙어 보자고 하는 건데……. 새로 배우는 것도 쉽지 않고 내 몸이 이전 같지 않다는 게 너무 서글프다. 눈도 침침하고 자꾸 잊어버리고. 내 맘이 이팔청춘인데 몸이 당신은 늙었다고 말해 주는 것 같다.

이런 생각을 하면 초조해진다. 몸이 늙어 감각도 느리고 생각하는 것도 느리고 무릎도 아파 빨리 걷지도 못한다. 이젠 하루에 할 수 있는 일이 전보다 확실히 줄었다. 젊었을 때처럼 빠릿하게 생각하고 움직일 수 없는데……. 세상은 예전처럼 돌아가는데 나만 늦어진 것 같아 시간이 더 빨리 간다고 느껴진다. 거실 시계를 보니 시간이 안 맞는 게 나랑 똑같다. 배터리가 닳아 늦게 돌아가는 것이 딱 내 모습이다. 저 배터리는 얼마나 남았을까? 내 남은 시간도 또 얼마나 남았을까? 생각하니 슬프고 또 초조해진다.

남은 시간이 아까우니 그렇게 생각하지 말자고 다시 한 번 더 마음을 다잡고 즐겁게 지내 보려고 기분 전환 삼아 어제 백화점에서 행사로 2만 원에 산 티셔츠를 꺼내 입었다. 배터리랑 맛있는 저녁을 위한 반찬거리를 사러 가려는데 남편이 '옷 샀어?'라고 물어본다. 그 순간 옛 생각에 욱하니 화가 치밀어 오른다. '아직도 나한테 돈 쓰는 게 아까운가?'라는 생각도 들며 옛날 나한테는 돈 쓰는 거 벌벌 떨며 살림 헤프게 하는 거 아니냐고 잔소리하던 생각이 다시 스친다. 나 몰래 시부모한테 생활비 주고 나는 뭐 하나 사는 것도 눈치 주고 잔소리하고 큰소리 내던 남편도 이젠 늙어 측은하게 보여 다 잊고 같이 잘 늙어 보자 생각했는데……. 다시 화가 나고 억울한 감정에 아무 말도 안 하고 나와 버렸다.

마트로 걸어가며 마음을 다잡는 게 쉽지 않다는 걸 생각하게 된다. 한 번씩 치밀어 오르는 이 감정을 어떻게 해야 할지 나도 모르겠다. 같이 늙어 가는 남편이 측은하다가도 이럴 땐 원수처럼 너무 밉다. 지난달도 남편한테 욱해서 싸우고 사진편집반도 오카리나도 안 가고 그냥 누워만 있었다. 내 지난 시간들을 곱씹으며 억울하고 분해서 이불을 뒤집어쓰고 한참을 울었고 이틀을 집에만 있었다. 그러다가 '그래, 덮기로 했으니 덮자!'라고 다시 마음 다잡고 애써 잊으려 했었다. 난 잘 늙고 싶다. 좋은 마음으로 즐겁게 살고 싶다. 즐겁게 살기에도 짧은 시간인데, 미워하고 짜증내고 원망하며 그 시간을 보내고 싶지 않단 말이다. 그러니 내 가고 싶은 길을 그대로 갈 수 있도록 제발 발목을 잡지 않았으면 좋겠다.

철렁 내려앉아 먹먹하고 두려운 마음

친구의 남편 부고 소식에 장례식에 다녀왔다. 칠십을 넘으니 주변에서 하나둘 떠나간다. 이제 죽음이 남 일이 아닌 것 같아 침울하다. 죽는다 생각하면 가슴이 철렁 내려앉는다. 기운이 빠져 누웠다. 시간이 지나도 잠은 안 오고 머리에 정리되지 않는 생각들이 맴돈다. 얼마나 남았을까? 5년? 10년? 내일은 눈을 뜰 수 있겠지? 아직 자식들 더 보고 싶은데……. 우리 손주들도 보고 싶은데……. 건강하게 얼마나 살 수 있을지 답 없는 물음에 잠이 안 온다. 주위에서 하나둘씩 떠나며 빈자리가 생길 때마다 죽음이 한 걸음씩 내게 다가오는 것 같아 먹먹하다.

며칠 뒤 상처한 친구로부터 전화가 왔다. 혼자 남아 두렵다고 하며 차라리 남편보다 먼저 죽었으면 좋았을 텐데라고 한다. 암 수술한 남편 뒷바라지에 힘들었을 텐데 그래도 남편이 의지가 됐나 보다. 자기 아프면 누가 돌봐 주냐고, 남편 죽음이 너무 생생하게 느껴져 죽는 게 너무 겁난다며 걱정하고 혼자인 것이 무섭다고 한다. 옛날 부모 부양하던 자식은 아니라도 자식 근처에서 사는 게 좋을 것 같다며 아무래도 이사를 해야겠다고 한다. 전화를 끊고 생각하니 친구가 안됐다. 늙는 것도 힘든데 그 속에서 남편도 보내고. 좀 더 젊었더라면 상처가 아물고 노년을 맞았을 텐데, 몸도 늙어 힘들 텐데 마음의 고통이 더해져 더 힘들겠구나 싶어서 내 마음도 아프다.

나는 죽음보다 뇌졸중이나 치매가 더 두렵다. 지금이야 힘없어도 그래도 건강하게 돌아다니긴 하는데, 뇌졸중으로 쓰러지면 누워서 얼마나 힘들까 생각하면 온몸이 굳는 것 같다. 뇌졸중으로 돌아가신 친정엄마를 생각하니 더는 생각하기 싫다. 혼자 움직이시지도 못하고 고통스러워하시는 그 모습을 지켜보는 것도 힘들었는데 엄마는 얼마나 더 힘들었을까 생각하니 눈물이 난다. 나는 그렇게 누워 있다가 죽고 싶지 않다. 건강하게 지내다가 죽고 싶은데……. 요즘 잘 먹고 즐겁게 하루 지내다가 잠들다 죽는 것이 복이라는 말이 가슴에 더 와닿는다.

나이 들어 자식들한테 짐이 되고 점점 어딘가 아플 거고 그러다 죽는다 생각하니 인생이 참 허망하다. 무엇을 위해 그렇게 살았나, 사는 것의 의미가 뭔가 싶다. 삶의 내리막길이라는 게 빠르게 지나가고 참으로 허망하다.

마지막 순간까지 아름답게 타오르리라

나에게 허락된 남은 시간이 얼마가 남았을지 모르는데 인생이 허망하다고만 생각할 수는 없다. 보이지 않는 시간에 매달리지 말고 남은 시간 잘 늙어야겠다는 생각을 다시 또 한다.

열심히 살다 보니 늙어 이제는 돈벌이도 못하고 쓸모없이 버려진 쓰레기 같은 존재가 된 것 같아 화도 나고 가족들에게 예민했었다. 내 주름이 늙고 보잘것없는 주름이 아니라 그동안 열심히 살아온 훈장이라고 생각하니 지금의 시간이 소중하고 아까웠다. 10년 뒤, 어쩌면 5년이 될지 모르는데. 뒤돌아보면 그 시간이 빨리 왔는데 앞으로는 더 빨리 흘러갈 테니 지금 이 순간이 중요하다는 것이 마음에 와닿는다. 부엌 창문으로 보이는 낙조가 참 붉다. 너무 아름답게 보여 눈물이 난다. 저 해는 빨리 떨어져 곧 어두워지겠다 싶으니 슬퍼서 가슴이 아린다. 떨어지기까지 붉고 아름다워 더더욱 슬프게 보인다. 그래도 아직까지 힘이 있어 보이는 게 내 모습 같아서 짠하다. 얼마의 시간이 나에게 허락될지 모르지만 남아 있는 동안 저 붉은 기운이 주변까지 붉게 물들이듯 나도 남아 있는 내 삶에서 주인공으로 건강하고 즐겁게 살고 마지막 순간까지 내 인생의 무대 위에서 주인공으로 박수갈채를 받으며 마무리하고 싶다. 그렇게 난 잘 늙어 가고 싶다. 쉽지 않고 매번 부딪히더라도 건강이 허락하는 그 순간까지 잘 늙고 싶다. 여한 없이 세월의 흔적이 묻어난 언덕에 작은 꽃을 피우고 인생의 마지막 장을 덮기 위해 크게 숨을 들이마신다.

Chapter 3

학위논문에서 다루어진 해석학적 현상학적 글쓰기의 주제별 분류

질적 연구방법론 중 현상학적 연구는 정성적인 방법으로 미술심리치료의 현상을 있는 그대로 보여 주는 데에 적절한 연구방법론이다. 특히 현상학적 연구에 근거한 해석학적 현상학적 글쓰기는 마치 독자가 미술심리치료 현장에 있는 것과 같은 생생함을 전달한다. 현상학적 연구 결과인 글쓰기는 미술심리치료 현장 속으로 이끌어 주기 때문에 그 현장을 경험하지 못한 이들에게는 생생한 간접 경험의 장을 마련해 주기도 한다.

미술심리치료사를 꿈꾸는 이들에게는 내담자와 미술심리치료사에 대한 공감과 미술심리치료 과정에 대한 깊은 이해를 갖게 해 줄 것이다. 미술심리치료학 연구자들에게는 연구 수행을 향한 동기 부여를 제공해 주며, 연구를 마친 이들은 전문가로 향하는 여정 가운데 성숙과 겸손을 선물로 받게 될 것이다. 끝으로, 재학생과 졸업생들에게는 자신에게 필요하다고 여겨지는 부분의 배움을 보충해 가며 현장에서 생겨난 많은 의문점에 대한 답을 찾을 수 있는 장(장연집, 2015)이 펼쳐질 것이다.

미술심리치료학에서 주축이 되는 네 가지 유형의 미술심리치료 외에 슈퍼비전, 미술심리치료사, 미술작업 관련 전공과목에 관한 연구 주제는 미술심리치료학에서 전문성을 높이기 위하여 필요한 연구 영역이다.

이 장에서는 슈퍼비전, 미술심리치료사, 미술작업 관련 전공과목에 관한 세 가지 주제를 다룬 해석학적 현상학적 글쓰기를 제시한다.

1. 슈퍼비전의 주제를 다룬 해석학적 현상학적 글쓰기

슈퍼비전은 정신건강 관련 분야에서 전문가 양성을 위한 훈련방법으로 활용된다. 미술심리치료에서도 슈퍼비전은 전문적인 미술심리치료사로 성장하는 데 필요한 학습과 훈련의 핵심방법 중 하나이며, 치료사로서 자신을 점검하고 개인적 성장을 돕는다(임은영, 장연집, 2013).

미술심리치료 슈퍼비전 영역에 대한 연구는 미술심리치료사의 성장을 돕고 전문성을 높이는 데 필요하다. 앞서 제시한 미술심리치료 네 가지 유형의 각 세팅에서의 슈퍼비전은 세팅과 각 환자, 내담자 군의 특성을 잘 알고 있는 슈퍼바이저가 주어야 한다. 슈퍼바이저는 각 유형의 미술심리치료 현장 경험이 풍부하고 다뤄져야 할 미술심리치료 주제와 매체 제공에 대해서도 능숙해야 한다. 또한 각 유형의 미술심리치료에서의 주된 슈퍼비전의 형태, 주제 및 이슈에 대해서도 알고 있어야 한다. 따라서 미술심리치료학의 성장과 발맞춰 미술심리치료 슈퍼비전 영역에서도 연구가 축적되어야 할 것이다.

슈퍼비전 주제를 다룬 해석학적 현상학적 글쓰기는 연구자 12, 연구자 15, 연구자 16이 쓴 총 3편이다.

이 장에서는 석사학위 청구논문인 미술심리치료 석사과정생의 슈퍼비전, 미술심리치료학 석사학위 과정생의 임상실습을 위한 현장 슈퍼비전, 미술심리치료사의 슈퍼비전 체험에 관한 글쓰기를 소개한다.

1) 미술치료학 석사과정생의 슈퍼비전 체험에 관한 해석학적 현상학적 글쓰기

시작과 낯설음……

전혀 몰랐다. 슈퍼비전이란 용어도 처음 들었다. 실습과 동시에 슈퍼비전이란 걸 받는다는 건 심리치료 이론을 공부하는 것보다 더 막막한 느낌이었다. 정신이 하나도 없고 교수님이 무슨 말씀을 하시는지 도대체 이해되지 않았다. 우리나라 말로 하는 것이니 무슨 말인지는 알겠는데 확 와닿지 않는다. 슈퍼비전을 왜 하는 건지 설명도 들었고, 내가 수업을 준비하면서 어떻게 해야 하는지도 들었는데 어디부터 어떻게 해야 할지 모르겠다. 미술치료사라는 새로운 직업을 얻으려면 이 과정을 무사히 지나야 할 텐데 어렵기만 했다. 그러지 않으려고 노력하지만 자꾸만 손발이 차가워지고 소화가 잘 되지 않았다. 새로 적응해야 할 것이 한두 개가 아니다.

내담자 사례를 집단 슈퍼비전에 가져가는 것은 두려운 일이었다. PPT로 사례 발표를 하자니 긴장되어 목소리도 떨리고, 준비하는 내내 부족한 것들만 보여서 좌절이 몰려왔다. 다음에 또 하게 되면 그땐 동료들이 하는 것을 보고 후반부에 해야 안전할 것 같다. 그러면 생소한 보고서 양식도 눈치껏 참고할 수도 있고 지도교수님의 성향도 알게 될 테니까 실수도 덜 하고, 지적도 덜 받지 않을까? 점점 생각이 복잡해졌다. 사례발표 때는 뭐가 중요한지 모르니까 몽땅 다 걸린다. 아니, 좀 더 솔직히 말하자면 뭘 넣고 빼야 하는지 몰라서 일단 다 넣고 봐야 할 것 같았다. 그런데 이래도 되는 걸까? 어떻게 하든 평가받게 될 것이고, 수정될 건데 사례를 정리하는 내내 내용을 넣고 빼기를 반복했다. 잠만 못 자고 괜한 노력을 하는 건 아닌지 피곤하고 불안해졌다. 도대체 어떻게 해야 능숙해질 수 있는 걸까? 다시 의문이 꼬리를 문다. 도대체 왜 이렇게 혼란스러운 건지 모르겠다.

대학원에서 만나는 중요한 관계들……

함께 수업을 듣는 동료들에게 은근히 불편함을 느꼈다. 서른을 갓 넘겨 대학원에 진학한 나는 나보다 어린 동료들에게 모르는 것을 묻기가 불편했다. 괜한 자존심인지도, 내 문제 때문인지도 모른다. 그렇지만 힘든 일이 쌓였는데 사서 불편을 감수할 필요는 없을 것 같아 나랑 비슷하거나 나보다 나이가 많은 동료에게 물어보는 게 편했다. 그리고 그중엔 이미 결혼한 언니가 더 잘 가르쳐 줄 것 같아 가깝게 지내게 됐다.

동료들과는 아는 게 고만고만하여 우리끼리 해결할 수 있는 건 한계가 있다. 그런 측면에서 심리학을 전공한 동료는 내게 부러움의 대상이다. 그런데 슈퍼비전에서 그 친구가 세션 중에 미술을 다루는 게 어렵다며 어떤 재료를 써야 할지, 어떻게 내담자가 작업할 수 있게 도울 수 있는지 몰라 힘들다고 하여 내심 놀랐다. 미술을 전공한 나보다 내담자의 심리를 더 잘 파악할 것 같고, 대학원에서도 더 잘 적응할 것 같아 부러웠는데, 나는 생각지도 못한 것들로 어려워하고 있었다. 사실 처음에 그런 얘기를 들었을 땐 공감되지 않았다. 자기도 익숙하지 않은 재료를 내담자한테 주고 작업을 한다는 게 가능한 것일까? 그런데 계속 듣다 보니 오죽 힘들었으면 그걸 공개적으로 얘기할까 싶어 안타까웠다. 게다가 나도 사람인지라 그 친구의 모습에서 내가 미술 경험이 풍부하다는 것이 다행스러웠다. 남의 어려움을 놓고 위안을 삼다니……. 그런데 문득 심리학도 미술도 아닌 다른 전공을 한 동료가 생각났다. 괜한 오지랖이겠지만, 그 친구는 훨씬 더 힘들 것 같아 잘해 줘야겠다는 생각이 들었다. 이런 생각들을 하다 보니 긴장하고 있던 게 조금 가라앉는 것 같았다.

수업이 시작되려면 한참 남았는데 사례발표 때문에 자기 텍스트를 열심히 들여다보는 동료를 보면서 궁금증이 일었다. 이 친구는 무슨 생각을 하고 있을까? 슈퍼비전 때 물어볼까? 생각해 보니 어디서 실습하고 있고, 어떤 내담자를 만나고 있는지 들은 게 없다. 내가 이 친구랑 그리 친하지 않았던 것 같고, 그만큼 관심을 못 준 것 같아 괜히 미안해진다. 사실상 같이 실습을 나가는 동료와는 쉽게 공감도 되고 이해도 되지만, 다른 기관에 나가는 동료와는 얘기를 나누기 어렵다. 도대체 짬이 나지 않으니 학부 때 친구들과 돌아다닐 수 있었던 여유가 그리울 정도다. 가만히 보니 발표 준비를 하는 동료가 가늘게 손을 떨고 있었다. 그만큼 긴장되는 건가? 하긴 나도 발표 때는 교수님 지도 내용이나 동료들 feedback을 열심히 듣고 부지런히 받아 적기는 하지만 수업이 끝난 직후엔 뭘 들었는지 알기 어려웠다. 다시 들여다보기도 힘들만큼 지치기도 해서 어떨 땐 집에 가서 조용히 보기도 했다.

학기가 지나면 부담이 덜해질 줄 알았다. 처음보다 방향도 잡히고 알아듣는 것도 많아졌지만 슈퍼비전 시간은 여전히 두렵고 하기 힘들다. 그렇지만 실습하고 있는 내담자가 너무나 힘들어서 불안해질 때면 나도 모르게 '아, 이건 다음에 슈퍼비전 받아야겠다.'는 생각이 들기도 했다. 점점 더 교수님이 무슨 말을 해 주실지 경청하게 되고, 배운 걸 세션에서 실행해 보려고 노력하게 됐다. 이러다 의존하게 되는 건 아닐지 약간 아주 약간 걱정됐다. 나중에 혼자 치료사로 활동할 땐 어떻게 해야 하나 신경도 쓰였다.

슈퍼비전을 받는 동안 교수님의 지도방식이 신경이 쓰이지 않는 건 아니다. 교수님을 대하는 게 편해야 속에 있는 내 문제도 꺼낼 수 있을 텐데 사실상 조심스럽다. 지지적인 교수님께 익숙해져서 무방비 상태로 있다가 '혹시 내가 갖고 있는 문제들도 평가 대상에 들어가는 건 아닐까?' 하는 생각이 들면 질문이나 feedback을 하려다가도 입을 닫게 됐다. 어쩔 수 없이 교수와 학생 역할에서 벗어나긴 쉽지 않은 것 같다. 그렇지만 그럼에도 불구하고 계속해서 교수님을 쳐다보게 된다. 어떻게 해야 교수님만큼 유능해질 수 있을까? 경험도 많고 아는 것도 많으시니까 내담자를 만났을 때 쉽게 흔들리지 않을 것 같았다. 그런데 교수님은 내 기대와 달리 내담자를 만나는 것이 여전히 쉽지 않다고 하셨다. 그럼 도대체 언제쯤 괜찮아지는 걸까? 한편으로는 어차피 힘든 거 닥치는 대로 경험하다 보면 언젠가는 교수님만큼 내담자를 볼 수 있게 되지 않을까란 생각도 들었다. 이런 생각을 하면 조금 위안이 되었다. 그리고 다른 동료들도 비슷비슷하게 혼란을 경험하면서 발전하고 있는 것 같아 안심도 되었다. 나도 해 볼 수 있지 않겠어?

이전과 다른 미술 경험……

심리학이나 심리치료 이론을 배울 땐 이에 대한 허기짐이 있기 때문에 지식이 쌓일수록 힘들긴 해도 흥분될 때가 있다. 그렇지만 원래 먹던 밥이 맛나듯 미술을 직접 다루는 수업에선 좀 더 즉흥적이고 자유로운 느낌이다. 내담자 사례를 기록하고 사례개념화한 것을 발표할 땐 머릿속이 온통 꽉 차고 정리가 잘 되지 않아 제대로 설명하기가 어렵다. 그런데 내담자 작업을 놓고 얘기할 땐 한결 수월하다. 학부 때 내 작품을 크리틱했던 경험도 있고, 아르바이트로 그림을 가르쳤던 경험이 있어서 작업에 대해 말하는 건 부담되지 않았다. 내담자가 표현한 작업이 어떤 내용을 담고 있는지 눈에 쉽게 읽히기도 하고, 어떤 과정을 거쳐 저런 표현을 하게 됐는지 연상이 되니까 교수님과 동료들 앞에서 떨리지 않았다. 중학교 때부터 쭉 미술을 했으니 미술은 내게 익숙하고, 중요한 의사소통 방식이다. 그런데 전공이 바뀌면서 학습방법을 바꿔야 하는 상황이 되니 머릿속에서 버퍼링이 잔뜩 걸린 것만 같았다.

때때로 슈퍼비전에서 미술작업을 하기도 했다. 이때의 미술작업은 마치 내가 내담자가 된 것처럼 느껴져 색다르다. 동료집단 슈퍼비전의 주제로 자신이 만나는 내담자에 대해 이미지화하는 작업을 했었다. 내 작업보다는 다른 친구의 나무작업이 더 인상에 남았는데, 내가 보기엔 내담자가 아닌 그 친구 자신을 표현한 것만 같았다. 어쩌면 아직까지 우리가 배우는 단계에서 자기 학습에 빠져 있다 보니 내담자와 함께 동행하는 것이 아닌 그들을 통해 자기 자신을 탐색하는 것이 아닌지 생각해 보게 됐다. 이래서야 세션에서 내담자를 있는 그대로 바라보지 못하는 건 아닐지……. 언젠가 사례발표를 마치고 자리에 돌아와서 종이 한 귀퉁이에 낙서를 한 적이 있다. 그 그림 속의 나는 눈을 꼭 감은 채 이불을 덮은 것처럼 보였는데 마치 뭔가를 끝내고 쉬는 것이 아니라 어떻게든 안정감을 갖고 싶어 숨은 것만 같았다. 그 그림을 보면서 과연 미술치료사가 되기 위해 느끼는 스트레스들을 잘 감당할 수 있을지 의문이 들었다. 경우에 따라 특별한 의식 없이 그린 그림에서 내 상태를 확인하게 되기도 한다.

아직은 미술치료가 치료적인 힘을 갖고 있는지에 대해 확신이 없다. 그래서 학습하고 실습하는 내내 끊임없이 확인과정을 거치고 있는 것 같다. 개인적으로는 미술작업을 통해 내 문제를 탐색하기도 하고, 나의 현재 모습을 다시 바라보는 경험도 한다. 내게 미술로 표현하는 것은 익숙한 방식이니까 어렵지 않다. 그렇지만 내가 미술치료사로서 내담자가 자기 문제를 해결할 수 있도록 미술작업을 진행할 수 있을지는 아직 자신이 없다.

적응 또 적응……

미술치료 슈퍼비전은 매 학기마다 늘 새로웠다. 이 때문에 계속해서 적응해야 했지만 한편으로는 다양한 경험을 할 수 있어서 흥미진진하기도 했다. 교수님의 지도방식에 따라 사례발표 방식이 달랐고, 지도 내용도 달랐다. 그러다 보니 세션을 계획하고 진행하는 과정들에 대해서 다양한 견해를 들을 수 있었다. 선배들도 가능하면 여러 교수님에게 슈퍼비전을 받아 보라고 충고해 준 적이 있다. 그렇지만 학생으로서 내게 슈퍼바이저에 대한 선택권은 사실상 없다. 학기마다 한 개의 슈퍼비전 강의가 개설되니까 어쩔 수 없이 정해지는 대로 들어야 한다. 다른 학교의 경우, 각 학기에 두 개 이상의 슈퍼비전 강의를 개설하고 몇 학기 생인지와 상관없이 원하는 교수의 과목을 신청한다고 들은 적이 있다. 그러면 이론적 접근이나 교수님의 성향 등에 따라서 학생들도 선택적으로 들을 수 있으니까 나을 것 같다. 물론 자세히 들으니 그곳도 선호하는 교수님한테 강의 신청이 몰려서 수강신청 기간에 피터지는 경쟁을 해야 하는 어려움이 있다고는 했다. 만약 내가 원하는 대로 슈퍼바이저를 선택할 수 있다면 내가 하고 있는 기관에 대해 빠삭하게 알고 있거나, 내 내담자에 대한 경험이 많아서 관련 정보를 많이 알고 있는 교수님을 슈퍼바이저로 선택할 것 같다. 그렇지만 현실적으로는 새 학기가 되기 전까지 슈퍼바이저가 누구인지 알기가 어렵고, 그러니까 슈퍼비전 접근방식도 알기 어렵다. 그래서 약간은 다음 학기 슈퍼비전에 대해 기대감이 생기지 않는 것 같다. 적어도 슈퍼바이저에 대한 정보라도 미리 공개되면 사례를 준비하고 슈퍼비전에 적응하는 데 낫지 않을까 싶다. 이런 건 어디에 호소해야 반영될 수 있는 걸까?

학기마다 매번 다른 슈퍼비전 방식이 달라지기는 하지만 사례를 발표하고 내담자 사례와 치료사인 나에 대해 얘기하는 것은 공통적인 거 같다. 가끔은 내 문제가 드러나서 울컥할 때도 있고, 동시에 해소되는 경험도 했다. 친구들마다 의견이 다르지만, 나는 교수님이 문제점을 콕 짚어 얘기해 주는 것이 더 맘에 든다. 왠지 막막하지 않고 치료 과정에 명확한 방향성을 알려 주시는 것 같아서 덜 불안하다. 어떤 친구들은 일정한 틀 없이 수련생이 하고자 하는 대로 방법을 찾아가는 게 더 맘에 든다고 한다. 아마도 미술을 전공한 친구들은 자유롭게 생각하고 표현해 온 경험이 있어서 그런지 일정한 방식에 맞춰 하는 것에 답답함을 느끼는 것 같았다. 내 경우에는 아직까지 뭐가 맞는 건지 잘 모를뿐더러, 학습 과정에 있을 때 전문적인 체계를 경험하고 싶어서 자율성보다는 구체적인 방법을 알려 주는 쪽을 선호한다. 어쩌면 당연한 것이겠지만 학부에서 똑같이 미술을 전공했어도 각자 원하는 것이 다른 것 같다.

슈퍼비전은 첫 학기부터 마지막 학기까지 내내 어려웠다. 도대체 언제쯤 수월해질까? 좀 더 편하게 접근하게 되는 날이 올까? 졸업 후에도 계속 지도받을 생각을 하면 패닉 상태처럼 멍해지고, 긴 시간 공부해야 하는 치료사의 길을 왜 들어섰을까 후회도 되고, 불안이 올라간다. 미술치료 대학원으로 진학을 결정할 때 그렇게 많이 나를 들여다보고 앞으로의 나의 삶에 대해 꿈꿔 왔었는데 막상 시작하고 보니 과연 이게 내 길이 맞는지, 내가 미술치료사로 잘 기능할 수 있을지 반복적으로 확인하게 된다. 마지막 학기에 들어서야 임상실습 및 슈퍼비전이 이런 나의 고민을 현장에서 경험하고 검토할 수 있는 방법이라는 생각이 든다.

성장통……

이제 마지막 학기를 마칠 때가 되니 지난 2년 동안 있었던 일들이 주마등처럼 지나간다. 분명 열심히 노력했고, 1학기 때와 비교하면 알게 된 지식들이 늘었을 텐데 여전히 답답함이 있다. 그래도 동료들과 지난 얘기를 하다 보면 우리가 성장했다는 생각은 든다. 우왕좌왕하던 거에 비해 내담자를 이해하려고 스스로 공부하는 모습도 보이고, 엄마처럼 보호받고 싶어 뭐든 따라 하고 싶은 대상이었던 교수님에 대해 어느 순간부터는 '아, 저 분도 사람이구나.' 하는 생각도 하게 되었다. 나와는 수준이 다르지만 내담자를 잘못 파악할 수도 있는, 즉흥적으로 판단하여 실수할 수도 있는 존재라는 생각이 들었다. 교수님을 평가하려던 것은 아니지만 처음엔 전문가로서 우러러보고 그래서 거리를 두고 좇아가야 하는 대상이었다면, 시간이 지나면서 사람 대 사람으로 계속해서 성장해 가는 치료사로 바라보게 되는 것 같다. 그래서 교수님의 실수가 때론 실망감을 주기도 하지만 오히려 더 가깝게 느껴져 졸업 후에도 지속적으로 연결고리를 갖고 싶은 마음도 들었다.

졸업을 앞두고 나니 지금까지 슈퍼비전 받았던 것들이 내게 어떤 지침을 준 것 같다는 생각이 든다. 점점 미술치료사로서 나만의 색깔을 가질 수 있도록 도왔다고나 할까? 아니면 뭔가 치료사라는 배를 나아가게 하는 돛이었던 것도 같고, 방향을 알려 주는 나침반 같기도 하다. 여러 교수님들을 비롯하여 동료들과 함께 경험하면서 여러 개의 시각을 갖게 된 것 같다. 이걸 가능성이라고 해야 하나 융통성이라고 해야 하나? 전문성이라고 하는 게 맞을까? 그래도 이런 생각을 할 만큼 달라졌다는 게 내심 대견하다.

그동안 많이 투덜거리고 힘들었지만 미술치료사로서 성장하려면 졸업한 후에도 슈퍼비전을 받아야 할 것 같다. 전문 치료사가 되는 데 걸리는 시간이 15년은 족히 걸린다는 말을 들은 적이 있다. 시간도 오래 걸리지만 그만큼 많은 내담자를 만나야 전문가가 된다는 것이다. 그러니 미술치료사라는 전문적인 가면을 쓰기 전에 꾸준히 지도받아야 할 것 같다. 물론 그러기 위해 신경 쓰이는 부분 있다. 과연 졸업하고 나서 내가 배움에 투자한 것만큼 경제적으로 되돌려 받을 수 있을까? 계속해서 투자만 할 수는 없는 노릇 아닌가. 그러니 기관에서 특별히 요구하지 않는다면 대학원에서 지도받은 것처럼 지속적으로 슈퍼비전 받는 것이 쉽지 않을 것 같다. 아직은 따로 비용을 들여 슈퍼비전을 받은 적은 없다. 그렇지만 선배들의 말에 의하면 한 번 슈퍼비전받는 비용이 세션 몇 개를 진행해야 벌 수 있는 비용과 맞먹는다고 하니 벌써부터 걱정되기는 한다. 어차피 졸업하게 되면 스스로 헤쳐 나가야 하는데, 학위 과정처럼 묶여져 있지 않으면 웬만큼 맘먹지 않으면 힘들 것 같다.

졸업이 반드시 독립과 분리를 의미하는 건 아닐 것이다. 그렇지만 스스로 서는 것이 불안하다고 옆에 붙어 있으려고 하면 성장할 수 없다. 그러니 어렵더라도 스스로 방법을 찾아야 한다. 어쩌면 미술치료사로서 현장에서 일을 하게 되면 학위 과정에서 경험한 것보다 더 많은 좌절을 경험할지도 모른다. 그리고 운이 좋다면 전문 치료사가 된 것 같은 만족감을 경험할 수도 있을 것이다. 앞으로 일어날 일은 미리 알 수도 없지만 내 맘대로 조정할 수도 없다. 그러니 일단은 부딪혀 봐야 한다. 지금은 불안한 상태를 충분히 느끼고 준비하는 것이 최선인 것 같다. 앞으로는 지도해 주는 교수님도 옆에 계시지 않을 것이고, 함께하는 동료들과도 헤어져야 한다. 이제는 교수님이 나에게 질문하여 탐색하게 하셨듯이, 위에서 제3의 눈으로 내려다보듯 스스로를 살펴야 할 것이다. 불안해하고 있어봐야 소용이 없다. 계속해서 움직여야 한다. 다시 또 출발이다!

2) 미술치료학 석사학위 과정생의 임상실습을 위한 현장 슈퍼비전 체험에 관한 해석학적 현상학적 글쓰기

기대함 속에 내딛는 첫 발걸음

눈 깜짝할 사이에 어느덧 3학기가 되었다. 미술치료가 좋아서 대학원에 입학했고 학문에 대한 갈급함을 채우는 기쁨에 나름 열심히 공부했던 것 같다. 그러나 졸업할 때가 가까이 와 보니 나의 부족함만 더욱 많이 느껴진다. '졸업하면 어디 좋은 직장에 취업할 수 있는 거야?' 주변에서 졸업한 뒤의 취직에 대한 질문을 받을 때면 부족하기만 한 것 같은 실력의 내가 초보 미술치료사로서 잘 헤쳐나갈 수 있을지……. 막연한 마음에 두려움부터 밀려온다. 이번 학기부터 시작하는 미술치료 임상실습은 미술치료사로서 나아가는 첫 발걸음인 점에서 내게 중요한 도전으로 다가온다. 임상실습을 통하여 졸업 후 미술치료사로서 일을 하기 전에 간접 경험이 될 것이라는 생각에 더욱 열심히 도전하고 실습에 임해야겠다는 다짐을 새겨 본다.

'어느 기관에 실습지원을 하면 좋을까…….' 무작정 컴퓨터 앞에 앉아 실습지를 검색하면서 오리엔테이션 때 실습지를 구하기 위해서 많은 기관에 전화도 하고 메일도 보냈다는 선배들의 조언이 이제야 와닿는 것 같다. 미술치료를 하는 기관은 많은 것 같지만 어느 기관에 지원을 해야 할지 막막하다. 문득 지난 학기에 정신병리학 수업을 들으며 진단을 가진 사람들을 실제로 보는 것이 미술치료사로서 전문성을 키우는 데 필요하겠다는 생각이 들었다. '아! 정신병원에 실습지원 메일을 보내봐야겠다.' 검색된 정신병원마다 미술치료 실습지원 메일을 보내기 시작했다. 운 좋게 며칠 뒤 바로 한 종합병원에서 연락이 왔다.

"여보세요. 이윤희 선생님이신가요? 믿음종합병원에 있는 미술치료사 민주영입니다. 미술치료 실습지원 하신 메일을 받고 전화 드려요."

"아! 네! 안녕하세요. 제가 이윤희예요."

"정신과 병동에 입원해 있는 환자들을 대상으로 미술치료 활동을 하는 건데 미술치료가 가능하신지 전화 드렸어요."

"네 가능해요. 정신과 병동에서 미술치료를 하는 건가요?"

'미술치료사가 있고, 남자 폐쇄병동 환자를 실습하게 될 것이고, 현장 슈퍼비전을 받는다?' 학교에서 슈퍼비전 수업을 받지 않았던 내게 임상실습지에서 슈퍼비전을 준다는 것이 어떤 형태일지 잘 와닿지는 않았지만 미술치료사가 있는 병원 기관에서 실습을 한다는 것이 설레기도 하고 안심이 되었다. 뭔가 알차고 많은 것을 배울 수 있을 것 같은 기대감까지 들게 된다. '음……. 정신분열 증상의 특징이 뭐였더라……. 환청, 망상이 있으니까 현실감을 주는 작업을 하고……. 구조적인 틀을 주는 것이 중요하고……. 주의해야 하는 게…….' 공부해야 할 것도 숙지해야 할 것도 많은 것 같고 프로그램도 짜 보며 설레는 마음으로 준비를 해 본다. 그렇게 나의 정신과 병동에서의 실습이 시작되었다.

드디어 실습 시작!

기다리던 실습 첫날이 되었다. 오늘은 미술치료사와 먼저 간단한 오리엔테이션을 갖기로 했다. 조금 일찍 도착한 병원은 진료를 받으러 온 사람들로 북적거리는 활기찬 모습의 분위기가 느껴졌다. 긴장되었던 나의 마음도 조금 풀어지는 것 같았다. 치료사 사무실이 있는 4층은 다른 병동과는 사뭇 다르게 조용하고 복도에 아무도 없었다. 사무실 문 앞, 최대한 긴장하지 않은 척 '휴~' 숨을 가다듬는다. '똑똑똑' 문을 열고 들어가니 조용할 것 같았던 사무실 안에는 꽤 많은 사람들이 분주하게 움직이며 자신의 업무로 바빠 보였다.

"저…… 민주영 선생님 만나러 왔는데요……."

문 맞은 편 자리에서 누군가가 고개를 들며 "아 이윤희 선생님? 선생님 잠시만요.

복도 끝에 미술치료실이 있는데 거기에서 잠시만 기다려 주실래요?"

"네. 알겠습니다."

최대한 공손한 모습으로 인사를 하고 조용히 나온다. '복도 끝……. 미술치료실이라……. 어디야…….' '이런 큰 병원에 미술치료실이 따로 있는 거야?' 병원에서 미술치료가 인정받는 것 같은 느낌이 들어 왠지 모를 뿌듯한 마음이 들었다. 미술치료실에는 큰 테이블과 의자, 벽장이 있었고 문 옆에는 손을 씻을 수 있는 개수대가 있었다. 꽤 쾌적하고 깔끔했다. 잠시 후에 미술치료사가 웃으며 들어왔다.

"선생님 안녕하세요. 죄송해요. 서류 처리해야 할 것이 있어서요."

흰 가운을 입고 밝게 웃으며 인사하는 미술치료사의 모습이 유쾌해 보였고 은근히 멋지게 느껴졌다.

"이윤희 선생님이시죠? 어느 학교라고 하셨지요?"

미술치료사의 질문에 간단하게 내 소개를 했다. 이어서 미술치료사로부터 간단하게 병원 정신과 병동에 대한 소개를 받는다.

"선생님 실습 오시는 날이 수요일 가능하다고 하셨지요? 먼저, 제가 남성 폐쇄병동 환자들하고 진행하는 거 한 달 동안 관찰하시고 선생님이 이어서 진행하실 거예요. 실습하는 날 여기 미술치료실에서 세션 준비도 하시고 논문이나 책들은 책장 안에 있으니까 보시면서 공부하시면 돼요."

일어나서 벽장을 열어 보이며 "여기에 있는 재료들을 사용하면 돼요. 추가로 필요하신 재료들은 한 번에 모아서 알려 주시면 치료실에서 단체로 주문을 할게요. 그리고 프로그램 구성할 때는 먼저 저한테 보여 주셔서 상의를 하시고 진행하면 좋을 것 같아요. 아 참! 세션 끝나면 일지 쓰셔서 메일로 주셔야 해요. 제가 피드백해서 드릴게요. 수정한 내용을 간호사실에 있는 차트에 기입하시면 돼요. 병원일지 양식이 있거든요? 이따가 메일로 보내 드릴게요." 대화 도중에 핸드폰을 보며 메시지를 확인하는 모습을 보면서 병원의 업무가 매우 바쁜 것같이 느껴졌다.

"죄송해요. 급히 처리할 게 있어서요……. 아! 그리고…… 선생님이 세션을 진행하실 때 제가 들어가서 보고 끝나면 슈퍼비전을 바로 해 드릴 거예요. 그때 주로 환자에 대해서나 미술치료를 진행할 때 궁금한 점이나 어려운 점들을 이야기하시면 돼요. 오늘은 이 정도면 될 것 같은데……. 중간중간에 계속 알려 드릴게요. 혹시 더 궁금한 점 있으세요?"

"음……. 그러면 환자들이 미술치료실로 오는 것이 아니고 제가 병동으로 가서 미술치료를 진행하는 거예요?"

미술치료사는 웃으며 "네. 5층 병동에 가서 미술치료를 할 것이에요. 근데 너무 걱정은 하지 마세요. 환자들 모두 심하지 않고 비교적 기능이 괜찮은 분들만 들어와요. 그리고 먼저 이번 달은 제가 진행하는 세션에 참석하셔서 관찰하시면서 환자들 파악도 하고 분위기도 익히고 그러신 뒤에 진행하시는 것이라 적응하는 데 어렵지는 않을 거예요."

"네. 알겠습니다."

"오늘 2시에 세션이 바로 있으니까 참관하시면 좋을 것 같아요. 그때까지 재료도 좀 보시고 논문이랑 저널들 여기 있거든요? 이 책들로 틈틈이 시간 날 때 공부하세요."

첫 실습인 내게는 처음이기에 겪어야 하는 고충과 시행착오는 반드시 따르겠지만 같은 길을 걸어가는 선배 미술치료사가 함께 있는 환경에서 실습을 한다는 것 자체로 많은 의지가 되었고 마치 나의 보호자처럼 느껴지기도 했다.

눈을 크게 뜨고 바라보기

드디어 한 시 반……. 미술치료사와 함께 첫 실습을 위해 남성 폐쇄병동으로 들어갔다. '이게 무슨 냄새지!' 찌릿한 냄새가 코를 찌른다. 간호사실을 지나 들어간 병동에는 바닥을 보며 왔다 갔다 걷기를 반복하는 환자, 둘둘 셋셋 모여서 탁구를 치는 환자들, 창밖을 쳐다보며 무엇인가 중얼거리는 환자로 병동 홀의 풍경을 이루었다. 미술치료사와 나의 뒤를 따라 병동으로 들어온 남자 간호사가 "미술치료 시간입니다."라고 말하며 하나둘씩 환자들을 불러 모으기 시작한다. 익숙하게 활동실로 들어온 미술치료사는 "선생님 재료 좀 책상에 놔 주실래요? 가지고 온 재료들 다 한 세트씩이요. 종이는 활동 시작하고 제가 말하면 그때 나눠 주세요. 그리고 선생님은 뒤에서 관찰하시면 돼요." 분주하게 활동실을 정리하며 미술치료 준비를 하기 시작한다. 활동실로 삼삼오오 환자들이 들어오기 시작하여 총 5명이 참여하게 되었다.

"안녕하세요."

미술치료사는 차분하게 환자들을 바라보며 인사를 나눈 뒤 자연스럽게 안부를 묻는다.

"형찬님, 지난주에 배가 좀 아프시다고 그랬는데 지금은 어떠세요?"

"괜찮아요." 부끄러운 듯 작은 목소리로 대답하는 형찬님을 바라보는 치료사의 눈빛과 말투에서 자연스러움이 묻어나오는 것이 환자들을 오랫동안 만나서인지 능숙해 보였고 편안함이 느껴졌다. 곧이어 미술치료사는 자신의 소개와 함께 오늘의 활동에 대한 설명을 한다.

"선생님들 안녕하세요. 매주 수요일 2시부터 3시까지 1시간 동안 있는 미술치료 시간이에요. 미술치료 시간은 미술활동을 자유롭게 하시고 함께 완성한 작업에 대해서 이야기도 나누는 시간이에요……. 그러니까 잘 그려야 된다는 부담감은 갖지 마시고 편안하게 작업하시면 돼요. 오늘은 인물화를 그릴 거예요."

그렇게 시작된 30분 동안의 활동 뒤에 환자들이 자신의 작품을 소개하며 이야기를 나누는 시간을 가졌다. 어느 한 환자가 자신의 자화상에 대해 이야기를 나눴다. '선이 굉장히 얇다. 그런데 그 밖에 또……. 굉장히 깔끔하게 그린 것 같다.' 환자의 그림이 흥미롭기는 했지만 구체적으로 어떤 것을 봐야 할지에 대해 한계가 느껴졌다.

반면에, 미술치료사는 "저는 굉장히 깔끔한 느낌이 들어요." "이건 무엇을 그리신 거예요?" "한참 생각하시다가 그리기 시작하시는 모습이 망설이는 것처럼 보이기도 했는데……." 환자들의 작은 행동들, 그림에서 보이는 특징이나 느낌들을 보이는 대로 재질문하고 환자들은 자연스럽게 자신의 그림에 대한 설명을 시작으로 대화가 이어지는 것을 보면서 환자를 향한 치료사의 관찰과 질문의 방향이 중요하다는 것을 깨달을 수 있었다.

나는 첫 한 달 동안 정신과 병동에 익숙해져 갔고 미술치료사가 진행하는 회기를 통해 환자들을 더욱 세밀하게 보려고 노력하게 되었다. 어느덧 활동실에 들어오는 환자들에게 먼저 다가가 인사를 건네고 안부를 묻는 등 그들과 함께하는 것이 어색하지 않고 편안해져 갔다.

아직 부족하지만 자신감 있게 진행하기

벌써 한 달이 지나갔다. 오늘부터는 내가 직접 미술치료를 진행하는 날이다. 지난 한 달 충분히 적응한 것 같은데 막상 내가 직접 미술치료를 하려니 긴장되는 마음이 가득하다. 잠시 마음을 가다듬고 재료 준비를 하기 시작했다.

미술치료사 선생님이 미술치료실로 들어오며 "선생님 준비 다 됐어요? 오늘은 퇴원한 환자들이 많아서 아마 새로운 환자들도 많이 올 것 같아요."

"그래요?"

새로운 환자들이 온다는 한마디에 마음이 더욱 떨리기 시작했지만 미술치료사에게 당당히 미술치료를 진행하는 모습을 보이고 싶은 마음에 떨지 않은 척, 당당하게 병동으로 향했다. 사실 한 달 동안 미술치료사의 회기를 관찰하면서 '나도 할 수 있겠는데?'라는 자신감이 생기면서 내가 미술치료를 진행하기를 기다려지는 순간이었다. 병동을 지나 활동실에 들어와 미술치료사 선생님과 재료를 준비하고 밖에서는 간호사가 미술치료 시간을 알리고…… 모든 것이 변화 없이 흘러갔다.

"어! 이거 뭐 하는 거예요?"

한 환자가 신기한 듯 질문하며 들어온다. '왜 갑자기 말문이 막히지?' 환자를 보며 버벅거리는 듯 떨리는 목소리로 대답을 했다.

"미술치료 시간이에요. 함께 참여하세요." '떨면 안 돼. 윤희야!' 다시 한 번 심호흡을 크게 해 본다. 어느덧 환자들이 9명이나 줄줄이 들어와서 자리에 앉았다. 미술치료사가 자연스럽게 환자들과 인사도 나누고 말도 건네는 모습을 보면서 나도 편하게 인사를 나눌 수 있을 줄 알았는데……. 아무 생각도 나지 않는 내 자신이 당황스럽다. 활동실은 9명이 참여하여 가득 찬 느낌이 들었다. 두 명을 제외하고는 다 처음 참여한 환자였다. "이제 시작해도 될 것 같아요, 선생님. 더 올 환자 없는 거 같아요." 조용히 미술치료사가 나에게 사인을 준다. '휴! 그래, 해 보는 거야!'

"안녕하세요. 저는 미술치료사 이윤희입니다. 매주 수요일 2시부터 3시까지 있는 미술치료 시간이에요. 미술치료 활동을 해 보신 분이 혹시 계신가요?"

열심히 외운 대로 잘 시작한 것 같다. 활동 소개가 채 끝나기 전에 한 환자가 "몰라요."라고 말했다.

"오늘 뭐 해요?"

"좀 조용히 해. 선생님 말씀하시잖아."

여기저기서 환자들이 불쑥불쑥 끼어들며 말을 하기 시작한다. 예상치 못한 환자들의 이러한 행동들에 순간 당황스러웠고 '잠시 후에 제가 설명해 드릴게요. 제 말에 집중해 주세요!' 라고 말하고 싶은 충동이 생기기도 했다. 미술치료사는 활동실 한쪽에서 나와 환자들을 관찰하며 메모를 하고 지켜본다. '환자들을 좀 집중시켜 주시면 안 될까? 도와줬으면 좋겠는데…….' 미술치료사를 바라보며 SOS의 눈빛을 보내는 내게 미술치료사는 조용히 지켜보기만 한다. 내심 미술치료사를 의지하고 있었던 터라 당황스러운 이 상황에 가만히 지켜보고 있는 것에 야속한 마음도 들었지만 동시에 미술치료사가 관찰하고 있다는 것이 의식하게 되어 다시 집중하게 되었던 것 같다. '미술치료사 선생님이 했던 대로 차분히 차근차근 회기를 풀어 나가자.' 환자들의 질문에 자세히 설명 드리겠다는 대답을 하며 활동 소개를 이어 나갔다.

"오늘의 주제는 자유화 그리기예요. 떠오르거나 그리고 싶으신 것을 그리시면 되는데 생각이 나지 않으시면 편안한 장소나 가고 싶은 곳을 그리셔도 돼요."

주제 설명과 작업시간, 이어서 그림에 대해 이야기를 나누는 과정까지 어떻게 한 시간이 지나갔는지 모르게 첫 회기가 끝났다.

"오늘 아쉽지만 약속한 시간이 다 되었어요. 즐겁게 활동에 참여해 주시고 말씀도 나눠 주셔서 감사드립니다. 다음 주 2시에도 미술치료 시간 있습니다. 감사드립니다."

환자들이 하나둘씩 퇴실하고 미술치료사 선생님이 그제야 내게 다가와 말을 건넨다.

"수고하셨어요. 선생님, 떨지 않고 잘하시던데요."

"아~ 너무 망친 것 같아요. 질문도 잘 못하고……. 너무 긴장을 했나 봐요."

미술치료사 선생님의 '떨지 않고 잘하시던데요.' 한마디가 아까의 당황스러웠던 마음에 위로가 되는 듯하다.

미술치료실로 돌아와 오늘의 회기에 대해 미술치료사와 이야기를 나누었다.

"오늘 혼자 환자들하고 진행해 보니까 어떠셨어요?"

"제가 생각했던 것만큼 잘 안되네요. 하하하. 좀 당황했어요. 아까 시작할 때도 그렇고 안경 쓰신 환자랑 그 옆에 앉은 분들이 그림 그리면서 계속 말 걸고 그래서 좀 분위기가 어수선했던 것 같았어요. 다른 분들한테도 방해가 됐을 것 같고……. 그런데 제가 막상 어떻게 대처를 해야 할지 모르겠더라고요.

"왜요?"

"음……. 그냥 너무 직설적으로 말하는 건 아닌가 싶기도 하고……. 좀 짜증도 나서 말할 때도 감정이 섞일 것 같고 환자들이 상처받을 것 같기도 하고 그래서요. 그냥 좀 망설여지더라고요. 휴~"

“그럴 때 지금은 작업하는 시간이고 다른 환자분들한테 방해가 될 수 있으니 잠시 후에 우리 모두 그림에 대해 이야기 나눌 때 이야기 나누시면 좋을 것 같아요. 이렇게 말할 수도 있지 않았을까요? 선생님 오른쪽에 앉았던 SPR 환자는 계속 방해가 되는 것같이 보였어요. 아까와 같은 상황에서 어떻게 대처하면 좋을지 한번 생각해 보시면 좋을 것 같아요. 그리고 아까 깔끔하게 인물화 그린 환자 있죠. 맞은편에 앉았던 박성진 환자요. SPR 환자인데 몇 년 동안 입 · 퇴원을 반복한 환자예요……. 자신한테서 냄새가 난다는 생각이랑 환청이 심해서 결벽증 같은 게 있어요. 그래서 그림도 항상 깔끔하게 그리고 채색하고 주변 정리하고 그래요. 아까 행동하고 말할 때 보니까 눈 마주침도 안 되고 와해된 정도가 더 심해진 것 같아서 안타깝더라고요.”

집으로 돌아오는 길에 미술치료사와 나누었던 피드백의 내용들을 다시 생각하게 되었다. 내가 진행하는 회기를 직접 참여관찰을 한 후에 주는 미술치료사의 피드백에 벌거벗겨진 것같이 나의 모습이 드러나는 것 같아 부끄럽기도 했지만 스스로는 보지 못하는 내 자신의 모습을 발견하고 객관적인 시각으로 다루어 주는 점이 치료사로서 나를 성장하게 해 주는 자극이 되었던 것 같다. 또한 환자의 그림과 증상의 특징이나 역동에 대해서 이야기를 나누면서 실질적으로 프로그램을 구성할지에 대한 방향을 잡는 데 도움이 되었던 것 같다. 학교에서 배웠던 DSM에 대해서는 환자를 이해하기 위한 가장 기본적인 부분이었다는 것을 깨닫게 된다. 증상을 가진 환자 이전에 한 인간으로서 그들의 그림과 언어표현들에 대해서 마음으로 이해하려는 노력이 더욱 필요할 것 같다.

치료사로서 확장된 시각을 갖기

“윤희 쌤 이번 달에는 정신과 선생님들이 하는 케이스 콘퍼런스가 있는데 참석하셔서 환자들에 대해서 어떤 방식으로 논의하는지 들으시면 좋을 것 같아요.”

미술치료사는 한 달에 한 번씩 다양한 주제로 스터디를 할 수 있도록 모임을 만든다. 이미지의 상징에 대해서 공부하기도 하고 진단에 대한 공부를 할 때도 있었다. 또한 놀이치료나 음악치료, 동작치료 등 다른 치료사들과 함께 스터디를 하면서 환자를 다양한 관점에서 이해하고 접근하는 시간을 가지기도 했다.

이번 달에는 정신건강의학과 의사들의 환자들 케이스 콘퍼런스에 참석한다. 의사들은 환자들을 어떤 방식으로 파악하고 치료에 들어가는지 알 수 있는 기회가 될 것 같아 흥미롭게 느껴진다. 병원 회의실에 수십 명의 의사들과 치료사들로 꽉 차 있는 것을 보면서 이렇게 많은 치료진이 함께 교류를 하며 치료가 이루어진다는 것이 더욱 전문적으로 느껴졌다. 한 레지던트 의사가 나와서 자신이 담당하고 있는 환자에 대해서 케이스 발표를 하기 시작했다. 41세의 남성 바이폴라 환자인데 이 환자는 내가 진행하는 미술치료 회기에도 참여한 적이 있는 환자이다. '저 환자가 저런 행동을 했단 말이야?' 미술치료 회기 중에는 특별히 부각되는 행동을 보이지 않았기 때문에 양호한 환자라고 생각했다. 그러나 케이스 발표에서 소개된 환자의 모습은 동일 인물일까 싶을 정도로 대조적인 행동이 소개되어 매우 놀라웠다. '내가 봤던 환자의 모습은 뭐였지?' 환자에 대한 많은 의문점들을 가진 채 미술치료사와 이 환자에 대해 이야기를 나누어야겠다는 생각이 들었다.

"윤희 쌤, 오늘 콘퍼런스에서 선생님도 알고 있는 환자에 대해서 이야기하니까 재미있죠. 어땠어요?"

"저는 그 첫 번째 사례였던 바이폴라 환자가 굉장히 양호하고 기능이 좋다고 느껴졌었는데 의사선생님들이 제가 생각하고 이해했던 환자의 모습과는 전혀 다른 관점으로 바라보고 말씀하셔서 조금 충격이었어요."

"어떤 점이 달랐던 것 같아요?"

"음……. 그냥 제가 봤을 때는 굉장히 얌전해 보였고 차분해 보였는데……. 제가 너무 섣부르게 환자에 대해서 판단했던 것 같아요."

"저도 환자를 제 시각에서만 바라봤던 적이 있었어요. 그때 환자에 대해서 오해도 많이 하고 프로그램 짤 때도 환자를 고려하지 않고 구성했던 적이 있었어요."

"저는 생각해 보니 환자에 대해 잘 모르고 일주일에 한 시간 보는 건데 다 안다는 듯 너무 많은 판단을 한 것 같다는 생각도 들기도 하고……. 좀 부끄럽고……. 끊임없는 공부가 필요한 것 같아요. 너무 어려워요."

다양한 치료사들과 환자에 대한 정보를 공유하는 스터디를 통해 내 안에 갇혀 있던 시야를 넓혀 주는 계기가 되는 것 같다. 이러한 미술치료사와 환자에 대해 이야기하며 환자를 판단하는 치료사가 되지 말아야겠다는 깨달음과 다짐을 하게 되는 시간이었다.

충돌하며 성장하기

미술치료사는 언제나 나에게 조언을 아끼지 않고 내 곁을 지켜줄 것 같은 존재였는데 이러한 나의 믿음이 깨어지는 일이 있었다. 슈퍼비전을 받으면서 회기 중에 어렵게 느껴졌던 부분에 대해 질문을 하려는데 "선생님이 잘못한 거예요. 어떻게 하는 게 더 좋을지 다시 생각해 보세요." 이 한마디가 나를 무안하게 했다. 정확히 말하면 사람 말을 다 들어보지도 않고 딱 잘라 말하는 미술치료사에게 화가 났다. 미술치료사는 계속해서 회기에 대해서 이야기하는데 감정이 복받쳐 올라 더 이상 아무것도 나누고 싶지 않았다. 미술치료사가 참여 관찰하여 이야기해 주는 피드백들이 판단받는 것처럼 느껴졌다.

집으로 돌아오는 길에 전철을 기다리며 아직 풀리지 않은 감정에 마음은 답답하고 몸은 더욱 힘들게 느껴진다. 멀리서 미술치료사가 걸어오는 것이 보인다. 마주치기 싫은 마음에 도착하는 전철을 그냥 보내고 다음 전철을 탄다. '아휴~' 자연스럽게 흘러나오는 한숨을 내뱉으며 미술치료사에 대한 불만들이 마구마구 쏟아져 나온다. 나보다 더 많이 알고 있는 것은 인정하겠지만 그래도 그렇게 직설적으로 훈계하듯이 말할 필요는 없잖아? 당신이 하는 말도 정답이라고 말할 수 있어? 이날의 나의 이러한 감정은 나를 되돌아보게 하는 중요한 계기가 되었다.

집 앞 공원을 산책하며 차곡차곡 쌓여 있던 내 안의 감정들을 하나하나 꺼내 보기 시작했다. 나는 미술치료사의 한마디에 왜 그렇게 소스라치게 화가 났는가? '선생님이 잘못한 거예요.' 이 한마디에 왜 무안한 감정이 들었을까?

임상실습을 처음 시작할 때 떨렸던 순간마다 미술치료사가 함께 있는 것만으로도 참 많은 힘이 되었다. 내가 어렵게 느껴지는 부분들을 능숙하게 해내는 모습들이 멋져 보이기도 했던 것 같다. 미술치료사를 닮고 싶었고 나의 잘하는 모습을 보여 주고 싶었던 것 같다. 그런 만큼 미술치료사의 피드백 하나하나에 예민하게 신경 쓰이고 때로는 관찰한다는 것 자체가 부담스럽기도 했던 것 같다. 잘하는 모습을 보이려고 했던 내 자신에 대해 인정받지 못하고 지적받은 것 같아 자존심이 상하고 섭섭한 마음이 컸던 것은 아닐까? 마치 어린아이가 엄마에게 혼났을 때 느껴진 서러움처럼 말이다. 미술치료사로서 나의 단계가 이처럼 어린아이와 같았다는 생각을 해 본다. 그동안의 나는 환자를 중심에 두고 미술치료를 했던 것이 아니라 미술치료사에게 잘 보이고 싶은 마음에 의식하며 회기를 진행했던 것임을 깨달았다.

나의 모습을 직면하는 것이 부끄럽고 힘든 과정이었지만 미술치료사에게 의지하지 않고 주체적으로 설 수 있는 다리의 힘이 생긴 것 같다. 미술치료를 진행하는 치료사로서 나는 어떤 존재로 환자들 앞에 서야 하는가에 대해 진지하게 생각하게 된다.

미술치료사로서의 나의 모습을 찾아가다

오늘은 실습의 마지막 날이다. 평소처럼 회기를 마치고 미술치료사와 슈퍼비전 시간을 가졌다.

"윤희 쌤 벌써 마지막이네요. 많이 아쉬워요. 실습하면서 가장 기억에 남고 크게 배운 점은 어떤 것이었어요?"

"음……. 전 첫 실습이라 스펀지처럼 흡수했던 것 같아요. 미술치료사로서의 제 자신에 대해서도 되돌아볼 수 있는 시간이었고……. 음, 무엇보다 과정생으로서 많은 환자를 볼 수 있었던 것이 가장 큰 거 같아요. 종결 보고서를 쓰면서 다시 정리하다 보니까요. 처음 실습했던 시간부터 쭉 스쳐 지나가더라고요. 사실 남성 병동이 오픈 병동이라 환자들을 길게 보며 변화되는 것을 볼 수는 없었지만 애정이 많이 갔던 것 같아요. 환자들하고 정들었나 봐요. 그리고 미술치료사 선생님이 옆에서 지켜보고 피드백해 주시고 스터디해 주시고……. 그랬던 세세한 것들이 있어서 더 환자들에 대해서도 세밀하게 관찰할 수 있었던 것 같아요. 안 그러면 그냥 저 혼자 이렇게 열정적으로 하지는 못했을 거 같아요. '쌤 프로그램 되게 괜찮은 것 같아요.' 이 한마디가 정말 힘이 났어서 감사드려요. 물론~ 때로는 날카롭게 들렸던 피드백도 있었지만 정확하게 이야기해 주셨던 부분들이었던 것 같아서 돌이켜 보면 저는 다시 한 번 생각해 보게 했던 거 같아요."

미술치료사는 가만히 나를 바라보며 잔잔한 미소를 짓는다.

"저는 윤희 쌤이랑 매주 수요일마다 남자 병동에 같이 들어가면서 선생님이 처음에는 많이 떨고 긴장하고 그랬었잖아요. 그때 기억이 많이 나네요. 하하하. 반면에, 선생님이 빠르게 적응하는 모습이랑……. 힘들었을 텐데……. 선생님은 의연함이 조금 있는 거 같아요. 그런 점이 강점인 것 같아요."

미술치료사와 지난 실습에 대해, 환자들에 대해 이야기를 나누며 아쉬운 마음을 남긴 채 실습을 마쳤다.

실습 기간 동안에 현장 슈퍼바이저의 존재는 내가 진행하는 미술치료를 바라봐 주고 내가 성장하도록 도와주고 때로는 나의 고민을 들어주는 멘토와 같은 존재였다. 나는 이러한 친밀한 관계 안에서 슈퍼바이저를 의지하기도 했고 때로는 섭섭한 마음이 들기도 했다. 이러한 과정을 지나며 미술치료사로서의 나만의 정체성을 세워 갔던 것 같다. 미술치료사와의 관계는 내가 진행하는 미술치료 회기에서 만나는 환자들과의 관계에서도 영향을 미쳤던 것 같다. 미술치료사가 내게 했던 것처럼 나도 환자들의 소리에 귀 기울이며 소통하는 존재로서의 그들을 대하는 모습으로 자연스럽게 녹아져 갔던 것 같다. 실습을 시작할 때는 미술치료사로서 어떻게 기능해야 할지에 대해 더욱 중요하다고 생각되었는데 그것보다는 어떤 존재로서 환자들과 함께해야 하는지에 대해 더욱 고민해야 함을 깨달게 되는 시간이었다.

3) 미술치료사의 슈퍼비전 체험에 관한 해석학적 현상학적 글쓰기

치열하지만 무기력한 나의 일상

"나는 미술치료사입니다."

미술치료사가 되기 위해 대학원 석사과정에서 2년간 열심히 공부하고 실습을 했고 석사학위를 받았다. 주변의 가족들은 "석사학위가 있느니 이제 좋은 곳에서 좋은 대우받으며 일을 할 수 있는 거니?" "우리 딸 취직하면 엄마 해외여행 한 번 보내 줘라." 하며 내게 기대 어린 시선과 기분 좋은 부담을 보이셨다. 하지만 졸업을 한 뒤 나는 학위과정 중에 있을 때보다 더 힘든 생활을 하고 있는 듯하다. 대학을 졸업하고 주변에서 생소하게 생각하는 '미술치료'를 공부하기 위해 대학원에 진학한다고 했을 때 참 많은 걱정도 들었었다. "요즘은 취직 못하면 꼭 대학원 가더라." "그냥 적당한 곳에 취직했다가 조용히 시집이나 가라." 등의 부정적인 반응 속에서 나는 두고 보라며, 용기 있게 결심을 했고 도전을 시작했다. 동료들과 함께 공부하고 열악한 환경이지만 여러 곳에서 미술치료 실습을 할 때에는 몸이 지치고 힘이 들긴 했어도 마음만은 지금보다 행복했었던 것 같다. 아마도 그때는 '희망'이 있어서였을 것이다. 하지만 그 당시 꿈꾸던 '논문을 쓰고 졸업'까지 한 지금은 행복하지도 않고 삶의 기쁨이 넘쳐나지도 않는다. 내가 이런 상태인데 어떻게 다른 사람의 힘든 이야기를 나눌 수 있겠어? 자신감이 없어지고 후회가 되고 대학원에 들인 돈과 그 시간들이 아깝기만 하다. 처음에 임상 현장에 나왔을 때 종종 나를 지탱해 줄 아무런 지지 기반 없이 외롭고 엄청나고 다양한 압박감에 직면하곤 했다. 이때 나는 학교에서 버림받은 것 같은 마음으로 불평을 퍼부어 왔었다.

심리학, 그거 몰라도 잘만 살던데 왜 이렇게 삶의 깊이 있는 부분까지 생각하고 고려하면서 치료사로 살면 살수록 더욱 예민해지는, 어떤 감정적인 부분들의 노예가 되어서 내가 끌려 다니는 것 같다.

내가 그렇게 추구하던 삶의 의미, 내 안의 욕구들이 내 삶에서는 통합이 이뤄지지 않아 이제는 거추장스럽고 내 삶과는 어울리지 않는 화려한 액세서리가 된 것 같아 그냥 내 몸에서 떼어 버리고 싶기도 하다. 휴……. 긴 한숨만 나온다.

나의 직장은 두 곳이다. 한 곳은 제법 유명한 소아정신과인데 이곳의 원장님은 때때로 TV에 나와서 자상한 얼굴로 상담을 하시곤 한다. 내가 이곳에서 치료사로 일한다고 하면 주변에서 그리고 후배들은 '부럽다. 어떤 곳이에요?' 질문들이 많다. 나도 이곳에 취직을 할 당시 원장님의 유명세와 화려한 거리에 위치한 병원이 맘에 들었다. 하지만 들어와서 일해 보니 역시나 기대는 기대였을 뿐이다. 도무지 이해할 수 없는 임금 시스템과 스케줄 관리, 실망스럽다. 이제는 그러려니 하는, 그래 학교에서 배운 대로 하면 이게 바로 '학습된 무기력'이지 싶다. 나아질 것이라고 별로 희망을 갖지도 않는 나의 이 상태가 놀랍다.

또 다른 한 곳은 복지관인데 경제적 · 사회적으로 열악한 내담자들이 무료로 치료를 받게 해 준다. 물론 정부에서 지원금이 나오고 나는 거기에서 일정금을 받는 형태이다. 직업을 선택하면서 그 직업인으로 살아가면서 내가 하는 일이 선한 뜻으로 시작한 것이라는 게 얼마나 의미인가? 내가 이 공부를 시작하고 열심히 임할 때 내 마음속에서 품었던 꿈이었다. 그런데 막상 그 현실에 서 있는 나는 내가 하는 일에 대해서 '너에게만 좋은 일'이야 하며 내가 하고 있는 일에 스스로 의미를 부여하지 못하고 있는 것 같다. 두 곳 다 미술치료에서 가장 중요한 미술 재료가 가장 기본적인 것만 제공된다. 내담자에게 찰흙을 못하게 할 수도 없고 비싼 재료를 하고 싶다고 할 때마다 내 머리 속에서 "내가 너랑 1시간 만나면서 받는 돈보다 네가 원하는 재료의 값이 더 비싸다."라고 말하고 싶을 때도 있다.

주변에서는 제법 잘하는 치료사라고 말해 주기도 하지만 정말 잘하고 있는 것인지 확인받고 싶고 이런 식으로 나만의 안 좋은 틀이 만들어질까 봐 불안하고 떳떳하지 못하다. 때론 외롭다는 생각에 사무친다.

나는 대학원에서 석사학위를 받고 직장에서 일을 하는 직장인이지만 내가 한 달 동안 일을 해서 버는 돈을 대졸 신입사원이 일반 회사에 취직해서 받는 평균 연봉에도 훨씬 미치지 못한다. 종종 친구들끼리 만나면 "알고 보면 미술치료는 돈이 있는 사람들이 해야 하는 직업이었는지도 몰라." 하면서 웃어넘기기도 한다. 돈을 버는 직업인이 되었는데 여전히 돈 문제는 내 모든 고민의 중심에 서 있는 듯하다. 아, 왜 이렇게 여전히 학회며 특강이며 돈 들 곳은 많은지 휴~ 또다시 긴 한숨만 나온다.

나는 대학원 졸업을 하고 결혼을 하여 이제 자박자박 걸으며 종알종알 이야기를 하는 세 살짜리 아이가 있다. 한창 엄마 손을 필요로 할 때이지만 나는 시어머니에게 아이를 맡긴다. 출근을 하는 시간에 시어머니가 갑자기 편찮으시다고 할 때, 가슴이 철렁한다. "뭐 그리 큰 돈 번다고 오늘도 나가냐?" "네 애가 이렇게 우는데 남의 아이 치료한다고 나가냐? 네 아기나 잘 키워라." 아이를 잘 봐 주시다가도 가끔씩 이런 말씀을 하시면 내 마음이 정말이지 무너진다. 매일같이 집에 돌아오는 길, 제시간 맞춰서 움직이고 있는 지하철 안에서도 발을 동동거리고 단 한 번도 에스컬레이터에서 편하게 서 있어 본 적이 없었던 것 같다. 에스컬레이터에서도 뛰어서 단 몇 초라도 빨리 퇴근하려고 한다. 집에 도착하면 계절, 날씨에 상관없이 내 몸은 땀범벅이 되어 있다. "엄마 엄마." 하며 달려와 땀내 나는 내 가슴에 폭 안기는 아이를 보면 아침에 시어머니가 하신 말씀이 다시 내 가슴에 울려오곤 한다. '내가 정말 몇 푼 번다고 요 녀석을 떼어 놓고 나간 거야. 남의 집 아이 이야기를 그렇게 열심히 듣고 함께 그림을 그리는 거……. 그게 정말 중요한가?' 내 손에 묻어 있는 물감이며 사인펜 자국을 보며 아이는 "엄마 오늘도 누나랑 형아랑 그림 그렸어? 재밌겠다. 나도 나도." 한다. 그래 나는 정작 집에서 아이랑은 그림 그리는 여유도 갖지 못한 부족한 엄마이다.

'나는 잘 살고 있는 걸까?' 마음이 무겁다.

센터에서 임금 협상이 있는 날이다. 평소에는 입지도 않는, 어울리지 않는 재킷을 걸쳐 입으면서 '오늘은 반드시 강한 모습을 보여 줘야지.' 다짐한다. 상담팀장은 말도 안 되는 소리로 나의 기선을 제압한다. 요즘은 미술치료사가 너무 많다. 사실 무료로 실습을 하겠다는 사람들도 있다. 요즘은 치료를 받으려는 사람들도 많지만 치료사가 되려는 사람들도 많아서 치료사 구하는 것도 어려운 일은 아니라고 했다. 어떤 학회의 높은 사람을 잘 안다고도 한다. "치료사는 많아져도 내담자들에게 도움이 될 수 있는 좋은 치료사를 고르셔야죠."라고 말하고는 치료실로 내려왔다. 그래 내가 좋은 치료사가 되어야겠다. 아무리 많은 치료사들이 배출되어도 내가 열심히 배운 그것들을 통해 전문성을 보여 주고 싶다. 이제 미술치료사 2년차 어찌 보면 한국의 1세대일 것이다. 열악하고 척박한 이 미술치료 환경 속에서 살아남아야겠다. 몇 주 공부하고 취직하는 미술치료사하고는 반드시 구별되어야겠다. 집에서도 일하는 곳에서 인정받고 만족을 얻는 게 참 힘이 드는 것이구나. 위로받고 인정받고 싶다는 생각에 사로잡혔다.

졸업하고 2년째 미술치료사로 일하고 있으면서 내 모습을 되돌아본다. 그렇게 원하는 공부를 했고 그렇게 원하는 직업을 가졌는데 내가 지금 힘이 든다면 내가 꿈꾸던 미술치료라는 것은 어떤 환상이었던 것일까? 슈퍼비전을 받아 봐야겠다. 졸업 후 어려운 사례가 있을 때 또는 센터에서 슈퍼비전을 받기는 했지만 그곳에 나의 문제를 집중하는 것이 어려웠었다. 더 이상 미룰 수도 없다. 시간이 없다는 것도 돈이 없다는 것도 핑계이다. 이제 내 인생의 새로운 도전이 시작된다. 주변의 입소문을 듣고 시간당 얼마나 내야하는지, 그분이 쓴 책을 사서 읽어 보고 특강 자료를 찾아보며 여러 가지 상황을 고려하여 슈퍼비전을 받기로 했다.

이 세상에서 나의 구원자를 찾다

아이를 맡기고 일을 하러 나갈 때도 어려움이 있는데 오늘은 아이를 맡기고 내 돈을 지불하면서 슈퍼비전을 받기 위해 나선다. 왠지 석사과정 때 동료들 사이에서 묘하게 경쟁심리가 발동되었던 슈퍼비전과 사람들 앞에서 나를 비난했던 슈퍼바이저가 떠올라서 살짝 긴장이 되긴 하지만 나에게 필요한 것임에 확신한다.

슈퍼바이저, 왠지 깔끔하고 세련되게 정돈된 연구소의 인테리어에 주눅이 들고 부러움이 몰려온다.

"안녕하세요." "반갑습니다." 수줍은 인사가 오가고 우리의 관계는 시작되었다. 어떤 이야기를 해야 하지? 지난 2년간 내가 대충 일한 게 아니라 '열심히' 일한 치료사로 보이기 위해 어떤 말을 해야 하나 고민하게 된다.

슈퍼바이저는 나와는 너무 다른 차원의 사람인 것 같다. 내가 힘들어하는 사례를 털어놓았을 때 넓은 시각으로 사례를 개념화하고 내가 흥분해서 이야기하는 상황에 대해 침착하고 고요하게 그 상황을 이해하며 종종 툭툭 그녀의 입에서 나오는 전문용어는 너무나 맛깔스럽게 그녀의 전문성을 높여 주는 것 같다. 슈퍼바이저를 찾아다닌 보람이 있고 이 사람이라면 그동안 내가 목말라했던 현실에서 함께 물을 길러 가 줄 것 같다. 어디에 가면 어떤 약수터가 있다고, 그 약도를 내게 쥐어 줘서 그녀가 없는 상황에서도 내가 혼자 물을 마시러 약수터를 찾아갈 수 있을 것만 같다. 됐다. 이만하면 됐다. 그동안 내가 실망했던 슈퍼바이저도 있었기에 많은 갈등을 했지만 '괜찮다' 하는 안도감이 느껴진다. 집으로 가는 오늘은 웬일인지 지하철에서 뛰지 않고 에스컬레이터에서도 서서 지나가는 사람들을 한 명씩 바라볼 수 있는 여유가 생겼다. 단 한 번 만난 슈퍼바이저이지만 그녀와의 첫 만남은 이미 신선한 공기처럼 나의 마음을 정화시켜 준다.

나는 나의 슈퍼바이저에게 푹 빠져 버렸다. 내가 고민하고 있는 나의 사례에 대해 함께 고민하고 나의 내담자의 그림에서 나보다 더 많은 것을 읽어 내고 이해하려고 애쓰는 그녀의 모습, 그리고 나에게 보이는 따뜻하고 지지적인 눈빛은 졸업 후 혼란 속에서 긴 한숨만을 습관처럼 내뱉어 왔던 내 마음속 딱딱한 응어리들을 녹여 주는 듯하다. 얼마 만에 느껴 보는 안겨 있는 느낌인가? 마음속 상처 덩어리들이 녹아내리는 듯한 간질간질한 느낌과 코끝이 시큰거리더니 금세 눈에서 눈물이 왈칵 쏟아진다. 주체할 수 없을 정도의 눈물로 당황하는데 여전히 슈퍼바이저는 따뜻하게, 하지만 힘 있는 모습으로 내 옆을 지켜 주고 있다. 내가 울어도 된다는 것, 내가 슈퍼바이저 옆에서는 흔들려도 된다는 것……. 이것이 내 마음속의 불안, 긴장감, 분노 등 숨겨 놨던 감정을 터뜨렸고 내 마음속에는 긴장감을 관통한 해방감이 넘쳐났다.

요즘은 주변 사람들에게 편안해 보이고 즐거워 보인다는 소리를 자주 듣는다. 아마도 무슨 일이 있으면 쪼르르 달려가서 이를 수 있는 친정엄마와 같이 든든한 슈퍼바이저가 있어서 그런 것 같다. 어려운 사례를 만나게 되어도 나를 비난하는 보호자가 있어도 내가 힘이 들어 죽을 것 같지 않은 건 물리적으로는 떨어져 있지만 어디에 나 나와 함께 하는 그녀의 존재감이 느껴진다고나 할까? 때로 주변에서 나를 공격해도 '나는 ○○○에게 슈퍼비전을 받는 사람이야.' 할 수 있음이 마치 슈퍼바이저의 이름이 나에게 당당함을 상징하는 금배지의 역할을 해 주고 있는 듯하다. 내 슈퍼바이저의 전문성과 유명세는 나의 개인적인 유약함이나 치료사로서의 비전문성을 덮어 버릴 수 있을 정도로 나에게는 큰 의미를 준다.

슈퍼비전을 주기적으로 받아 오면서 그동안 긴장, 초조함에 눌려 있던 부분에서 치료사로서 마땅한 책임감이 바뀌었으며 치료라는 막연하고 아름다운 환상이 깨지고 분명한 치료 현장에서의 구체적인 변화들이 일어났다. 내가 내담자에게 해 줄 수 있는 부분에 한계를 짓는 것, 치료사로서 사랑해 주는 것이 무엇이고 이것을 알면서 내가 얼마나 편안해질 수 있는지를 알게 되었다. 미술치료라고 해서 뭔가 꼭 그려야 한다는 묘한 압박감은 이젠 '안녕!'이다. 이제는 사람이 변화된다는 것에 대해 어렵지만 가능하며 시간이 걸린다는 것을 확신하게 되었다. 이제는 늘 어렵게 느꼈던 내담자를 초기 면접하는 것, 유난히 부담을 갖고 있었던 성인 남자 내담자에 대한 것들도 극복되기 시작하였다.

슈퍼바이저가 하는 말마다 내 내담자들에게 딱딱! 적용이 되고 딱딱! 맞아떨어지면서 슈퍼바이저에 대한 나의 믿음과 신뢰는 100%가 되었다. 어느새 나는 그녀의 말투, 그녀가 입는 옷 스타일을 찾고 그녀의 개인의 삶에 관심을 갖게 된다. 어떤 날은 마치 10대 소녀가 연예인을 좋아하듯이 그녀에게 의존하고 우상화되어 있는 듯한 내 모습을 발견한다. 나의 사례를 들으며 살짝 안경을 올리는 모습, 나의 실수투성이 이야기에 보조개 쏙 들어가게 웃어 주는 모습, 내가 속상해서 힘이 들다고 울어 버리기라도 하면 단발머리를 살짝 귀 뒤로 넘기며 진지하게 나의 눈물의 의미를 이해해 주려 노력하는 모습, 그리고 귓가에 들려오는 상냥하지만 단호하고 따뜻하지만 힘이 있는 말 한마디.

"많이 힘들구나……. 괜찮아요."

그녀를 만날 때 내가 가장 유능하게 보이고 싶어 칭찬받을 거리만 챙기며 거울도 자주 보고 좀 더 폼 나게 보고할 수 있도록 말투도 연습해 본다. 괜히 높은 구두도 꺼내어 신어 보고 당당해 보이기 위해 허리를 꼿꼿하게 세워 걸어 보기도 하며 안경을 올릴 때 살짝 웃어 주는 센스도 잊지 않는다. 슈퍼바이저와 개인적인 친분도 가질 수 있지 않을까? 혼자 이리저리 생각도 해 보고 어떤 공통점을 만들어 이야기를 길게 나눠 보고 싶다.

당신은 나의 구원자가 아니야!

지루하게도 장마가 계속되던 어느 날 슈퍼바이저에 대한 나의 기대가 와장창 깨져 버리는 일이 있었다. 나의 사례와 관련된 나의 개인적인 이야기를 하던 중 그건 상관없는 일이라고 잘라 버리는 것이다. 나는 이미 이야기를 시작해서 감정이 주체가 안 되고 있는데 눈물이 흘러내리는데 '상관없다'는 그녀의 단 한마디에 나는 감정을 다시 추스려야 하는 입장이 되었다. 사람 감정이라는 것이 어디 말 한마디에 그렇게 쉽게 금세 변할 수 있는 건가? 눈물을 훔치며 다음 페이지를 넘겨 내가 치료한 다른 부분을 슈퍼바이저에게 설명하는데 속에서는 내가 뭐하고 있나 하는 생각이 든다.

집에 돌아오는 길에 내 몸속에서 유리잔이 깨진 것처럼 가슴이 따갑고 후끈거린다. 나에 대한 실망감과 수치심은 계속해서 나를 괴롭히고 있다. 내 자신이 한심하고 그 자리에서 기분 나쁜 것을 솔직히 말하지 못한 것이 답답하기만 하다.

이제는 나를 보고 웃으며 내 이름을 부르는 슈퍼바이저도 왠지 위선적으로 느껴지고 예전에는 전문적으로 보였던 영어로 전문용어를 말하는 것도 잘난 척하는 것처럼 느껴진다.

저렇게 말할 수 있는 건 애를 많이 안 키워 봐서 그래……. 차라리 애를 셋씩이나 키운 우리 친정엄마한테 가서 물어보는 게 낫겠다. 슈퍼바이저의 모든 행동들에 실망하고 그러고 나니 점점 더 슈퍼바이저의 단점만이 눈에 들어오고 그녀의 개인적인 취약한 부분만 보여 부정적인 시각만 갖게 된다.

슈퍼비전이라는 시스템 자체가 무슨 먹이사슬 같고 내가 이렇게 많은 돈을 내야 하는 게 맞는 거야 하는 분노까지 올라온다. 아 괴롭다. 내가 돈을 지불하고 내가 선택해서 받는 슈퍼비전인데 왜 이렇게 괴로워야 하는 것인가?

집으로 돌아오는 길, 함께 슈퍼비전을 받는 동료들이 근처 포장마차에 가서 어묵을 먹고 가자고 한다. 그들이 웃으며 내게 건네는 그 한마디도 나는 나를 비웃는 것 같아 수치스럽게 느껴진다. '집에 일찍 들어가야 해.'라고 말하고 돌아섰다. 나의 뒷모습이 초라해 보일까 봐 당당하게 발걸음을 돌린다. 이때 바닥에 고여 있던 빗물이 나의 옷에 튀었다. 습관처럼 긴 한숨이 또 나오고 나는 다시 터덜터덜 걸어간다.

이때 내 옆을 지나가는 미끈하게 잘 빠진 승용차, 나의 한쪽 어깨가 얼어 버릴 것만 같이 '쌩!' 차가운 바람을 느꼈다. 퇴근하는 나의 슈퍼바이저의 승용차다. 건널목 앞에 서 있는 나를 봤는지 슈퍼바이저는 창문을 내려 나를 보며 손을 흔든다. 아니, 좀 전까지 나에게 모질게 말하던 그녀가 맞는지. 특유의 생글거리는 웃음으로 나에게 말을 시킨다. 집이 어디냐고 같이 타고 가자고 하는 것 같은데 내 귀에서는 모기 소리처럼 그저 '웅~웅~'거리는 소리로밖에 들리지 않는다.

왠지 그녀는 나를 동정하는 것 같았고 나는 초록 신호를 기다린 것뿐인데도 화려한 그녀의 승용차 옆에 흙탕물이 범벅되어 있는 바지를 입고 있으니 두 손을 가지런히 모으고 '한 푼만 주세요.' 구걸하고 있다는 생각이 들어 "아니에요. 집 방향이 달라요."라고 서둘러 말하고 돌아섰다.

마침 초록불로 바뀌어 건널목을 뛰어서 건넜다. 다행히 내가 타야 할 버스가 와서 급히 버스에 올라탔는데 버스카드에서는 '요금이 부족합니다.'라는 소리와 함께 기계에 빨간 ×불이 들어왔다. 슈퍼비전에서 지적을 많이 받고 나니 '내 실력이 부족한가 봐. 나는 미술치료사로 안 되나 봐.' 생각하고 있었는데 요금이 부족하다는 소리는 마치 '넌 실력이 부족합니다. 삐익' 소리로 들려 나를 슬프게 한다. 버스 안에 있는 사람은 모두 나를 쳐다보는 것 같고 계속해서 그들은 나를 비웃고 있는 것만 같다.

잠시 옆에 짐을 놓고 동전을 찾아 버스 요금을 지불한 뒤 퇴근시간 만원버스에 서서 집으로 향한다. 흙탕물이 튄 바지와 비에 젖은 우산의 축축함, 퇴근시간 버스에서만 느껴지는 땀 냄새의 퀴퀴함, 눈물인지 땀인지 모르게 계속해서 흘러내리는 물을 닦아내고 있는 나의 바쁜 손, 이 와중에 어깨의 뻐근함이 심해진다. 너무 힘들어서 어디라도 앉고 싶다. 이리저리 움직이는 버스에서 유난히 중심 잡기가 힘이 드는 오늘이다.

이제야 나는 내가 가슴에 품고 있는 커다란 쇼핑백을 보게 된다. 정신이 번쩍 든다. 비에 젖을까 봐 비닐에 싸고 혹시 깨질까 봐 신문지에 몇 번씩 싸 가지고 온 나의 내담자의 미술작품들……. 내가 요즘 제일 골치 덩어리로 생각하고 있는 한 꼬맹이 녀석의 미술작품들이다. 좀 전까지 슈퍼바이저에게 모진 말을 들어야 했던 슈퍼비전의 주인공, 내담자의 작품들이다. 말이 미술작품이지 남들이 보면 '뭐야? 왜 쓰레기를 싸 가지고 다녀?' 할 정도로 공룡이라고 이름 붙였지만 그저 주먹같이 주물러 놓은 찰흙덩어리, 진흙으로 만든 변비 똥, 빠진 앞니라는 제목의 석고로 만들어 놓은 하얀 덩어리, 미술치료 선생님이라고 제목 달아 놓은 분홍 옷 입고 앞치마 하고 있는 돼지아줌마 그림들이다. 그래 누군가에게는 '낙서' '쓰레기'로 말할지 모르지만 나는 지금 만원버스 속에서 그 꼬맹이 녀석과 나의 추억을 가슴에 품고 있다. 이것을 느끼는 이 순간 버스 속의 사람들의 시선, 흙탕물로 얼룩진 바지, 빈털터리가 된 지갑은 이제 나에게 아무런 의미가 없고 이 내담자의 미술품을 가슴에 품고 있는 이 순간만이 나에게 의미가 있다. 덥고 시끄럽고 정신없는 만원버스 속에서 나는 나의 내담자의 소중한 표현을 지켜내기 위해 처절하게 몸으로 싸워 내고 있는 꼬맹이 내담자의 방패가 되어 준다.

집에 돌아오니 좀 전에 내담자의 미술작품을 품고 있으며 의미를 추구하는 미술치료사에서 순간 추리닝으로 갈아입고 머리를 질끈 묶고 저녁 준비를 시작하는 주부의 삶으로 돌아간다. 우리 집 아이가 만지지 못하도록 내담자의 미술작업을 높은 곳에 올려놓고는 정신없이 밥을 짓고 찌개를 끓인다. 이 순간에 또다시 '슈퍼바이저는 멋진 레스토랑에서 스테이크를 먹고 있겠지?' 하는 묘한 생각이 스쳐 '흥!' 코웃음이 나온다. 저녁 설거지를 끝내고 아이 재우고 나서야 다시 나는 지친 몸으로 책상에 앉을 수 있다.

오늘 내가 경험한 것들이 도대체 무엇인지 나는 정말 궁금하다. 슈퍼바이저가 '상관없다'는 말에 기겁한 것, 슈퍼바이저에게 '구걸하고 있다'는 느낌을 가진 것, 교통카드의 빨간 ×가 계속 가슴에 남는 것, 그럼에도 불구하고 내가 끝까지 내담 아동의 작품을 안고 온 것이 나에게 의미 있게 느껴지는 것……. 하나하나 적어 보는 것조차 두려울 정도로 나에게는 그 모든 것들이 다시 떠올리고 싶지 않을 정도로 두려운 의미이다.

오늘 나는 슈퍼바이저를 향해서 실망감을 느꼈다. 그런데 이 실망감이 왜 이렇게 나를 안절부절못하게 만드는 감정이 되는 것일까? 슈퍼바이저의 어떤 자극에 의해서 나는 이러한 반응을 보이는가? 하나씩 써 가면서 고민해 본다. 슈퍼바이저가 나한테 뭐라고 했어? 괴롭다. 괴로워. 인터넷에 접속하여 슈퍼바이저의 이름을 검색해 본다. 역시 화려한 이력만큼이나 멋진 글 솜씨로 이곳 저곳에 글이 연재되어 있다. 이상하다. 이러한 슈퍼바이저의 이력들과 추진하고 있는 많은 일들은 나에게 자부심이었고 자랑이었는데 오늘은 왜 이렇게 '흥!' 코웃음만 나오는지 잘 모르겠다. 고민에 빠져 있을 때 TV를 보던 남편이 내일 입을 옷을 빨리 다려 주고 과일 있으면 과일도 깎아 달라고 한다. '아이 귀찮아! 아이 짜증나!' 나는 인간관계에 대한 심리적인 탐색을 하고 있는데 수준 낮은 과일을 깎는 일과 와이셔츠 다림질하는 일은 왠지 어울리지 않는다. 투덜대면서 과일을 깎고 다림질을 하면서 '슈퍼바이저는 이 시간에 와인을 한 잔 하며 음악을 들으며 책을 읽고 인간의 깊은 내면을 간파하는 글을 쓰고 있을 거야. 그것도 멋진 테라스가 있는 넓은 평수 아파트에서.'라는 생각이 스친다. 나의 생각은 이미 사춘기 청소년의 반항처럼 점점 더 삐딱하게 흐르고 있다. 너무 피곤해서 잠 좀 자고 내일 생각해야겠다. 치약을 바르고 이를 닦으면서 바쁘게 칫솔질을 하고 있는 내 모습을 거울로 바라보았는데 순간 나는 무엇인가를 중요한 것을 깨닫게 되었다. 나는 슈퍼바이저가 아니었다. 그동안 나는 가끔씩 때때로 기분 좋게 내가 마치 그녀인 양 살고 있었던 거다. 오늘 그녀가 내게 내가 원하는 대로 반응하지 않았다는 것 때문에 나는 갑자기 그녀로부터 분리가 되었다. 준비 없이 나는 뚝 떨어져 나온 것이다. 당연히 슈퍼바이저는 준비하지 못했을 것이다. 나 혼자 동일시하고 나 혼자 나의 것을 투사했었으니까……. 하지만 오늘 일은 나에게 개인적으로 매우 중요한 일이었던 것임에 틀림없다. 내가 그녀 앞에서 구걸하는 사람처럼 느껴졌던 것, 그것은 아마도 내가 그동안 그녀에게 '관심'과 '사랑'을 갈구했기 때문이며 오늘 그녀의 정확한 슈퍼비전이 내게는 '섭섭한' 슈퍼비전으로 인식되면서 나는 오늘 그녀를 질투의 대상으로 바라보게 되었고 묘한 경쟁의식을 갖는 대상으로 바라보게 되었던 것 같다.

그동안 그녀에 대해서 기대하고 의존적이었던 내 모습까지 부끄러워지기 시작하고 그러면 내가 가지고 있었던 슈퍼바이저에 대한 모습도 환상이었던가? 다시 혼란 속에 빠져 버리는 것 같다. 또다시 슬퍼진다. 치료사로서 홀로 서는 것이 아니라 자꾸만 슈퍼바이저에게 의존하려고 했던 것, 치료과정에 도움을 받기보다 어려움의 책임을 슈퍼바이저에게 전가하려고 했던 내 모습을 깨닫게 된다.

높은 곳에서 내 옆으로 다가온 슈퍼바이저

그래 세상에 완벽한 치료사가 없듯이 어디 하나 빈틈없이 나를 완벽하게 지원해 줄 수 있는 슈퍼바이저도 없다는 것을 인정하자! 하지만 이 감정적으로 불편한 상황은 그리 쉽게 해결되지 않았다. 마치 내담자의 긍정적인 변화의 과정을 기다려 주듯이 내 마음속의 불편감을 해결할 수 있게 되기를 포기하지 않고 견디고 있었다.

오늘은 슈퍼바이저가 슈퍼비전 시간이 다 되었는데 '길이 밀려서 늦는다고 미안하다.'고 문자를 보내왔다. 슈퍼바이저가 없는 센터에 머물며 동료들과 커피를 마시는데 입에서 자꾸만 웃음이 삐져나온다. '그래 나의 그 완벽했던 그 슈퍼바이저도 별수 없는 사람이구나.' 하고 시간을 보내고 있는데 허겁지겁 달려오던 슈퍼바이저가 계단에서 넘어질 뻔하다가 우스운 모습으로 복도로 슬라이딩했다. "어머 선생님!" 하고 달려가자 슈퍼바이저는 "아이 너무 부끄럽다." 하면서 옷 매무새를 만진다. 같이 마주보며 한참을 웃다가 자리로 가서 앉았다.

"선생님, 어디 다녀오는 길이세요?"

"아, 오늘 나 슈퍼비전 있는 날이어서요."

"선생님 슈퍼비전 하러 다른 데로도 가세요?"

"아니요. 내가 슈퍼비전을 받으러 갔다고요."

"네?"

"아이고 (웃으며) 요즘 슈퍼바이저 그렇게 나를 많이 혼내고 깨고 그러네."

마주보고 웃음이 함께 머무는 그 순간…… 나는 또 하나를 깨닫게 되었다.

나의 슈퍼바이저, 내가 그려 놓은 환상 속에선 TV 드라마에 나오는 인물이었지만 지금 내 앞에 마주한 그녀는 이 세상 열심히 살아가는, 나와 같은 분야에서 땀 흘리고 있는 선배이자 동료인 한 사람임을 알게 되었다.

한편으로는 같이 이런 이야기도 나눌 수 있는 끈끈한 동맹이 맺어진 것에 대한 기쁨도 있다. 물론 지금 나의 모습은 슈퍼바이저와의 개인적인 관계를 갈망하고 그녀를 찬양하던 예전의 모습이 아님을 나는 알고 있다.

요즘의 고민을 천천히 이야기했다. 내가 뭔데 그들의 고민을 함께 나눌 수 있는 것인지 때로는 두렵다고 그 고민을 함께 나눠 놓고는 내가 아무것도 해 줄 수 없다는 것도 나를 무력하게 만든다고……. 때때로 너무나 불행한 일들을 연달아 겪고 끔찍한 경험을 하고서도 인간이 어떻게 살아남을 수 있을까하고 생각할 만큼……. 그런 일들을 보면서 정말 인간의 정신적인 능력과 이 세계를 주관하고 있는 어떤 강한 뜻이 있음을 느끼게 된다고……. 그런데 또 한편으로는 나는 그런 일을 안 겪었네……. 다행이다 하는 안도감이 스치면서 그것에 대한 죄책감도 갖게 된다고, 어떻게 치료사라고 하면서 다른 사람의 불행을 보며 그것보다 나으니 나는 행복한 거야. 이럴 수 있는지……. 나에게 실망스럽다고……. 이러한 나의 고민들은 미술치료실에서 시간제 치료사로서 존재하는 것이 아니라 정말 내 스스로 미술치료사로서 자리매김하는 데 꼭 필요한, 그래서 꼭 답을 찾고 싶은 오래된 생각들이었다. 슈퍼바이저는 예전에 비해서는 헝클어진 모습이지만 진지하게 나와 함께 고민을 나누어 주었다. 자신이 유학 시절에 겪었던 경험담과 그러한 고민들은 치료사라면 누구나 겪는 과정이며 그 과정은 대신해 줄 수 없는 것임을 설명해 주며 용기 내어 탐색해 보라고. 그리고 슈퍼바이저는 나를 믿는다고 잘해 낼 거라 믿는다는 말도 잊지 않았다. 이제는 그녀가 하는 유학생활의 이야기에서 부러움과 질투의 감정이 사라진 지 오래이다. 그녀가 나를 향해 주려고 하는 것, 아니 우리가 슈퍼비전 시간을 통해 만들어 내고 있는 지금 이 순간이 내게는 소중하고 중요할 뿐이다.

그동안 내가 힘들었던 것들이 내안에 인정받고 싶은 욕구, 끊임없이 보호받고 싶은 욕구 때문에 내담자를 바라보는 것이 참 힘들었다는 것이라는 것을 알게 되었다. 이것을 인정하기가 싫었다. 하지만 나를 이해하고 인정하는 것은 내 삶의 큰 변화를 가져다주었다. 사람 관계에서 오는 묘한 스트레스, 긴장감에 대한 나의 감정들을 이해하기 시작했으며 그러고 나니 내 주변인들 그리고 나의 내담자 그리고 나에게 가장 공격도 미움도 많이 받았던 슈퍼바이저의 감정들도 인정하게 된다.

미술치료사로서 나만 길을 찾다

미술치료를 전공한 슈퍼바이저인지, 임상심리를 한 사람인지? 슈퍼비전의 필요성은 인식한 뒤 나는 끊임없이 슈퍼바이저를 향해서 시선을 고정하고 있었다. 그가 나에게 무엇을 '줄 것인가?' 그리고 나는 무엇을 '받은 것인가?' 하고 말이다. 하지만 서서히 내가 깨닫게 되는 것은 슈퍼바이저가 어떤 전공을 한 사람이라 할지라도 변치 않는 것은 내가 미술치료사라는 정체성이다.

'그림을 알지도 못하는 슈퍼바이저가 나한테 뭘 가르치는 거야.'라고 비난도 해 봤고 역시 미술을 전공하고 미술치료를 하는 슈퍼바이저에게는 '뭔가 논리가 부족해.' 하며 내 스스로 미술치료사로서의 열등감에 빠져 버리곤 했었다. 하지만 슈퍼바이저를 향하고 있었던 나의 관심은 점차 나에게 초점이 맞춰지고 슈퍼비전이라는 구조에서 안정을 찾기 시작한다.

미술치료라고 해서 때로는 '미술'작품에만 집중해 보기도 했었고 그림에서 증거가 찾아지지 않을 때에는 심리치료에 올인하여 미술치료사인 것에 열등감을 느끼기도 했었다. 어떤 슈퍼바이저를 만나느냐에 따라서 나의 치료 회기에 대한 평가도 달라진다는 것을 알게 되었다. 가장 중요한 것은 내가 내 자리를 잘 찾는 것, 자리매김하는 것이라는 생각이 든다.

마치 동화 속 마법이 나타나기 전에 회오리바람이 온 세상을 뒤흔드는 것처럼 우리나라 미술치료 상황은 매우 혼란스럽다. 며칠 전 보도되었던 뉴스 때문에 내담자의 엄마들은 하루 종일 내가 일하고 있는 센터로 전화해 업무가 마비될 정도였다. 뉴스를 보면서도 나와는 상관없는 일이라고 애써 위로했지만 현장에서는 그런 보도가 한번 나올 때마다 내담자들은 동요하고 미술치료의 입지는 더욱 흔들리는 것 같아 안타깝다.

나는 가끔 내가 원해서 선택한 공부이고, 선택한 직업임에도 불구하고 이상한 나라에 빠진 엘리스처럼 길을 잃은 것 같다는 느낌을 갖는다. 더 이상 회오리 바람에 휩쓸리는 것이 아니라 나만의 지도를 만들기 시작하리라 다짐한다. 슈퍼바이저를 향해서 왜 이렇게 내가 가야 하는 길을 똑바로 알려 주지 못하냐고 소리치지도 않겠지. 이제 내 손에는 나만의 지도가 쥐어져 있으니까.

5년차 미술치료사가 내담자를 위해 차리는 밥상

역시 시간은 많은 걸 변화하게 했다. 나의 아이는 이제 어린이집에 다니게 되었고 나는 5년차 미술치료사로 센터에서 제법 실력을 인정받는 치료사이다.

오늘은 유난히 사례가 많은 날이다. 지난주 기말고사가 있어서 줄줄이 결석이더니 이번 주에는 보충까지 잡혀서 몹시 바쁜 일정이다. 다른 직장인들에 비하면 늦은 출근, 밀린 일지를 정리하고 치료실을 정리한다. 그동안 내담자들의 미술작품을 하나씩 정리하며 먼지를 털어내고 오늘 사용할 재료들을 점검한다.

내담자를 한 명씩 떠올리며 그에 맞는 어떤 작업을 하면 좋을지 생각해 본다. 물론 그들이 와서 "이거 싫어요. 딴 거 할래요." 하면 나는 충분히 바꿔 줄 의사가 있다. 도화지를 꺼내는데 손에 축축한 기운이 느껴진다. '오늘 비가 올지 모르겠네.'라는 생각이 스친다. 습하고 더운 날씨에 서둘러 에어컨 청소까지 마치고 내담자를 맞이할 준비를 한다. 언제부터인가 미술 재료를 선택할 때에 날씨까지 고려하게 되었다. 황사가 있는 날에는 파스텔 가루 날리는 것을 조심한다거나 장마철에는 도화지 관리를 주의하곤 한다.

이제는 손에 익숙해진 미술치료실 살림살이들을 손보며, 내가 마치 아이들의 하교를 기다리는 엄마가 된 기분이 들었다. 날씨도 살피고 청소도 하고 또 아이들이 왔을 때 맛있게 먹을 영양식을 준비하는 거다. 청소가 끝나갈 즈음 한 내담자 녀석에게 문자가 왔다. 지난주 시험을 너무 망쳐서 많이 속상하다고 오늘 자기 얘기 많이 들어달라고 한다. 기운 내라는 문자를 보내 놓고는 오랜 시험 기간에 지치고 기운이 없는 내담자를 위한 영양식을 위해 궁리한다. '어떤 메뉴가 좋을지, 무엇을 먹고 나면 그 녀석이 다시 기운내서 치열한 입시경쟁 속으로 들어갈 수 있을지' 하고 말이다. 조용한 음악을 틀어 놓고 이완할 수 있는 미술작업을 준비했다.

기다리던 내담자가 도착했다. 시원한 치료실에서 들어오자 긴장이 풀린다며 밖이 얼마나 더운지, 지난주 시험은 얼마나 잘 못 봤는지, 엄마에게는 비밀이라는 등의 이야기를 쉴새 없이 이야기했다. 간단히 오늘 준비한 작업을 소개했지만 오늘은 그냥 이야기하면서 보드게임을 하고 싶단다. 그래……. 그렇게 하자. 엄마 입장에서는 보양식이라고 전복죽을 준비했지만 아들은 치킨에 콜라를 먹고 싶은 날도 있을 테니까. 엄마가 준비한 것이 맞다며 꾸역꾸역 먹이는 엄마는 되지 않을게.

예전에는 이런 일이 있을 때마다 내담자의 욕구를 잘 읽어 내지 못하는 내 자신이 부끄러웠다. 하지만 이제는 제각기 변화하고 요구가 다른 내담자를 수용하는 역할로 내가 존재한다는 것을 알게 되었다.

이제는 내가 준비한 작업을 뒤로한 채 보드게임을 하며 긴장감을 떨쳐 버리고 싶어 하는 그 아이의 마음을 바라볼 수 있다.

바쁘게 하루가 마무리되었다. 하루의 일과를 일지에 정리하고 다시 치료실을 정리한다. 마음에 허기진 사람들의 식사를 책임지는 나의 치료실에는 오늘 하루 다녀간 사람들이 눈물 흘리며 또는 웃으며 즐겁게 먹고 소화시킨 작업들이 놓여 있다. 때때로 어마어마한 양의 쓰레기를 뱉어내기도 하는 치료실이지만 나와 나의 내담자들에게 따뜻하고 지지적인 컨테이너가 되어 줌에 틀림없다.

미술치료 슈퍼비전? 인터뷰……

슈퍼비전은? 나와 함께 석사과정을 보냈던 한 동료가 박사논문을 쓴다고 인터뷰를 요청했다. 그동안 슈퍼비전을 받은 경험에 대해 이야기해 달라고 한다. 그래……. 슈퍼비전 졸업 후 슈퍼비전을 받아 온 것이 벌써 3년이 되어 간다. 어디서부터 이야기를 해야 할까?

슈퍼비전의 경험을 깊이 탐색해 가면서 그 경험의 속을 파헤치고 들어가면 들어갈수록 단지 슈퍼비전을 위해 슈퍼바이저와 마주하고 있는 그 시간만을 의미하는 것은 아니라는 생각이 든다. 슈퍼바이저와 분리되어 내담자의 치료사로 임상 현장에 설 때에도 슈퍼바이저의 존재감이 나와 함께하고 있다고 인식되는 것처럼 슈퍼비전은 나의 일상에까지 영향을 끼치고 있었다. 왜냐하면 나는 미술치료사의 일로만 존재하지는 않으니까. 때로는 나의 가족 관계와 직업 사이에서 아슬아슬한 곡예를 할 때도 있고 내담자와 나의 아이 사이에서 갈등을 이겨 내기 위한 투쟁을 할 때도 있다. 어떤 직업에서도 맛볼 수 없는 이런 과정들, 어찌 보면 이 과정도 수련과정 중에 하나리라. 이 자체로 즐길 수 있고 또 즐겨야 한다는 것을 나는 이제 알게 되었다.

두발자전거 타는 것을 연습하다 – 미술치료 중심 잡기

두발자전거를 처음 배우던 날, 양쪽의 균형을 맞추는 것이 참 힘들었던 기억이 난다. 한쪽으로 기울어져서 그것을 피하려 하면 그 힘에 기우뚱하며 넘어졌던 기억이 있다.

미술치료사가 되는 과정에서도 나는 균형을 찾는 것이 몹시 힘들었다. 내담자의 문제 영역과 강점 사이의 균형 잡기, 나의 미술치료사로서의 일과 일상에서의 문제의 균형 잡기, 아슬아슬하게 한 구간을 통과하고 나면 언덕길과 같은 난코스가 기다리고 있어서 매일같이 입이 바짝바짝 타 들어가는 일이었던 것 같다.

이때 나의 뒤에서 두발자전거를 잡아 주면서 '멀리 보라고, 당장 앞을 보면 더 중심 잡기가 어렵다고' '무섭다고 페달을 멈추면 안 된다고 계속 페달을 밟으라고 페달을 탄력 있게 밟아 나가다 보면 앞으로 나가는 힘 때문에 중심 잡는 것은 훨씬 수월해진다'고 나에게 코치해 주던 어린 시절 아빠의 든든한 모습이 떠올랐다. 그 시절 아빠의 존재처럼 슈퍼바이저는 나에게 든든한 존재가 되어 주었던 것 같다. 나는 계속해서 '계속 잡고 있는 거지?'라고 뒤를 돌아보면서 '손 놓으면 안 된다.'라고 했던 것들이 떠오른다. 그래 슈퍼비전을 처음 받았던 그날을 떠올리면 나는 두발자전거를 처음 배우는 초등학생과 같은 모습이었다. 슈퍼바이저는 끈질기게 내 두발자전거의 뒤를 잡아 주면서 '괜찮다고' 위로를 해 주었다. 덕분에 나는 아슬아슬하지만 간신히 이렇게 자전거를 타고 다리도 건너고 밥상도 차리는 치료사가 될 수 있었네요.

미술치료에 대한 깊은 깨달음

슈퍼비전 시간에 슈퍼바이저와 나눈 이야기들, 사실 모두 학교에서 배웠던 것들이다. 그동안 내 머리 속에 또는 책에서 읽은 구절의 글씨의 형태로 가지고 있었던 지식들이 내 가슴속으로, 내 몸속으로 비집고 들어오는 경험이었다. 그 이론들이 내 몸에 배는 과정은 사실 매우 아픈 경험이었다. 그래서 나는 깨졌다. 내가 깨지고 깨지고 그래도 있는 껍질이 깨지고 깨지고 진짜 내 안의 나를 만나고 그 안에 글씨들이 나의 것으로 녹아 '깨달음'이라는 이름으로 내 안에 새겨졌다. 이론과 실제의 통합? 그거가 이뤄진 건지 아직 잘 모르겠다. 하지만 그 이론들이 나를 아프게 하면서 내 안으로 찾아와 주었고, 나는 기꺼이 문을 열어 그 이론을 받아들였다.

반전

〈식스 센스〉의 주인공은 마지막이 되어서야 자신이 죽은 사람이었다는 것을 알게 된다. 그 영화를 봤을 때의 극장에서 받았던 그 충격은 말로 하지 못한다. 그런데 슈퍼비전에서 다루어야 할 것은 '내담자'의 문제와 '내담자'의 그림들, 그리고 그것에 대한 나의 '반응'이라고 생각했지만 이제 와서 돌이켜 보면 늘 스포트라이트는 나에게 비춰져 있었고 중심은 '내가' 전하고 있는 내담자와 '내가' 바라보는 내담자의 그림과 내담자에 대해 '내가' 하는 반응들이었다. 슈퍼비전의 주인공은 '나'였으며 그 순간 나의 감정은 가닥을 잡을 수 없을 정도로 흔들렸다.

내가 원치 않았는데 준비되지 않은 나의 삶이 무대에 올려지고 공개된 것처럼 분노와 수치심으로 오갔으며 이것은 곧 그 무대의 연출자인 슈퍼바이저에게로 향해 슈퍼바이저를 거부하고 비하하고 도망가고 싶은 경험이었다.

하지만 이제는 자연스러워졌다. 누구의 인생이나 무대에 올리고 보면 슬픔, 좌절,

부족함이 있다는 것, 그것을 누구도 함부로 평가할 수 없으며, 그럴 만한 기준도 없다는 것을, 무대에 올려지는 그 모든 사람의 삶 자체가 그것으로 아름답고 소중하다는 것을 알게 되었다. 이것은 미술치료 현장에서 만나고 있는, 나의 기준에서는 말도 못할 정도로 끔찍하게 살고 있는 나의 내담자의 웃음을 통해 얻게 된 나의 소중한 보물이다.

미술치료사의 다리를 건설하다

슈퍼비전을 통해 나는 양극단의 감정들을 경험하곤 했다. 그 대상은 나의 슈퍼바이저, 내담자, 내담자의 엄마, 때때로 나의 친정엄마 또는 남편 등으로 나의 일상으로 번져 나갔다.

양극단의 감정……. 나는 미술치료사이기에 시각적으로 생각을 잘 이끌어 낸다. 양극단 어디서부터 어디까지인지……. 그 거리가 궁금했다. 어느 만큼의 '극단'이란 말인가? 때때로 오락가락하는 감정의 늪에서 빠져나오기 위해서 나는 다리를 건설해야만 했다. 어디로 가야 할지 몰라도 일단 다리를 만들어 빠져나올 길을 만들어야 했기 때문이다.

한강대교, 한남대교, 성수대교 등 한강다리를 볼 때마다 나는 이 세상에 맨 처음으로 '다리'를 놓아야지 하고 생각한 사람은 누구일까? 얼마나 용기가 필요했을까? 생각을 하곤 한다. 말 그대로 저 넓은 강에 처음 돌 하나를 가져다 놓은 사람은 어떤 느낌이었을까? 할 수 있다고 생각했을까? 안 될 것이라고 생각을 했을까? 그런데 어떻게 끝까지 할 수 있었을까?

감정의 통합이라는 것……. 아직은 멀게만 느껴지는 것들이다. 슈퍼바이저는 나에게 무리하게 요구하지 않았다. 일단은 이것과 저것을 바라볼 수 있는 '연결'부터 시작하였다. 하나씩 돌을 쌓아올리듯 양쪽을 연결해 보았다. 죽을 것같이 힘이 들어 쓰러질 듯한 순간, 하늘로 치솟을 것만 같은 희열과 행복함. 양쪽 다 필요한 것이었으며 그것을 통해 나의 삶은 확장됨을 느꼈다. 다리가 건설되고 나니 이제 나는 이쪽에서 저쪽으로 움직일 수 있는, 이 다리의 주인이 되었고 어떤 내담자도 이 다리로 초대하여 함께 거닐 수 있게 되었다. 그리고 이 다리에 서서 바라본 나의 삶, 그리고 세상 사람들의 삶은 모든 것이 아름다웠다. 땀 냄새가 진동하는 퇴근길 버스도, 허름한 복장의 출근길도, 슈퍼비전 비를 마련하기 위해서 점심을 샌드위치로 때우는 그 한 달의 시간도 감사함이다.

'나는 행복한 미술치료사입니다.'

2. 미술심리치료사라는 주제를 다룬 해석학적 현상학적 글쓰기

미술심리치료사는 미술과 내담자와 함께 삼각 구도를 이루는 주요한 구성 요소이다. 미술심리치료사가 미술과 내담자 사이를 연결하고 또 치료사 자신도 내담자뿐만 아니라 내담자의 미술과의 소통도 함께 해야 한다. 미술심리치료사에게는 끊임없이 자기인식을 게을리하지 않고 마음의 거울을 닦아 가야 할 책무가 부여되었다. 그러나 먼저 미술심리치료사가 되기 위하여 체계적인 학문적인 토양 위에서 공부를 해야 한다.

미술심리치료사는 미술심리치료사 외에 다른 역할도 해 나가야 한다. 미술심리치료 전공자가 임상가로서 갖추어야 할 기본 역할은 대학원의 교과과정을 통해 자연스럽게 준비가 이루어지게 된다. 기본적인 역할이란 교육자, 평가자, 연구자 그리고 현장 미술심리치료사로서의 역할이다(장연집, 2013). 교육자로서의 역할은 미술심리치료학 전공자들에게 미술심리치료에 관한 다양한 교육을 하는 것이며, 평가자로서의 역할은 미술심리치료의 치료 계획을 포함하여 회기 전반에 대한 평가를 다뤄 내는 것이다. 연구자로서의 역할은 연구물을 다루고 이해하고 있어야 하며, 현장 미술심리치료사로서의 역할은 현장이 지니고 있는 치료 목적을 잘 알고 전공자로서 지니고 있는 정체성을 가지고 오랜 실습 경험이 요구된다.

이 역할은 각기 따로 이루어진다기보다 자신의 역량, 준비도, 성향에 따라 각각의 역할이 겹치게 된다. 예를 들어, 현장에서 미술심리치료사로 일을 하면서 대학이나 여러 기관에서 교육을 할 수 있으며, 교육자와 연구자의 역할을 수행하기도 할 수 있다.

미술심리치료학 전공자들에게 대학원이라는 시스템 안에서 교과과정과 실습과정을 통해 교육자, 평가자, 연구자, 현장 미술심리치료사로서의 역할을 잘 수행할 수 있도록 지원되었으나 대학원을 졸업하고 사람들 간의 교류가 단절되는 상황에 있게 되면 슈퍼비전이나 학회활동 등을 해 나가야 한다. 전 생애를 통해 좋은 책, 친구, 스승을 만나면서 스스로를 연마해 가야 할 것이다(장연집, 2014).

특히 미술심리치료사에게 스스로를 양육하며, 자기돌봄과 마음을 닦아 갈 수 있는 데에 미술작업을 포함한 예술활동이 연마의 길을 같이 갈 수 있는 동반자가 될 것이다. 미술심리치료사 주제를 한 해석학적 현상학적 글쓰기는 연구자 9, 연구자 6, 연구자 7이 쓴 총 3편이다.

이 장에서는 석사학위 청구논문인 미술교사 경험을 가진 미술심리치료 석사과정생의 정체성 확립과정에 대한 체험, 미술심리치료사의 미술작업을 통한 자기인식 체험, 박사학위 청구논문인 미술심리치료사의 미술작업을 통한 자기돌봄 체험에 관한 글쓰기를 소개한다.

1) 미술교사 경험을 가진 미술치료 석사과정생의 정체성 확립 과정에 대한 체험에 관한 해석학적 현상학적 글쓰기

내가 느끼는 그림 너머의 이것은 무엇일까?

미술교사로 아동을 처음 만났을 때에는 미술을 잘 가르치고 싶은 의욕이 하늘을 찔렀다. '어떻게 가르치면 수업이 재미있으면서도 전달해야 할 내용을 잘 전달할 수 있을까?'는 나의 큰 관심사였다. 그림을 그리기 위한 기술적인 방법만 전달되는 지루한 미술이 아니라 재미있고 즐거운 미술, 생활의 활력소가 되는 미술을 아동들에게 전해 주고 싶었다. 이 부분이 현실이 되는 데에는 시간이 그리 많이 걸리지 않았다. 나는 수업시간을 통해 아동들이 재미있고 즐거워하는 요소를 그리 어렵지 않게 찾아낼 수 있었고 그것을 잘 활용하여 다음 수업을 준비할 수 있었다. 하지만 예상치 못한 부분에서 내가 다루기 어려운 것들이 불거져 나왔다.

아동의 그림을 계속 보다 보면 사과는 사과이고 강아지는 강아지처럼 보이는 것 외에도 무언가 다른 의미가 있다는 것을 미술교사로서 어슴프레 느끼게 된다. 아동 개인의 그림을 보면, '어떻게 자기랑 꼭 닮은 그림을 그렸을까?'라는 생각에 슬쩍 웃음이 나기도 하고 우울해 보이는 표정의 아동이 말로 전달하지는 않지만 그림에 나타난 마음의 어려움이 내게 스멀스멀 전달되면 마음이 짠해지기도 한다. 어느 미술

수업 시간에 초현실주의에 대한 이론을 설명하고 아동들에게 그림을 그려 보게 했다. 그랬더니 공통적으로 내성적이고 소극적인 여학생들은 '꽃' 그림을 굉장히 많이 그리는 반면, 공격적이고 적극적이면서 반장을 하거나 리더인 여학생들은 '불'이라던지 '피' 같은 그림을 많이 그리는 것이 발견되었다. 엄마가 없는 아동들의 경우에는 작업도 굉장히 거친 느낌이 들었다. 이 경우의 아동은 수업시간에도 선생님의 손길을 많이 요구했고 의존도가 높았다. 그런 공통점들이 발견될 때, 나는 뭔가 명확하지 않지만 아이들 성향이 그림을 통해 드러난다는 것을 느낄 수 있었다. 또한 자기의 속내를 쉬이 드러내지 않는 사춘기 아동들이 미술이라는 매체 앞에서는 자기를 훨씬 수월하게 표현한다는 것을 미술교사의 입장에서 종종 느낄 수 있었다. 어느 날, 만들기의 일환으로 아동들과 함께 필통 만들기를 했다. 필통을 꾸며 줄 때, 재료는 원하는 것으로 각자 준비하고 못생긴 필통을 만들어도 되고 멋지게 만들어도 된다는 나의 지시 사항과 함께 필통 만들기는 시작되었다. 어수선하던 교실 풍경에서 아동들은 작업으로 빠져들어 갔고 몰두해서 자기 자신을 표현하고 있었다. 작업을 마친 후 자신의 작업을 설명하는 아동의 눈빛이 반짝이며 목소리에는 진지함이 묻어 나오는 걸 느낄 수 있었다. 이런 수업이 끝난 날은 아동과의 거리가 한층 더 가까워진 것을 교사로서 느낄 수 있었다. 미술교사로 아동들과 같이 상호작용을 하면서 작업의 질이 향상되는게 아니라 아동의 내적 변화가 일어나면서 작품의 변화가 일어나는 것을 느끼게 되었다.

미술치료와 미술교육 뭐가 다른가요?

내가 느끼는 미술 너머의 그 무엇을 어떻게 다루어야 할지 막연하던 어느 날 미술치료라는 것을 알게 되었다. 우연히 펼쳐 든 신문에 '내 마음을 읽어 주는 미술치료'로 시작되는 기사가 눈에 띄었다. 미술치료가 미래의 유망직종이라고까지 소개하고 있었다. 신문의 다음 페이지를 넘기려던 손이 잠시 멈추고, '미술치료 이걸 하면 혹시 아이들 그림을 잘 읽을 수 있는 걸까? 비법을 알려 주는 건가? 그러면 간단히 배워서 잘 써먹을 것 같은데…….' 하는 생각이 불현듯 스쳐 지나갔다. 미술치료가 정확히 뭔지 몰랐지만 미술수업을 통해 해결되지 않는 나의 답답함을 해결해 줄 수 있을 것 같았다. 미술수업을 진행하면서 느끼던 아동들 그림 너머의 무엇인가를 해결할 수 있는 것이 미술치료가 아닐까 하는 기대로 나는 대학원 과정에 입학하게 되었다. 정확히 미술치료가 무엇인지는 모르는 채로.

막상 진학한 대학원의 미술치료 과정은 녹록치 않았다. 난 단지 아동의 그림이 상징하는 것을 간단히 배우려고 대학원에 왔는데 처음 듣는 정신병리에, 생소한 심리치료에 뭔가 공부할게 너무 많다. '내가 궁금한 건 이게 아닌데…….' 공신력 있는 학교니 뭐 허튼 것을 가르칠 것 같지는 않고 이왕 시작한 것 그냥 따라가 보기로 두 눈 질끈 감는다. 그렇지만 외울 건 너무 많고 마냥 힘이 든다. 미술 실기 전공자인 내가 책상에 앉아 공부를 해 본 적이 고등학교 이후로 얼마만인가……. 전공을 바꾼다는 건 단순히 새로운 업무를 배워서 터득하는 것과는 차원이 다른 일인 것 같다. 완전히 다른, 마치 무인도에 아무 준비 없이 난파된 것 같은 느낌이었다. 어떻게 불을 피워야 할지도 모르겠는데 배는 고프고. '이 무인도를 탈출할 날이 있을까?' 싶은 딱 그 형국이다. 거기다 분주했던 한 학기가 지나고 석사과정 교과과정의 일환으로 미술치료 실습을 시작하게 되었을 때 부대끼는 마음은 절정에 달했다. 미술치료 공부하기 전에 내가 진행했던 미술 수업들과 미술치료가 뭐가 다른지 전혀 모르겠다. 미술치료가 놀이 성격이 들어간 미술교육의 형태와 비슷해도 너무 비슷해 보인다. 미술치료가 이런 것이라면 굳이 비싼 돈에 시간 들여가며 대학원까지 다닐 필요가 있을까 싶다. 미술치료에 대해 답답하고 지루해하던 날들이었다.

이 답답한 시기의 어느 순간부터 내 안의 혼란을 정리하지 않고는 어느 방향으로도 나아가기 어려운 상태에 직면했다. 머리를 내리누르는 정체불명의 답답함을 걷어내는 일은 냉큼 헤치우고 싶은 일이었으나 멀어만 보였다. 미술치료와 미술교육의 차이를 도무지 알 수가 없었다. 미술치료사로 실습을 하지만 미술교사와 뭐가 다른지 이해가 되지 않았다. 내 눈에는 비슷해도 너무 비슷해 보였다. 교사의 경험이 없는 동기들은 아동 앞에서 얘기하고 그 회기를 진행해 나가는 부분에 있어서 어려워하는 것 같았으나 아동을 만나 그림을 가르치는 일이 내 직업이었던 나는 그 부분에서 생소할 것이 없었다. 그리고 미술교육도 이미 테크닉만 중요시하던 때는 아니지 않는가. 명칭은 미술수업에서 미술치료 회기로 바뀌었지만 아동들을 만나고 수업의 도입부처럼 도입부를 거쳐 아동들이 작업을 할 수 있는 환경을 제공하고 작업이 끝나면 함께 이야기를 나누는 그 모든 게 미술수업과 비슷해도 너무 비슷해 보이기만 했다. 내가 원했던 건 이게 아니었다. 굳이 시간과 돈을 들이지 않더라도 이만큼은 이미 하고 있었다.

미술치료와 미술교육의 애매모호함을 걷어 내는 슈퍼비전과 심리치료 교과목

미술치료와 미술교육의 차이가 느껴지지 않아 답답하던 내 안의 불편감은 미술치료 전공 2학기 과정에서 반전을 맞이하게 된다. 2학기가 시작되며 구세주가 등장했는데 이름하여 '미술치료 슈퍼비전'. 처음 받아 보는 슈퍼비전은 학교의 연구수업 같다는 느낌이었다. 연구수업이 끝나고서도 그 수업이 어떠했는지 다른 선생님들과 의견을 나누고 평가 또한 이루어지니 말이다. 그때에도 학습 목표가 적절하게 학생들에게 전달되었는지, 교수법이 어떠한지, 수업 운용이 전반적으로 문제없는지에 대해 평가된다. 미술치료 슈퍼비전도 그것과 별반 다르지 않아 보였다. 그렇게 별 감흥 없이 슈퍼비전 수업을 두어 번 듣고 나서 나는 연구수업과는 뭔가 초점이 다르다는 생각이 얼핏 들었다. 미술치료 슈퍼비전은 좀 더 존재하는 인간 자체에 집중한다는 느낌을 받을 수 있었다. 아동이 나타내는 현상을 문제라는 결과로 받아들이는 것이 아니라 그 현상을 나타나게 하는 원인에 우선적인 관심을 두고 있었다. 아동이 표출하는 현상이 나타나는 원인과 이유에 대해서 아동의 발달사나 병리, 모자관계를 통해 고려해 보고 현재의 모습을 파악한 후 긍정적인 방향의 미래를 위해 현재 미술치료 회기가 적절히 다루어지고 있는지에 대해 슈퍼비전을 받는 것이었다. '미술치료와 미술교육이 이렇게 다른 건가.'하는 의심이 든 이후로, 동기생이 슈퍼비전 받는 걸 보면서 '아! 그렇구나.' 하는 감탄사가 연신 터져 나왔다. 동기들의 고민을 보며 '나만 미술치료와 미술교육의 차이점을 고민하는 게 아니었구나.' 하는 위로와 함께 말이다.

또한 슈퍼비전은 내 안에서 각각 따로 자리하고 있던 심리학에 관한 부분, 미술에 관한 부분들이 하나로 묶일 수 있는 기회를 제공받는 자리였다. 한 내담자를 위해서 준비된 심리학적인 부분과 미술에 관한 부분은 슈퍼비전이라는 시간을 통해 내가 진행하는 미술치료 회기의 정당성과 타당성을 확인받을 수 있었다. 이는 이론이 마치 살아 움직이는 듯한 경험을 할 수 있도록 도와주었다. 외울 것만 많아 보였던 정신병리도, 전혀 궁금하지 않았던 생리심리도 '이렇게 내담자에게 적용이 되는구나.'라고 이해가 되면서 '임상적으로 볼 수 있는 시각이 미술치료에서 꼭 필요하다.'는 것이 수

긍되었다. 그러면서 '미술치료가 이런 것 아닐까' 하는 이해가 조금씩 되기 시작했다. 미술치료 슈퍼비전을 담당하신 교수님께서 '내담자 관찰이 중요하다.'고 말씀하셨을 때까지도 나는 내가 정말 잘하고 있는 줄 알았다. '그래도 아이들 가르쳐 본 게 몇 년인데.' 하며 그건 내게 별로 어려운 일이 아니라고 스스로 자부하고 있었다. 그런데 동기가 슈퍼비전을 받는 걸 보니 나도 똑같은 우를 범하고 있었다. 교수님의 지적 사항이 내 마음에도 와서 콕콕 박혔다. 그때까지 내가 하고 있던 관찰은 미술작업을 도구로 한 내담자에 대한 관찰이 아니라 내담자가 그림을 그리는 과정만 관찰하고 있었던 것이다. 네 눈은 내담자의 그림 그리는 손을 떠나지 못했고, 나는 내담자가 그림을 그린 순서만을 기억하고 있었다. 내담자가 미술작업을 시작하기 전에 망설였는지, 작업이 시작되고서 어떤 색에 대한 반응이 있었는지, 내담자가 어떤 대응 양식을 사용하고 있는지는 전혀 생각나지 않았다. 내가 알고 있던 관찰과 미술치료에서의 관찰은 전혀 다른 것이었던 것이다. 이런 경험들이 반복되면서 미술치료와 미술교육은 다른 것이라는 확신이 내 안에서 쌓여 갔다.

나에게 새로워진 미술

미술 전공자들을 보면 어릴 때의 꿈이 화가인 경우가 왕왕 있다. 어린 시절부터 그림 그리기를 좋아하고 잘하다 보니 초·중학교 때 학교에서 열리는 사생대회에서 상도 받아 보고 고등학생이 되면서 입시를 준비해서 미대를 가는 경우가 전형적인 경우일 것이다. 따라서 이들에게 미술이라는 건 공기처럼 익숙한 무엇이리라 추측해 볼 수 있다. 공기가 없어야 공기에 대해 느낄 수 있는 것처럼 미술이라는 것은 내게 그러했다. 미술이라는 것은 늘상 내게 붙어 있었고 그 자체로 내게 즐거움을 주는 요소였다.

그런데 미술치료 석사과정에서의 미술은 내가 알고 있던 미술과는 좀 다른 것이었다. 미술치료를 공부하면서 내가 알고 있는 미술이라는 것의 틀을 바꾸어야 할 것만 같은 상황은 살짝 호기심이 생기기도 하였으나 내게 심적인 불편감을 제공했다. 미술은 분명히 내게 익숙한 그 무엇이었는데 말이다. 조금씩 아귀가 맞아 들어가지 않는 느낌이라고 할까. 미술교사의 미술 경험을 '정'이라 한다면 심리치료 교과목과 슈퍼비전을 기반으로 한 미술치료에서의 미술은 '반'으로 자리하고 있었던 것이다. 그러나 이것을 '합'으로 받아들이는 것은 간단하지 않았다. '아' 하는 깨달음으로 와닿지가 않았다. 미술을 전공하지 않은 동기들을 보면 미술치료에서의 미술이라는 부분에 대해 아무런 선입견 없이 잘 받아들이는 것 같았다. 반면, 내게 미술치료에서의 미술을 이해하기 위해서는 기존에 내가 알고 있는 미술이라는 부분이 기준이 되어 한 번의 검열을 거치고 이해가 되었다. 그러니 미술교사의 미술 경험을 '정'과 미술치료에서 미술에 대한 부분을 '반'이라고 한다면 이 둘은 내 안에서 치열하게 서로를 탐색하고 있었다. 미술작업을 하는 교과목 시간에도 미술 전공자가 아닌 동기들은 미술 재료의 사용 면에서 어려워하는 부분이 두드러지는 반면, 나는 형식화된 미술이라는 표현을 깨고 마음을 담아내는 부분에 초점을 맞추는 것이 어려웠다.

남들이 얘기하는 '미술이란 어떻다.'는 개념보다 '내게 익숙한 미술이라는 부분이 따로 있구나.'라는 생각이 들면서 '내게 익숙한 무엇을 떨어져 바라보기가 두려운 게 아닐까?' 하는 생각이 들었다. 내가 지금까지 미술을 바라보던 그 방법이 아닌 다른 방법으로 바라본다는 것은 쉽지 않았다. 어느 날 내가 생각하는 미술이라는 것에서 한 발짝 떨어질 수 있을 때, 어쩌면 미술치료에서의 미술과 내가 바라보는 미술이 다를 수도 있다는 생각이 들기 시작했다. 끝이 보이지 않을것 같은 답답함들이 걷히면서 석사 2학기 말 무렵 미술치료는 내 마음 안에서 새로운 것으로 자리 잡아 가고 있었다. 김춘수 시인의 〈꽃〉에서 내가 그의 이름을 불러 주기 전에는 그는 다만 하나의 몸짓에 지나지 않았으나 그의 이름을 불러 주었을 때 의미 있는 무엇이 된 것처럼, 내게 늘 익숙하던 미술이라는 것이 미술치료 과정에서 고민을 겪으면서 또 다른 하나의 의미 있는 치료를 위한 도구로서의 미술이라는 꽃이 되었다.

나에게서 분리된 교사의 모습

교사라는 것도 그러했었다. 익숙한 일이었던지라 교사인 나의 모습이 어떻게 비춰진다는 개념 자체가 없었다. '교사처럼 보인다, 보이지 않는다.'가 아니라 어떻게 보일 것이라는 생각 자체가 없었다.

내 안에 머물러 지속되던 교사의 모습이 내게서 분리되는 일이 발생했다. 너무나 익숙해서 확연히 드러나지 않았던 나의 모습들이 나를 떠나 타자화되고 새롭게 보이기 시작했다. 이 경험의 과정은 내 안에 배어 있던 교사라는 모습에 대해 생각해 볼 수 있는 기회를 주었고 실체가 확인되는 순간이었다.

내게 있던 교사의 모습이 '정'이라고 한다면, 1학기 때 왜 배우는지 몰랐던 과목들이 '반'이 되어 교사의 모습이 내게서 타자화되었고 나는 내 모습을 객관화시켜 바라볼 수 있게 되었다.

미술치료 석사 1학기에 수강했던 정신병리, 심리치료, 미술치료학, 슈퍼비전 이 과목들은 각각 따로따로 내 안에서 움직이고 있었다. 2학기가 되면서 새로운 교과목들이 더해졌지만 내 안에서 그 많은 교과목들은 여전히 흩어져 있었다. 어느 날부터인가 따로 움직이던 교과목들이 서서히 하나로 뭉쳐지기 시작했다. 그러다가 하나의 공처럼 서로 유기적으로 하나 되는 순간이 발생했다. 이 순간을 '합'이라 할 수 있겠다.

다시 받아들여진 교사의 모습을 통해 나의 어떠한 모습이 교사처럼 보이는지에 대해 정리가 이루어졌고 교사일 때는 바람직한 모습이지만 치료사일 때는 지양해야 될 모습들이 정리되었다.

평가를 하려 드는 내 모습을 한 발짝 떨어져서 볼 수 있게 되었다. 미적인 것에 감동받는 내 눈이 아동의 그림을 보면서 '어, 이 그림 좋은데.' 하고서는 혼자 고취되어서 '이걸 이렇게 해 주면 그림이 좋아지겠는데.' 하며 아동의 소질을 개발시켜 주고 싶은 욕구가 나타날 때가 언제인지를 알게 되었고 이를 누를 수 있게 되었다. 아동의 그림에서 미술교사의 시각으로 보았을 때에는 부족한 미적 요소에 대해 여긴 이렇게 지시하고 싶은 마음도 '아차, 이러면 안 되는데.'라며 거둬들일 수 있게 되었다. 교사일 때에는 아동에게 칭찬을 많이 해 주는 것이 아무런 문제가 되지 않지만, 미술치료사라면 칭찬이라는 부분이 아동에 대한 평가를 내포하고 있는 부분이 있다는 것을 지각하고 칭찬을 해야 하는 상황인지 아닌지에 대해 한 번 생각해 보아야 한다는 것도 이해하게 되었고, 칭찬을 하더라도 어떤 부분에 초점을 맞추어 하는 것이 아동에게 적절한 것인지에 대해서도 고려해 볼 수 있는 시각을 가지게 되었다. 이런 경험들의 모음은 미술치료와 미술교육이 겉은 같아 보일지 모르지만 알맹이는 완전히 다른 것이라는 점에 대해 충분히 이해할 수 있는 도움이 되었다. 머릿속에서 제각기 움직이던 교과목을 통한 지식들이 내담자들을 만나고 미술치료 슈퍼비전을 받으면서 내게서 하나로 뭉쳐져 '미술치료란 이런 건가 보다.' 할 수 있게 되자 미술치료와 미술교육이 뭐가 다를까 싶은 답답함을 훌훌 털어 버릴 수 있게 되었다.

아동을 중심에 놓다

미술치료 전공 2학기생으로 처음 실습을 갈 때는 매 회기마다 '오늘은 무엇을 할까'가 고민이었다. 내담자인 아동을 한편에 세워 둔 채로 어떤 작업을 할 것인지에 대해서만 집중했다고 할 수 있겠다. 그때를 생각해 보면 미술작업에 내담자를 끼워 넣은 것 같은 생각이 든다. 학기가 지나면서 미술치료라는 부분이 미술활동으로만 보이는 시기를 지나 심리치료라는 이해가 이루어지면서 많은 것들이 색다르게 보이기 시작했다.

미술작업에 자리를 내어주고 옆으로 밀려 있던 내담자를 다시 가운데로 놓게 되었다. 심리치료 부분에 있어서 내담자를 관찰하면서 이론으로 배웠던 정신병리와 생리심리는 힘을 보태 주었고 대상관계 수업들은 눈에 보이는 내담자의 양상을 통해 원인이 무엇인지에 대한 의문을 갖도록 해 주었다.

미술을 바라보는 나의 시각에도 변화가 있었는데, 내담자의 그림 작업 평가를 하려고 하던 내 눈은 결과적으로 봤을 때 허술한 작업도 얼마나 가치 있는 작업인지를 볼 수 있게 되었다. '이것밖에 못 그린 내담자'가 아니라 '이렇게 자신을 표현한 내담자'로 변화되었다. 내가 중심이 되어 내담자인 아동을 평가할 때에는 이해할 수 없는 행동을 하는 아동도 많았고 예쁘게만 보이지 않는 아동들도 많았지만, 다각적으로 아동에게 관심을 기울이자 아동의 모든 행동에는 이면이 있다는 것이 마음으로 이해되었다. 눈으로 보이는 증상이 전부가 아니라 아동과 부모의 관계, 아동과 또래 친구들의 관계, 아동 자체의 기질 등을 고려해서 보려 하는 시각을 가지게 되었다. 아동들에 대한 이해가 더 이루어지면서 아동들의 마음 하나하나가 소중해졌다.

나를 알아 가는 것

미술치료 석사과정은 참으로 '나'라는 사람에 대해 많은 생각을 할 기회가 제공되는 과정이었다. 미술, 교사에 대한 부분들이 정리되어 합(合)이 되면서 미술치료사와 미술교사 각각에 대한 이해가 이루어지고 나더니 새로운 반(反)이 등장하였다. 내 안의 예상치 못한 역동들이었는데 지금껏 살아오면서 큰 문제가 안 되었던 것들이 불쑥불쑥 올라오기 시작했다. 아동들의 그림을 지도하면서 아동을 더 잘 이해하기 위해서 시작한 공부이지만 정작 수혜자는 나였다. 대학원 과정의 교과목들은 타인의 성장을 돕는 과정을 다루고 있었지만 나는 예상치 못하게 나의 내면의 어린아이를 바라볼 수 있었고 거기에서 오는 다양한 감정을 확인할 수 있었다. 예전에는 뭐가 뭔지 몰랐던 한 덩어리의 감정들이 내 안에서 잘잘이 부서져서 저마다의 소리를 내기 시작했다.

'너 이래서 기분이 나쁜 거니?'

'그런데 그 사람이 너무 싫은게 아니라 네가 겪은 좌절감이 싫었던 것 아냐?'

'너 솔직히 생각해 봐. 그 말이 싫은 게 아니고 이중적 메시지가 싫은 거잖아.'

'그건 네 불안이 긴드려신 거 아냐?'

항상 바쁘다는 핑계로 괜찮다며 지나치던 나의 마음을 들여다볼 수 있는 여유가 생겼다고나 할까. 상대방이나 상황이 나를 기분 나쁘게 만들었다는 정당한 논리에서 기분이 나쁘게 된 감정에 대한 나의 인식과 나의 느낌, 이 부분들이 하나씩 작용을 하기 시작한다. 그러면서 상황과 감정이 잘 정리되어 이 부분은 시시비비를 가리고 저 부분은 감당하기 어려우므로 내버려 두고 또 어느 때는 그냥 모른 척하고 있는 나를 본다.

이젠 내가 누구인지 더 들여다보고 싶어진다.

2) 미술치료사의 미술작업을 통한 자기인식 체험에 관한 해석학적 현상학적 글쓰기

미술치료사의 미술작업 노트

• 아픈 기억

집단 미술치료 시간은 미술치료 실기 수업으로 교수님은 치료사가 되시고 우리들은 모두 내담자가 되어 각자 또는 같이 작업을 하는 시간, 내가 제일 좋아하는 시간이다. 우리들은 모두 미술치료실에 모여 앉아 작업을 시작하였다. 오늘의 주제는 인생곡선, 즉 태어날 때부터 지금까지의 삶을 돌아보며 또 앞으로의 자기의 인생을 나름대로 표현해 보는 것이었다. 내가 태어났을 때 우리 부모님은 어떤 기분이셨을까? 난 어떤 아가였을까? 이런저런 생각을 하다가 문득 초등학교 4학년 때의 기억이 떠올랐다. 완전히 잊어버리고 있었는데 갑자기 그 생각이 떠오르자 나는 너무 깜짝 놀랐고 얼굴이 빨개짐을 느꼈다. 그때 난 엄마 지갑에서 돈을 몰래 훔치는 버릇이 있었다. 처음엔 백 원, 이백 원 얼마 되지 않는 돈이니까 괜찮겠지 하면서 아무 생각 없이 훔쳐서 과자를 사먹었다. 그러다가 점점 액수도 커지고 더 자주 돈을 훔치게 된 것이다. 꼬리가 길면 밟힌다고 어느 날 난 엄마에게 걸리고 말았다. 어디서 이런 버릇을 배웠냐면서 엄마는 노발대발 화를 내시며 당장 가서 고해성사를 하고 오라고 하셨다. 나는 너무나 무섭고 내가 정말 큰 죄를 지은 것 같아 성당엔 도저히 갈 수가 없었다. 아무에게도 말도 못하고 난 혼자서 내가 지은 죄 때문에 너무 괴로워하였다. 엄마는 그 이후로 지금까지 그 일에 대해서는 단 한 번도 말씀하신 적이 없다. 너무나 차갑고 무서웠던 엄마……. 그 싸늘한 눈빛이 아직도 날 혼내고 있는 듯이 느껴졌다. 그리고 죄 지은 것이 무서워 예수님께도 가지 못하였던 나……. 나도 모르게 내 눈엔 눈물이 그렁그렁 맺혔다. 그때 이후로 입 밖에 꺼내 본 적도 없었는데……. 아무도 모르는 일인데……. 주체할 수 없이 흐르는 눈물에 난 당황하기 시작했다. 그것뿐만 아니라 이모 집에 놀러가서도 볼펜을 보이는 대로 다 주워 모아 집에 가져오곤 하던 기억도 같이 떠올랐다. 내가 왜 그랬을까? 내가 왜 그렇게 물건이나 돈에 집착했을까? 다른 사람들은 모두 작업을 하고 있는데 나만 혼자 이렇게 눈물을 보이고 있으니 너무 창피한 생각이 들고 당황스럽다. 마음이 너무 허전한 것 같기도 하고 무언가 알 수 없는 슬픔이 가슴 저 한편에서 슬그머니 고개를 쳐드는 것 같았다. 도대체 왜 이런 감정이 드는 거야? 나는 눈물을 훔쳐내고 작업을 시작하였다. 그러나 작업하는 내내 엄마 생각이 떠나질 않았다. 인생곡선 작업 도화지에 그 사건이 일어났던 초등학교 시절 부분에 난 엄마를 그렸다가 검은색 크레용으로 가위표를 했다. 그러나 이내 마음이 불편해졌고 내가 너무 드러나는 것이 싫었고 엄마에게도 미안한 마음이 들어 그냥 검정색 크레파스로 뭉개 버리고 말았다. 엄마에겐 한 번도 말하지 못했지만 난 엄마가 날 사랑하지 않는다고 생각했었다. 엄마는 늘 차갑고 무서웠으며 멀게만 느껴졌었다. 마음이 괴롭다. 집으로 돌아오는 내내 기운이 없고 가라앉으며 엄마에 대한 원망스러운 마음이 들어 힘들었다.

• **직면**

미술치료사가 되고자 대학원에 진학하고 심리치료 공부와 미술작업들을 하면서 배움에 대한 행복한 마음도 많이 들지만 그렇다고 다 기쁜 것만은 아니다. 어제 밤 혼자 집에서 자화상 작업을 하며 내가 그린 괴물 같은 나의 모습이 자꾸 떠올라 괴롭다. 내가 얼굴에 차가운 유리 가면 같은 것을 쓰고 흔들의자에 앉아 있었다. 그 가면은 피카소 그림같이 일그러져 있었는데 가면의 한쪽은 깨진 얼굴을 하고 나머지 한쪽은 엉망진창인 꼭 괴물 같기도 하고 사람 같기도 한 모습이었다. 그런 얼굴로 고통스럽게 흔들의자를 타고 있었다. 그리고 그 의자 뒤로는 두 개의 검은 그림자를 그려 넣었다. 그냥 보기에도 너무 흉측한 내 자화상을 들여다보며 생각했다. "흔들의자는 보통 편하게 타야 하는데 난 왜 이렇게 고통스러워하는 걸까?" 타고 싶지 않은데 억지로 타는 것 같은 느낌이 들었다. 작업을 끝내고 나서 가만히 들여다보는데 그 검은 그림자가 꼭 부모님 같다는 생각에 이르렀다. 그래……. 또 작업에서 나오는구나 나를 컨트롤하려고 하시는 부모님들……. 나는 이렇게 고통스러워하는데도 흔들의자를 계속 밀고 계시는구나.

미술치료 공부를 하고 나에 대한 탐색을 하려고 하면서부터 자꾸만 가족과의 여러 가지 문제들이 불쑥불쑥 나와 버려 나를 힘들게 한다. 그렇다고 가족들과의 문제가 하루아침에 해결되는 것도 아니니 마음이 답답하기만 한다. 나의 작은 수첩을 뒤적거리다 나도 모르게 낙서를 해댄다. 꽃병에 장미꽃들이 가득 꽂혀 있는데 장미의 가시가 너무 많아 서로를 찌르고 있다. 꽃병에 담긴 물은 어느새 장미꽃에서 흘러나온 피로 빨갛게 물들어 있다. 그 꽃병 밑에 '가족'이라고 썼다. 서로의 가시로 인해 피가 나고 있는 것도 모르고 서로 꼭 붙어 있는 모습이 꼭 우리 가족 같았다. 너무 마음이 아프다! 미술작업을 하면 좋기도 하지만 나의 문제들이 그림에 보이고 그런 부정적인 나의 모습을 보는 것이 이젠 정말 힘이 든다. 미술치료사가 되기 위해서는 나에 대한 탐색이 먼저 이루어져야 한다고 하지만 정말이지 쉬운 일이 아니다. 굳이 이렇게까지 하면서 나를 들여다보아야 하는 걸까? 잊어버리고 그냥 묻어 두고 지나갈 수 있는 것도 작업하면서 생각하게 되고……. 작업은 끝나지만 그 이미지는 계속해서 머릿속에 남아 이렇게 힘들어지는데……. 정말이지 작업하는 것이 두렵고 무섭기만 하다.

• 분노

작업을 하다 보면 작업이 나의 무의식 속에 있는 것도 끄집어내는 힘이 있음을 정말 느낀다. 예전 회사를 다닐 때 나를 너무 힘들게 한 사람……. 난 그 사람을 다 용서했고 난 이제 괜찮아졌다고 생각했었는데 사실은 내 안에 그 사람에 대한 미움이 아직도 남아 있음을 알았다. 연필로 난화를 그렸는데 처음엔 그냥 아무 생각 없이 시작을 했는데 어느 한 순간 그 깊은 마음속에 있는 상태로 가게 되었다. 그러면서 내 안에 있는 분노가 마치 기다렸다는 듯이 표출되기 시작하였다. 필압은 점점 세지고 연필로 도화지가 뚫어져라 콕콕콕 찍어 대며 "나쁜 사람……. 미운 사람……. 나 힘들게 한 사람……." 그 사람에게 상스럽게 화내고 욕하고 할 수 없었기에 내 마음속의 상스러움이 이렇게 표현되고 있었나 보다. 같이 한 사람들이 그다지 친한 사람들이 아니라 편한 자리가 아니었음에도 불구하고 난 신경쓰지 않고 작업에 빠져들었다. 연필이 부러질 정도로 세게 그어 대서 도화지가 완전히 새까맣게 될 정도였다. 나도 모르게 도화지에 나의 화를 있는 대로 다 풀고 나니 개운하고 속이 좀 시원해지는 것 같았다. 그러고 나서 손으로 문대는 작업을 했다. 연필로 거칠게 그어 댄 선들을 손가락으로 부드럽게 문지르면서 난 나를 위로하는 느낌이 들었다. 그러면서 이렇게 작업으로 나의 분노를 해소하는 것이 얼마나 안전한 것인가 하는 생각이 들었다. 그렇지 않고 지금 그 사람을 찾아가 화풀이를 한다는 것은 생각만 해도 끔찍한 일이다.

• 내가 진정 원하는 것

어젯밤 꿈을 꿨다. 꿈에서 미술치료 공부를 하겠다고 했더니 엄마, 아빠가 너 그거 절대로 하지 말라고 하면서 굉장히 강압적인 모습으로 방에 날 가두고 3일 안에 그만두지 않으면 나랑 인연을 끊겠다고 소리를 질러댔다. 난 꿈에서 엄마 아빠를 버릴 수가 없고 미술치료는 너무 하고 싶고 내 마음을 이렇게 몰라 줄 수가 있을까 너무 슬프기만 했다. 난 미술치료를 너무 사랑하는데 이걸 어떻게 포기해야 하나? 그런 마음이 교차하면서 꿈에서 엄청 울며 어쩔 수 없이 미술치료를 그만두어야겠다는 마음을 가졌다. 일어나 보니 정말로 내 눈은 눈물로 다 젖어 있었다.

혼자 어젯밤 꿈 생각을 하다가 그림을 그려 보기로 하였다. 눈을 크게 그리고 눈물방울을 씨앗처럼 그리고 소용돌이치는 것처럼 그려서 여러 개가 만나 눈물바다를 이루는 그런 그림을 그렸다. 그 그림을 봤을 땐 그냥 처음엔 슬프기만 하고 엄마와의 갈등에 대한 생각을 했다. 그런데 사실은 나 자신도 내가 이 공부를 하는 것이 맞을까 그런 혼란스러운 마음도 조금 있었음을 알아차렸다. 그러나 그림 속의 눈물을 보면서 이 눈물이 그냥 눈물이 아니고 너무 예뻐 보이는 거다. 눈물이 예뻐 보이면서 씨앗 같은 느낌이 들었다. 아~ 이 씨앗이 떨어져서 뭔가 열매를 맺을 거야 그런 생각이 들기 시작했다. 지금은 눈물이지만 이 눈물의 씨앗이 거름이 돼서 뭔가 열매를 맺고 자라나겠구나. 이런 생각이 들자 힘이 나기 시작했다. 무언가 마음의 결심을 할 수 있었다. 내 마음이 그게 아니지……. 내가 이렇게 혼란스러워할 게 아니지……. 내가 미술치료 공부를 하는 것이 지금은 좀 힘들게 느껴지지만 내가 미술치료를 얼마나 사랑하는데……. 바로 이 눈물처럼 힘든 고비를 넘기면 무언가 열매를 맺고 결실을 맺을 수 있을 거야. 내 그림이 그렇게 말하고 있지 않은가? 치료 공부를 하는 것이 쉽다고 느껴지면 그게 더 문제일 거야. 치료사를 아무나 하나? 그만큼 내공을 쌓으려면 이 정도의 어려움은 당연히 겪어야 하는 과정 아니겠어?

만일 꿈만 꾸고 그림을 그리지 않았다면 어떻게 됐을까? 그냥 슬픔에 그쳤을 텐데…….

이렇게 그림으로 연결되어 내 진심에 대해 확신을 가지게 되니 얼마나 다행한 일인지 모르겠다. 안개가 걷히는 느낌이었다.

• 짓밟아 버린 내 가면

오늘 집단미술치료 시간에 석고 마스크를 만들었다. 맨 얼굴에 석고 붕대를 발라주는 나의 파트너는 굉장히 세심하게 신경을 써 주는 것 같았다. 화장기 없는 얼굴을 보이려니 좀 민망하기도 했지만 파트너의 손길이 나의 얼굴에 닿는 것이 좀 어색하면서도 나쁘지 않았다. 석고를 다 뜨고 얼굴에서 떼어 낸 나의 석고가면을 보니 좀 흉측한 생각도 들었고 아~ 이게 나구나……. 내가 이렇게 생겼구나……. 그런 여러 가지 마음들이 들었다. 난 굉장히 자비롭게 내담자를 바라보는 포근한 치료사의 얼굴로 만들고 싶은 생각이 들었다. 얼굴을 금색으로 칠하고 눈도 약간 내리깔고 약간 미소를 머금은 그런 이미지가 떠올랐다. 그런데 그랬던 처음의 마음과는 달리 완성하고 났는데 마음이 너무 안 좋아졌다. 그 작품이 너무 마음에 안들고 마치 그 표정이 나를 비웃는 것 같은 느낌이 들었다. 입도 한쪽 끝이 약간 올라가 있고 노랗게 번쩍거리는 색깔이 나를 비난하는 듯한 그런 기분이 들고 암튼 한쪽에 치워 버리고 싶을 만큼 보기도 싫었다. 오랜 시간을 들여서 작업했건만……. 그 가면 속의 나는 마치 나에게 "그래~ 그렇지! 네가 그렇지 뭐. 네가 그렇게 열심히 한다고 뭐가 되겠어?" 이렇게 비웃고 있었다. 내 작업을 누가 보는 것이 너무 싫고 힘들었다. 집단원들이 다들 책상 앞에 자기의 가면을 놓고 한 명씩 돌아가면서 자신의 가면에 대해 이야기하고 있는데 난 얘기하고 싶지도 않았다. 그러나 내 차례가 다가왔고 난 나도 모르게 "저는요……. 솔직히……. 이 가면이 너무 맘에 안 들어요……." 어렵게 어렵게 이야기를 꺼내다가 그 가면을 보는 것이 너무 힘이 들어 막 울면서 발로 밟아 버렸다. 순간 교실은 쥐 죽은 듯이 조용해지고 교수님의 목소리가 들렸다. "이 밟힌 가면을 어떻게 해 주고 싶은 사람 혹시 있나요?" 그때 어떤 동기 언니가 손을 들며 "제가 찰흙으로 그릇을 만들었는데 저 가면을 받아서 제 그릇에 넣어 주고 싶어요." 그 동기 언니는 일어나서 내가 밟아 버린 가면을 가져다가 자신의 그릇에 넣었다. 그런데 신기하게도 내 구겨진 가면이 그 그릇에 쏙 들어갔다. 그 순간 또 눈물이 흐르면서 그 가면을 쳐다보는데 "그래……. 나의 이런 못난 모습이지만 그래도 내가 있을 자리가 있고 그걸 받아 주는 사람이 있구나……." 진짜 너무 힘이 되고 위로받았던 순간이었다. 나를 비하하고 나를 사랑하지 못하는 내가 이렇게 집단원들에게 받아들여지다니……. 나를 안아 주는 그들이 있음에 나의 감격의 눈물은 그칠 줄을 몰랐다. 정말이지 미술치료가 아니면 어디 가서 이런 경험을 할 수 있을까? 모든 과정 자체가 너무나도 치유적이었다. 미술치료의 힘, 그 대단함에 감동한 날이었다.

• 심리적인 허기

집단 미술치료를 할 때는 정말이지 난리도 아니다. 서로의 힘든 이슈들이 올라올 때는 울고 웃고 서로 끌어안고……. 서로의 불편한 진실들을 나누는 사람들이다. 지난번엔 새 둥지 작업을 하면서 엄마 새도 없이 알 혼자 둥지에 외롭게 남아 있는 모습을 만든 동기가 있었다. 그 동기는 그 알이 너무 힘들다면서, 혼자 열심히 알을 깨어 보려고 발버둥을 치는 것 같다고 이야기하면서 엉엉 울었다. 다른 동기가 그 알에게 친구 알을 만들어 주고 싶다며 천사 점토로 하얀 알을 만들어 같이 둥지에 놓아 주었다. 다른 동기는 엄마 새를 만들어 주고 싶다며 엄마 새를 만들어 따뜻한 깃털로 알을 감싸 주었다. 너무 외롭고 더 사랑받고 싶고 그런 욕구들은 아무리 나이를 먹어도 끊임없이 올라오는 걸까? 너무 고마워하며 울먹이던 동기, 그는 그 순간 정말 따뜻한 엄마를 만난 것 같은 기분이었을 것이다.

나의 가면, 동기 선생님의 알, 모두 우리들이 만들어 낸 또 다른 나이기에 그것들을 통하여 내 모습을 알게 되고, 가면이 그릇이라는 안전한 공간에 놓이고, 외로운 알이 친구 알을 만나고 엄마 새를 만나는 이러한 나눔과 받아들여짐을 통해 우리는 심리적으로 위로 받으며 그 허기를 채우는가 보다.

• 내담자와 나의 패턴

남자 고등학생 내담자가 방금 미술치료실을 떠났다. 세션 하는 동안 나는 내 자신이 이 내담자에게 무언가 화가 나고 있음을 알아차렸다. 이 내담자는 자퇴를 했고 여자 친구가 중학생인데 만난 지 보름 정도 되어 성 관계를 가졌다. 여자 친구가 자기를 사랑하냐고 자꾸 물어보고 확인하는 것이 귀찮다고 했다. 그래서 그 여자 친구랑 더 이상 만나고 싶지 않다고 하는 것이다. 그런데 내가 왜 화가 나는 것일까? 이 아이의 경솔함에 화가 나는 것일까? 내담자한테 화를 낼 수도 없고 그렇다고 엄마한테 화를 낼 수도 없고 마음만 답답했다. 시계를 보니 다음 내담자가 들어오려면 30분 정도의 여유가 있었다. 난 빨리 작업을 시작했다. 그런데 다 그리고 보니 소라 껍질 같은 것을 막 그린 것이다. 아크릴 물감으로 소라 껍질을 초록과 빨강색을 써서 그렸다. 엄청 빠르게 쓱쓱 그려 나갔는데 근데 순간 뭔가 소라 안으로 쏙 들어가 버리는 것 같은 느낌이 들었다. 머리를 한 대 맞은 것같이 멍해졌다. 그 내담자도 이렇게 소라같이 쏙 숨어 버리는 패턴이 있었던 것이다. 가까이 나왔다가 확 숨어 버리는 그런 패턴……. 이제야 내가 뭐에 그렇게 화가 나는 건지 좀 알겠다. 처음엔 여자 친구에게 그렇게 함부로 하는 것에 대해 화가 난 것일 것이라고 생각했었는데 그건 표면적인 것이었고 더 깊이 들여다보니 그렇게 숨어 버리는 것에 화가 났었구나. 그런데 나에게도 이런 비슷한 점이 있지 않은가? 나도 힘들어지면 숨어 버리고 싶고 회피하고 싶은 때가 많은데 나와 닮아 있구나……. 어쩌면 그 내담자를 보기가 힘들었던 것은 내가 보기 싫은 나의 모습 때문이었을지도 모르겠다. 나의 내담자에게서 그런 것들을 느끼면 치료에도 많은 영향을 줄 텐데……. 내가 한발 물러나서 객관적으로 그 내담자를 볼 수 있는 여유를 가져야겠다.

• 기다리는 연습

청소년 내담자는 정말 쉽지 않은 대상이다. 어쩌면 그렇게도 한 명 한 명 다들 너무 개성 있고 까다로운지……. 나를 힘들게 하는 청소년 내담자가 있다. 나도 모르게 그 내담자에게는 자꾸 잔소리 같은 이야기를 하고 싶은 마음이 드는 것 같다. 일단은 수용적으로 해 주어야 하는데 그렇게 하자니 내가 힘이 들었다. 오늘 세션에서는 말을 해야 하나 말아야 하나 고민하며 그 아이가 오기를 기다리고 있었다. 그런데 내담자가 늦게 온다고 문자가 왔다. 어쩔 수 없이 난 기다리기로 하고 대신 그 아이에 대한 작업을 하기로 했다.

오늘은 웬일인지 먹을 써 보고 싶었다. 한지에 먹을 마구마구 뿌리고는 먹이 번지기를 기다렸다. 화선지에 천천히 퍼져 가는 먹을 한참이나 바라보다가 문득 '그래, 일단은 그냥 한번 둬 보자. 지켜보자고. 그렇게 급할 것 없어. 이제 몇 번밖에 만나지 않았는데……. 조금 더 기다려 보자…….' 하는 생각이 들었다. 마음이 좀 정리가 되고 편해지는 것 같았다. 먹의 번짐을 기다리는 것, 그 순간을 통하여 난 기다리는 연습을 했던 것이다.

• 세상을 떠난 내담자를 위한 애도

슬픈 소식을 들었다. 작년에 정신지체 성인 분들 미술치료 봉사를 했었는데 그분들 중 한 분이 돌아가셨다는 이야기를 지금 거기서 봉사하고 있는 후배를 통하여 듣게 되었다. 주무시다가 기도가 막혀 돌아가셨다는 것이다. 그분이 언어나 인지적인 것이 많이 떨어지시는 분이시라 시설에 계신 분들은 어쩌면 차라리 잘 된 거라고 하신 분들도 계셨다고 한다. 하루 종일 그분 생각이 났다. 그분이 마지막 작업을 굉장히 즐겁게 하셨었는데……. 아쉽기도 하고……. 가슴이 아프다. 미술작업 하는 걸 정말 좋아하셨던 분인데……. 혼자 조용히 앉아 그분을 생각하며 작업을 시작했다. 종이 접시에 한지를 붙이고 예쁜 비즈 같은 걸로 시계 비슷한 모양으로 만들었다. 그분이 태어나서 돌아가시기 전까지 살다 가셨을 시간들……. 불편한 장애인으로 살다가 인생이 끝나셨지만 난 그분의 인생이 보석같이 소중하게 느껴져서 비즈를 박아 드리고 싶었다. 작업을 하는 내내 기도를 하게 된다. 좋은 곳에 가실 수 있게 해 주세요. 그곳에서는 편안하고 행복한 삶을 살 수 있게 해 주세요……. 그러면서 내가 그분을 위하여 마치 제사를 드리고 있는 듯한 느낌을 받았다. 내가 진짜 그 작품에다 절을 한 건 아니지만 내 마음의 제사를 올려드린 그런 경건한 마음이었다.

• 몰입의 쾌감

자꾸만 작업이 하고 싶어진다. 미술작업을 하는 순간에는 다른 생각 없이 굉장히 몰입해서 하기 때문에 하고 나면 쾌감이 느껴진다. 찰흙을 만질 때 나의 손을 통해 느껴지는 감촉도 좋고 수채화의 물번짐도 좋고 내 손이 무엇인가를 만들어 낸다는 것이 날 기쁘게 한다. 어떻게 이렇게 몰입을 할 수 있는 것일까? 마치 방음된 공간에 들어와 있는 것 같은 느낌, 그 충만한 느낌은 내가 살아 있음을 느끼게 해 준다. 이런 순간들이 있어 계속해서 작업이 하고 싶은 게 아닐까? 내가 이렇게 느끼면 내담자들도 이렇게 느끼는 순간들이 있겠지? 이렇게 작업하는 동안은 정말 3분을 하더라고 쫙 빠져들어 할 수 있는 것……. 이런 창조의 기쁨은 정말이지 나를 행복하게 한다. 미술치료를 해서 무엇이 달라질 수 있겠냐는 매우 시니컬한 태도의 내담자가 생각난다. 처음엔 작업도 하려고 하지 않았고 시큰둥한 반응이었으나 조금씩 조금씩 하면서 자기도 모르게 미술작업에 빠져들어 갔다. 더 아름답게 하고 싶어 하고, 더 다양하게 하고 싶어 하고……. 어쩔 수 없는 인간의 미적 본능이 나오는 것 같았다. 속으로 나는 이렇게 말했었지. "거 봐~ 미술 하는 거 재미있지?"

누가 이래라 저래라 하지 않고 어떤 재료를 가지고 어떤 색깔과 어떤 느낌으로 표현할까 내가 다 결정해서 그걸 만들었을 때, 그리고 완성된 것을 보면서 느껴지는 것들……. 자기만족……. 너무 행복한 말이다. 사람들은 이런 행복감을 느끼며 살까? 이 가슴 설레는 것들을 알까? 이렇게 나를 표현하는 즐거움……. 다른 사람들도 이런 기쁨을 알았으면 좋겠다. 내가 미술치료사를 하는 이유 중 하나가 바로 이거지. 이러한 기쁨이 깨지고 조각난 마음들을 다시 하나로 만들어 줄 수 있고 건강하게 만들어 줄 수 있는 요소가 있다는 것을 난 확실히 알고 있기 때문이다.

• 그림이 주는 메시지

요즘 작업을 하면 계속 나무가 나온다. 그런데 나무들이 하나같이 다 비현실적이다. 나무는 자아를 상징하는 것 중의 하나인데……. 내 나무들은 왜 이렇게 환상 속에 있는 것 같은 거야? 내가 이상한가? 내가 비정상인가? 밀가루로 동글동글 빚어 만든 나무도 있었고, 달 속에 있는 파란색의 나무도 있었고……. 내가 봐도 너무 비현실적이다. 내가 좀 이상주의적인 면이 많긴 하지. 현실을 고려하기보다는 이상주의적으로 생각하는 것이 있잖아. 그래! 그게 나야! 그게 난데 굳이 다른 사람들의 기준에 맞춰서 살 필요는 없는 거 아닌가? 난 그냥 나대로의 나야. 그리고 난 그걸 충분히 사랑할 수 있고……. 이 나무가 내게 이렇게 좋은 메시지를 주는데 그걸 깨닫고 나니 진짜 힘이 되는 것 같다. 미술작업은 정말이지 귀신같이 나의 상태를 있는 그대로 나타낸다. 말로 하는 건 가식적일 수 있고 속일 수도 있지만 내가 만들어 낸 작업 속에서 보이는 것은 거짓말을 못한다. 아무리 내가 아니라고 해도 부정할 수 없는 것. 내 그림이 그렇게 말하고 있다. "이게 너야!"

• 영혼의 움직임

오랜만에 대학교 때 동기들을 만났다. 친구들이 하나같이 하는 말이 "너 너무 여성스러워졌다. 치마도 입고 웬일이니?" 친구들로부터 그런 말을 들어도 이젠 하나도 창피하지 않다. 사실 난 중고등학교 때까지만 해도 외모에 대한 콤플렉스가 많았다. 그래서 남자친구를 사귄다거나 화장을 한다거나 하는 것들이 너무 부담스럽고 창피해서 전혀 하질 않았었다. 나도 예쁘다는 말을 듣고 싶었는데, 자라면서 아무도 내게 예쁘다는 말을 해 주질 않았었다. 그래서 나를 꾸미는 것을 창피하게 생각하고 남자 같이 행동하려 하고 대학교 때도 터프하게 남자들이랑만 놀았었는데……. 늘 청바지에 검은 티셔츠 같은 옷만 입고 다니곤 했다. 그런데 사실 나는 그러고 싶지는 않았었다. 나도 예쁘게 하고 다니고 싶은 마음이 있었다. 아무도 몰랐지만……. 그런데 미술작업을 하면서 나의 이런 면들이 변화하기 시작했다. 작업을 하면 아주 예쁜 색깔로 아기자기하게 꾸미는 걸 좋아했고 다채로운 색깔로 작업을 너무 예쁘게 한다는 피드백을 많이 받았었다. 그런 피드백을 받으면 마치 내가 너무 예쁘다는 것처럼 들려 신이 났었다. 알록달록한 색종이 만다라를 특히 좋아했었지. 이렇게 작업 속에서 예쁘고 아기자기하게 꾸미고 색깔도 고운 색을 많이 쓰다 보니 이런 것들이 내 실제의 생활 속으로 들어오게 되었다. 언젠가부터 용기가 나서 화사하게 고운 색의 블라우스를 사게 되고 치마도 입게 되었다. 그런데 신기하게도 그런 것들이 하나도 부끄럽지가 않은 것이다. 이게 내가 원래부터 원했던 건데……. 난 남자처럼 입고 남자처럼 행동하고 그렇게 살았었지……. 미술치료 공부를 시작하고 나서야 내가 가지고 있던 나의 여성성을 찾은 것이다. 내 자신, 내 안의 진짜 나에게 좀 더 가깝게 다가간 느낌이다. 물론 그림을 한 번 그린다고 모든 것이 해결되는 건 결코 아니다. 그치만 내 문제를 내가 알게 되고 알면 알수록 또 해결하려고 노력하고 그러면서 내가 좀 더 성숙해지는 거 아니겠어?

뿐만 아니라 다양한 재료로 미술작업을 해 보면서 나의 폭도 넓어지는 것 같음을 느낀다. 뭐랄까? 전에는 전혀 이해할 수 없고 싫었던 것도 조금씩 내안으로 들여놓게 된다. 나 스스로의 틀을 깨고 나온다고 할까? 상자를 사용할 때는 그 상자의 딱딱하고 각진 모습, 점토의 부드러움, 마음대로 번져 버리는 물감, 털실의 따뜻함 등등 재료들의 이런저런 특성을 느끼며 사람들도 이렇게 다양함을 느낀다. 이런 모습 저런 모습의 사람들……. 나와 같이 살아가는 사람들……. 내 마음이 마치 아주 아주 넓어져서 이런 여러 가지 모습을 다 담을 수 있을 거 같다.

미술치료는 정말 신기하다. 작업의 세계가 현실세계로 연결된다는 것. 이런 신비로움을 어떻게 과학적으로 증명할 수 있을까? 사람들은 과학적으로 증명되지 않은 것은 믿으려고 하지 않는 습성이 있다. 하지만 숫자와 그래프와 실험으로 이런 신비로운 정신의 세계, 영혼의 움직임을 과연 밝혀낼 수 있을까?

예전에 대학원에서 공부하며 읽었던 책 한 권을 꺼내들고 다시 읽어 보며 가슴이 뜨거워짐을 느낀다.

기술 혁신이 인간 지각의 놀랄 만한 확장물 들을 만들었고, 딴 방법으로는 보이지 않는 것들을 엑스선 체축 단층 사진이나 전자 현미경과 같은 기구로 볼 수 있게 하지만, 그것은 절대로 사는 방식, 대처하는 방식, 심리치료 방식으로서 직접적인 감각과 경험을 대신할 수는 없습니다. 미술을 통해 인간은 어떤 신체적 기관도 볼 수 없는 것을 보이게 할 수 있습니다. 미술을 통해 인간은 구체적이고 현실적이며 또한 상상적이고 창조적인 방식으로 그들의 환경과 진정으로 접촉할 수 있습니다.

내면세계가 혼란하고 무질서한 사람과 편하게 생활할 수 없는 사람들을 위해서 미술은 자신, 다른 사람들, 그리고 그를 둘러싸고 있는 세계를 발견하고 알기 위한 생생한 방법이 될 수 있습니다. 통제력을 잃은 사람에게 미술은 질서를 줍니다. 공허한 사람에게 미술은 풍요를 줍니다. 길을 잃은 사람에게 미술은 의미를 줍니다. 자신의 에너지를 묶어 놓는 심리적 사슬로 인해 잠재력을 충분히 발휘하지 못하는 사람에게 미술치료는 해방, 회복, 그리고 부활로 가는 길이 될 수 있습니다(Rubin, 2006).

• 나에게 미술작업이란?

나에게 있어서 미술작업은 어떤 것일까? 그냥 주저 없이 생각나는 대로 써 내려가

본다.

- 희로애락: 작업하면서 울고 웃고 하니까
- 성장통: 보기 싫고 아프고 힘들지만 날 성숙하게 해 주니까
- 압력솥의 김 빼기: 터져 버릴 것 같은 내 마음을 진정시켜 주니까
- 나를 볼 수 있는 거울: 내 내면의 헝클어짐을 보여 주니까
- 인생의 십자가: 내가 평생 지고 가야 할 거니까
- 사막의 오아시스: 내담자들이랑 같이 걷는 사막에서 시원한 오아시스 같은 물을 주니까
- 속일 수 없는 것: 절대 거짓말을 안 하니까
- 호흡: 나의 삶과 연결되어 있으니까
- 산전수전 고비를 넘게 해 주는 것: 내가 힘들 때 위로와 힘을 주니까
- 놀잇감: 재미있게 놀 수 있으니까
- 북두칠성: 내가 가야 할 방향을 알려 주니까
- 긴 여행의 문: 나를 찾아 떠나는 여행의 문을 열어 주니까
- 기도의 과정: 간절함, 진실함, 결심이 있으니까
- 신과 만나는 공간: 내가 사랑하는 신을 느끼게 하니까

• 미술치료에 대한 신념

미술치료 후배들이 내가 근무하는 치료센터를 찾아왔다. 동료들과 후배들과 같이 점심을 먹으며 이런저런 이야기를 나누었다. 그 후배가 내담자와 있었던 이야기를 해 주었다. 어느 날 초등학교 6학년 남자 아동을 미술치료 하는데 그날의 주제는 음식으로 나를 표현하기였다. 나와 닮은 것 같은 음식을 그려 보라고 했더니 그 아동이 하는 말 "선생님은 해 보셨어요?" 하고 물었다는 것이다. 그 작업을 해 보지 않았던 후배는 너무 당황하여 "어~ 선생님은 해 보지는 않았고 다른 아이들이 하는 건 많이 봤어." 하고 대답했다. 그러자 그 아동은 "그럼 선생님도 같이 해 봐요. 선생님이 하시면 저도 할게요."라고 했다. 후배는 무언가를 들켜 버린 것 같아 얼굴이 달아올랐으나 곧 정신을 차리고 같이 작업을 하기 시작하였다. 후배는 내담자들에게 도화지를 내밀고, 찰흙을 내밀면서 정작 자신의 문제는 작업으로 해결하려고 한 적이 별로 없었다는 걸 깨달았다고 한다.

"그래, 그건 내담자에 대한 배신이야. 하하." 우린 웃었지만 정말로 우리 미술치료사들이 뼈저리게 느껴야 할 중요한 이야기다. 내가 해 보지 않은 것은 절대로 내담자에게 해 보라고 말해서는 안 되는 것이다.

후배는 내게 "미술치료가 정말 도움이 될까요? 치유가 될까요?" 하고 묻는다. "난 내가 미술치료를 통해서 치유받고 도움을 정말 많이 받았기 때문에 확신할 수 있어." 하고 대답했다. 그러자 나와 같이 일하는 선생님이 단호하게 말한다. "물론 내담자가 내 뜻대로 바로바로 변하는 것도 아니고 점점 하면서 힘들어질 수도 있고 그렇지. 불안해질 때도 있고. 근데 자기가 자기의 작업을 하면서 치유받은 경험을 가지면 자기 안의 확신을 가질 수 있을 거야." "그래 맞아. 작업은 내 자신을 위해서도 해야 하는 것이지만 내담자를 위해서도 필요한 거야." 나도 한마디 거들었다. "미술치료사로 일하는 한은 아마 평생 해야 하는 게 아닌가 싶어. 미술치료사도 사람인데……. 매일매일 문제가 생기지 않는 사람은 없잖아. 그걸 해결해야 하고 극복해야 하고 근데 그럴 수 있는 가장 좋은 방법이 뭘까 했을 때 우리 미술치료사들에겐 바로 작업하는 거지." "그래. 작업을 통해서 자기 문제를 발견하고 나아갈 방향을 찾아내는 거 그게 중요한 거지!"

다들 미술치료를 너무 사랑하나 보다. 확신과 신념에 찬 목소리로 이렇게 자신 있게 이야기하다니……. 후배는 언제 선배님들처럼 되냐며 부러워했다.

3) 미술치료사의 미술작업을 통한 자기돌봄 체험에 관한 해석학적 현상학적 글쓰기

미술치료 석사를 졸업하고 이제 졸업장도 있으니 내담자를 도울 수 있다는 사명감에 불타 정말 열심히 일했다. 미술치료 회기를 하는 것도 재미있고 내담자가 조금씩 좋아지는 모습을 보며 보람도 느껴졌다. 조금 더 분발하면 빨리 자리 잡을 수 있겠다는 생각에 들어오는 일을 마다않고 센터, 병원, 학교 가리지 않고 여기저기 뛰어다니며 일했다. 오늘도 센터에서 전화가 왔는데 집단 하나를 더 해 줄 수 있겠냐고 했다. 이미 내 스케줄이 꽉 차 있었지만 욕심이 났다. 이 집단은 내가 한 번도 경험해 보지 못한 집단이기에 많은 것을 배울 수 있을 거 같기도 했다. 센터에는 할 수 있다고 대답을 해 놓고는 좀 걱정이 들었다. 내가 너무 열정만 앞세워서 무리하는 것은 아닌가? 회기가 너무 많아져서 어떤 날은 하루에 집단을 3개나 해야 하는 날도 있고 개인 회기 7개를 끝내고 난 날은 집에 갈 힘조차 없이 맥이 빠지는데……. 잠시 고민이 되었지만 그냥 좀 덜 자고 부지런히 움직이면 되겠지 하는 생각으로 날 달랬다. 하지만 내가 지쳐 가고 있는 것은 틀림없는 것 같았다. 밥 먹을 시간도 없어 이동하며 차 안에서 대충 김밥을 먹는 횟수가 늘어나고 몸은 여기저기 쑤시고 안 아픈 곳이 없었다.

어제도 늦은 저녁시간에 한 기관에서 심리치료를 원하는 어머니들을 위한 집단미술치료 회기가 있었다. 어제의 일을 생각하면 하루 종일 일에 집중할 수가 없었다. 아니, 오히려 미술치료사인 내가 너무 놀라 트라우마가 된 것 같았다.

첫날 늘 그렇듯이 간단하게 자기소개와 이 집단에 신청하게 된 이유 등을 들어 보는 시간을 가졌다. 그런데 예상했던 것과는 달리 자신의 인생에서 겪어 온 온갖 트라우마들을 다 쏟아내는데 난 정말 현기증이 나서 쓰러질 것 같았다. 첫 내담자부터 자신의 남편이 자해를 해서 피투성이가 된 이야기를 꺼내고 자신도 이젠 정말 더 살고 싶지 않다며 울음을 터트렸다. 다른 분은 장애가 있는 큰 아이를 돌보느라 둘째가 다치게 되었다며 내가 미친년이라고 어쩜 좋으냐고 하셨다. 내담자들은 자신이 얼마나 힘든 삶을 살아가고 있는지 아느냐며 고된 삶에 대한 한탄 어린 눈물을 흘렸다. 한 분 한 분의 기막힌 사연과 힘든 현실 앞에 무너져 내리는 암울함이 한꺼번에 몰려 들어와 나를 덮치는 것 같았다. 점점 내 얼굴이 굳어짐이 느껴졌다. 그런 얘기 하시지 말라고 할 수도 없고 이분들을 멈추게 하기엔 이미 분위기가 심상치 않았다. 첫날부터 이런 힘든 회기를 한 적은 처음이었다. 너무나 당황하고 놀란 마음을 부여잡고 겨우겨우 회기를 끝냈다.

오늘도 일하러 센터에 나왔지만 자식이고 남편이고 다 소용없고 나부터 살려 달라는 그분들의 울부짖는 아우성이 계속해서 내 귓전을 윙윙 때렸다. 일에도 집중이 안 되고, 뭔가 자꾸 멍해지면서, 하고 싶지 않은데도 자꾸 그분들 생각이 머릿속으로 밀려 들어왔다. 이렇게 회기의 잔여물들이 쌓여 가는데 그걸 제대로 풀지 못하니까 화가 나고 답답하기만 했다. 몸은 지칠 대로 지쳤고 오늘도 아직 끝내야 할 회기가 4개나 남았는데 다 때려치고 어디론가 조용한 곳에 가서 나 혼자 있고 싶었다.

이런 마음으로 다음 회기를 시작하니 내담자에게 정성껏 대해지지가 않았다. 내담아동이 먹물을 쓰고 싶다며 꺼내 달라고 하는데 나도 모르게 속으로 '아휴~ 그건 좀 쓰지 말았으면 좋겠는데……. 네가 먹물을 여기저기 뿌려 대면 난 또 그걸 어떻게 다치우니?' 하며 짜증이 올라왔다. 할 수 없이 전지와 먹물을 꺼내 주자 내담 아동은 신이 나서 그 큰 전지에 먹물을 막 뿌려 대며 새로 사 놓은 먹물 한통을 다 써 버렸다. 내담 아동이 재료를 다 쓰는 것도 아깝다는 생각이 들었다. 산 지 얼마 되지도 않았는데 한통을 한 번에 다 써 버리다니……. 내담 아동이 환히 웃으며 너무 기분이 좋아졌다고 인사를 하고 가는 모습에 '나 미술치료사로서 이러면 안 되는 것 아니야?'라는 생각이 들며 내가 너무 내담자에게 소홀히 대하는 건 아닌지 미안한 마음이 들었다. 그렇지만 나도 너무 지쳐 있고 내담자를 위해 내어줄 에너지가 다 소진되어 버린 것 같았다. 내 삶이 뒤죽박죽 엉망이 되어 버린 느낌이 들었다. 내 자신의 삶도, 미술치료사로서의 삶도 하루하루가 왜 이렇게 힘겨운 것인지……. 나를 돌아보거나 할 여유가 없이 그저 스케줄에 끌려 다니며 살아가는 지금…… 내 삶에 빨간불이 들어온 것 같았다.

나도 나의 미술작업을 하고 싶다는 생각이 계속해서 며칠 동안 떠나질 않았다. 난 미술치료사이고 미술이 나에게 얼마나 필요한지 아주 잘 알고 있다. 이 힘듦을 미술로 작업을 해 봐야 하는데 하면서도 마음 따로 몸 따로다. 미술작업을 하면 나에게도 너무 좋다는 것을 알고 있지만 일단 너무 몸이 힘들어 미술작업을 할 시간도 없었고 여력이 남아 있지를 않았다.

오늘 한 유치원 아동과의 회기를 하면서 난 그 아이가 하던 핑거 페인팅 미술작업이 너무 부러웠다. 내담 아동이 물감을 도화지에 짜는데 아직 유치원 아이다 보니 손의 힘 조절이 잘 안 돼서 물감을 도화지가 흥건히 젖도록 짜 놓았다. 내담 아동은 그것을 보더니 막 신이 나서 손으로 이리저리 문대면서 신나게 노는데, 그 모습을 보고 있자니 "와~ 너무 속이 시원하겠다. 얼마나 재미나고 신날까? 좋겠다……." 그런 부러움도 느끼면서 그렇게 하지도 못하는 나 자신에 대한 안타까움의 양가감정이 교차했다. 내가 미술작업에 너무 굶주렸구나……. 내가 내 미술작업을 하지 못하니까 이렇게 내담자가 하는 미술작업에 부러움을 느끼는구나……. 난 내 미술작업을 할 여력이 없는 내 자신이 안타깝기만 했다.

몸과 마음이 지치는 날들이 계속 되고 '힘들어' '힘들어'라는 말을 입에 달고 살았다. 감기가 이번엔 좀 오래간다 싶었는데 급기야는 목이 부으면서 통증이 심하고 열도 나고 아무래도 몸이 이상하다는 느낌이 들었다. 하는 수 없이 저녁 늦은 시간까지 진료를 보는 병원을 겨우 찾아갔더니 급성으로 갑상선 염증이 생겼다고 했다. 의사 선생님이 왜 이 지경이 되도록 그냥 있었냐며 현재 상태가 너무 안 좋으니 그냥 두면 큰일 난다고 몇 주 쉬어야 한다고 했다. 순간 겁이 덜컥 나고 '어떡하면 좋지?' 하며 다급한 마음이 들었다. 그 많은 회기와 내담자들은 어찌해야 하나 걱정이 앞섰다. 고민을 하다가 어쩔 수 없이 일하는 곳마다 다 전화해서 회기들을 취소하거나, 급한 경우에는 다른 치료사에게 의뢰하였다. 일하는 기관에도 내담자들에게도 면목이 서질 않고 복잡한 심정에 마음이 편치 않았다. 내가 왜 이렇게 된 것일까?

당분간 집에서 쉬면서 자신을 돌아볼 시간적 여유가 생겼다. 바삐 돌아가는 생활을 스스로 끊을 수 없었는데 이렇게 병이 나서 잠시라도 여유를 가지니 오히려 다행이라는 생각까지 들었다. 자신을 돌보는 것에 얼마나 무심했는지, 아니 자신을 돌보는 방법도 잘 몰랐었다. 이렇게 혹사했으니 나 자신에게 미안한 마음도 들었다. 몸이 먼저 나를 쉬게 해 줘야 한다고 이렇게 신호를 주지 않았으면 아마 이렇게 쉴 생각도 못했을 것이다. 한편, 내가 너무 뭘 몰랐다는 생각도 들었다. 자신이 힘들어하는 건 돌아봐 주지도 않으면서 그런 상태로 계속 내담자를 치료하겠다고만 했으니, 아아~ 안 되겠다! 더 이상은 이렇게 살아서는 안 되겠다. 남 돌볼 것이 아니라 나 자신부터 돌봐야 한다. 치료사인 내 자신이 살아야 내담자도 살릴 수 있을 것 아닌가! 너무 열정과 의욕만 앞세워도 그것을 뒷받침해 줄 자기돌봄이 없이는 아무것도 이룰 수 없다는 것을 알았다. 더불어 자기돌봄을 소홀히 하여 심신이 평안하고 행복하지 않다면 내담자도 잘 치료할 수 없음을 깨달았다.

이제 다시 미술치료사의 일을 시작했지만 예전의 나와는 좀 다른 방식으로 살며 나를 돌보는 것을 시작했다. 일을 많이 하면 내가 힘들어지고 스트레스 받으면 집에 와서도 짜증을 내게 되니 일을 좀 줄여 나갔다. 이렇게 시간적 여유를 가지면서 개인적인 생활과 미술치료사로서의 생활을 조절하며 균형을 맞추어 갈 것이다. 욕심 부리다가 더 중요한 것을 잃기 전에 말이다. 그리고 내게 필요한 미술작업을 실천으로 옮기고 있다. 해야 하는 다른 일들이 있지만 그래도 마음이 힘들거나 할 때는 미술작업을 우선순위에 두고 미술작업이 하고 싶을 때는 바로바로 갈증을 풀어 주려고 하고 있다.

작업실 가는 수요일이 기다려졌다. 아마도 일주일 가운데 가장 기다려지고 가슴 설레는 시간이 아닐까 싶다. 오늘은 무엇을 만들어 볼까 이리저리 지점토를 주물럭거리고 있었는데 지난번 내가 여러 가지로 힘들고 아팠을 때 나를 찾아왔던 이미지, 내가 나를 두 팔로 감싸 끌어안은 그 이미지가 떠올랐다. 나에게는 너무나 중요한 이미지라 점토로 만들어 작품을 남기고 싶었다.

손으로 지점토를 잘 빚어 그 모습을 만들어 나갔다. 머리, 살짝 숙인 얼굴, 겹쳐져서 나를 감싸 안은 두 팔, 몸통, 다리, 나를 지탱하고 있는 두 발……. 하나하나 자리를 잡는 데 온 신경이 다 집중되었다. 특히 어깨에서 이어져 오는 두 팔의 자연스러운 선과 나의 모든 것을 끌어안는……. 그런 인내와 노력, 사랑의 흔적을 담고 싶었다. 손으로 다듬고 매만지고 사포로 매끈하게 갈아내면서 난 이 즐거운 놀이에 푹 빠져 버렸다.

시간이 얼마나 흘렀을까 시계를 보다 깜짝 놀랐다. 벌써 3시간이 훌쩍 가 버리고 일어나야 하는 시간이 넘어 버렸다. 미술작업에 몰입하면서 시간이 언제 가는지 모르고 빠져들게 되었다. 그렇게 빠져들 때는 아무것도 생각나질 않았다. 시작할 때와는 달리 좀 심란했던 마음도 어디론가 사라져 버리고 대신 집중한 덕분에 복잡했던 머릿속도 정리되었다.

아직 다 완성되지도 않았는데 주위에서 작업하던 사람들이 "어머~ 너무 예쁘고 사랑스러운 느낌이에요!" "사포로 이렇게 매끈하게 갈아 놓으니 전혀 지점토 같지 않네요~~ 너무 느낌이 좋아요!" 라는 피드백을 주었다. 나도 내 작품이 이렇게 근사하게 될 줄 몰랐는데 내가 봐도 너무 괜찮아 보였다. 조금 더 다듬고 어울리는 받침을 해 주면 정말 멋진 작품이 될 것 같았다. 내 실력이 이 정도였나? 이런 성취감을 맛보니 그런 내가 멋있어 보이고 근사해 보였다. 서둘러 정리하고 나오는 발걸음이 가볍고 신이 났다. 얼굴에 미소가 지어지고 좋은 에너지들이 가득한 활력이 느껴졌다.

세월호 사건이 터졌다. 어떻게 이런 일이 있을 수 있을까! 순식간에 온 나라가 트라우마에 빠져들어 버렸다. 연일 TV에서는 기가 막힌 뉴스들이 쏟아져 나오고 정말 화가 나서 견딜 수가 없었다. 나도 숨이 탁 막혀 오는 것이 TV를 안 보려고까지 했지만 그럴 수가 없었다. 이런 상황을 보고 있자니 가슴속 깊이 울분이 터져 나오는 것을 억누를 길이 없었다. 이런 심정으로 회기를 하는 건 무리가 있었다. 내 감정이 이렇게 흔들리는데 이런 흔들리는 마음으로 어떻게 내담자 앞에 설 것인가.

이럴 수는 없는 일인데……. 숨을 가쁘게 몰아쉬며 어느새 반사적으로 종이 한 장을 집어 들었다. 진한 검은색을 내는 목탄을 집어 들고 숨을 몰아쉬며 울부짖는 사람의 얼굴을 그려 나갔다. 검붉은 색으로 입에서 토해져 나오는 피를 그렸다. 나 역시 피 토하는 심정이었기 때문이다. 순식간에 도화지가 붉은색으로 가득 찼다. 도화지 위에 피가 홍건한 이미지를 보자니 내가 또 너무 힘들어졌다. 다시 목탄을 들고 그 피 위에 소용돌이치듯 휘갈기며 소리 지르고 싶은 마음을 풀어댔다. 한참을 그렇게 휘몰아치듯이 그림을 끝내고 나서야 휴~ 하고 크게 숨이 쉬어졌다. 이렇게 난 그림 속에 절박한 내 마음을 쏟아내며 힘든 감정들을 해소하였다.

오늘은 미술치료사로서의 나의 모습을 그림으로 그렸다. 처음엔 연못 같은 이미지를 그렸다. 근데 그 연못이 너무 마음에 들지가 않고 답답하고 싫은 느낌이 들었다. 처음에는 옹달샘 같은 이미지를 떠올리면서 그렸는데 막상 표현된 그림은 고인 물 같은 그런 이미지였다. 정체되어 고인 물……. 그냥 그 자리에서 움직임도 없는 물……. 그런 물은 아무 도움이 안 되는데……. 고인 물은 온전하게 비추어 주지도 못하는데……. 미술치료사로서 나의 모습이 왜 이런 모습이 나온 거지? 갑자기 이런 무의식의 내 모습과 맞닥뜨리니 마음이 너무 불편하고 당황스럽기만 했다. 너무 답답하고 썩어 있는 물 같아 보여서 보기가 싫었다. 미술작업을 계속 하면서 이 고인 물을 좀 뻥 뚫어 주고 싶다는 마음이 들었다. 난 그림 속의 고인 물 곁에 있는 돌을 치워서 물을 흘러갈 수 있게 해 주고 싶었다. 그래서 물을 막고 있던 돌들을 다 허물고 탁 트여 주고 나니까 너무 마음이 시원했다. 하나의 물줄기 같은 느낌도 들면서 한결 숨통이 트이는 것 같았다. 치료사로서의 내 모습이 고인 물이었다는 것은 무슨 의미일까에 대해 한참을 생각해 보았다. 이런저런 생각을 하다가 어쩜 그것은 내가 치료사로서 짜인 일정에 묶여서 꼼짝도 못하고 센터에서 내담자를 기다리며 그렇게 살고 있는 모습이 아닌가 하는 깨달음이 왔다. 미술치료사로서 나의 모습이 이랬구나……. 난 그냥 열심히 해야겠다는 생각에 일만 하며 살았는데……. 저 흘러가는 물줄기가 새도 만나고 바다도 만나고 하듯이, 진짜 내 마음 역시 친구도 만나고, 여행도 가고 그런 것을 원했구나……. 그러니 내가 얼마나 답답하고 힘이 들었을까? 난 그림 속에 드러난 내 무의식의 욕구를 알게 되면서 나 자신에게 필요한 것이 무엇인지를 더 잘 알게 되었다. 고인 물이 정화되어 깨끗해지듯이, 나 자신도 나를 정화시킬 시간이 필요한 것이었다. 이렇게 미술작업을 통해 내가 몰랐던 모습을 보는 것이 당황스럽기도 했지만, 내 무의식의 욕구를 시각적으로 성찰하며 나를 더 잘 돌봐야겠다는 강력한 메시지를 받게 도와주었다. 이러한 점에 대해 어느 참여자는 다음과 같이 이야기하였다.

이미지가 내 눈 앞에 있고 그 속에 내가 드러나는데 이걸 부인하거나 부정하거나 할 수가 없는 거죠. 미술은 무의식을 의식으로 드러나게 하는 힘이 있고 또 엄청 강력하잖아요. 이미지가 워낙 강력한 메시지를 주기 때문에 내가 눈을 감고 치워 버리지 않는 한 맞닥뜨릴 수밖에 없는 거죠……. 저게 나구나. 내 안에 저런 게 있구나……. 그런 그림자를 대면하게 되는 불편감은 있지요……. 그런 과정에서 느껴지는 불편감은 필요한 것이고 성장의 밑거름이 되는 거죠. 안 보고 치워 버리면 성장은 일어나지 않는 거죠. 그런 것들이 싫으면 미술치료사는 못하는 거죠.

이런 작업을 할 수 있는 내가 기특하고 반갑다. 힘들기도 하지만 나의 내면의 이런 모습들을 잘 끄집어내어 표현하고 있으니까……. 그래서 미술작업을 하는 것이니까……. 이 모든 과정들이 모두 나를 더 잘 돌보고 성장할 수 있게 하는 밑거름이 되어 주고 있는 것이다.

섬진강에 도착했다. 예전에는 바람을 쐬고 싶을 때는 이렇게 어렸을 때 자라던 곳과 가까운 섬진강에 오고는 했었는데……. 오랜만에 와서 그런지 많이 달라진 것 같았다. 4대 강 사업을 하고 나서부터 예전의 아름다운 강 모습이 아니다. 퇴적된 모래 위에 풀이 자라면서 매우 아름다운 모습을 하고 있었는데……. 아쉽기도 하고 좀 속상하기도 했다. 나는 카메라를 꺼내 들고 풀들의 사진을 찍기 시작했다. 한참 동안 풀들의 이런저런 모습들을 담다가 셔터 누르는 것을 멈추고 생각에 잠겼다. 그러고 보니 이 풀들은 예전이나 지금이나 전혀 변한 것이 없질 않은가! 이 척박해진 땅위에서도 열심히 적응하며 여전히 자신의 생명을 지키고 있지 않은가! 풀들은 어떤 불평도 어떤 요구도 하지 않으며 묵묵히 자신의 몫을 다하고 있다는 생각에 이르자 나도 모르게 마음이 숙연해졌다. 마음은 점점 더 고요함에 빠져들었다. 외부 환경의 변화에도 불구하고 본성을 지키고 있는 이 변치 않는 풀들이 보여 주는 강인한 생명력에 어떤 존엄함이 느껴졌다. 나와 저 풀들이 다를 것이 무엇인가, 우리는 같은 생명의 본질을 나누어 가졌으니 말이다. 이것이 바로 서로의 영성을 관통하는 그런 것 아니겠는가! 오늘 섬진강에서 풀 사진을 찍으며 경험한 이 순간은 아마도 내 삶에 강력한 영향을 미칠 것 같다. 그것은 내가 단지 이 사회, 이 나라만의 소속이 아닌 더 큰 자연의 소속이라는 뿌리를 알게 된 덕분이리라. 뿌리가 튼튼한 소속감을 느끼고, 나라는 인간의 중심을 잡고, 주체성을 확고히 하는 그런 작업인 것이다. 예술은 인식의 차원을 넘어선다는 것이 이런 것일까? 보이지 않는 세계로 이끌어 주는 것. 이렇게 사진 작업을 하면서 내 삶의 의미들을 발견해 가고 있다. 나 이렇게 살고 싶다는……. 이래서 삶이 얼마나 소중한 것인지를 깨닫게 해 주는 확실한 내적인 동기를 부여해 주었다. 너무나 많은 현대의 사람들이 외부에서 부여하는 동기에 묶여 자신의 삶을 잃어버리고 있지 않은가! 미술작업을 통한 계기가 없으면 평소에 이러한 인식 자체가 잘 일어나질 않는다. 미술작업은 확실히 한 층 한 층 더 깊은 내면 속에 존재하는 삶을 살아 나갈 힘을 발견하게 도와준다. 이것이 일반론이 아니어도 상관없다. 남들이 아무리 진리라고 하여도 내가 지각하지 못하면 아무 소용이 없듯이, 이것은 내가 경험한 것이기에 적어도 나에게는 확고한 내적 확신이 있는 것이다.

나만의 방식으로 나를 돌볼 수 있는 미술작업을 내가 할 수 있다는 것에 정말 감사한 마음이 든다. 미술작업은 정말이지 내게 주어진 너무나 좋은 선물과도 같은 것이다.

나 자신이 미술작업을 꾸준히 해 오면서 미술치료사로서 내담자를 치료하는 데도 많은 도움을 받았다. 이제는 힘든 내담자 회기가 끝나고 나서나 아니면 뭔가 회기 후 감정이 많이 올라온다거나 할 때 다음 회기 하기 전에 잠깐이라도 미술작업을 통해 그 무거움을 털고 가는 나만의 전략 같은 것이 생겼다. 또한 회기의 실마리가 잘 풀리지 않을 때도 내담자에 대한 미술작업을 하면 의식적으로는 알아차리기 어려웠던 내담자의 모습이 표현되어 내담자를 더욱 이해하게 되었다. 이렇게 내담자에 대한 반응작업을 하면서 내담자에 대한 공감의 깊이가 깊어지고, 치료에도 진전을 가져올 수 있게 되었다. 아니 크나큰 노력 없이도 내담자의 심정이 어떨 것인지 마음에 와닿을 때가 많아졌다.

몇 달간 미술치료를 하고 있는 여고생과의 일이었다. 중학교 때까지만 해도 영재교육을 받을 정도로 공부도 잘하고 모든 일에 모범생이던 학생이었다. 그러나 원하는 고등학교에 입학하지 못하게 되면서부터 성적은 계속 내려가고 급기야 우울과 불안에 시달리며 학교생활도 어려워져서 약물치료를 받고 있었다. 미술치료 회기에서는 예쁘고 멋진 작품을 해내려고 매우 애를 썼다. 미술치료사 앞에서도 자신의 그림 실력을 평가받을까 봐 두려워하며 미술작업 하기를 꺼렸다. 난 너의 미술 실력을 평가하지 않을 것이라고 여러 번 말했지만 그건 별로 소용이 없었다.

내담자가 가고 난 뒤, 난 답답한 마음에 내담자에 대한 반응 그림을 그리기 시작했다. 가장 분명하게 느껴지는 감정은 답답함이었다. 내담자를 생각하면 깊고 검은 어항 같은 곳에 갇혀 있는 작은 물고기 이미지가 떠올랐다. 어항을 그리고 나서 검푸른 색으로 칠하고는 작은 노란색 물고기 한 마리를 그려 넣었다. 자기는 노란색 티셔츠를 사고 싶었는데 엄마가 그런 촌스러운 색깔을 왜 사냐고 해서 할 수 없이 네이비 색깔을 샀다고 한 것이 생각났기 때문이었다. 어항에 갇혀 있는 이 작고 예쁜 물고기를 물끄러미 바라보고 있자니 얼마나 답답하고 무서울까 하는 생각에 눈시울이 적셔졌다. 사방을 둘러봐도 자신을 도와줄 이는 아무도 보이지 않는 두려움마저 느껴졌다. 이 아이가 지금 얼마나 무섭고 두려울까……. 영재교육을 받을 때 자신을 칭찬하며 찬탄을 보내 주던 주위의 환호성들이 모두 사라진 지금……. 이 아이에게 남은 것은 검고 깊은 무서움과 두려움일까?

다음 주 내담자가 왔을 때 내담자에게 내 그림을 보여 줄 것인가 말 것인가 망설여졌다. 혹시 보여 주었다가 내담자가 실망을 하거나 힘든 마음이 더 심해지면 어떡하지? 나 역시 잠시 주춤하게 되었다. 그러나 용기를 내었다. 내담자에게 내가 널 생각하며 떠오른 이미지를 그린 그림이 있는데 보고 싶으냐고 솔직하게 물었다. 내담자는 좋아하며 빨리 보고 싶다고 하였다. 그림을 보여 주자 내담자는 한동안 말이 없었다. 어떤 느낌이 드는지 내가 물었더니 "노란색 물고기가 외로워 보여요."라고 나직하게 대답했다. "나 역시 그런 마음이 들어~ 마음이 아프기도 하고……." 잠시 후 내가 내담자에게 제안을 했다. "너 혹시 이 그림 속의 노란 물고기를 위해 뭔가 해 주고 싶은 것이 있니?" 그러자 내담자는 어항에 불을 켜 주면 물고기가 더 좋아할 것 같다고 하였다. 난 나의 그림을 내담자에게 내어 주며 네가 하고 싶은 대로 마음껏 해 보라고 하였다. 내담자는 그래도 되냐며 놀랐다. "응, 이 그림 위에 덧붙여 그림을 그리든, 가위로 오리거나 잘라 내든……. 네가 하고 싶은 대로 한번 마음껏 해 봐."라고 하였다. 내담자는 검은 어항 위쪽에 전구 모양으로 노란 색종이를 오려 붙여서 조명을 켜 주었다. 그러고는 그 조명이 내리비춰 주는 빛을 여러 개 붙여서 처음보다 훨씬 환해지고 밝아지는 효과를 냈다. 미술작업을 하는 내담자의 손이 재빨랐다. 못 그리는 것을 걱정하여 이렇게 해야 할까 저렇게 해야 할까 고민하느라 시간만 보내던 평소 모습과는 너무나 다른 모습이었다. 내담자는 신이 나 보였다. "선생님, 저 여기에 다른 물고기 친구들도 그리고 싶어요. 풀이랑 조약돌도 그려 주고요." 내담자는 시계를 보며 너무 시간이 빨리 갔다고 아쉬워하며 좀 더 하고 싶다고 했다. 아쉽지만 끝내야 하는 시간이 되었으니 마무리로 오늘 한 작업이 어땠는지 물어보았다. "물고기가 이젠 외롭지 않을 거 같아요. 그리고 저 조명등이 있어서 무섭지도 않고요." 들어올 때의 표정과는 사뭇 다르게 무언가 생기가 도는 것이 보였다. 오늘의 작업으로 또 다른 치료의 국면을 맞이했다. 자신이 평가받는 것이 두려워서 미술작업도 제대로 하질 못하던 내담자가 이렇게 재미있게 작업을 했으니 치료의 진전을 가져온 것 같다. 나의 미술작업을 통해 내담자에 대해 많은 생각을 하게 되고, 치료에 대해서 고민하면서 점점 미술치료사로서 전문성도 향상되어 가고 있음을 느꼈다. 미술이 주는 힘은 그 정도로 강력한 것임을 내가 믿고 있고 미술에 대한 확신이 있기에 미술치료사의 길을 계속 걸어 나갈 수 있는 것이며, 미술치료사로서 한층 더 자신감을 갖게 되는 것이다.

예전에는 그저 쫓기는 일상 속에서 잠시 여유로움을 가지거나 내가 편히 쉬는 것이 자기돌봄의 전부인 줄로만 알았다. 그러나 미술치료사로서 일해 온 경력이 쌓여 갈수록 근원적인 자기돌봄에 대해 알게 되었다. 그것은 내면을 들여다보면서 진짜 마음을 잃어버리지 않도록 나를 지키는 것이다. 그리고 미술작업이 이러한 자기돌봄에 없어서는 안 되는 도구가 되어 준다. 어느 참여자는 이것에 대해 다음과 같이 말했다.

"근데 나의 중심을 가지고 내가 나를 찾고 지키는 그런 게 진짜 더 근원적인 자기돌봄인 것 같아요……. 그러지 못할 때도 많거든요……. 살다 보면 자꾸 나를 잃어버리고 휩쓸리게 되는 경우가 왕왕 있는 거죠. 근데 미술이 그거를 가능하게 해 주는 것 같아요. 나를 지키는 거요……. 왜냐하면 미술작업이 시각적으로 자신을 성찰할 수 있는 기능이 있잖아요. 조금이라도 미술작업을 지속적으로 하면서 자신을 돌아보는 시간을 가지고 내면을 살피고 그러는 거요. 그렇지 않으면……. 진짜 이 바쁜 현대 생활에 휩쓸려서 나를 잃어버리고 정신없이 살아가기 딱이죠."

나는 미술치료사의 옷을 입고 살아가는 사람이다. 그러기에 나를 위한 돌봄이 잘 이루어졌을 때 내담자를 위한 돌봄도 더 잘 이루어진다는 것을 내가 아파 가며 뼈저리게 경험하였다. 자신을 돌보는 방법이 다양하겠지만 미술치료사인 나 자신에게 있어서 미술작업은 없어서는 안 되는 것이다. 미술치료사의 진짜 파워는 어디에서 나오는 것일까? 미술치료 관련 전문지식, 전통적인 심리치료 이론, 슈퍼비전, 임상 경력 등등 미술치료사가 가지고 있어야 할 것들이 여러 가지가 있겠지만, 내 미술작업 경험이 있어야만 미술치료사로서 전문성도 발휘할 수 있는 것이다. 이렇게 미술작업은 내 개인적인 삶에서의 어려움은 물론, 미술치료사로서도 잘 기능하며 전문적인 역량을 유지할 수 있도록 나 자신을 돌보는 데 있어 없어서는 안 되는 것이다. 그리고 무엇보다 이러한 미술작업을 통한 자기돌봄은 완성이 없는 것이기에 앞으로도 평생 미술작업을 지속하며 미술치료사인 나 자신을 돌보리라 약속한다.

3. 미술작업 관련 전공과목 체험을 다룬 해석학적 현상학적 글쓰기

미술심리치료는 심리치료와 미술의 융합학문으로 간주되므로(장연집, 2014), 미술심리치료학 전공의 대학원 교과과정에서는 미술 관련과 심리학 관련 부분으로 크게 나뉜다.

미술 관련의 교과목에는 예술대학에서 사용하는 미술 실기의 의미와 다르며, 서울여대의 경우 미술 관련 교과목은 미술심리치료 기법 연구, 창의적 미술심리치료 세미나, 미술심리치료사를 위한 미술심리치료가 개설되어 있다.

미술심리치료에서 미술작업은 심리치료와 함께 미술심리치료를 지탱하는 한 축이며 미술심리치료사가 항상 준비하는 도구이다(김현미, 장연집, 2013). 미술작업은 내담자를 이해할 수 있고 미술심리치료사 자신을 탐색하는 데에도 큰 역할을 한다. Fish(2008)는 미술작업이 미술심리치료 슈퍼비전에서 활용할 때 슈퍼바이지가 내담자와의 관계나 슈퍼바이지의 감정, 회기 전반의 미묘함 등에 대해서 전달하며 자기보살핌으로서의 역할도 한다고 언급한다.

예술심리학자 Arnheim(1979)은 예술은 성숙된, 완전한, 행복한 사람들을 만들어 내는 방법이며 그 사람의 성격을 표현하는 도구라고 하였다. 그가 내린 미술의 성격 및 기능은 미술심리치료학에서의 미술의 개념에도 적용되어 미술심리치료학에서의 미술은 내면의 이미지에 관심을 가지며 미적인 완성도에 비중을 두지 않는다(장연집, 2014).

미술작업 관련 전공과목 체험을 다룬 해석학적 현상학적 글쓰기 주제를 한 해석학적 현상학적 글쓰기는 연구자 4가 쓴 1편이다.

이 장에서는 미술심리치료학 전공 석사학위 과정생의 미술작업 관련 전공과목에 관한 글쓰기를 소개한다.

1) 미술치료학 전공 석사학위 과정생의 '미술작업 중심 교과목' 내에서 미술작업 체험 연구에 관한 해석학적 현상학적 글쓰기

기대로 가득 찬 첫걸음

첫날부터 지각이다. 푹푹 찌지는 않지만 아직 늦더위의 열기가 가시지 않은 탓인지 잰걸음에 땀이 비 오듯 흐른다. 연신 손부채질을 하며 강의실 뒷문 손잡이를 최대한 조심스럽게 돌린다. 그러나 한껏 절제된 내 동작과는 달리 문은 유독 귀에 거슬리는 금속성을 일으키며 열린다. 강의실 안 에어컨 바람과 함께 꽂혀오는 사람들의 시선에 몸이 절로 움츠러든다. 여전히 멈출 수 없는 손부채질을 하며 문과 가장 가까운 의자에 살짝 걸터앉는다. 고개를 들다 마주친 교수님의 눈이 가늘게 웃음 짓는다. "아직 밖이 꽤 더운가 봐요. 잠깐 땀 식히는 동안 계속 얘기해 볼까요." 교수님의 눈이 내 옆 자리에 앉은 사람을 향한다. 지금 뭔가 돌아가면서 얘기하고 있는 중이었나 보다. 조심스레 분위기를 파악하며 이마와 콧잔등을 손가락으로 훑어 낸다. 내 옆에 앉아 있던 선배가 하던 말을 잇는다.

"두 학기 동안 실습을 하면서 머리로 배우고 알고 있다고 생각했던 이론들이 실습 현장에만 가면 어긋나고 도대체가 적용이 되지 않더라고요. 그래서 실습 자체가 너무 힘들었어요. 제가 아예 방법 자체를 잘 모르는 것은 아닐까 하는 생각이 들더라고요. 그래서 교수님은 치료사로서 어떻게 내담자와 회기를 진행하는지 배우고 싶어서 이 수업을 듣게 되었습니다." 솔직하다 못해 당돌한 선배의 이야기에 교수님은 모범을 보이려니 부담스럽다며 너털웃음을 짓고 학생들도 따라 웃음을 터뜨린다. 이어서 바통을 넘겨받은 예진이는 예의 또랑또랑한 목소리로 입을 연다. "저도 치료사이기 때문에 저 자신을 돌봐야 되잖아요. 아, 아직 치료사가 아닌가? 뭐, 어쨌든 집단미술치료를 하다 보니깐 제 감정이 컨트롤이 안 될 때가 많더라고요. 내가 치료사로서 여기에서 이렇게 흔들리면 안 되는데, 알면서도 심적으로 크게 동요가 되니까 이게 뭔가 내 안에서 해결되지 않은 문제가 있어서 그런 게 아닐까 하는 생각이 들어요. 그래서 먼저 나부터 스스로를 통찰을 해야 되겠구나, 나를 알아야겠구나 하는 생각이 많이 들더라고요. 그래서 이 수업을 듣게 되었습니다. 저를 통찰할 수 있는 좋은 기회가 될 것 같아서요." 예진이의 말에 몇몇이 고개를 끄덕인다. 대학 시절부터 친구이긴 하지만 사이가 어색한 예진이가 씩씩하게 자기 의견을 이야기하는 동안 나는 무슨 이야기를 해야 하나 머리를 굴리기 시작한다. 문득 그간의 생활이 주마등처럼 스쳐 지나간다.

어쩌면 미술치료학 대학원에 가기로 한 것은 충동적인 결정이었는지도 모른다. 대학도 남들보다 늦게 졸업하고, 어렵사리 들어간 회사도 금방 그만두고, 어수선한 마음도 정리하고 외국어도 익힐 겸 어학연수를 떠난다. 도피와도 같은 외국 생활을 접고 한국에 돌아갈 날이 다가올수록 동양화를 전공한 사람이 뭘 하며 살 수 있을까 하는 불안감과 자괴감이 날 사로잡는다. 내가 외국에서 돌아왔다는 소식을 듣고 대학동기 몇몇이 오랜만에 모이자고 한다. 아무것도 정해지지 않고, 무기력하고, 우울하기까지 한 이런 마음 상태로는 누구와도 만나고 싶지 않았지만 나 때문에 모이는 것이라고 하니 안 나갈 수가 없다. 친구들은 모두 잘 사는 것 같고 벌써 결혼 이야기가 오고가는 친구도 있다. 그들과 어울려 겉으로는 웃고 있지만 방황만 하는 내가 한심해서 또 움츠러드는 기분이다. 그러던 중 예진이가 자기는 대학원에 진학해 미술치료사가 되겠단다. 예진이와는 동기이지만 여기 모인 친구들 중 가장 교류가 없는 편이다. 교사자격증을 따서 어느 학교 선생님인 것으로 알고 있는데 갑자기 미술치료를 공부하겠다는 말에 의아하기만 하다. 친구들이 이유를 묻는데 내 귀에는 그녀의 대답이 들리지 않는다. 미술치료라니 생소하지만 매력적인 그 단어가 뇌리에 박힌다. 나도 하고 싶다! 무엇인지 정확히는 모르겠지만 하고 싶다는 간절함이 마음 안을 채운다. 그거라면 무기력하고 우울한 나를 치료할 수 있을 것만 같다.

열심히 준비를 해서 원서를 내고, 운이 좋게 합격한다. 이렇게 기대감으로 가득 찬 기분도 오랜만이다. 의욕이 이토록 넘치던 때가 언제였는지 아득하기만 하다. 대학원 생활을 어떻게 해야 할지 알아보기 위해 신입생 오리엔테이션에 참석하는데, 그곳에서 예진이와 맞닥뜨린다. '아, 예진이도 나와 같은 학교에 지원했구나!' 낯선 사람들 사이에서 그나마 아는 얼굴을 만나 약간의 안도감이 들던 찰라 예진이도 날 보더니 반가운 기색으로 내 어깨를 툭 친다. "너 나 따라 한 거지!" 예진이는 장난식으로 밝게 웃으며 이야기하는데 나는 웃을 수가 없다. 정곡을 찔린 것만 같아 굳어 버린 얼굴로 얼버무리듯 너도 이 학교 왔구나, 이번에 신입생이 많은 것 같다는 식의 대답을 하고 예진이 자리 옆에 한 칸을 띄우고 앉는다. 예진이는 별로 개의치 않는 듯이 나와 그녀 사이에 있는 의자에 자기 가방을 내려놓는다.

오리엔테이션에서는 선배들이 1학기에 들을 수업에 대한 조언을 해 준다. 이론과 현장실습으로 이루어진 교과과정을 1학기 생이 공통으로 들어야 한다. 예진이와 계속 같은 수업을 듣겠구나 하는 생각에 마음 한구석이 꺼림칙하지만 정작 학기가 시작되고 나니 수강 인원이 많아서 의외로 그녀와 마주칠 기회는 많지 않다. 나도 처음 하는 이 공부에 푹 빠져서 다른 것을 돌아볼 여유가 없다. 마음 안에는 전공 분야에 대한 기초지식이 부족하다는 생각만이 가득하다. 심리학을 이해하고 싶다는 조급한 마음에 눈덩이처럼 밀려오는 이론 공부를 위해 주말에도 도서관에 나간다.

이론 수업만큼이나 정신병원에서 하는 현장실습도 날 긴장하게 하는 것은 마찬가지이다. 아니, 사실 처음 현장실습을 갔을 때는 죽도록 괴로웠다. 정신병원에서 환자들을 관찰하며 하루 종일 그들과 함께한다. 가끔은 환자들한테 끌려 다니면서 이런저런 얘기를 듣기도 하고, 이해할 수 없는 행동을 하는 그들에게 대처할 방법을 찾지 못해 난감할 때도 종종 있다. 어떤 소녀는 나와 눈이 마주치자 옆에 있어 달라더니 자신의 망상 얘기를 늘어놓는다. 어떻게 해야 하나 고민하던 나는 치료자라면 환자한테 잘해 줘야 하지 않을까, 따뜻하게 대해 줘야 하지 않을까 하는 강박에 사로잡혀 그녀 얘기를 경청하고 그와 관련된 질문을 던지기도 한다. 그런데 슈퍼비전을 받던 중 나의 이러한 방식이 환자를 더 와해시켜 해를 입힐 수 있다는 사실을 알게 된다. 이런저런 실수를 반복하면서 환자를 대하는 데에 자신감을 잃은 적도 있지만 이론 공부가 쌓이면서 정신병리적으로 그들을 이해하게 되고, 적응도 조금씩 되면서 현장실습 나가는 것이 처음처럼 죽을 만큼 힘들지는 않게 된다.

때로는 이론 공부를 하다가 '이 방법을 쓰면 환자들에게 더 좋은 영향을 줄 수 있지 않을까?'라는 상상을 해 본다. 그런데 혼자만의 상상을 진행하다 보면 이론과 실습의 연결고리가 끊어진 기분이다. 미술치료사로서 미술이 이론과 현장에서의 가교 역할을 해야 하는데 그 부분이 안개에 가린 듯 자욱하기만 하다. 그러다 보니 '미술치료학 전공생으로서 미술치료를 한다면 어떤 미술작업을 적용해야 할까?' '작업을 하고 그들을 어떻게 공감하고 이해할 수 있을까?' 하는 새로운 고민이 생겨난다. 머릿속으로는 그간 배운 이론을 바탕으로 이런저런 그림을 그려 보지만 다음 학기에 미술치료 회기를 진행할 생각을 하니 구체적인 방안이 떠오르지 않아 불안감이 엄습한다. 나부터가 미술치료를 직접 받아 본 적도, 다른 치료사가 진행하는 회기를 본 적도 없으니 이론을 어떻게 현장에 접목시켜야 할지 막막하고 감이 잘 안 잡힌다. 때로는 미술치료를 전공하지만 미술치료 경험은 하나도 없이 이론만 파악하고 있는 내가 과연 미술치료학 전공생이라 할 수 있을까 하는 생각이 꼬리에 꼬리를 물어 잠을 설치기도 한다.

어느 날, 실습 현장에서 이제는 어느 정도 안면을 튼 간호사 선생님이 내 전공을 듣더니 미술치료가 정확히 뭐냐고 물어온다. "그림을 그리다 보면 기분이 이완이 되기도 하고, 또 작업 자체에 몰입하기도 하잖아요. 그런 미술작업을 하는 과정과 완성된 이미지를 통해서 자기 스스로를 알아 가고 그럼으로써 현실에 적응해서 살아갈 수 있게 도와주는 게 미술치료예요." 항상 자문하면서도 대답을 찾지 못하던 질문이다. 그러나 다른 사람 앞에서 주저하는 모습을 보이고 싶지 않아 그간 이론으로 배웠던 것을 읊조리며 위기를 모면한다. 간호사 선생님도 대충 이해한 듯 고개를 끄덕여 줘서 다행이라고 안도하면서도 동시에 막막함이 느껴진다. '정말 미술치료가 뭘까?' '내가 겪어 보면 뭔가 다른 대답을 할 수 있지 않을까?' '내가 겪어 보지 못한 미술치료로 남을 치료할 수 있을까?' 한 학기 내내 고민하던 문제가 간호사 선생님의 질문과 함께 '내가 미술치료사가 될 수 있을까?' 하는 의문으로 번져 간다. 한 학기 동안 바삐 지내면서 잊었던 나의 낮은 자존감과 무기력함이 마음 한편에서 다시금 똬리를 트는 것 같다. 문득 '나부터 치료해야겠다!'는 생각이 든다. 미술작업을 통해 내 안의 나와 접촉하고 나를 깊이 탐색하고 싶다. 이론으로만 알던 것이 과연 실제로 내게 어떤 영향을 끼치는지 경험해야겠다는 생각, 약하고 아픈 나를 미술치료를 통해 떨쳐버리고 싶다는 생각이 가슴속에서 일렁인다.

방학 동안 다음 학기에 무슨 수업을 들을지 고민하면서 미술작업 중심 교과목을 찾아본다. 미술작업 중심으로 수업이 진행되는 과목은 '창의적 미술치료 세미나' '미술치료사를 위한 미술치료' '미술치료 매체와 기법' '집단미술치료'이다. 이 과목들이 매 학기 개설되는 건 아니지만 그래도 미술작업을 경험할 수 있는 수업이 있어서 다행이다. 이 과목들 중에 모두 개설되는 것은 아니라서 일단 돌아오는 학기에 개설되는 '미술치료사를 위한 미술치료'와 '집단미술치료'를 듣기로 결정한다. 미술작업 중심 교과목은 이론 중심 교과목처럼 많이 개설되지 않아서 아쉽지만, 그래도 개설되는 과목이 있어 다행이라고 생각하며 수강신청을 한다. 그리고 첫날부터 지각이다.

땀이 식으면서 강의실로 폭풍처럼 질주했을 때의 열기도 사그라진다. 첫 시간부터 수업에 늦은 민망함도 선배와 예진이가 대답하는 동안 어느 정도 진정된다. 이제 내가 질문에 대답해야 할 차례이다. "한 학기 동안 현장에서 관찰을 하면서 이론과 현장을 연결할 다리가 필요하다는 생각이 들었어요. 미술 경험을 내가 직접 해 보고, 매체를 경험해 봄으로써 이론과 현장을 연계할 구조가 명확해지지 않을까 했고요. 한 학기 내내 느꼈던 미술치료에 대한 막연한 감정이 제가 직접 경험해 보면 덜해지지 않을까, 그리고 내가 가지고 있던 스스로에 대한 불안함, 그러니까 내가 과연 좋은 미술치료사가 될 수 있을까 하는 불안감도 어느 정도 떨칠 수 있지 않을까 하는 생각에 이 수업을 신청하게 되었습니다." 최대한 선배나 예진이와는 다른 이야기를 하고 싶어서 단어 하나하나 조심스럽게 선택하며 말을 이어 간다. 교수님도 잘 들었다는 듯이 고개를 끄덕이고 다른 수강생들도 작게 고개를 주억거리는 게 보인다. 그러다가 나를 보고 있는 예진이와 눈이 마주친다. 예진이도 공감한다는 듯이 고개를 끄덕여 주는데 갑자기 신경이 쓰인다.

나를 찾아가는 길을 밝혀 주는 미술작업

미술작업을 통해 나를 탐색할 수 있다는 기대감이 있지만, 막상 수업에서 예진이를 포함한 동기들과 함께 있으니 덜컥 겁부터 난다. '나도 모르는 것들이 사람들 앞에서 갑자기 드러나면 어쩌지.' 앞으로도 계속 봐야 할 사람들인데 그들 앞에서 나도 모르는 내가 드러나지 않을까, 발가벗겨지는 듯한 기분이 들지 않을까 걱정이 밀려온다. 내게 필요한 것들을 채워 줄 수 있는 기회라고 생각한 수업인데 자꾸 두려움과 불안감이 내 심정을 표현하고픈 욕구를 가로막는다. 물론 이미 알고 있는 동기와 선후배들이지만, 친한 동기들을 제외하고는 속 깊은 얘기를 해 본 적이 없다. 과연 내 속내를 얘기해도 잘 받아들여 줄까, 내가 감추고 싶었던 나의 어두운 측면이나 나도 모르는 내 모습이 그들에게 이상하게 받아들여지지는 않을까 걱정이 앞선다. 특히 예진이에게 내가 품고 있는 말로 정의하기 어려운 감정을 들키고 싶지 않다는 생각이 든다. 그게 무엇이든 부끄러울 것 같아서.

수업 시간에 미술작업을 하면서 마음 한편이 계속 찜찜하다. 웨디슨은 '미술치료사에게 꼭 필요한 것은 창조적 활동을 통한 치료사의 자기 각성'이라고 했는데 혹여나 추악한 스스로를 깨달을까 봐 못내 두렵다. 미술작업에 도통 집중이 안 되고 작업을 마무리하고서도 무엇을 말하고 싶은 건지 말로 형언하기가 어렵다. 마음은 혼란스럽기만 한데 이제 동료들과 작품을 나누어야 한다. 어찌나 긴장이 되는지 심장 고동치는 소리가 귓가에 울려서 사람들 말이 들리지 않을 정도이다. 누군가가 내 작품에 대해 이야기를 하는데 나도 모르게 마음이 울컥하며 눈물이 차오를 것만 같다. 크게 심호흡을 하며 고개를 드는데 예진이와 눈이 마주친다. 순간 이 감정을 표현하면 그들 앞에서 그리고 예진이 앞에서 치부를 드러내는 느낌이 들 것 같아 올라온 감정을 꾹꾹 누른다. 마음 한 구석에서 뜨거운 것이 가득 차올라서 타들어 갈 듯 아프다. 있는 힘을 다해 꾹꾹 누른다. 아니, 삭인다고 하는 편이 맞을 것 같다. 무슨 말을 했는지 모르지만 내가 한 작업을 마치 남이 한 것처럼 차갑게 뭉뚱그려 설명한다. 뭉친 듯이 아파 오는 가슴을 외면했지만 한편으로는 힘든 마음을 들키지 않아 다행이라는 생각이 든다.

그런데 예진이는 달랐다. 그녀 차례가 되자 종이로 찢어 표현한 작품을 우리와 나누면서 자신의 마음이 찢겨진 것처럼 아프다며 눈물을 참듯 힘겹게 말을 이어 나가

더니 급기야 흐느끼기 시작한다. 나는 예진이와 같은 과 동기인데 그녀가 우는 모습을 본 적이 없다. 내가 기억하는 예진이는 항상 야무지고 빈틈이 없고 씩씩해서 눈물과는 거리가 먼 아이이다. 지금 예진이가 말하는 찢겨진 것 같다는 감정도 이해가 잘 가지 않는다. 뭔가 감정을 과잉으로 표현하는 것만 같아 오히려 불편하고 거부감까지 든다. '아까 내가 울었으면 남들 보기에도 이상했을 거야. 울지 않아 다행이야.' 하는 생각이 새삼스레 든다. 그런데 동료 중 하나가 울먹거리지만 따뜻함이 가득 담긴 목소리로 예진이에게 말을 건넨다. "구멍이 뚫린 채 너덜너덜하게 찢겨진 종이를 보니 얼마나 마음이 힘들었을까 하는 생각이 들어요. 그래도 구멍이 난 상태에서도 끝끝내 종이의 모양을 지탱하고 있는 나머지 부분을 예진 씨가 봤으면 좋겠어요. 조금만 시선을 움직이면 상처에도 버티고 있는 예진 씨의 강한 마음이 보일 것 같아요." 예진이는 결국 책상에 엎드리며 소리내어 울어 버린다. 다른 동기들도 눈시울을 붉히기도 하며 진심으로 예진이를 달래 주고 지지해 준다. 교수님도 예진이의 마음을 소중하게 다뤄 주시면서 예진이가 가진 상처를 보듬으려면 누군가의 도움이 필요하다는 말씀을 덧붙이신다. 그녀의 감정 분출이 너무 과한 것 같기만 한데, 따뜻하기만 한 동기들의 반응에 기분이 복잡해진다.

수업이 끝나고 나도 뭔가 한마디 해야 할 것 같아서 아직 울음의 여파가 가시지 않은 예진이의 어깨를 툭 치며 힘내라는 말을 건넨다. 그러자 예진이는 퉁퉁 부어 엉망이 된 얼굴로 "아이 창피해라."라며 멋쩍게 웃음 짓는데 그 얼굴이 뭔가 홀가분해 보인다. 집에 돌아와 침대에 누웠는데도 좀처럼 잠이 오지 않는다. '마음을 다룰 수 있는 좋은 도구가 있었는데 왜 나는 사용하지 못했을까?' '예진이처럼 다 표현하고 그렇게 울어 버렸으면 어땠을까?' 예진이의 개운해 보이는 표정과는 대조적으로 내가 외면해 버린 마음속 응어리는 날 더 아프게 짓누른다. 갑자기 후회가 밀려온다. 인정하고 싶지는 않지만, 자신의 감정을 충분히 표현하고 동료들의 공감을 받는 예진이가 부럽다. 동료들을 믿고 용기를 내서 내 감정을 표출하고 사람들의 응원을 받고 싶다는 생각과 여전히 감추고 싶다는 모순되는 생각이 씨줄과 날줄처럼 교차한다.

오늘은 교수님이 '나의 현재 상태'에 대해서 이미지로 표현해 보자고 하신다. 감정을 억압하고 표현하는 것이 서투른 나에게 부담스러운 주제이고, 지난 작업처럼 내 감정이 건드려질까 봐 덜컥 겁부터 난다. 하고 싶지 않은 마음에 붓에 연두색 물감을 가득하게 묻혀서 그냥 '턱' 종이에 대고 왔다 갔다 해 본다. 점차 붓의 움직임과 그것이 그려 내는 색감에 온 신경이 집중된다. 원래 미술작업을 하는 과정을 남에게 보이는 것을 좋아하지 않는데 지금은 주위 사람들의 시선이 의식조차 되지 않는다. 정신없이 그림을 그리다가 붓을 멈추고 나니 무언가 복잡한 것을 풀어낸 것만 같은 속 시원함과 쾌감이 온몸을 가로지른다. 무엇을 그린 건지도 모르겠는데 뭔가 씻겨 내려가 해소된 듯한 이 느낌이 너무나도 오랜만이고 뿌듯하다.

그것도 잠시, 완성된 그림을 마주하고 있자니 마치 무엇인가 감추려는 듯 겹겹이 덧칠해진 물감 자국이 애써 누르고 있던 내 마음을 요동치게 한다. 그간 애써 눌러왔던 내 마음속 아픈 응어리가 그대로 작품에 드러난 것 같아 그림을 찢어 버리고 싶다. 필사적으로 누르고 있던 내 힘든 감정이 터져서 흐르는 것 같고 꼴도 보기 싫다. 이걸 보면서 동료들과 나누어야 한다는 사실도 싫다. 제발 나한테는 아무 질문도 하지 않았으면 좋겠다는 말만 마음속으로 수십 번씩 되뇌고 있다. 그런데 그때 한 동기가 나의 이미지에 말을 걸어온다. "저 덮어 버리듯 켜켜이 쌓아 놓은 물감을 걷어 내면 이제 막 움트는 연둣빛의 새싹이 있을 것 같아요. 수줍게 핀 풀꽃이 흔들리고 있을 것 같아요." 이 심상이 머릿속에 강렬히 그려지면서 나도 모르게 깊숙한 마음의 이야기가 흘러나온다. 너무 다 토로한 것 같아 후회가 밀려오려는 찰라 예진이와 눈이 마주친다. 정신없이 말을 토해 내고 있는 내가 한심해 보이지는 않았을까 순간 정신이 번쩍 든다. 그런데 예진이는 따뜻함과 지지가 가득한 눈빛으로 말을 건넨다. "감정을 안 드러내는 속 깊은 친구인 것은 알지만, 그래도 아프면 아프다고 말하고 스스로를 소중하게 여겼으면 좋겠어." 그 순간 나도 모르게 눈물이 왈칵 쏟아진다. 괜찮다고 아프면 울어도 된다고 이야기해 주는 동료들의 위로에 뭔가 걷잡을 수 없이 감정이 북받쳐 온다.

교수님께서 완성된 그림을 각자 놓고 싶은 곳에 놓으라고 하신다. 내가 내 그림을 내려놓자 동기들이 내 그림을 에워싸듯 자신들의 그림을 내려놓는다. 동기들의 그림이 나를 보호해 주는 것 같아 따뜻하고 아늑한 기분이 든다. 고맙다는 느낌, 그리고 보살핌을 받는 느낌이 한데 어우러져 뭉클하다. 내가 감정을 주체하지 못하고 또다시 눈물을 흘리자 동기들이 그림을 에워쌌듯이 날 둘러싸며 따뜻하게 위로해 준다. 나는 사실 내 가슴속 아픈 감정을 외면하며 살아온 것 같다. 힘들지 않은 척, 아프지 않은 척, 밝은 척, 괜찮은 척! 그래서 나는 어떻게 감정을 표현해야 하는지 알지 못한다. 스스로의 감정을 인정하지 않고 소중히 여기지 않은 채 애써 무시했던 내가 밉기도 안쓰럽기도 하다. 그런데 나조차 소중히 여기지 않았던 더 깊은 나를 동료들과 교수님은 그대로 수용해 주고 인정해 준다. 그들 덕분에 내 이미지와 대화를 이어 갈 수 있는 힘이 생긴다. 발가벗겨질까 두려웠던 이 공간이 아늑하게 느껴지고, 여기서는 나를 만나는 것에 대한 두려움을 잠시 내려놓을 수 있을 것 같다. 나를 개방할 수 있는 힘과, 내면을 직시할 수 있는 용기가 생긴다.

수업이 끝나고도 동료들은 내게 다가와서 따뜻한 말을 건네주기도 하고 아무 말 없이 어깨를 토닥여 주기도 한다. 그들의 지지에 대한 고마움과 함께 마음이 홀가분해진다. 그런데 저쪽에서 예진이가 내 그림 위에 뭔가 작은 쪽지를 살포시 얹는 게 보인다. 몸을 일으킨 그녀는 나와 눈이 마주치자 입모양으로 '파이팅' 하며 주먹을 불끈 쥐어 보이더니 쏜살같이 사라진다. 자꾸 부옇게 번지는 눈물을 닦으면서 쪽지를 들어보니 짧은 시가 아로새겨져 있다.

풀꽃

– 나태주

자세히 보아야
예쁘다.

오래 보아야
사랑스럽다.

너도 그렇다.

그날 집에 돌아와서도 싹트는 새싹의 심상이 자꾸만 맴돌아 색연필을 꺼내든다. 어쩌면 난 스스로 싹트려는 또 다른 나를 계속 억압하고 외면했던 것이 아닐까. 그럼에도 불구하고 그 새싹은 꿋꿋하게 그 안에서 버티고 있는 것이 아닐까. 드러내지 않으려고 꼭꼭 숨겨왔던 부분인데 꺼내 보니 생각보다 어둡지 않은 것 같다. 나는 이 정도는 감당해 낼 수 있을 만큼 충분히 강한 사람이라는 생각도 든다. 물론 내 안에는 여전히 힘든 부분이 많이 있지만, 예전처럼 압도되지 않은 채로 그것을 직시할 수 있겠다는 자신감과 나의 다양한 모습을 자유롭게 넘나들면서 표현할 수 있을 것 같다. '나, 생각보다 더 강한 사람이구나.' 스스로도 알지 못하던 강함을 자각하게 된다. 잠에 든 그 순간까지도 배 한 가득 따뜻한 포만감이 느껴진다. 그날부터였을까. 꼭꼭 숨겨 왔던 고민들도 친구들과 자연스럽게 나눌 수 있게 된다. 나를 바라보는 마음도, 다른 사람들을 대하는 마음도 한층 편안하다. 예진이를 향해 날카롭게 세웠었던 감정의 날이 무뎌진 것도 그때쯤인 듯하다.

동료들, 평생토록 내 안의 나를 비춰 줄 맑은 거울

'미술치료사를 위한 미술치료'에서 동료의 위로와 공감 속에 닫혀 있던 내 마음이 차츰 열리는 것 같고, 마음속 숨기고 싶은 면까지 그들이 포근하게 감싸 줄 것만 같은 느낌이 든다면 '집단미술치료'는 또 다른 느낌으로 다가온다.

오늘은 찰흙으로 각자 표현하고 싶은 것들을 만들고 나머지 공간에 조원끼리 서로의 작품에 선물을 주는 작업을 하는 날이다. 찰흙을 만지작거리는데 문득 어린 시절에 마음껏 뛰어 놀던 기억이 떠올라 한없이 즐거워진다. 조물조물. 찰흙이 시소, 철봉, 미끄럼틀의 형태를 갖춘다. 그 시절의 해맑은 미소, 소꿉친구들이 떠오르면서 아련한 기분이 든다. 작업을 마무리하고 몽글몽글한 모습으로 자리 잡은 놀이기구들을 보니 그 시절이 떠올라 기분이 푸근해진다. 바로 그때 앞에 앉은 동기가 내 작품을 보면서 무언가 흉측한 것을 손으로 만드는 것이 보인다. 설마 내 귀여운 놀이터에, 어린 시절의 추억을 가득 담은 놀이터에 저 쓰레기 같은 것을 올려놓으려는 것은 아니겠지 하는 불안감이 피어오른다. 아니나 다를까 그 흉측한 몰골의 '작품'이 내 놀이동산 한가운데에 턱하니 놓인다. 나도 모르게 표정이 굳는다. 속으로는 올려놓지 말라고 이미 백만 번은 외친 듯싶다. 그 작품을 올린 동기는 평소 정리정돈이 안 되면 불안해하고 안절부절못하는 나에게 그러지 않아도 괜찮다는 뜻으로 선물을 주었다고 한다. '내가 그랬구나.' 그런데도 싫어하고 거부할 것이 뻔한 나를 위해 미움 받을 각오를 하면서까지 용기 내어 괜찮다고 위로해 주는구나. 갑자기 그 흉측한 몰골의 '작품'이 놓여 있는 나의 놀이터에 생기가 넘치는 것 같고 자유로워 보인다.

작업을 하는 과정에서는 불편했지만, 그 시간을 견디고 동기의 마음을 알고 나니 비로소 내 작품에 이전에 없던 생기가 불어넣어진 것 같다. 결과적으로는 좋았지만,

작품을 완성하는 과정에서 내가 왜 그렇게 불편하고 불안했는지에 대해 되묻게 된다. '어쩌면 나는 내가 생각했던 것보다 훨씬 더 통제할 수 없는 상황에 불안해하고 견디지 못하는 게 아닐까?' 하는 생각이 든다. 스스로도, 주변 상황도 아무것도 통제가 되지 않는 현실과 이를 통제하고픈 내 욕구의 괴리감 때문에 자존감이 떨어지고 불안해하는 나를 자각하게 된다. 쓰레기로 일어났던 역동으로 내 마음의 또 다른 문을 연 것 같은 기분이다.

그러나 '집단미술치료' 수업을 하다 보면 약간의 아쉬움이 있다. 수강 인원이 워낙 많아서 콩나물시루를 간신히 면한 수준이라는 점이다. 제한된 시간 동안 감정을 공유해야 하니 내 감정에만 집중하기 어렵다. 결국 올라온 감정을 충분히 다룰 수 없어 답답하고, 혹여 내 얘기가 길어질 때면 동료들의 감정을 충분히 다뤄 줄 수 없어서 그들에게 미안하다. 이미지 작업 후에 속 얘기를 나누고 싶어서 어렵게 얘기를 꺼내도 수업 시간의 제약으로 피상적으로 다루고 넘어가서 집에 돌아가서도 감정적인 잔재가 남곤 한다. 나만 그런 건 아닌지 동료들은 어느덧 수업이 끝나고도 미술치료실에 둘러앉아 서로의 그림에 대해서 이것저것 물어보고 이야기를 나누어 준다.

그들과 이야기를 나누다 보니 답답함이 조금은 풀어지고 감정이 조금이나마 정리되는 것 같다. 이런 과정에서 다들 나처럼 집단 미술작업을 하면서 견디기 힘든 역동을 경험하지 않는다는 것도 알게 된다. 한 동료는 남들이 자기가 만든 작품을 솜으로 덮어씌워 주는데 그게 마치 자기가 포대기에 감싸진 것처럼 따뜻하고 위로가 되었다고 한다. 그 포근함 기분을 이야기하며 살짝 눈시울을 붉히는 그녀를 보며 다시금 동료들이 손을 뻗어 다독여 준다. 그 모습을 보니 저마다 보는 관점이나 느낌이 다르고 이런 것들 모두가 소중하고 존중해 줘야겠구나 하는 생각이 든다.

수업시간과 그 이후에도 깊은 마음을 나누다 보니 동료들과의 친밀감이 더해진다. 누가 먼저랄 것도 없이 방학 동안에도 이 그룹을 지속하는 것이 어떻겠냐는 말에 절로 뜻을 모인다. 2학기가 끝나고 겨울 방학 동안 우리는 정기적으로 만나 계속 미술작업을 하고 공유한다. 그러다 보니 자연스럽게 내담자에 대한 얘기를 하고 작은 피어비전이 되어 간다. 방학 때 슈퍼비전을 받을 수 없는 우리들에게는 이 시간은 더없이 소중하다. 슈퍼바이저는 일정 기간이 지나면 떠날 수밖에 없는데, 동료는 같은 호흡으로 연결선상에서 평생을 같이 갈 수도 있기 때문에 슈퍼바이저와 할 수 없는 부분들을 다룰 수 있다. 위에서 전체를 포괄하고 봐 주는 슈퍼바이저와는 또 다른 옆을 지켜 주는 동료집단의 소중함을 체감할 수 있는 순간이다.

나는 동료들과 함께 미술치료사가 되기 위해서 부딪히고 아파하고 깨지고 넘어지며 조금씩 자라고 있는지도 모른다. 그들은 가장 힘들고 고통스러운 순간에 내 손을 굳게 잡아 주고, 나를 먼저 알아봐 주고 말을 걸어 주며, 내가 나 자신을 탐색하는 두렵지만 짜릿하고, 고통스럽지만 행복한 시간 내내 곁을 지킨다. 그토록 낯설게 느껴지던 그들을 향해 굳건한 신뢰감이 생긴다. 나 또한 그들에게 이 감정을 고스란히 느끼게 해 주는 동료이고 싶다는 생각이 간절해진다.

실제적 경험으로 배운 지식을 마음껏 펼치는 공간, 실습 현장

미술작업 교과목을 통해 내면과 접촉하고 힘든 감정을 받아들이며 차츰 나아지는 경험을 하면서 내담자 내면의 역동을 조금은 헤아릴 수 있게 된다. 그러나 막상 실습 현장에 나가 보니 미술 매체와 기법에 대한 지식이 부족함을 절감하게 된다. 다양한 병리를 가진 환자들을 보며 어떤 매체와 기법을 적재적소에 제공해야 할지 어렵기만 하다. 정신병리 이론을 통해 환자에 대해 학리적으로 이해하는 것은 가능해졌는데, 어떤 환자에게 어떤 미술작업을 적용하여 치료적 개입을 할 수 있는지 아직 감이 잡히지 않는다. 어쩌면 환자에게 적용할 수 있는 더 좋은 미술매체가 있는데 단지 내가 접해 보지 않았기 때문에 내담자에게 적용하지 않는 미술 매체나 기법이 있을 수도 있겠다는 생각이 든다.

그동안 나는 찰흙은 지저분하다는 느낌이 강해서 내담자와 사용해 보지 않았다. 그런데 막상 수업에서 찰흙을 다루어 보니 내가 생각했던 것과는 다른 느낌으로 다가오고, 그것이 싫지 않았다. 사용 기법을 익히면서 찰흙으로 다양한 모양을 만들 수 있음을 알게 된 후에는 내담자들과도 한 번 해 보고 싶은 마음마저 들었다. 만약 수업 시간의 경험이 없었다면 내담자와 찰흙을 사용할 생각을 하지는 않았을 것이다. 매체에 대한 치료사의 선호가 내담자를 위한 적절한 개입을 방해할 수 있다는 인식을 하게 되면서 내가 좋아하는 매체와 그렇지 않은 매체를 파악하는 것이 시급하다는 생각이 든다.

내가 찰흙에 대한 선입견을 이야기하자 한 동료는 자신이 내담자에게 석고붕대를 사용했을 때의 경험을 들려준다. "부드러운 감각을 느끼게 해 주고 싶어서 권했는데,

내담자가 선뜻 작업을 할 엄두를 못 내더라고요. 전 그 매체에 몰입할 줄 알았거든요." 당시에는 내담자의 예상치 못한 반응에 당황했는데, 수업에서 처음 석고붕대를 접한 동료들의 반응을 보면서 그때 내담자를 이해하게 되었다고 한다. 석고붕대 사용법을 이론적으로는 알고 있던 동료들도 정작 사용해 보려니 책에서 설명하지 못한 부분—손이 뜨거워지거나, 손에 묻을 때의 이상한 감촉—에 당혹감을 감추지 못하더라는 것이다. 자신이 석고붕대를 사용하면서 경험했던 위로, 몰입, 재미 등의 긍정적인 정서와는 다른 반응을 보이는 동료들을 통해 같은 매체라도 사람에 따라 반응이 다를 수 있기 때문에 매체와 내담자에 대한 이해가 선행된 후에 적용해야겠다고 느꼈단다. 무슨 수업에서 석고붕대를 사용했냐고 묻자 동료는 '미술치료 매체와 기법'을 이야기한다. 이 수업에서 다양한 매체를 다루어 보고 그 특징을 몸소 체험해 본 경험이 실습 현장에서 내담자에게 미술작업을 적용하는 데 많은 도움이 되었다고 한다. 특히 매체와 기법의 치료적인 특성이 어떻게 내담자와 연결될 수 있는지 연결고리를 만들 수 있는 유익한 수업이라는 말에 이번 학기에는 '미술매체와 기법'을 듣기로 결정했다.

이 수업은 단지 매 시간 다양한 미술 매체와 기법을 체험하는 것에 그치지 않는다. 나와는 다른 반응을 보이는 동료들과 의견을 교환할 수 있다. 그들이 느끼는 매체의 특성을 귀담아 들으며 다양한 반응을 탐색하고, 이런 경험들을 바탕으로 내담자의 입장을 한층 더 헤아리게 된다. 이 수업에서 교수님은 끊임없이 묻는다. "이런 매체를 다룰 때는 어떤 느낌이 드나요?" "이건 어떤 내담자들에게 좋을까요, 왜 좋을까요?" 질문에 대한 해답을 찾기 위해 안간힘을 쓰다 보니 수업 횟수가 더할수록 매체나 기법을 치료에 접목할 수 있는 연결고리가 하나씩 생기는 듯하다. 여전히 장님 코끼리 만지는 기분이 들긴 하지만 수업에서 배운 매체와 기법의 치료적인 특성을 감안하여 적용하였을 때 반응하는 내담자들과의 시간이 이전보다 즐겁다. 그리고 그중에는 저번 학기부터 상담을 했지만 날 계속 밀쳐내는 듯했던 중학생의 변화가 눈에 띈다.

벌써 두 학기째 내게 계속 치료를 받으러 오는 것을 보면 나를 싫어하는 것 같지는 않다. 그런데 도통 자기의 속내는 드러내지 않으면서 '선생님 머리가 예뻐요. 옷이 예뻐요. 귀걸이가 예뻐요.' 하며 어떻게 하면 나 같은 어른이 될 수 있냐고 물어서 당혹스럽게 하는 친구이다. 미술작업을 하려고 해도 별로 의욕 없이 멍하니 먼 산 바라보는 날이 더 많아서 어떤 방식을 적용해야 할지 고민이 많이 된다. 오늘도 묵묵부답 미술작업도 귀찮은지 가만히 있기에 내가 먼저 물감을 흘리면서 "어, 물감이 또로록 굴러가네, 떨어지네." 하면서 시범을 보인다. 그러다가 "너도 해 볼래?" 하며 건네주니 웬일인지 냉큼 받아서 그대로 따라 한다. 그렇게 한참을 물감을 흘리더니 갑자기 떨어지는 물감처럼 눈물을 뚝뚝 떨어뜨린다. "막 눈물이 나요. 마음이 아파요. 제가 너무 싫은데 스스로에게 미안해서 눈물이 나요." 무슨 말인지 모르겠지만 자기의 마음을 내게 쏟아내듯 말한다. 처음 있는 일이다.

몇 주가 지난 지금 그 아이는 한층 적극적인 태도로 쓱쓱 그림을 그린다. 그런데 갑자기 자신이 표현한 이미지가 다 쏟아질 것 같다며 불안해하기 시작한다. 이를 어떻게 대처해야 하나 하는 당혹스러움도 잠시 교수님이 수업 시간에 우리들의 작품을 돌려서 보게 했던 게 퍼뜩 떠오른다. 나는 내담자에게 그림을 들어도 좋을지 물어보고 얼른 작품을 거꾸로 돌려 보여 준다. 쏟아지던 이미지가 안전하게 담겨진 것이다. 불안해하던 내담자의 얼굴에 어느덧 안도감이 차오른다. 이 아이와 이 작업에 대해 더 깊이 나누는데 예전보다 쉽게 대화를 이어 나간다. 예쁘고 공부도 잘해서 학교에서 선망의 대상이었던 아이와 친한 친구가 되었는데, 어느 날 그 친구가 다른 아이들에게 자신의 험담을 하는 것을 들었다고 한다. '걔는 내가 뭐만 하면 따라 해. 내가 가방 사면 똑같은 가방 사고, 내가 피아노 학원 다니니까 똑같은 피아노 학원에 오고, 자기 생각은 하나도 없나 봐.' 잊었다고 생각했었는데 갑자기 "너 나 따라온 거지?" 라고 물었던 예진이가 기억난다. 내담자의 마음을 너무나 잘 알 것 같아 나도 아주 조금 내 경험을 개방하고 그 마음을 같이 느낀다. 난 이 아이에게 '공감'을 하고 있다. 내담자와 나의 마음이 합치되는 느낌이 들었는지, 그 친구는 속내를 그리고 깊은 상처를 여과 없이 드러낸다. 문득 떠오르는 시 한 편을 내담자에게 적어 준다. 예진이가 내게 건네준 바로 그 시이다. 여러 번 곱씹듯 읽던 그 아이는 자기도 사랑스러운 사람이 될 수 있을 것 같다며 눈물을 터뜨린다. 유난히도 저항이 심하던 그 아이도 이제 더 이상 나를 밀쳐 내지 않는다.

수업 시간에 교수님께서 본인을 개방하셨을 때 나는 교수님도 나와 다를 것 없다는 생각을 하게 되면서 동질감을 느꼈는데, 아마 내담자도 나에게 그런 감정을 느꼈던 것이 아니었을까. 내가 교수님을 통해 체득한 건 공감뿐만이 아니다. 우리들의 이미지에 반응해 주시는 하나하나가 내담자의 작품을 대할 수 있는 자산이 되어 내 몸속 깊은 곳에 자리하고 있다. 능숙하지는 않을지라도 내담자와 함께 작품을 가까이 보기도 하고, 멀리서 보기도 하고, 돌려서 보기도 하고, 마음이 어떤지 알 수 있도록, 그리고 느낌은 어떤지 진솔하게 관심을 갖고 질문도 한다. 의식적으로 기억하지 않아도 수업에서 동기들이나 교수님께서 해 주셨던 반응이 내담자와 함께 있을 때 자연스러운 반응으로 나온다. 아, 이래서 경험만큼 소중한 배움은 없다고 하나 보다.

일 년 동안 미술작업으로 나의 깊은 내면과 접촉하고, 수업에서 배운 미술 매체와 기법을 실습 현장에 적용해 보고, 미술치료가 무엇인지에 대해 끊임없이 고민하면서 내가 어떤 미술치료사가 되고 싶은지 내 안에서 정리가 되기 시작한다. 미술작업을 직접 경험하기 전에는 막연하게 매체와 기법에 대해 많이 알면 알수록 실습 현장에서 내담자들을 잘 탐색하게 도와주는 미술치료사가 될 수 있을 것이라고 생각했다. 그런데 실습 현장에서 적용해 보니 기법이 전부가 아니다. 미술치료학 전공생으로서 먼저 미술작업을 통해 스스로의 내면을 투철하게 탐색하고, 이론 공부를 통한 심리적인 이해가 뒷받침되었기 때문에 내담자의 내적인 역동을 이해하게 된 것이다. 이러한 이해를 바탕으로 그들에게 적절한 미술작업을 적용하고 반응함으로써 그들에게 한층 더 다가간다. 치료사의 직접적인 미술작업 경험과 미술 매체와 기법에 대한 이해, 내담자의 내적 이해를 위한 이론적인 지식은 떼려야 뗄 수 없는 한 덩어리처럼 엉켜 있다.

홀로서기를 준비하는 작은 나무, 우리들이 모여 푸른 숲을 이룰 때까지

3학기가 끝난 여름 방학에도 정기적으로 모여서 '미술 매체와 기법' 수업에서 모두 접할 수 없었던 다양한 매체와 기법을 실험해 본다. 예진이는 미술교사를 하면서 미술의 다양한 매체와 기법을 다루는 데에 익숙한 편이었기 때문에 이 수업을 따로 듣지 않았다. 그러나 동료와의 스터디를 통해 내담자에게 적합한 기법들을 나누고 내담자에게 적용했을 때는 어땠는지에 대한 정보를 공유하면서 단순히 사용방법을 숙지하는 것과 적용은 다르다는 점을 깨달았다고 한다. 그녀는 미술교육에서는 아름다운 결과물을 만들어 내기 위한 도구였던 매체와 기법이 미술치료학에서는 그 자체가 내담자의 심리적 과정을 이해하는 대화의 통로이자 열쇠가 될 수 있는 것 같다며 수업을 듣지 않은 아쉬움을 나타낸다. 그래서 우리들은 스터디를 통해 아쉬움을 메워 보자며 예진이를 위로한다.

이런저런 의견을 나누던 중에 나는 미술작업을 통한 치료를 하면서도 문제가 해결되지 않고 나를 짓누르는 찜찜함에 대한 이야기를 꺼낸다. 예진이는 지난 학기 미술작업 수업에서 누군가의 도움이 필요하다는 교수님의 조언을 듣고 개인분석을 받았다면서 나도 받아 보길 권한다. 핑계일지도 모르지만, 졸업을 준비해야 하는 대학원 마지막 학기를 앞두고 분석을 받는다는 게 부담스럽다. 그러나 미술치료사로 성장하려면 자기 문제에 대해서도 끊임없이 다루고 인지해야 할 것이다. 나는 '지금 당장은 어려워도 꼭 그리 하마.'라며 고개를 끄덕여 보인다.

방학 동안 동기들과 스터디를 하며 바쁘게 지내다 보니 벌써 다음 학기 수강신청 기간이다. 세 학기를 보내고 나니 전문성을 갖춘 성숙한 미술치료사가 되기 위해 내게 가장 필요한 것이 무엇인지 알아볼 수 있는 안목이 생긴다. 이론과 실습을 접목시키는 매개체 역할을 하는 '미술작업 중심 교과목'을 들으면서 더 명확해진 것 같다. 두 학기에 걸쳐 들은 미술작업 관련 교과목은 내게 스스로에 대한 이해를 바탕으로 이론을 현장에 적용할 수 있는 실제적이고 유용한 배움을 주는 데에 그치지 않는다. 앞으로 미술치료사로서 성장하기 위해서 필요한 것이 무엇인지를 깨달을 수 있는 안목과 그것을 스스로 찾아갈 수 있는 자원이 생겼다는 데에 더 큰 의미가 있지 않을까. '미술작업 중심 교과목'은 미술치료에서 다루는 '미술'과 '미술치료학'을 이해하고, 실습 현장에서 유용하게 적용할 수 있는 경험의 장을 마련해 준 것이다. 이 경험을 통해 자칫 수업의 틀 안에 갇혀 버릴 수 있었던 지식이 실습 현장과 직접 연계됨으로써 이론과 실제 그리고 실습 현장이라는 삼각 구도가 굳건하게 형성된 것 같다. 이 안에서 미술치료학에 대한 더 깊은 이해를 도모할 수 있고, 꿈에 그리던 미술치료사의 모습에 한 걸음 더 다가갈 수 있다. 그간의 경험과 함께 이런 작업을 나누는 동료집단에 대한 신뢰를 바탕으로 이번 학기에는 혼자서 미술작업을 하기로 결정한다.

결심하고 나니 문득 그간의 기억들을 돌이키며 '현재 나'에 대한 이미지 작업이 하고 싶다. 가장 먼저 실습 현장에서의 나의 모습이 스쳐 지나간다. 환자와 함께 소통하며 미술 회기를 해 나가는 나의 모습, 학교에서 공부하고 집에서 과제하며 하루하루를 바쁘게 살아가는 모습, 동기들과 세션이나 서로에 대해 이야기하며 울고 웃었던 모습이 하나하나 떠오른다. 주마등처럼 지나가는 모습들에서 이제껏 느끼지 못했던 뿌듯함이 차오른다. 아름답다고밖에 표현 못할 그런 충만감이다. '잘 하고 있어. 그리고 아직은 서툴러도 괜찮아. 그걸 인정하고 커 가면 되는 거야!' 라는 외침이 마음 한 가득 울려 퍼진다.

나는 내가 가장 좋아하는 매체인 파스텔을 든다. 왠지 작은 나무가 그리고 싶다. 따뜻한 색으로 표현된 강단 있고 안정된 작은 나무 한그루가 내 마음에 오롯이 자리 잡는다. '이 나무가 햇빛도 잘 받고 배수도 잘 되는 곳에 뿌리를 굳건히 내리면 좋겠다.' '물도 주고 거름도 주며 나무가 무럭무럭 자라나는 모습을 보고 싶다.'는 생각이 용솟음친다. 마음속에서 무럭무럭 자라나는 나무가 그려지자 이 나무 옆을 지켜 주는 다른 나무들의 심상이 떠오른다. 어느새 그 나무 옆을 든든하게 지켜 주는 나무들이 하나둘 자리를 잡더니 초록빛이 넘실거리는 숲을 이룬다. 이 나무들이 나와 같다는 생각이 들고, 나와 함께하는 내담자 같기도 하다. 내 곁을 지켜 주는 동료들 같다는 생각도 든다. 이제 나는 혼자가 아니라 항상 내담자를 생각하고 동료들과 의지하며 그들과 함께 성장하고 싶은 미술치료사이다.

문득 그동안 했던 작업들을 모두 모아 보고 싶다. 어떤 작품은 다시는 보고 싶지 않아 깊숙하게 처박아 두었던 것도 있지만 아랑곳하지 않는다. 칠흑같이 덧씌워 놓았던 물감 아래로 얼룩 같은 연두색 새싹이 보인다. 그것을 맞닥뜨렸을 때의 고통이 이제는 아무렇지도 않다. 무기력과 우울함에 시달리며 오랜 기간 방황했던 나였지만 그것조차 오랫동안 지켜봐 주는 사람들이 있어 사랑스러운 풀꽃이다. 힘겹게 움텄던 그 새싹이 자라나 이제 나무의 형태로 자리 잡는다. 마치 일 년 동안의 나의 성장을 보여 주는 것 같아 가슴이 벅차오른다. 이번 학기가 마지막 학기라는 아쉬움, 혼자서 미술작업을 해도 괜찮을까 하는 걱정도 잠시, 이내 나의 나무를 바라보니 용기가 생긴다. 학교와 실습 현장에서의 경험, 믿고 신뢰할 수 있었던 동료와 가르침을 주셨던 교수님, 그리고 내담자와의 소통의 시간이 한데 어우러져 아직은 작지만 나무 한 그루로 온전히 설 수 있는 내가 있다. 학위 과정을 마무리 하고 졸업 후의 홀로서기 준비를 잘하리라는 자신감이 생긴다. 나의 내면과 만나는 미술작업을 통해 진정한 미술치료사로 거듭나고 싶다는 기대감과 희망이 가슴 가득 차오른다.

나는 홀로서기를 준비하는 묘목이다. 언젠가는 푸른 빛 넘실거리며 오롯이 서게 될!

Part 3 미술심리치료학에서의 미술과 저자들의 미술작업

제3부는 크게 미술심리치료학에서의 미술과 저서 제작과정에서의 저자들이 함께한 미술작업을 다루고 있다.

제4장은 예술로서의 미술, 미술교육에서의 미술, 미술심리치료에서의 미술에 대해 다룬다. 미술이 각 영역에서는 어떠한 의미로 사용되는지에 대한 탐색이 이루어진다. 또한 미술심리치료학 전공자들이 하는 미술작업의 중요성과 특수성에 대해 설명한다.

제5장에서는 이 책 제작과정 동안 다루어진 저자들의 개인 및 집단 미술작업을 소개한다. 저자들은 제작 과정에서 저자로서 온라인, 오프라인상에서 미술작업을 통하여 소통을 하였으며, 체험연구의 참여자로서 미술작업을 하였다.

Chapter 4 미술심리치료학에서의 미술과 미술작업

오늘날 미술이라는 용어는 선사시대의 동굴 벽화부터 갤러리 구석에 놓인 쓰레기 더미에 이르기까지 폭넓게 적용될 만큼 광범위하여(Dickins & Griffith, 2005) '미술이란 무엇인가?'에 대한 질문의 답을 하나로 명확히 정의하기는 어렵다(Langer, 2009; Wetzel, 2006).

미술은 이 땅에 인류가 존재하면서부터 함께해 왔다(Canaday, 1984). 선사인들은 배부르고자 하는 간절한 바람을 동굴 벽화의 소로 형상화하여 남겨 놓았고, 고대와 중세 사람들은 자신의 가치를 한껏 고양해 주는 특권의식과 권력의 상징으로 미술을 이용하기도 하였다.

미술은 시대의 흐름에 따라 인간의 소망을 나타내기 위한 도구였다가 근대에는 예술의 일부로서 자리하였고, 20세기 들어 공교육이 보편화됨에 따라 교육과 결합하여 미술교육으로 나타나게 되었다. 최근에는 인간 삶의 질이 중요해지면서 미술과 심리치료의 통섭으로 미술심리치료라는 분야가 대두하였다.

미술을 기반으로 한 분야 중 학문적인 출발점이 가장 늦었던 미술심리치료는 정신건강 서비스의 필요성이 날로 증가하는 시대적인 상황에 따라 그 중요성이 계속 증가하고 있다. 미술심리치료가 무엇인지에 대한 이론적인 토대를 만드는 연구가 더 많이 요구되는(Deaver, 2002) 현 시점에서 미술과 심리치료라는 두 분야가 합쳐져 표기된 미술심리치료는 심리치료 중에서도 미술을 다룬다는 특수성을 가지고 있다. 이에 미술심리치료에서 다루고 있는 미술의 개념을 살펴봄으로써 순수예술로서의 미술이나 미술교육에서의 미술과 상호 구분되는 특성을 탐색하여 미술심리치료에 대한 이해를 높이는 것에 도움이 되고자 한다.

1. 예술로서의 미술

인류와 함께해 온 미술의 의미를 언어사적으로 접근해 보면, art의 어원은 라틴어의 'artem(조립하다, 고안하다)'이라는 의미(Etymology Dictionary, 2017)에서 시작되었다. 'art(예술)'는 음악과 문학을 지칭할 때도 사용되지만, 대체로 시각 예술 또는 미술, 회화처럼 관람할 수 있도록 만들어진 결과물을 의미하여(Dickins & Griffith, 2005) 공간 예술, 조형 예술(국립국어원 표준국어대사전, 2017) 등으로 불리기도 한다.

우리말에서 미술은 '눈' 등의 감각 기관을 통하여 인간에게 좋은 느낌을 주는 아름다움을 뜻하며(국립국어원 표준국어대사전, 2017) 한자어에서 기술이나 재주를 의미하는 술(術)을 제외한 미(美)를 파자하면 양(羊)과 대(大)의 조합으로 형성된 글자로 제사에서 신에게 바치는 '양이 살찌고 크니 보기에 좋고 아름다우며 맛나다'라는 뜻이다(段玉載, 2003). 우리말이나 한자어에서 미술은 아름다움이나 좋은 것이라는 의미를 포함한다고 할 수 있다.

영어사전에서 Art는 인간의 창조성을 기반으로 한 기술 또는 상상력을 기반으로 한 작품이라는 '결과물'뿐 아니라 그림이나 조소를 만들어 내는 '창조적 활동'까지를 포함하며, 이는 그림이나 조소 작업의 결과물과 같은 시각적인 대상이 아름다움뿐 아니라 정서적인 힘을 가진다고 설명하고 있다(Oxford English Dictionary, 2017). 독일어 'Kunst(미술)'는 인간의 의지적인 측면까지 포함하고 있는데 명사인 'Kunst'는 '할 수 있다' 는 뜻의 동사에서 파생되었다. 다시 말해, '미술'의 구체적인 '결과물'인 유일무이한 '미술작품'은 어떤 능력을 의미하는 '할 수 있다'라는 동사에서 유래한 것이다(Wetzel, 2006). 이는 범용적으로 사용되는 미술이라는 용어에는 미술작품이라는 결과물과 미술작업을 통해 인간이 경험할 수 있는 아름다움의 내적 에너지가 포함되어 있다는 것을 알 수 있다.

우리는 예술로서의 순수 미술이 아름다워야 한다거나 실물 그대로의 모습이어야 한다고 생각하기도 하고, 기분 또는 감정을 포착해야 한다고 생각하기도 한다. 또 어떤 경우에는 미술이 개념을 표현해야 한다고 생각하기도 하고 미술을 위한 미술 그 자체를 좋아하기도(Dickins & Griffith, 2005) 하는 등 개인별로 미술을 좋아하는 초점은 다양하다. 그런데 순수 예술로서의 미술에서 어떤 요소가 미술심리치료와 혼동할 수 있는 여지를 일으키는가?

먼저, 미술의 역사를 거슬러 올라가 보면 20세기 초 표현주의 화가들이 미술을 통해 자신들의 감정을 전달하는 데 관심을 갖게 된 것을 시작으로 답을 찾을 수 있다(Lynton, 1994). 그들은 눈에 보이는 것을 그리는 대신 격렬한 감정을 표현하기 위해 강렬한 색채와 왜곡된 형태를 사용했다. 이러한 예는 표현주의에 영향을 준 빈센트 반 고흐와 에드바르트 뭉크의 작품에서 확인할 수 있다. 반 고흐는 색으로 감정을 전달할 수 있다고 생각하였고, 그림을 통해 내적인 감정의 분투를 전달([그림 4-1] [그림 4-2] 참조)하고 있다(Malchiodi, 2004). 고흐는 강렬한 색채, 거친 붓놀림, 뚜렷한 윤곽을 지닌 형태를 통하여 그를 자살까지 몰고 간 정신병의 고통을 인상 깊게 전달하였다(DAUM 백과, 2017).

결핵으로 어머니와 누나를 어린 시절 여의였으며 자신도 자주 앓았던 뭉크는 그림을 통해 "숨 쉬고 느끼며 사랑하고 고통받는 살아 있는 존재"를 보여 주고 싶었다고 말했고, 실제로 그렇게 했다(Dickins & Griffith, 2005). 뭉크는 죽음이 낯설지 않은 그의 삶(〈글 1〉 참조)에서 그림을 통해 살아 있는 존재를 보여 주고자 하였고, 그의 대표작인 〈절규〉([그림 4-3] 참조)를 통해서는 그야말로 절규하는 인간의 혼란을 표현하고 있다.

[그림 4-1] 반 고흐의 〈별이 빛나는 밤에〉

출처: DAUM 백과(http://100.daum.net)

[그림 4-2] 반 고흐의 〈자화상〉

출처: DAUM 백과(http://100.daum.net)

내가 다섯 살 때 어머니가 누워 있던 침대에는
항상 길고 어두운 그림자가 드리워졌지요.
침대 주위엔 약 냄새가 진동을 했어요.
어머닌 늘 그 냄새를 거칠게 들이마시며
온종일 주무시기만 했어요. 그리고
어쩌다 잠에서 깨어 나와 눈이 마주치면
힘없이 웃어 주곤 하셨지요.
어느 날 어머닌
힘없는 미소를 멈추고 거친 숨을 몰아쉬더니
길고 어두운 그림자 속으로 사라지셨어요.
그 후, 밤마다 길고 어두운 그림자가
나를 송두리째 삼키는 악몽에 시달리곤 했지요.
나는 밤마다 울었고, 아버진
어머니가 저세상에서 이런 너를 보며
울고 계실 거라고 야단치셨어요.
아버지의 신경질적인 꾸짖음은
그날 밤 어머니 침대에 드리워졌던
바로 그 길고 어두운 그림자 같았어요.
나는 억지로 울음을 참았지만, 서글픔과 두려움에
속으로 속으로 더 아프게 절규했어요.

〈글 1〉 (DAUM 백과에서 발췌)

[그림 4-3] 뭉크의 〈절규〉
출처: DAUM 백과(http://100.daum.net)

뭉크의 혼돈스러운 그림만 본다면 그 혼란스러움의 어느 곳에서 치유라는 코드를 읽어 내야 하는가 하는 의심이 들 수 있다. 그런데 뭉크의 삶을 살펴본다면 미술작업을 통한 치유라는 코드를 쉽게 읽어 낼 수 있다. 미술작업 과정에서 트라우마(trauma)였던 공포 상태가 탐색 상태로 바뀜에 따라 절규와 같은 절박함이 느껴지는 그림들이 나타났을 것이다. 뭉크는 오랜 세월 자신을 괴롭혀 왔던 죽음에 대한 트라우마를 이 그림을 통해 벗어 던지고자(DAUM 백과, 2017) 한 것이다.

뭉크가 화가로서 경험한 미술작업은 자신의 삶을 드러내고 표현하는 시간이었을 것이고 스스로에 대한 치유의 시간이었을 것이다. 이러한 초점에서 Kramer의 치료미술(art as therapy)이 적용되고 설명되기도 하는데, 그렇다면 이러한 작업을 미술심리치료라고 할 수 있는가? 미술작업 과정을 통해 개인의 감정을 드러내고 치유하는 시간을 경험한다는 것은 분명 심리치료적인 요소이며 Kramer의 치료미술을 통해 설명할 수 있을 것이다. 그렇다면 누구나 그림만 그린다면 미술심리치료의 경험이 가능해지는가 하는 의문이 들 것이다. 인간은 스스로를 치유하고자 하는 힘을 가지고 있지만(Fosha, Siegel & Solomon, 2013) 미술작업의 몰입을 통한 승화(sublimation) 경험(Kramer, 2007)은 누구에게서나 손쉽게 발생하지 않는다. 미술에 대한 경험이 없는 보통 사람들이 미술작업을 몇 번 하였다 하여 승화를 쉽게 경험할 수 있지 않다(주리애, 2002; Kramer, 2007). 미술 재료들을 목적 없이 아무렇게나 써 보고 그려 보는 것을 거침없고 자발적인 내면의 표현이라 생각하면 착각이다. 한 개인의 내면을 미술로 자연스럽게 표현하려면 상상력도 동원해야 하고 자신의 마음에 가장 크게 담아 두고 있는 것을 끄집어내야 가능할 것이다(Kramer, 2007). 미술에서의 승화는 다른 어떤 형태로는 불가능한 의사소통을 위해서 시각적 이미지를 창출하는 것을 포함한다(Kramer, 2007). 뭉크가 생각하고 느끼는 아픔, 공포, 불행과 같은 어두운 감정들이 화폭에 자연스럽게 녹아들기(DAUM 백과, 2017) 위해서는 수천, 수만 시간의 미술작업을 동반한 수고가 있었을 것이다. 즐겁지 않은 의식적인 연습(deliberate practice)을(Ericsson, Krampe, & Tesch-Romer, 1993) 습작으로 그려 냈을 것이고, 이후 몸이 저절로 움직인다는 느낌에 이르는 몰입(flow)을 경험하였을 것이다(Csikszentmihalyi, 2007). 그 과정에서 미술작업을 하는 동안 물 흐르듯 흘러가는 느낌으로 시간 가는 줄 모르며 완전한 통제감을 느꼈을 것이다. 미술로 마음을 표현한다는 자체는 분명 치유적인 요인을 포함하지만(Moon, 2010), 그 전제가 되는 몰입이 누구에게나 쉽게 얻어지지는 않는다.

2. 미술교육에서의 미술

미술심리치료를 미술교육의 한 방향이나 일부분으로 혼동하여 생각하는 경우를 우리는 지금도 심심치 않게 찾아볼 수 있다. 미술심리치료와 미술교육에 있어서 발달이나 성장의 여러 요소는 공통적으로 중요한 가치이고(Rubin, 2010) 미술심리치료가 내담자들의 창작을 도와주는 미술작업을 포함하기 때문에 자연히 교육적인 요소(Rubin, 2006)가 있으나, 미술심리치료는 심리치료의 한 갈래이고 미술교육은 미술을 통한 교육으로 각자 궁극의 이루고자 하는 바가 다르다.

미술교육은 연구와 실천 대상에 따라 전문교육, 사회교육, 학교교육으로 구분할 수 있는데, 전문교육은 미술전문가들의 양성, 사회교육은 일반인을 대상으로 한 취미나 교양 및 평생학습을 위한 것, 학교교육은 교과교육으로서의 미술교육을 말하며(김성숙 외, 2007) 미술심리치료와 가장 많이 혼돈되는 미술교육은 학교교육일 것이다.

학교교육을 통해 이루어지는 미술교과의 교육과정은 크게 두 가지 방향에서 비중을 달리하며 행해진다. 하나는 교육자의 입장을 중심으로 학습자에게 지식이나 개념을 밖에서 안으로 넣어 주는(in-put) 작용의 방향이고, 다른 하나는 그 반대로 학습자의 내면에 있는 것을 이끌어 내는(out-put) 작용, 즉 안에서 밖으로의 방향이다(김성숙 외, 2007). 그런데 넣어 주는 작용과 이끌어 내는 작용이 이루어지는 미술교육 장면을 상상해 보면 미술심리치료가 이루어지는 회기의 풍경과 물리적으로 유사한 것을 발견할 수 있다. 특히 미술심리치료의 집단 회기를 상상해 보면 다소 인원수의 차이는 있으나 미술교육과 유사한 형태를 지닌 것처럼 보일 것이다. 교사를 미술심리치료사로, 학생을 내담자로 설정하고 교실이라는 공간을 치료실로 대치하여 쉽게 이해할 수 있다. 미술심리치료 회기의 장기, 단기 목표가 있는 것처럼 미술교육에서도 장기, 단기 목표가 있다. 미술교육에서 사과를 사과처럼 표현하는 방법도 배우겠지만, 음악을 듣고 자신의 마음을 표현해 보거나 현재의 기분을 그림으로 그려 보는 수업 또한 존재한다. 미술교육도 학습자의 내면에 있는 것을 이끌어 내어 창의적 조형작용을 통한 통합적인 정서활동을 지향하다 보니, 미술심리치료를 배워 가는 학위과정의 학생들 중 미술교사 경험이 있는 경우에는 미술심리치료와 미술교육이 어떻게 다른지 혼돈을 경험(김현미, 2011)하기도 한다.

혼돈을 경험하던 미술심리치료 전공자들이 미술심리치료를 받아들이게 되는 지점은 치료적 관점에서 미술에 대한 이해가 시작되면서부터일 것이다. 미술이라는 부분에서의 치료적 관점은 미술을 바라보는 시각의 변화에서 출발한다. 미술교육에서는 미적으로 잘 그리는 것이 중요할 때가 있으나, 미술심리치료에서는 잘 그리는 것에 대한 가치를 달리한다. 미술교육에서는 잘 그리는 것이 목적일 때도 있지만, 미술심리치료에서는 내담자가 표현하고자 하는 것을 수월하게 돕기 위한 기술적인 부분의 안내가 이루어질 수 있다. 미술심리치료에서는 내담자가 원하는 것의 표현을 위한 기술적인 향상을 돕는 것이 목적이라 할 수 있다. 미술교육은 주로 미술에 대한 개념과 기술을 습득하는 데 관심을 두지만, 미술치료에서 기술이나 개념은 수단이라 할 수 있다(Rubin, 2010). 미술심리치료에서 교육적인 부분이 발생하더라도 이는 미술심리치료라는 심리치료의 목표를 위한 보조적인 것(Rubin, 2006)이다.

미술심리치료이기 위해서 미술심리치료사는 미술을 통한 치유적 효과를 인식하고 있어야 한다. 미술이 직접적이고 솔직하게 인간을 잘 드러낼 수 있는 표현 형태라는 것에 대한 이해가 우선 이루어져야 한다. 인간은 미술작업을 통하여 자신의 내적 갈등, 심리적 충동 등을 표현할 수 있다. 미술심리치료라고 하여 이미지를 통해서만 심리적인 표현이 이루어지는 것이 아니라 미술작업을 하는 과정에서 내담자의 행동, 자세, 태도, 미술심리치료사와의 대화 등이 포함되는 것은 물론이다. 미술작업을 동반한 미술심리치료사와 내담자의 대화과정에서 내담자는 자기대화(self-talk)를 객관화할 수도 있고 의식하지 못한 생각이 의식으로 떠오르고 정리되기도 한다. 이러한 것을 조망자의 입장에서 볼 수 있는 미술심리치료사의 시각은 교육학이 아닌 심리학을 기반으로 훈련이 이루어진다(장연집, 2013). 겉으로는 미술교육과 미술심리치료가 유사해 보일 수 있고 간혹 미술심리치료 수업을 수강하는 학생과 미술심리치료 회기에 참여하는 내담자가 각각의 차이를 느끼지 못한다 하여도 미술교육에서 교사의 역할과 미술심리치료에서 미술심리치료사의 역할은 상이하다. 미술심리치료사와 내담자의 관계는 미술교사와 학생의 관계와는 다른 치료적 관계(therapeutic relationship)를 의미한다. 미술심리치료는 미술–미술심리치료사–내담자 사이에서 일어나는 관계의 역동성을 중요시하는데(장연집, 2015), 이 과정에서 내담자는 새로운 방법으로 보살핌을 제공받고 교정적인 관계 경험을 한다(Wadeson, 2012).

3. 미술심리치료에서의 미술

미술을 심리치료의 도구로 이용한 시도는 19세기 후반 정신과 환자들을 대상으로 한 평가도구로서의 접근에서 시작되었다(Guenter, 1990). 이후 1940년대 미국의 미술치료는 Naumberg의 미술심리치료(art psychotherapy)와 Kramer의 치료미술(art as therapy)이라는 두 갈래로 설명되어 왔다. 미술심리치료는 이미지에 대한 상징적 접근을 가능하게 하는 의사소통의 도구로 미술작업을 바라보았고, 치료미술은 미술활동의 창작과정에서 내재된 치유의 힘을 강조하는 것으로 미술을 바라보았다(Kramer, 2007; Malchiodi, 2004; Naumberg, 1955; Rubin, 1999/2006; Wadeson, 2012). 이론적으로는 위에서 제시된 각각의 두 방향으로 미술의 역할을 확연히 구분할 수 있을 것처럼 보이나, 임상 현장에서 미술심리치료사들은 미술심리치료와 치료미술을 완전히 따로 분리하지 않고 두 관점을 모두 통합(Malchiodi, 2004)하여 다룬다. 미술심리치료의 핵심이 미술작업 과정에서 제공되는 사려 깊은 반영과의 결합(Rubin, 2006)인 것을 고려하여야 한다. 즉, 미술은 투사적 특성이 있는 '상징적 발언(symbolic speech)'으로 자유로운 표현의 출발점이며, 이미지에 대한 언어적 연상이 이를 돕는다(Naumberg, 1955). 미술작업에 동반되는 언어적 연상을 단지 미술작업을 돕는 보조적인 수단으로 여길 수 있는 것이 아니며, 혹은 반대로 미술작업은 미술작업대로 하나의 작업이고 언어적인 작업은 언어적인 작업대로 진행하는 병렬 관계로 여기는 것도 적절하지 않다(김현미, 장연집, 2015). 미술작업을 통한 이미지 언어와 이미지 언어를 설명하는 구술 언어 각각은 미술심리치료에서 모두 동일하게 중요성을 가지고 있다. 이 과정에서 예술로서의 미술과 다른 것은 미술심리치료사가 그 과정에서 내담자와 함께하기 때문이다. 미술심리치료사는 내담자가 즉흥적으로 이미지에 부여하는 의미를 찾아내어 그 내용이 어떻게 내담자의 삶과 관련이 있는지에 대한 추리를 이끌어 내고 이미지의 이해를 위해 함께 노력하는 역할을 한다(Malchiodi, 2004; Naumberg, 1955).

1) 미술심리치료에서의 미술작업

자기의식을 성취하기 위해서는 자신의 느낌을 재발견해야 하는데(May, 2010), 자신을 탐색하는 과정에서 언어로만 접근하는 것보다 미술작업을 동반할 때 자신의 환상, 창의력 그리고 자연스럽게 무의식적인 심상을 자극할 수 있다(Wadeson, 2008). 인식은 본질적으로 이자적(dyadic) 과정, 즉 자기와 자신이 아닌 다른 무엇이 만나는 순간으로부터 이루어지는데, 둘이 하나로 들어맞는 것과 연관된다는 면에서 반드시 대인관계만을 말하는 것은 아니다. 자기와 타인 사이일 수도 있지만 자기와 자기, 자기와 치료과정 또는 자기와 경험 사이(Fosha et al., 2013)가 될 수도 있고 자기와 미술작업이 될 수도 있다.

미술치료에서는 심상(imagery)을 함께 나누면서 발전되어 가는 매우 특별한 유형의 관계가 이루어지게 된다(Wadeson, 2008). 미술작업 과정에서 만들어진 이미지는 내담자에게 자기반영을 통해 자신의 세계를 창조해 낼 수 있는 가능성을 제공하고, 그것으로부터 스스로 떨어져서 볼 수 있게 하여 고유한 자기직면을 갖도록 하는 특성을 지니고 있다(Wadeson, 2008). 미술치료의 맥락에서 만들어진 미술작품은 예술에서의 미술보다 넓은 의미의 아름다움에 관한 개념을 요구하고 있어 미완성, 애절함, 몸부림 등의 요소를 포함하고 있으므로 혼란에서 일어나는 아름다움이 인정되어야 한다(Moon, 2010).

[그림 4-4]는 ADHD 약을 복용하고 있는 내담 아동의 작업으로 미술작업이 주는 미적인 아름다움과는 거리가 있다. 물에 물감을 풀어 '어묵국'이라며 물감놀이를 하던 아동은 어느 순간 주변에 보이는 휴지, 고무밴드, 빨대, 일회용 숟가락, 뜯지 않은 지점토, 가위 등을 물통 속으로 모조리 넣어 버렸다. 이러한 작업은 미

[그림 4-4] 미술심리치료 시간에 아동이 미술 재료를 이용해 만든 미술작업
(300×300×230mm. 휴지, 고무밴드, 빨대, 일회용 숟가락, 뜯지 않은 지점토, 가위)

술심리치료에서 얼마든지 발생할 수 있으며 이를 단지 미적이지 않다거나 아동이 어지럽히는 것으로 받아들여서는 안 된다. 아동은 자신의 혼란과 갈등을 미술치료라는 안전한 공간에서 표현하고 있는 것으로 볼 수 있다.

미술을 통해 사고와 감정을 표현하는 것은 미술심리치료의 이점이지만, 미술작업 과정에서 만들어진 이미지는 언어와 같은 기성품 언어가 아니므로 즉시 이해할 수 있지 않으며 내담자 스스로 상징적인 언어를 발달시키지 못하기도 한다(Malchiodi, 2004). 예술이 지닌 상징적 속성은 다층적이고 심층적으로 얽혀 있어서 공식화나 개념화의 범주를 끊임없이 벗어난다는 특성이 있다. 상징은 한편으로 그 의미를 드러내면서 동시에 끊임없이 의미를 숨기는 다층적인 의미 체계를 가지고 있기 때문에 어떤 층위에서 받아들이는가에 따라 전혀 다른 이해가 성립될 수도 있다. 상징적 속성이 명쾌한 해석을 힘들게 한다는 점은 어려움으로 다가오기도 하지만, 언어전달 형태와는 다른 예술의 흡인력은 상징적 의미의 애매함과 불명료성 덕분이기도 하다(김융희, 2000). 미술의 이러한 속성으로 미술심리치료 상면에서 내담자는 미술심리치료사에게 다루려는 이미지를 전달하고 격려받으며 내담자 자신만의 고유한 시각적인 표현방식을 탐색하고 만들어 간다(Wadeson, 2012). 미술작업은 모든 내담자가 자신의 내면세계에 더 가까이 다가

설 수 있도록 하고자 하는 것을 돕는다(Kramer, 2007).

미술치료에서의 미술작업은 자신을 표현하는 언어이므로 내담자의 미술작업뿐 아니라 다양한 방식으로 가능하다. 미술치료사는 미술치료 회기에 대한 자신의 느낌을 반응작업(response art)으로 할 수 있다. 내담자에게 언어로 반영할 수도 있지만 미술작업을 이용한 개입도 가능하다.

[그림 4-5]의 미술작업은 내담 청소년이 미술작업을 할 때, 치료사인 필자도 함께하였던 작업이다. 평상시 필자는 내담 청소년이 작업할 때 미술작업을 하지 않는 경우가 더 많은데 그날은 내담 청소년이 작업하는 것을 보고 있다가 함께 작업하게 되었다. 황량한 느낌이 드는 내담 청소년의 미술작업에 포근함을 선물하고 싶었던 치료사의 마음이 아니었을까 싶다.

[그림 4-5] #9(2017). 내담자의 작업에 대한 치료사의 반응작업

(234×318mm. 색연필, 종이)

2) 미술심리치료에서의 언어

미술심리치료사들은 대부분 어떤 방식으로든지 이미지에 관해 이야기하도록 사람들을 격려하는 것이 중요하다고 믿으나(Malchiodi, 2004), 우리의 마음속에 있는 '내면의 경험'인 느낌과 감정의 영역은 언어로 충분히 설명하기가 어렵다(Langer, 2009; Malchiodi, 2004).

인간의 경험을 감지하려면 내적 성찰이 수반되어야 하는데(Fosha et al., 2013) 미술심리치료에서는 내담자의 미술작업뿐 아니라 미술작업의 이미지에 대해 미술심리치료사와 이야기를 나누는 과정에서도 시도된다. 이 과정은 인간의 일차과정 사고(primary process)와 이차과정 사고(secondary process)가 만나게 되는 것으로 일차사고 과정에서 미술작업을 통해 개인 내면의 모호함이 불러일으켜지고 이차사고 과정에서는 언어로 표현하는 과정에서 모호함이 구체적인 것으로 전환되어 개인의 심리적 변화에 도움을 준다(Tyson & Tyson, 2013). 즉, 내담자 개인이 다루기 어려웠던 심리적 갈등이 미술심리치료사가 제공하는 안정된 틀 안에서 미술작업을 통해 은유와 상징으로 드러나고 이를 언어로 설명할 수 있게 된다. 이런 과정은 대뇌피질 하부조직의 활성화와 함께 대뇌피질의 언어적 처리과정을 통합하여 개인의 비적응적인 반응을 억제하고 조절하며 변화시키는 것으로 설명할 수 있다(Cozolino, 2014).

인간은 상징을 만드는 경향을 가지고 있는데(Jung, 1995) 이미지를 통한 상징뿐 아니라 언어 또한 상징을 담고 있다. 예를 들어, '예'와 '아니요'는 그 속에 긍정과 부정이라는 사전적인 정보를 담고 있으나 우리는 그것으로만 이해하지는 않는다. '예'를 반복적으로 읊는 것과 '아니요'를 반복적으로 읊는 것에서 우리의 마음 속에 흐르는 에너지의 특질이 다르다는 것을 느낄 수 있고, 잇달아 여러 가지 신체적 감각, 느낌, 생각을 경험할 수 있다(Fosha et al., 2013). 미술심리치료에서 미술작품의 이미지에 대해 언어로 표현하는 것은 언어 자체가 아니라 내담자가 경험하는 자신에 대한 그 무엇인 것이다.

인간의 감정적 경험은 궁극적으로 우리의 통합 상태를 변화시키며 감정 발달은 통합을 촉진한다. 인간의 내부 상태가 좀 더 통합될 때 우리는 '감정적으로 의미 있는 경험'을 하게 되며, 통합은 일관된 마음과 조화로운 삶의 핵심으로(Fosha et al., 2013) 현대인의 정신건강에 가장 필요한 요소일 것이다.

4. 미술심리치료학과 전공자의 미술작업

1) 미술심리치료학의 특수성과 미술작업

'미술심리치료'가 현대인의 정신건강을 위해 주목받고 점차 우리 사회에 익숙해지고 있으나, 아직 미술심리치료학에 대해 제대로 이해하고 있는 사람은 많지 않은 것이 지금 이 학문의 현주소라 할 수 있을 것이다. 특히 지난 1999년 이래로 많은 대학원에서 미술심리치료학 전공은 그 학문적 경쟁력의 위기가 염려될 정도의 양적 팽창을 거듭하였다(장연집, 2013). 이와 같은 상황 속에서 미술심리치료학의 진정한 발전과 성숙을 위해서는 미술심리치료사들이 미술치료학의 특수성을 이해하는 것이 특히 매우 중요하다 할 수 있겠다.

미술심리치료는 임상 현장에서 만나는 내담자, 환자들을 위해 관계적 맥락 안에서 새로운 것을 창조해 가며, 이 새로운 창조에의 시도 그 자체가 치료적 의미를 가질 뿐만 아니라 내담자의 삶을 풍요롭게 하는 데에 도움을 준다는 믿음에 기반을 둔다. 미술치료 과정은 내담자의 삶뿐만 아니라 동시에 치료사의 삶 역시도 확장되고 의미 있게 만든다. 특히 미술치료는 미술을 매개로 하며, 미술과 치료가 통합된 새로운 형태의 독자적 형태의 학문이라는 점(Malchiodi, 2004; Rubin, 2010; Wadeson, 2008)에서 타 심리치료와 구분된다. '미술치료에서의 미술'은 내담자의 미술작품, 그 작품의 창작과정, 미술작업을 마친 후의 과정까지도 포함하는 포괄적 개념을 의미한다(주리애, 2002).

이와 같은 미술치료에 대해서 학문적으로 접근하고 교육하는 학문을 미술심리치료학이라 정의할 수 있는데(장연집, 2013), 미술심리치료학이 가진 학문적 특수성의 중심에는 '미술'이 자리 잡고 있다고 해도 과언이 아니다. 미술심리치료학 교육과정 중에는 창의적인 미술치료사를 기르기 위한 훈련이 반드시 포함되어야 한다. 이 과정에서 미술치료사를 꿈꾸는 학생들은 미술치료 임상 현장의 내담자와 같은 위치에서 자신만의 반응과 인상, 느낌들을 탐색하고 새롭게 인식해 가야 할 것이다(장연집, 2002). 또한 미술치료 실습생들을 위한 슈퍼비전, 학위과정 후 미술치료 전문가로 일하는 미술치료사들의 슈퍼비전 등에서도 '미술'은 고유한 특성을 띠게 된다. 이 장에서는 이와 같은 '미술치료사들의 미술작업'에 대해 논의해 보고자 한다.

2) 미술심리치료 전문가로서의 성장을 위한 미술작업

미술치료는 내담자와 미술치료사로만 이루어지지 않으며, 미술작업 과정과 결과물은 미술치료사와 내담자의 관계 내에서 중요한 역할을 한다. 이러한 미술치료의 특성은 '삼자관계(triangular relationship)'라 일컫는다(Phil, 2005). 미술치료사는 내담자에게 하나의 환경이자 치료적 도구로서 존재하므로 다양한 학문적 훈련뿐 아니라 미술치료 현장에서 바람직한 성격 특성과 태도들을 갖춘 전인격적 존재로 내담자들을 만나기 위해 많은 노력을 기울인다. 이를 위해서는 미술치료사 자신의 성장과 전문성을 위한 슈퍼비전과 더불어 미술치료사의 미술표현에 대한 민감성과 창의적 사고를 위해 미술작업을 꾸준히 경험하는 것은 아무리 강조해도 지나치지 않을 것이다.

미술치료 임상 현장에서 내담자들을 이해하고 효과적으로 돕기 위해서도 미술치료사 스스로 창조적이고 치료적인 미술작업 과정을 경험하고 자기성장을 유지해야 함은 여러 미술치료 전문가들이 반복적으로 강조하고 있다(Moon, 2003; Netzer, 2009; Rubin, 2008, 2010; Wadeson, 2008, 2012). 다시 말해, '미술'이라는 특수함을 치료 현장에서 지속적으로 만나는 미술치료사들은 이미지들을 편안히 받아들이고 내담자가 만들어 내는 이미지와 작품, 미술표현을 이해하고 교류하여야 한다(Rubin, 2010).

미술치료사들은 미술작업을 임상 현장에서 만나는 내담자와 관련한 것들에 대한 반영뿐 아니라 치료사 자신의 내면을 발견하고, 마음 깊은 곳의 소리를 들을 수 있는 도구로 사용한다. 미술치료사 역시 하나의 인간으로서 자신의 삶과 임상 현장에서의 많은 부침을 겪게 되는데, 이와 같은 상황에서 자신과 내담자 사이에서의 균형 잡힌 시각을 갖기 위해서는 미술작업을 통해 자신의 반응을 따라가 볼 수 있어야 한다(Allen, 1995; Wadeson, 2008).

이 같은 전문성의 확장을 위해서 미술치료사들은 우선적으로 삶 속에서 계속 변화하며 내면의 깊은 곳에서 찾아오는 자신의 이미지들을 존중하여야 하며, 내적 지표로 도와주는 은유적 존재인 이미지들과 평생의 관계를 지속해야 한다

(Allen, 1995). 이와 같이 자신을 성찰하고, 객관적으로 바라보려는 미술치료사들의 노력은 내담자들의 미술작품과 이미지들을 성급하게 판단하거나 정의하기보다는 그들의 내면을 상징적으로 드러내 주는 하나의 지표로 이해하는 데에 도움을 줄 수 있다.

미술치료사의 미술작업에 대해 Moon(2013)은 내담자 간의 연결과 반응적인 상호작용을 촉진하고, 타인뿐만 아니라 자기 자신과의 진정한 관계 형성을 위해, 나아가 영적 훈련의 한 방법으로 미술작업을 강조한다. 때로는 미술작업이 미술치료사들에게 어려움과 고통스러움을 떠올리게 할 수도 있다, 그러나 그 모든 과정이 우리가 평소에 감지하지 못하는 우리의 존재 깊은 곳의 핵심을 반영해 준다(Allen, 1995)고 할 수 있다. 또한 비슷한 맥락에서 내담자의 경험과 감정, 갈등과 고통은 내담자 외에는 똑같이 경험할 수 없다는 점도 간과해서는 안 된다. 그러나 미술치료 현장의 목격자로서 미술치료사는 내담자와의 깊은 공감을 위한 하나의 좋은 방법으로 미술작업을 행할 수 있다.

미술작업 과정과 매체의 역할에 대해 인식하고 그 잠재적 효과성을 깨닫기 위해서 치료사 자신이 미술작업을 해 보는 것이 무엇보다 중요하다 할 수 있다. 미술치료사들은 내담자들의 치료과정을 이해하고, 또 필요에 따라 제안하기 위해서는 그 체험이 얼마나 강력하게 다가오는지 그 치유적 잠재력에 대해 반드시 인식하고 있어야 한다(Schroder, 2011).

이미지는 비언어적 대화를 가능하게 하며, 미술치료만의 특별한 장점인 미술작업은 내담자뿐만 아니라 미술치료사에게도 독특한 경험으로 임상 현장과 내담자들을 이해할 수 있게 한다. 이러한 임상 현장의 경험과 관련한 미술치료사의 미술작업을 반응작업(response art)이라 부를 수 있는데, 임상과 관련된 이러한 창조적 과정을 통해 미술치료사는 내담자를 반응작업의 중심에 두고 그들을 통합적으로 이해할 수 있게 된다(Fish, 2008, 2013; Kielo, 1991; Havsteen-Franklin, 2015). 뿐만 아니라 이러한 과정을 통해 미술치료사 자신의 다양한 감정, 직업적 정체성, 전의식과 무의식, 역전이와 같은 치료사로서의 여러 탐색이 시각적으로 가능하게 된다(Fish, 2008; Kielo, 1991; Moon, 1999; Wadeson, 2003, 2008, 2012).

이와 같은 중요성을 가진 미술작업에 대한 이해가 부족한 미술치료사들은 임상 현장에서 무력감과 좌절, 불안 등을 경험하게 되며, 자신을 돌아보기 위한 도구로 창조적 과정을 적극 활용해야 함을 느끼고 있다(박승혜, 2012; 최선남, 2013). 특히 미술치료 전문가로 성장해 가는 과정 중에 동기부여가 안 되고 자신감이 없어지는 시기가 오기 마련인데, 이때가 바로 미술작업이 가장 필요한 때이며, 미술치료사가 자신의 미술작업을 소홀히 할 때 자신이 메마르는 경험을 흔히 하게 된다(Moon, 2003).

미술치료학에서는 이와 같은 미술치료사의 미술작업을 강조하는 연구들이 이루어지고 있다. 전문적인 미술치료사가 되기 위해서 창조과정을 경험하는 것이 무엇보다 중요하며, 비주얼 저널링과 같은 자기반영적 작업이 자신의 임상에 대한 객관적 인식을 촉진하고, 반영의 능력과 자기인식을 증가시킬 뿐만 아니라 스트레스를 감소시킨다(Deaver & Shiflett, 2011; Rubin, 2008). 또한 미술치료사의 미술작업은 자기성찰적 측면뿐만 아니라 내담자가 미술매체로 창조하는 것이 무엇을 의미하는지를 정확하게 알게 하고 그 과정을 이해하도록 돕는다(김현미, 장연집, 2013; 박가람, 2014; 임하연, 2015;. Deaver & Shiflett, 2011; Feen-Callligan, 2005; Fish, 2008; Rubin, 2008). 즉, 미술치료사가 임상 현장에서 만나는 내담자를 이해하고, 자신을 이해하려는 의지, 동시에 내담자와 치료사 자신의 돌봄, 성장에 있어 미술작업은 중요한 수단이 된다고 할 수 있다(Brown, 2008; Orkibi, 2012).

초보 상담자에서 전문 상담자로 발전해 가는 과정의 가장 중요한 특징 중의 하나가 이와 같은 지속적이고 전문적인 성찰이라 할 것이다. 만일 치료사가 자신이 다루기 힘든 복잡한 상황이나 도전에 직면하는 것을 어려워하고 피하게 되면, 이와 관련해 자주 불충분하고 피상적인 마무리를 하게 된다. 이러한 종결을 반복적으로 경험하게 되면 전문가로서 부적절한 발달을 가져오게 되고 실제 임상과 관련한 전문적 역할에서 거의 변화가 없게 된다(Skovolt & Rønnestad, 1992).

3) 미술심리치료 슈퍼비전과 미술작업

다양한 정서적 · 신체적 어려움을 겪는 내담자들을 지속적으로 만나 그들의 경험을 언어적으로 또 이미지로 함께 경험하는 미술치료사는 자주 소진을 보고하고, 이와 관련한 외상 후 스트레스를 경험할 수 있다(Malchiodi, 2004; Moon, 1999,

2011). 특히 미술치료사는 내담자의 미술작품에서 그들이 경험한 트라우마와 같은 경험들에 대한 상징들을 보게 된다. 내담자들이 표현한 형태와 색, 선은 미술치료사에게 선명하게 각인된다. 이러한 내담자의 트라우마적 요소들과 강력히 연결되어 치료사의 정신에서 생겨난 내면적 변형을 '대리적 트라우마(vicarious trauma)'라 한다(Rosenbloom, Pratt, & Pearlman, 1999; Schroder, 2011). 미술치료사는 이러한 잠재적 어려움에서 자신을 보호하고 돌볼 의무가 있는데, 이에는 명상이나 기도, 운동, 충분한 수면 등과 같은 육체적인 돌봄, 믿음을 주는 공동체적 활동, 인접 분야의 전문가들과의 교류와 자신을 잘 이해하는 지지적인 미술치료 동료들의 지원 같은 사회적 돌봄도 있겠으나, 무엇보다 전문적인 미술치료 슈퍼비전의 중요성을 첫 번째로 강조할 수 있겠다.

앞서 살펴본 바와 같이 미술치료사들은 잘 훈련된 전인격적 존재로서 내담자들을 만나기 위해 많은 노력을 기울인다. 그러나 이를 위해서는 첫째로 미술치료사 자신의 성장과 전문성을 위해 슈퍼비전을 지속적으로 받아야 함을 잊지 말아야 한다. 이는 미술치료사의 성장만을 위한 것이 아니라 내담자의 보호를 위해서도 필수적이다(Moon, 2011).

미술치료 슈퍼비전은 정신건강의 유지에 공헌하며, 기관에서의 치료사로서 감각을 지지하는 데 도움이 되고, 내담자와의 갈등 구조 상황에서도 분석적 · 상징적 태도와 관점을 유지하게 한다(Schaverien & Case, 2007). 슈퍼비전은 슈퍼바이지와 내담자 관계를 용이하게 하며, 창의적이고 상상력이 풍부한 활동으로서 그 안에서 슈퍼바이저와 슈퍼바이지는 내담자와 치료적 관계를 창조해 내게 된다. 이러한 과정 중에 이미지들은 임상 현장의 생생한 상황과 그 구성 요소들을 파악하게 하고, 내담자에 대해 더 깊은 이해를 하게 됨으로써 질 높은 만남을 가능하게 한다(Brown, Meyerowitz-Katz, & Ryde, 2003; Schaverien & Case, 2007). 미술치료 슈퍼비전의 특수한 점은 타 학문 영역, 또 인접한 심리치료 영역의 슈퍼비전과 달리 미술작업을 통한 슈퍼비전, 또는 슈퍼비전 내의 미술작업과 내용의 공유에 있다고 할 수 있다. 미술치료 슈퍼비전 안에서의 이미지 작업의 역할은 슈퍼바이지의 임상 현장에서의 이해를 더 깊게 고양시킨다.

미술치료 슈퍼비전 내에서의 미술작업에 대해 좀 더 구체적으로 살펴보자. 내담자와 미술치료사가 함께하는 임상 현장과 비슷하게 슈퍼비전 역시 사고과정과 감정이 함께 담기는, 사고가 일어나는 정신적인 장소로 발전한다. 이때 미술치료 슈퍼비전에서 미술작업은 비언어적 소통수단으로서 슈퍼바이지 개인의 불안을 담아 주는 역할을 하는 이미지 작업을 통해 개인 내적 경험에서 멈추는 것이 아니라 외현적으로 표현됨으로써 객관적으로 바라보고 해결해 나가도록 돕는다(Brown et al., 2003). 나아가 임상 회기와의 관계, 내담자와의 관계를 생각하게 되고, 내담자를 이해하게 된다. 이렇게 미술치료 슈퍼비전에서 미술작업을 통해서 통찰의 기회를 얻는 특별한 체험은 미술치료 슈퍼비전의 특수성을 강하게 경험하는 길이 된다(김선희, 2014; 김현미, 정연집, 2013; Allen, 1995; Fish, 2008).

전문가로 성장하는 과정에서 미술치료사들은 이러한 슈퍼비전을 적극 활용하여야 하는데, 자신이 겪고 있는 임상 회기와 내담자, 또 그와 관련한 자신의 어려움과 성공적으로 수행하고 있는 부분을 슈퍼바이저에게 보고할 수 있어야 한다. 그러나 자신이 경험하고 있는 바를 언어로 적확하게 설명하기 위해서는 어느 정도의 객관적 인식과 통찰이 선행되어야 하는데 초보 치료사들에게 이것은 참으로 어려운 일이다. 슈퍼바이지의 이미지 작업은 언어로 표현하기 어려운 슈퍼바이지와 내담자의 무의식적 관계가 시각화되어 토론하고 생각할 수 있게 되며, 이때 이미지는 말로 묘사되는 것보다 높은 감정 수준을 담고 있어 감정적 경험을 나누게 되어 내담자를 더욱 생생하게 이해하게 만든다. 미술작업을 통해 정서적 감각 경험이 재조직되고, 교감신경계와 부교감신경계의 균형으로 인해 통제감과 조절감이 향상되어 내적인 조직화가 가능하다는 점은 신경심리학적 논의에서도 이미 이루어지고 있다(Hass-Cohen & Carr, 2011; Lusebrink, 2004). 시각적 미술표현은 문제해결 능력과 밀접한 관계를 가지므로(Kaplan, 2013) 슈퍼바이지인 미술치료사들은 슈퍼비전 내의 미술작업을 통해 효과적으로 전문성을 길러 갈 수 있다 하겠다.

임상 자료 과정은 설익은 자료를 사고로 변형시키는 연속체와도 같다. 이는 감정과 사고를 연결시키게 되는데, 이를 위해서 감정이 담겨져야 하며, 이를 사고가 일어나는 정신적인 장소로 발전하게 하여야 한다. 이러한 '담기'는 Klein이 말한 '투사적 동일시'에서 초래된 것이며, 이는 세션 직후의 이미지 작업 혹은 슈퍼비전 중의 상호과정에서 생길 수 있다(Schaverien & Case, 2007).

구체화된 이미지는 다른 표현양식으로는 대체할 수 없는 감정 상태를 전달해 주는 특별한 기능이 있다. 미술치료사들이 경험하는 다양한 경험을 직관적으로 포착하여 평가하게 하므로 미술치료사들의 미술작업은 그들 경험의 주관적인 부분에 접근하게 하는 판타지의 중요성을 가지며(Schaverien & Case, 2007), 내담자의 이미지에 반응하는 환상과 놀이의 주관적인 부분과 같다고 할 수 있다. 이러한 노력은 미술치료 슈퍼비전의 과도기적 영역(transitional area)으로 내담자를 이끌어 내게 된다(Maclagan, 2005).

이러한 미술치료 슈퍼비전 내 미술작업의 특별함은 집단 슈퍼비전에서도 경험된다. 앞서 살펴본 바와 같이 이미지는 개인과 집단의 불안을 내적으로 그리고 외적으로 담는 용기가 된다. 이미지 작업의 메타포는 집단 응집력을 가지게 하고, 슈퍼비전 내의 집단원간에 신뢰감을 촉진시키며, 세션과의 관계, 내담자와의 관계를 함께 생각해 보도록 이끈다(Schaverien & Case, 2007). 또한 이미지가 구체화되면서 말로서는 표현될 수 없는 감정을 공동체 안에 전달해 주고, 공유하고 토론하게 함으로써 내담자와 슈퍼바이지 간의 심리적 상태를 짧은 시간에 효과적으로 이해하게 도울 수 있다.

즉, 이미지는 비언어적 소통 수단으로서 슈퍼바이지를, 또 슈퍼비전 집단 내에서의 그들 서로를 이해할 수 있게 해 주는데, 이때 이미지는 집단 내에서 무의식적 대화로서 보인다. 이러한 슈퍼비전에서의 미술 기반적 접근(art-based supervision)은 정서적이고, 수용적이고, 창조적으로 슈퍼바이지들의 시각을 증진시킨다. 또한 이러한 과정을 통하여 슈퍼바이지들은 자기인식을 확장하고 그룹 응집성을 발전시킬 수 있다(Newsome, Henderson, & Veach, 2005; Schaverien & Case, 2007).

실제 미술작업을 사용한 슈퍼비전에 대한 연구들을 살펴보면 슈퍼바이저와 슈퍼바이지 각각을 대상으로 연구들에서 양측 모두 미술작업과 이미지 탐색이 매우 효과적이었다고 답한 비율이 70%를 상회하였다. 또한 슈퍼비전에서 미술작업을 하는 것은 자기돌봄(self-care)에서 효과적이었으며, 내담자에 대한 이해를 깊게 하고, 임상적 이슈에 대해 명확성을 갖게 하는 등의 응답 비율이 80% 전후로 보고되었다(Fish, 2008; Yoo, 2011). 이렇듯 슈퍼비전에서의 미술작업은 미술치료사들로 하여금 그들의 직관적 능력을 열어 보일 수 있도록 하며, 내담자들에게 더 의식적이고 깊은 이해를 하도록 그들의 반영(reflection)을 돕는다(Deaver &

Shiflett, 2011; Newsome et al., 2005). 이렇게 통합되고 변화된 슈퍼바이지의 내적 태도는 다시 미술치료 임상 현장에서 쓰이게 된다.

4) 미술심리치료사의 미술작업에 관한 실제적 이해

앞서 살펴본 바와 같이 많은 저서와 연구물들에서 미술심리치료 전문가들은 미술치료사의 미술작업을 입을 모아 강조하고 있다. 그럼에도 불구하고 많은 미술치료사가 미술작업을 어려워하고, 또 지속적으로 시행하지 못하는 것에 대한 고백을 미술치료 임상 현장에서의 현장 임상감독자(on-site supervisor)이자 대학원의 미술치료 교육 현장의 교수자로서 많이 듣고 있다.

그렇다면 어떻게 우리는 전문적인 미술치료사로 성장하기 위한 내적 지표(Allen, 1995)인 미술작업을 꾸준히 해 나갈 수 있을까? 이 과정을 의무적인 아닌, 즐겁고 자발적으로 일어나는 꾸준하고 의미 있는 일로 만들어 갈 수 있을까? 필자는 이를 위해서는 미술치료사로서의 직업의식에서 출발하기보다는 우선 자신의 내면의 소리들을 민감하게 듣는 훈련에서부터 출발한다고 생각한다.

나의 삶에서 들려오는 소리들, 그것은 이야기일 수도 있고, 음악일 수도, 때로는 이미지일 수도 있다. 또한 그것들은 나의 외부 환경에서 찾아오기도 하고, 외부와 나의 관계에서 오기도 하고, 나의 내면에서 갑자기 우러나오기도 한다. 이러한 것들은 직접적이기보다는 간접적 · 은유적으로 드러나는 경우가 많은데, 일상에서 그 은유적 이미지와 이야기들을 잡아내고 의미를 부여하기 위해서는 자신의 내면과 외부에 민감하게 열린 자세로 감지해 내야 할 때가 많다.

개인적으로 삶의 순간들에 의미를 부여하기 위해서 특별하게 타고난 창조성이 필요하다고 생각하지는 않는다. 다만 하나의 훈련과정처럼 꾸준하게 지속되어야 하는 것이 중요하다고 본다. 순간적으로 떠오른 생각들을 글로 적어 보거나, 작은 일상의 장면이나 떠오르는 이미지들을 단순하게라도 그림으로 표현해 보는, 또는 무심히 지나치던 삶의 한 장면이 특별하게 보이는 순간을 사진으로 기록해 보는 등 자신에게 맞는 방법으로 이루어지면 될 것이다. 이러한 반복되는 행위는 결과물의 작품성과 관계없이 의미 있고 가치 있는 일이며 이를 통해 민감하고 예술적인 감수성이 키워지는 훌륭한 훈련과정이 될 수 있을 것이다.

미술치료사에게 예술적 감수성은 예술가가 되기 위해 필요한 것이 아니다. 미술치료사가 자신의 삶에서 나타나는 은유적인 심상을 잘 따라가고, 그 의미를 발견하는 과정은 어찌 보면 소소한 일상의 순간들을 다르게 인식하는 방식이 된다. 이러한 경험을 자주 할수록 일상의 물건도, 세상의 풍경도 다르게 보이게 되고, 점차 내담자의 작은 손짓도, 내담자의 작품도 다른 눈으로 바라보게 되는 신기하고도 소중한 경험들을 하게 된다. 즉, 삶에서(직업적인 것으로 포함하여) 새로운 의미를 부여하는 과정이 수월하게 된다고도 표현할 수 있겠다.

미술치료사는 전 존재로서 내담자들을 만난다고 하였다(Wadeson, 2008). 평범한 삶 속에서 소중한 의미들을 발견해 내는 힘은 미술치료사 자신을 위한 것이기도 하지만, 우리가 만나는 내담자와 그들의 삶을 바라보는 시각을 바꾸게 하기도 한다. 즉, 미술치료는 내담자, 미술치료사, 미술작업 간의 관계에서 이루어지기에 이 관계적 맥락 안에서 전문가로서의 새로운 시각들이 필요하다. 미술치료사들에게 우선적으로 '미술치료사(의 내면)–미술작업–삶(외부적 환경)'이라는 관계 내에서 자신의 시각을 발전시키고, 예민한 감수성과 소통 능력을 키워 나가는 것이 선행되어야 한다. 이 과정은 다시 '미술치료사–미술작업–내담자'라는 관계로 직결된다고 할 수 있겠다. 미술치료사는 임상 현장에서 환경 자체이므로 치료사 자신과 외부 환경의 관계적 양상은 미술치료 현장에 직접적으로 영향을 미칠 수밖에 없으며, 이는 자신의 임상 현장과 내담자와의 치료적 만남에서 더욱 전문적이고 창조적으로 기능하도록 이끌 것이다. 그리고 이는 내담자가 미술작업을 통해 자신을 새롭게 발견하고 의미를 부여해 가도록 이끌고, 그들의 창조적 여정을 촉진한다 할 수 있겠다.

아래의 글에서는 미술심리치료사로서 미술작업을 통한 필자의 개인적인 경험을 간략히 기술하고자 한다. 오랜 기간 작업한 작품보다는 정말 부담 없이 마치 낙서처럼 간단하게 작업했던 작품을 선별하였다. 되도록 빠른 시간에, 무엇을 그려 보겠다는 의도 없이 시행되기도 한 작업들의 단순하고 쉬운 이미지들로 구성된 작품을 통해 미술심리치료 전공자들과 실습생들이 전문가로 가는 여정 속에서 미술작업에 대해 부담 없이 꾸준하게 시행하기를 바라는 마음에서이다. 아래의 체험 글쓰기에서는 경험의 생생함을 그대로 전하고자 필자를 모두 '나'로 지칭하겠다. 또한 이 글에서는 미술치료 사례보고서가 아닌, 미술심리치료사로서의 필자의 경험이 특히 미술작업과 관련한 내용이 중심이 이루므로 당시 내담자의 정보는 최소한의 내용만 밝히도록 하겠다.

5) 미술심리치료 임상 현장에서의 연구자 개인 체험

(1) 미술심리치료사로서의 미술작업

좀처럼 말이 없고, 관계를 맺기가 어려웠던 초등학교 6학년 여자아이가 있었다. 이전에 이미 다른 미술치료사와 치료 경험이 있으나 '별반 나아진 점이 없었다'며 찾아오신 아동의 어머니의 말씀에 나는 상당히 긴장하였던 것 같다. 작고 깡마른 몸에 늘 '몰라요'와 '귀찮다'를 습관처럼 얘기하는 내담 아동을 보며 나는 그때 무척이나 힘이 들었다. 배운 것들을 총동원해 아동의 심리적 상태와 요인들을 분석하고, 또 치료사로서 무언가를 해 주어야 한다는 압박감에 가득 차 있었다.

[그림 4-6]은 이 내담 아동과의 초기 치료과정을 진행하며 그렸던 나의 반응작업이다. 무엇을 묻거나 반응을 기대하고 있으면 어김없이 아이는 대답이 없거나, 고갯짓으로 일관하였다. 꽉 닫힌 듯 느껴졌던 아이의 마음을 두드리는 심정이었다. 좀처럼 열릴 것 같지 않게 굳게 닫힌 문, 그게 아마 내 느낌이었던 것 같다.

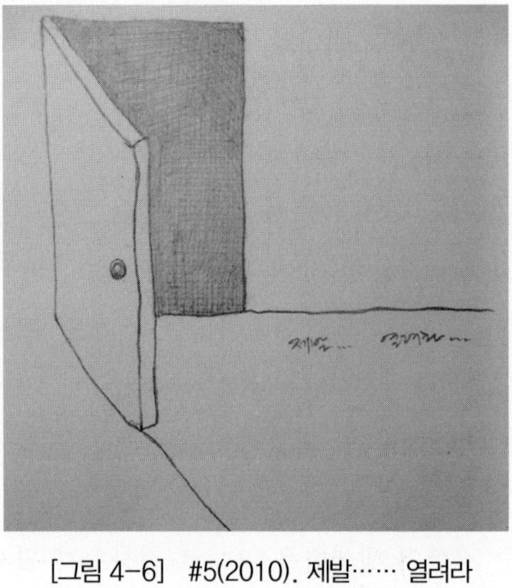

[그림 4-6] #5(2010). 제발…… 열려라

(234×318mm, 종이, 연필)

아무리 두드려도 열릴 것 같지 않은 문,
나는 열심히 두드린다.
왜? 왜 이렇게 굳게 닫았을까?

열지 말아야 할까? 아니 열 수는 있을까?

조심스레 문을 열어 본다.
억지로 열었더니 다시 벽이 있다.
아직은 아니야…….
내가 내 마음대로, 억지로 열 수는 없어.

당시 적었던 노트의 일부분이다. 꽤 오랜 시간이 지난 지금도 이 그림을 보니 그 당시의 암담함이 고스란히 다시 느껴진다. 슈퍼비전을 받으며 나는 불편한 것을 불편한 채로 견디고, 내담 아동의 있는 그대로를 품어 주는 것을 배워 갔다. 그리고 저 문이 아이의 마음을 나타내듯, 치료사인 나의 문이든, 또 우리 둘 사이의 관계 사이의 문이든 저 문을 억지로 열 수는 없다는 것을 배워 갔다. 저 문을 억지로 여는 데에 노력을 쏟는 것은 무의미하다는 것을 깨달았다고 하는 편이 더 정확할 것 같다.

머리가 깨질 듯 아팠던 어느 날 이 내담 아동과의 세션을 마치고 내 머리의 감각을 연필로 무작정 그려 보았다. 아이와의 만남은 나를 답답하게 만들었고, 억압된 어떤 것이 내 마음에도 느껴졌다. 역전이 감정을 감지하며 내 신체 증상도 차분히 다시 느껴 보았다. 내 머리는 무겁고, 뜨거웠다. 한 부분만 더 지끈거리는 둔한 통증이 느껴졌고 나는 그 느낌을 그리고자 손이 가는대로 끄적였다([그림 4-7] 참조).

편두통은 내 머리가 마치 몸과 분리된 듯한 느낌을 주었고, 나는 그 느낌을 마치 조각 작품이 전시되듯 가느다란 기둥 위에 올려 두었다. 그림 속의 위태로운 머리를 보며 참으로 기이한, 그로테스크한 느낌이 들었다. 머리는 아픔 때문인지 퉁퉁 부은 듯 점점 커지는 것처럼 보였고, 입을 벌리고 무어라고 말을 하는 듯했지만 공허하게만 느껴졌다. 어느 순간 머리에 눈이 없다는 것을 알아차리고, '보지 않는구나.' '제대로 보지 않고 있구나…….'라는 깨달음이 찾아왔다.

[그림 4-7] #5(2010). 무제

(234×318mm. 종이, 연필)

나는 미술심리치료사로서 늘 아동에게 보라고, '네가 그린 그림과 네가 만든 작품들을 좀 보라.'고 얘기하고 있었고, 아동은 마치 눈을 감은 듯이 별 반응이 없었던……. 그런 우리 두 사람의 치료실 안 모습이 떠올랐다. 그리고 갑자기 아동이 자신의 미술작업과 내면에 관심이 없다고 생각했지만, 내가 이 아이를 제대로 보지 못하고 있다는 통찰이 찾아왔다. 눈을 감은 것은 내가 아닐까? 그림 속 머리는 나의 역전이를 고스란히 드러내 주고 있었다. 나 역시 눈을 감고, 아니 아예 눈이 있는 줄조차 모른 채…….

당시 슈퍼바이저는 나의 역전이를 탐색해 보도록 도와주었고, 덕분에 역전이가 아닌 '공감'으로 점차 나아갈 수 있었다. 치료사가 무언가를 해 주어야 한다는 강박을 내려놓고 제대로 아이의 내면과 미술작업들을 보고자 하는 새로운 시각이 생겨났다. 내가 '무언가를 해 준다. 해 주어야 한다. 해 줄 수 있다'는 착각 속에 빠져 있는 한, 오히려 해야 할 것들은 보이지 않게 되고 앞으로의 회기도 막막하게 된다는 것을 알아 가는 과정이었다.

총 1년 6개월에 다다르는 긴 회기 과정 동안 나는 이 내담 아동을 점차 즐겁게 만나게 되었다. 꾸준히 미술작업을 이어 갔고, 반응작업과 함께 한 슈퍼비전이 내게 큰 도움이 되었다. 특히 슈퍼바이저는 내게 내담자와 미술치료사와의 관계에 대해 숙고해 보도록 많은 도움을 주었다. 나는 임상 현장에 분명히 실재하는

'미술치료사-미술작업-내담자' 사이의 느낌에 더 민감해졌고, 신뢰와 애정을 바탕으로 한 기다림을 배워갔다. 또 점차 내가 무언가를 다 해 주어야 할 것만 같았던 과도한 책임감을 내려놓게 되었다. 미술치료사인 내가 심리적으로 고갈되지 않고, 무력감에 빠지지 않도록 돌봄을 받았던 슈퍼비전은 지금 다시 돌아보아도 너무나 감사한 시간이었다. 이러한 도움을 바탕으로 나는 점차 객관적으로 자신을 바라볼 수 있었으며, 용기 있게 나를 개방할 수 있었고, 나만의 스타일을 가진 미술치료사로 성장하는 것을 느낄 수 있었다.

말이 없던 내담 아동은 전체 치료 회기의 중반기 이후 점차 말이 많아졌고, 나중에는 마치 내가 아동의 친구가 된 듯한 느낌이 들기도 하였다. 학교에서, 가정에서, 친구와의 관계에서 느꼈던 자신의 감정들을 솔직하게 털어놓는 아이를 보며 나는 진심으로 기뻤고 응원했다. 미술작업의 매체와 주제를 자유롭게 선택하고, 그 과정에서 자신을 개방하여 표출하는 작업들을 진행해 가는 모습 속에서 아동이 경험하는 카타르시스와 승화의 경험을 목격했다.

후반기에 다다른 시점, 내담 아동이 신나게 작업을 하고 돌아간 직후에 나는 그대로 앉아 떠오른 이미지를 그렸다([그림 4-8] 참조). 빛과 따뜻한 바람이 불어오는 느낌. 그냥 그런 단순한 느낌을 그림으로 표현하고 싶었다. 그날 세션에서 아이가 많이 했던 말 중 하나가 '내 맘대로'와 '자유롭게'였다. 늘 내게 주제와 재료들을 골라 달라고 했던 아동의 모습이 이렇게 바뀌다니 너무 기뻤다. 내 마음

[그림 4-8] #5(2011). 자유롭게 날아라

(234×318mm. 종이, 색연필)

속에 따뜻한 바람과 에너지가 샘솟는 듯했다. 작업을 마친 후 나의 마음에는 마치 온기가 없던 곳에 따뜻한 불꽃들이 퍼져 나가는 듯 이미지 안에서 편안해짐을 느꼈다.

슈퍼바이저는 내담 아동의 변화에 나와 함께 기뻐해 주었다. 마치 내가 아동의 변화에 기뻐하듯이……. 그리고 내가 놓친 변화의 과정도 세심하게 짚어 확인하도록 이끌어 주었다. 미술치료사로서 자신이 하고 있는 것과 해야 할 것을 객관적으로 바라보게 하고, 답을 주기보다는 스스로 답을 찾아가도록 지지받는 그때의 슈퍼비전 경험들은 지금도 내게 소중하게 남아 있다.

시간이 흘러 이 아동과의 세션이 종결을 맞을 무렵, 어느 날 나는 우연히 [그림 4-8]을 다시 보며 당시에 내가 겪었던 것이 단순히 역전이만이 아니라 '투사적 동일시'의 하나였다는 것을 깨닫게 되었다. 내가 느꼈던 답답함과 짜증, 두통은 내담 아동이 자주 얘기하던 학교가 답답하고, 선생님과 엄마가 짜증나고, 자주 복통과 두통을 호소하던 아이의 감정과 매우 닮아 있었다. 나는 종결을 앞둔 시점에서 이러한 되돌아보는 과정들을 통해 내담 아동을 더 깊게 이해하고 회기들을 잘 마무리할 수 있었다.

미술작품이라는 결과물이 그대로 남아 이렇게 계속해서 반영적 작업을 계속해 나갈 수 있다는 것은 미술치료를 진행하는 중에는 잘 모르고 넘어가기 쉬운, 설익은 임상과정에서의 경험을 더 깊이 있게 하는 미술심리치료에서의 미술작업의 강점이라고 할 수 있다. 이러한 반응작업은 감정과 사고를 연결시키는 정신적인 장소(Schaverien & Case, 2007)가 되고, 구체화된 이미지가 미술치료사의 내적 상태를 변화시키는 단적인 예를 보여 준다 하겠다. 바로 이러한 과정은 미술치료사 내면의 은유적 이야기들을 민감하게 듣는 것에서 출발하며, 치료사의 이러한 내적 깨달음과 변화는 필연적으로 내담자의 변화를 이끌어 내게 된다.

(2) 미술심리치료 슈퍼바이저로서의 미술작업

미술심리치료 슈퍼바이저로서 임상 현장에서 후배들에게 조언을 주는 것은 즐거움과 동시에 많은 노력을 요한다. 치료사의 심리적 건강과 내적 반응작업들이 내담자와 직결되듯이 슈퍼바이저와 슈퍼바이지는 슈퍼비전을 통해 임상 현장에 또 하나의 치료적 관계를 창조해 내게 된다는 것을 몸소 깨닫는 시간들이었다.

[그림 4-9]는 슈퍼바이저로서 많은 고민에 싸여 있던 시절의 그림이다. 다양한 슈퍼바이지를 만나면서 각자 다른 개성과 다른 임상 현장에서의 어려움들을 접하고 나로서도 많은 것을 배워 가던 시기였다. 슈퍼바이지들은 모두가 특별한 개성과 특성을 가지고 있었고, 나는 슈퍼바이지 각자가 가진 특성을 그들만의 개성으로 살려 임상 현장에서 잘 쓰일 수 있음을 알려 주고자 애썼다. 또한 각자의 임상 현장에서 다양한 내담자를 만나며 필연적으로 겪게 되는 여러 어려움을 보며 최선을 다해 도움을 주고자 애썼다. 그러나 어느 날 문득 '과연 좋은 슈퍼비전이란 무엇인가?'라는 물음과 함께 내가 슈퍼비전 중에 무엇을 하고 있는지를 다시 한 번 돌아보는 시간을 갖게 되었다.

그동안의 슈퍼비전 중의 장면들, 대화들, 여러 미술작품을 떠올리며 하나씩 하나씩 사각형의 형태를 쌓아 나갔다. 예전에도 비슷한 작업을 해 보았던 것만 같고, 초반에는 사뭇 강박적이고 지루한 느낌으로 시작되었으나 점차 이 작업 과정은 하나의 명상, 기도와 같은 과정으로 느껴졌고 깊은 몰입 상태로 나를 이끌었다. 무엇을 하고 있는지 잘 모르는 초반의 느낌들은 슈퍼비전 중의 내 모습과 겹쳐졌고, 쌓아올려진 사각의 형태들은 하루하루의 나와 슈퍼바이지들의 모습, 우리가 애쓰고 있는 임상 현장의 모습과 같게 느껴졌다. 그리고 마지막 작업을 마

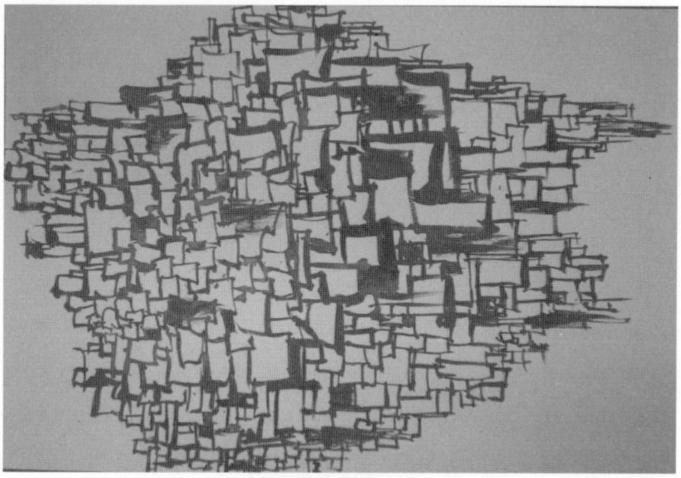

[그림 4-9] #5(2014). 무제

(318×468mm. 종이, 물감)

친 후 바라본 전체 그림의 형태는 내가 전혀 의도하지 않았던 모습이었다.

[그림 4-9]를 통해 나의 슈퍼비전에 대해 지금까지와는 또 다른, 깨어난 시각으로 바라보게 되었다. 내가 의도하여 이러한 작품이 나온 것이 아니듯, 나는 하루하루의 삶과 슈퍼비전의 매 순간에 기도하는 마음으로 최선을 다할 뿐이라는 생각이 들었다. 내가 그들에게 무엇을 주려고 하는 것은 나의 욕심에 지나지 않으며 정답은 아니라는 단순하지만 분명한 깨달음이 찾아왔다. 그리고 그들이 자신의 길을 잘 찾아나가고, 그 안에서 기쁨과 보람을 느끼며 전문가로서의 여정을 잘 걸어 나가는 것을 지켜보는 것만으로도 감사하다는 것을 다시 한 번 느꼈다. 그렇게 모인 하루와 순간들이 하나의 큰 작품을 만들어 내듯 전문가로 성장하는 여정 역시 이와 다르지 않음을 느끼는 순간이었다.

같은 해 어느 슈퍼비전을 마친 후 그린 그림은 나선형으로 끊임없이 퍼져 나가는 형태를 보였다([그림 4-10] 참조). 비슷한 형태가 모여서 이루어진 그림이라는 것과 블루 톤의 비슷한 색채를 가졌지만 형태는 [그림 4-9]와 다른 모습이었다. 한 곳에서 하나씩 점을 찍듯이 시작한 그림은 점차 모여서 원의 형태를 갖추었고, 점점 한 줄을 맞춰 퍼져 나갔다. 경계와 한계가 없이 무한히 퍼져 나가는 원으로 작업은 마감이 되었다.

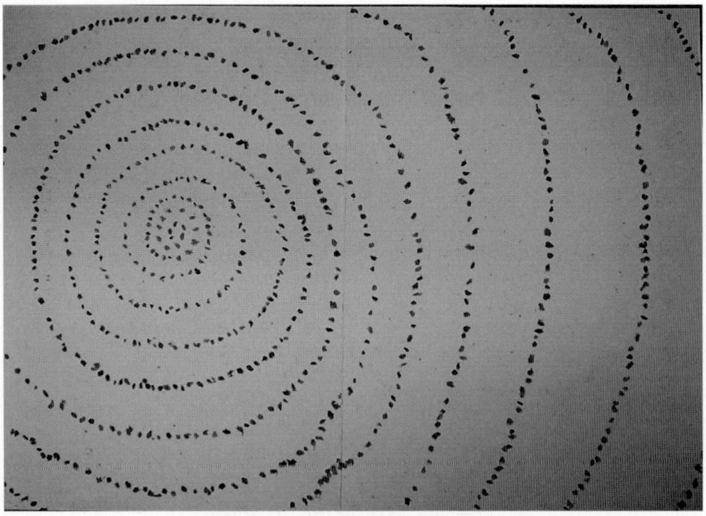

[그림 4-10] #5(2014). 무제

(318×468mm. 종이, 물감)

마친 후 나의 연구소 한편에 붙여 두었다. 작품과 거리를 두고 떨어져 앉아 있자니 마치 점 하나하나가 우리의 대화이자 속삭임 같았고 전체 그림의 형태는 마치 어떤 소리가 멀리 퍼져 나가는 듯한 모습이었다. 우리의 대화가, 우리의 이야기가 계속해서 멀리 퍼져 나가는 모습처럼 보였다. '그렇다면 슈퍼바이저로서 내가 할 일은 무엇일까? 저 이야기들을 잘 '듣는 것'이 아닌가?'라는 내 안의 문답이 오고갔다. 잘 듣는다는 것이 얼마나 어려운지는 이 일을 하면서 계속 경험하는 것 중 하나이다. 잘 듣는다는 것은 작은 것 하나도 허투루 넘기지 않는다는 것이기도 하고, 그 안의 진실과 참을 잘 느껴 본다는 것이기도 하다. 상대가 이야기하고자 하는 것을 내 감정과 사고를 섞지 않고 진실로 '잘 듣는다'는 것은 참으로 어렵다. 나는 슈퍼바이저로서 잘 듣고 있을까?

경청(傾聽) 후에는 좋은 질문이 나온다. 슈퍼바이저의 역할 중에 가장 중요한 것이 '좋은 질문'이라는 것에는 반론을 제기하기 어려울 것이다. 좋은 질문은 슈퍼바이지 스스로 답을 찾아가는 하나의 시작 지점을 경험하게 한다. 좋은 질문은 때로 백번의 좋은 대답보다 낫다는 것을 슈퍼비전에서 자주 경험하게 된다. 그림 #5의 작업을 하며 슈퍼바이저로서의 자세에 대해 숙고하는 좋은 계기가 되었음은 지금도 흐뭇한 기억으로 남아 있다.

박사학위를 마친 후에는 대단위의 집단 슈퍼비전을 이끌어 가는 것이 큰 도전이자 과제였다. 소그룹 슈퍼비전과 달리 슈퍼바이지들 개개인의 이야기를 깊이 있게 들어줄 물리적 · 시간적 여유가 없다는 것은 내게 큰 압박이자 무언가에 쫓기는 불안을 가져왔다. 제각각 다른 임상 현장에서 벌어지는 어려움들을 들으며 과연 그들을 어떻게 도울 수 있을까 고심하는 나날이었다.

대집단 슈퍼비전 중에 슈퍼바이지들과 함께 한 '미술치료사로서의 자신에 대한 개인 미술작업'은 그들과 마치 개인적인 내밀한 대화를 나누는 것 같은 이해의 시간을 만들어 주었다. 대학원 석사학위 과정 중에서 실습생으로서 자신들의 경험과 현장에서의 어려움을 많은 시간 할애해 대화하는 것보다 이미지를 통해 짧은 나눔을 한 것이 내게 깊은 의미와 울림으로 다가왔고, 더 깊게 슈퍼바이지들을 이해할 수 있었다. 미술작업을 통해 그들의 내면을 깊이 이해하는 통찰의 기회를 얻을 수 있다는 '미술치료 슈퍼비전만의 특수성'을 체험하는 시간들이었다.

슈퍼바이지들은 종결 후 슈퍼비전 내에서 이루어진 미술작업들 속에서 경험한 것에 대해 피드백을 보내왔는데, 그들 역시 미술치료사로서의 자신의 강점과 약점을 돌아보고, 치료과정의 모호함을 견뎌 내는 힘을 미술작업을 통해 다시 바라보며 길러 내고 있었다. 특히 몇몇의 슈퍼바이지는 자신의 작품들을 꽤 오랜 기간 걸어 두거나 가지고 다니며 함께하는 모습을 보여 주었다. 그 과정 속에서 미술작품을 통해 새로운 통찰과 변화의 과정들을 거쳤으며, 때로는 내면에 남아 있던 아픔을 알아내고 위로하는 과정이 있었음을 내게 알려 주었다. 또한 대집단 슈퍼비전은 초반의 우려와 달리 미술작업을 통해 서로를 이해하고, 비슷한 어려움을 공유하며, 이해하고 공감하는 하나의 새로운 장(場)이 됨을 보며 나 역시 기쁘고 의미 있는 시간이었다.

여러 학기에 걸쳐 슈퍼바이지들을 만나며 나는 초보 실습생이 미술치료 전문가로서 성장해 나가는 과정들을 객관적으로 바라보게 되었다. 슈퍼비전 내에서 이루어지는 미술작업들을 통해 그들은 자신들이 슈퍼비전 내에서 무엇을 경험했는지, 내담자를 어떻게 이해해야 하는지, 그 과정을 다시 임상 현장에 어떻게 반영할 수 있는지를 깨달아 갔다. 단순한 내적인 경험들을 이미지를 통해 외현화함으로써 객관적으로 바라보고 임상 현장에 발전을 가져오는 성장의 과정을 지켜볼 수 있다는 것은 슈퍼바이저로서 진심으로 기쁘고 감사한 일이 아닐 수 없다.

[그림 4-11]은 슈퍼비전을 종결한 후 슈퍼바이저로서 나의 느낌을 작업한 것 중 하나이다. 학기 초, 개성도 성격도 다른 슈퍼바이지들을 보며 처음에는 이 그룹과 함께 어떻게 슈퍼비전을 해 나갈 것인가 고심하였다. 그러나 종결 시점이 되자 나는 마치 모든 색이 들어 있지만 서로 어우러지고 연결되는 스펙트럼을 떠올리게 되었다. 물감을 꺼내 빨강, 파랑, 노랑의 세 가지 색만 꺼내어 젖은 종이 위에 최대한 모든 색이 나오도록 붓으로 문지르며 작업해 보았다.

작업을 마친 후 그림을 보고 있자니 그림 속 모든 색이 슈퍼바이지들 한 명 한 명을 떠오르게 하였다. 그러고는 한 학생이 슈퍼비전 종결 후 전해 준 말이 떠올랐다. 슈퍼비전을 통해 '의미부여와 감사'에 대해 지금까지 해 온 진부한 이해가 아니라 새롭게 깨닫게 되었다는 피드백을 곱씹으며, 나 역시 다시 한 번 감사함을 느꼈다. 밝은 햇살이 들어오는 위치에 이 그림을 붙여 두고 환한 빛 속에서 부서지듯 아름답게 보이는 작품을 한참 동안 감상하였다. 그리고 나의 슈퍼바이저

[그림 4-11] #5(2017). 우리는 이렇게 함께
(318×468mm. 종이, 물감)

들도 떠올랐다. 지금의 내가 있기까지 그분들의 지원과 지지가 큰 힘이 되었듯이 나의 슈퍼바이지들에게도 내가 작은 도움을 줄 수 있다면 정말 의미 있겠다는 생각이 가득했다. 그리고 다시 그림을 보니 저 안에는 나도, 나의 슈퍼바이저도, 나의 슈퍼바이지도 모두 함께 움직이고 있는 것만 같았다. 우리는 이렇게 함께 세상 속에서 열심히 살아가며 성장하고 또 밝은 빛을 퍼뜨리고 있으리라…….

슈퍼바이저라는 역할을 수행하면서 나의 미술치료 임상 현장에도 변화가 생기는 것을 체험하곤 한다. 슈퍼바이지들의 임상 회기들을 정리해 가는 과정 중에는 자연스레 나의 임상 현장들이 겹쳐져 떠오르게 마련이다. 그들의 모습 속에 또한 나의 모습도 있다. 그리고 슈퍼바이저로서 정답을 제시하는 것이 아니라, 그들이 자신의 고유한 색을 간직한 채 각자의 임상 현장에서 해야 하는 바를 잘 찾아갈 수 있도록 좋은 질문을 던지는 것이 나의 역할임을 점점 더 강하게 깨닫게 된다. 신 이외에는 이 세상에 완벽이라는 것이 없듯이, 우리는 모두 완성된 존재가 아니다. 순간순간 지금에 충실하고, 내게 주어진 역할에 충실하는 것, 우리 안에 숨어 있는 모든 색의 다채로움을 감지하며 그것을 인정하고 감사함으로써 매일에 충실한 것만큼 중요한 것이 무엇이 있겠는가.

이 장에서는 미술치료사들의 미술작업과 관련한 내용을 중심으로 미술심리치료에서의 미술작업이 갖는 특수성에 대하여 살펴보았다. 미술심리치료 임상 현장의 전문가로서 성장을 돕는 미술작업의 특징과 전문적인 슈퍼비전의 중요성, 특히 미술심리치료 슈퍼비전 내에서의 미술작업의 역할 등을 중점적으로 다루었다. 아울러 미술심리치료사로서의 미술작업 경험과 미술심리치료 슈퍼바이저로서의 경험을 필자의 미술작업을 통해 실제적으로 느껴 볼 수 있도록 개인적 체험을 함께 기술하였다.

이 장에서 이론적 · 실제적으로 살펴본 바와 같이 미술치료사들은 슈퍼비전에서, 또 개인적으로 진행하는 미술작입을 통해 창조성을 증진하고, 사례 개념화 능력을 촉진하며, 자기인식(self-awareness)를 발달시키고, 스트레스 감소와 안녕감(well-being)의 증진을 돕는다. 또한 이러한 미술작업은 내담자와의 관계에서 전이와 역전이에 대해 분별하게 하고, 슈퍼바이저와의 관계 또한 탐색하게 하며 이를 통하여 내담자와의 관계 역시 재정립하게 한다.

특히 슈퍼비전 중의 미술작업은 개인 슈퍼비전뿐만 아니라 그룹 슈퍼비전의 형태에서도 객관적 자기인식과 집단원 간 이해, 그룹 응집성 등에 기여함을 알 수 있다. 이렇듯 미술치료사들의 전문성 향상을 위하여 미술작업을 가까이 할 때 이는 정신건강의 유지에 공헌하며, 기관에서의 치료사로서의 감각을 지지하는 데 도움이 되고, 내담자와의 갈등구조 상황에서도 분석적 · 상징적 태도와 관점을 유지하게 하는 것이다.

선인들은 어떠한 것이든 고정된 실체로 보면 그때부터 죽은 것이 된다는 말씀을 남겼다. 미술심리치료학은 계속 발전 중이며, 미술심리치료에서의 미술, 미술작업에 대한 고찰 역시 열린 자세로 끊임없이 지속되며 발전해 나아가야 할 것이다.

Chapter 5

저서 제작과정에서 다루어진 저자들의 미술작업

이 책의 저자들은 졸업 후 흩어졌지만 각자의 현장에서 주어진 역할들을 담당하고 있다. 그러나 우리는 체험 미술심리치료 제작이 진행되는 동안 자연스럽게 하나가 되는 경험을 하였다. 그 과정에서 각자 저자들이 되어 개인 및 집단미술작업을 하기 위해 1년에 한 번씩 만났다. 2년여 동안 인터넷상에서 서로의 생각과 경험을 글쓰기와 미술작업을 통해 교류하였지만 직접적인 만남을 가지고 함께하는 미술작업은 치유적 경험과 동료의식을 불어넣어 주었다.

미술심리치료사는 이미지로 사고하기를 즐기고 심지어 아이디어가 생기면 이미지로 표현하기를 선호한다. 결과물을 만들어 내야 하는 부담감도 없으며, 평가받을 일도 없기 때문에 타인의 시선으로부터 자유롭다. 미술작업은 자기 인식과 탐색의 도구이기도 하므로 언제 어디서든지 미술작업을 할 수 있다. 간단한 미술도구를 가지고 세션 전, 후에도 종이와 연필 또는 크레파스를 꺼내어 메모하듯이 작업을 하지만 일상에서도 미술작업과 함께 글쓰기를 하면서 내면이 시키는 대로 생각이나 감정을 형식 없이 풀어낼 수도 있다. 그러면서 우리의 삶을 충전하고 채워 간다. 또 비워 내기도 한다.

미술작업 과정과 창작 과정은 유사한 점이 많은데, Malchiodi(2000)는 창작 과정은 미술심리치료에서 빠뜨릴 수 없는 구성요소라고 하였다. 창작 과정에 내재하는 치유력에 대한 믿음과 미술이 갈등을 해결하고 주제를 전달하는 데 효과적(Malchiodi, 2000)이기 때문에 치료 양식으로 자리매김을 하게 된 것이다.

Moon(2011)은 미술심리치료사는 자신의 웰빙을 유지하기 위해 적극적으로 예술 활동에 참여할 수 있어야 한다고 하였다. 내담자에게 미술작업을 강조하기 이전에 우리가 먼저 미술작업을 통해 창의적으로 일상을 만들어 나가면서 행복감을 유지해야 한다. 더 나아가 미술심리치료사가 모여서 미술작업을 하는 것은 유대감을 형성하고 심지어 자신의 모습을 서로 비춰 주는 일이 되기도 한다. 체험 미술심리치료 제작과정 동안 우리는 서로 거울이 되어 주는 경험을 했다. 온라인상에서 자신들의 학위논문 글쓰기를 함께 읽고 공유하고 대학원과 전공 선택에 관한 체험을 글과 그림으로 표현하는 미술작업을 나누었다. 학위 과정에서 지도교수를 중심으로 연구회 모임을 가졌었지만 졸업 후로도 연장이 됨으로써 전문성을 갖추고 유지하는 데 도움이 되었다. 이제 우리가 함께했던 과정과 개인 및 집단 미술작업을 소개한다.

1. 저자들의 개인 미술작업

2016년 8월의 무더운 여름날 저자들이 만났다. 매미 소리가 매우 크게 들리던 한낮이었다. 서울 도심의 어느 한옥 도서관에 모였다. 골목길을 따라 들어와 걷다 보니 갑자기 다른 세상이 펼쳐진 듯한 장소가 나타났다.

한옥 방에서 즐거운 수다가 이어졌다. 곧 다양한 미술 재료가 펼쳐졌다. 각종 크기와 종류의 종이류, 연필류, 파스텔, 크레파스, 마커, 물감, 점토, 노끈, 철사 등이 상 위에 놓여져 있어서 잘 차려진 밥상 같았다. 우리는 자연스럽게 미술작업을 하였다. 특별한 주제가 주어지지 않았으나 잘 갖추어진 미술 재료들은 각자만의 주제를 생각나게 해 주었다.

미술 재료는 우리에게 풍성한 음식처럼 정신적 에너지와 포만감을 주었으며 미술작업 과정은 즐거운 식사 시간처럼 느껴졌다.

우리는 각자 작업을 끝내고 자신의 미술 작품을 보여 주고 생각과 감정 나누기를 꺼리지 않았다. 모임이 끝난 후에도 서로의 미술 작품을 기꺼이 온라인상에서 공유하고 그날의 나눔을 떠올리며 자신의 미술 작품에 대한 설명도 이메일을 통해 보내 주었다. 이날 이루어진 미술 작품과 설명은 다음과 같다. 이 장에서는 미술작업에 참여한 저자들의 실명을 밝히지 않고 저자 번호로 표기하기로 한다.

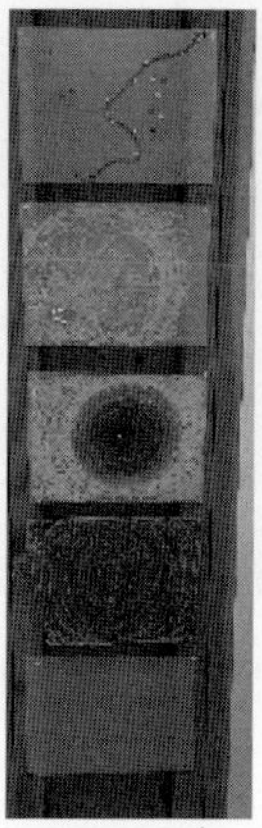

[그림 5-1] #0(2016). 작은 시작과 새로운 시작 사이

(210×297mm. A4용지 크기의 트레이싱 페이퍼 5장, 오일 파스텔, 막대 찰흙)

다음 이미지는 #0이 작업한 [그림 5-1]의 각각의 미술작업이다.

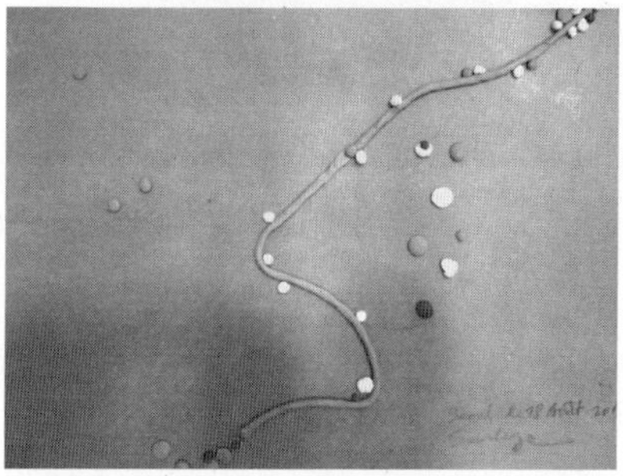

[그림 5-1-A] #0(2016). 작은 시작과 새로운 시작 사이

(210×297mm. 트레이싱 페이퍼, 아이클레이)

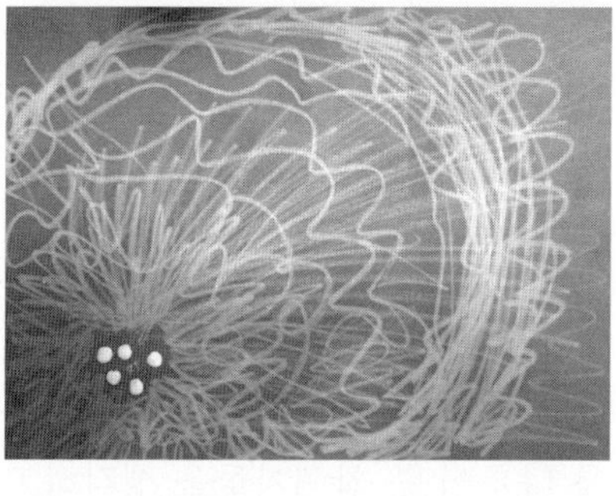

[그림 5-1-B] #0(2016). 작은 시작과 새로운 시작 사이

(210×297mm. 트레이싱 페이퍼, 크레파스)

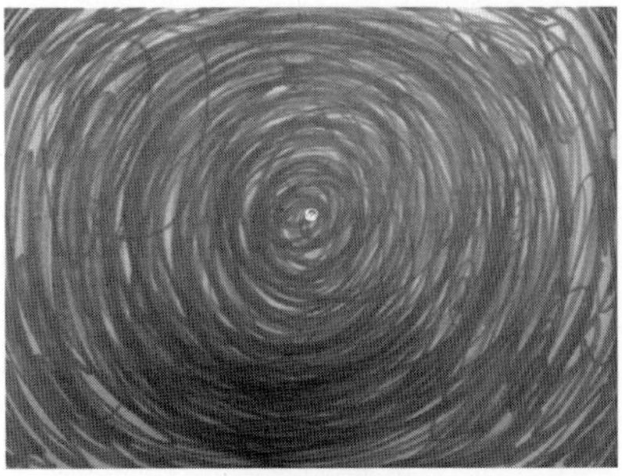

[그림 5-1-C] #0(2016). 작은 시작과 새로운 시작 사이

(210×297mm. 트레이싱 페이퍼, 크레파스)

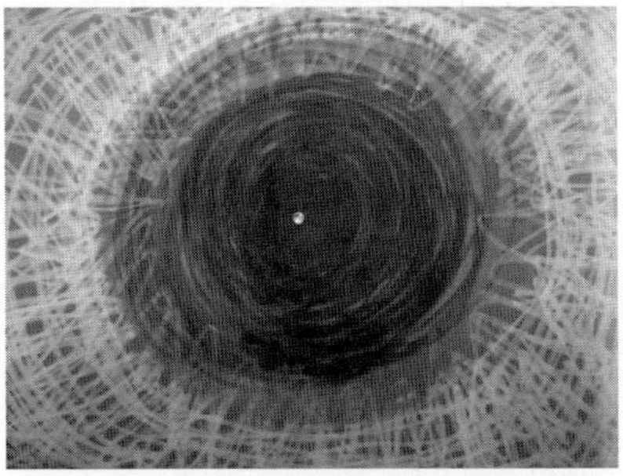

[그림 5-1-D] #0(2016). 작은 시작과 새로운 시작 사이

(210×297mm. 트레이싱 페이퍼, 크레파스)

[그림 5-1-E] #0(2016). 작은 시작과 새로운 시작 사이

(210×297mm. 트레이싱 페이퍼)

"잘 준비된 재료들이 눈에 띄었고, 그중에서도 내가 좋아하는 트레이싱 페이퍼가 보여 몇 장을 집어 들었다. 내가 좋아하는 색의 찰흙으로 선을 붙이면서 저서를 만드는 데 체험 자료를 다루어 준 참여자들을 생각하고 작업한 것이다.

모두가 개성이 있고, 마음을 담아 준 과정이 오늘을 만들어 냈음을 알았고, 감사했다. 이 순간은 즉흥적으로 [그림 5-1-A] [그림 5-1-B] [그림5-1-C] [그림 5-1-D] [그림 5-1-E]를 남겼다.

그러고는 아무것도 그려 넣지 않은 트레이싱 페이퍼를 맨 아래 넣는 것이 잘 어우러지는 것 같아 좋아 보였다.

제일 아래에 위치한 5번째 트레이싱 페이퍼([그림 5-1-E] 참조)는, 나에게 많은 말을 해 주고 있다.

시작은 미비했지만 시간이 지나면서 마음을 담으며 다양한 모습으로 바뀌고, 그곳에도 마지막은 찾아왔다. 그 마지막 다음에는 또 다른 새로운 시작이 있게 된다. 순환인데 반복적 순환이 아니라 늘 새로운 순환이다.

마지막과 새로운 시작 사이에 아무것도 담고 있지 않은 꾸며지지 않은 순간의 파동과 함께하고 있다."

[그림 5-2] 역시 #0의 미술작업이다. 2013년 제작된 작업인데 공교롭게도 이때 선택한 미술 재료가 3년 뒤인 '작은 시작과 새로운 시작 사이'([그림 5-1] 참조)와 유사하다.

[그림 5-2]는 트레이싱지와 티슈에 드로잉을 한 후 돌돌 말아 검정 종이 위에 세운 작업이다. 겉에서 보면 흰 원기둥이 세워져 있는 거대한 건축물 같아 보이지만 돌돌 말린 원기둥 모양의 구조물을 위에서 바라보면 [그림 5-2]와 같다. 위에서 원기둥 속을 들여다보는 일은 사물을 바라보는 새로운 시점을 획득하게 해 주었다.

다음은 #0의 미술작업([그림 5-2] 참조)에 대한 설명이다. "사물을 보는 내 시각은 어릴 적에는 좌측의 눈인 육안(eye of flesh)으로 세상을 살아나가게 했다. 공

[그림 5-2] #0(2013). 통합적 시각(The Integral Vision)

(394×545×297mm. 트레이싱 페이퍼, 타월티슈, 파스텔, 붓펜)

부를 하면서는 차츰 심안의 눈(eye of mind)을 가질 수 있었다. 그러나 이제는 그 눈들이 가까이에서 보고 싶은 것만 보는 눈임을 알게 되었고, 동시에 영안(The eye of Spirit)이 있다는 것을 알게 되었다. 그리고 이제는 이들을 모두 통합할 수 있어야 함도 알게 되었다."

[그림 5-3] #2(2016). 2016년 8월 18일

(272×394mm. 종이, 연필)

2016년 여름, 제자들이 모여 미술작업을 했다. #2가 그림을 그리고 있는 순간을 동료가 위에서 사진으로 남겨 주었다. 그리고 다음의 글은 #2가 이 그림을 그리고 거의 1년이 지난 시점에 그림을 보면서 적은 것이다.

"무더운 여름의 한낮, 미술심리치료사들과의 미술작업은 잔잔하면서도 역동적이었고 감동적이었다.

우리는 청운동의 고즈넉한 한옥의 도서관에 모여서 미술심리치료사로서 그리고 인간으로서 만나 미술작업을 하였다. 주제도 없고 무엇을 하기로 약속한 것도 없었다. 다양한 미술매체만 주어졌다. 그들의 모습을 보면서 무심코 스케치한다.

이 모습을 사진이 아니라 내 손으로 그려서 남기고 싶었다. 연필로 그려 나갈 때마다 한 사람씩 나타나는 것이 신기했다. 추상적이 아니라 구체적으로 이 순간을 잡아 두고 싶었다. 이 순간의 평화로운 이미지도 머릿속에 그려졌지만 이 방에 무엇이 있고 누가 있고 무엇을 하고 있는지 구체적인 형상으로 표현하고 싶어졌다. 추상적인 이미지로도 남길 수 있었지만 하나하나 구체적으로 그려 가는 것이 더 현재에 충실할 수 있는 방법이 아닌가 생각되었다. 지금 여기에 내가 있음을 충분히 느끼고 몰입하고 싶다.

저 그림을 그린 후, 시간이 꽤 흘렀지만 그림을 볼 때마다 그때의 장면이 그대로 남겨져 있어서 좋다. 내가 앉아있는 곳에서 편안하게 시야에 들어온 사람들, 장면들이다. 동료들이 무엇을 그렸는지도 생생하게 기억이 날 정도다. 우리는 이후에 또 흩어졌지만 내 기억 속에서는 이렇게 함께하고 있다."

[그림 5-4-A] #4(2016). 꿈을 잡다

(100×100mm. 종이, 공예철사, 노끈, 한복 천)

다음은 #4가 만든 작품([그림 5-4] 참조)을 창가에 매단 모습이다.

[그림 5-4-B] #4(2016). 꿈을 잡다

(300×100mm. 종이, 공예철사, 노끈, 한복 천)

"눈앞에 펼쳐진 다양한 재료를 가지고 드림캐처를 만들기 위해 내 손은 분주하게 움직인다. 큰 틀이 되어 주는 공예철사에 노끈을 감을 때 그 어떤 잡다한 생각이나 걱정은 잊히고, 점차 얇은 끈들이 엮여 좁혀질수록 내 안으로 집중해 간다는 느낌이 든다. 오히려 균형이 맞지 않고 삐뚤빼뚤한 모습이 더 편안하게 다가온다. 좋은 모습으로 바꾸려는 데 에너지를 쏟지 않고 있는 그대로의 나를 보며 집중해야겠다. 마지막으로 좋은 꿈을 꾸도록 도와준다는 드림캐처의 전설과 같이 이것에 우리의 꿈이 이뤄지길 바라는 마음을 담아 본다.

악몽을 잡아 주고 좋은 꿈을 꾸게 한다는 드림캐처에 꿈을 향해 가는 우리의 마음을 담아 표현하였다."

[그림 5-5] #5(2016). 우리의 길

(300×400mm. 소포지, 한지, 파스넷, 오일 파스텔, 마끈, 라인클레이)

"안은 밖이 되고
밖은 또다시 안이 되는,
같아 보이지만 다르고
다른 듯 보이지만 하나의 공동체를 이룬 우리."

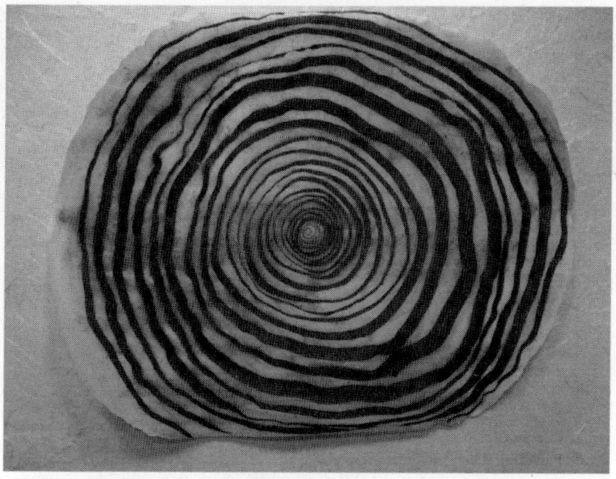

[그림 5-6] #3(2016). 호흡(Breathing)

(300×365mm. 트레이싱 페이퍼, 컬러 붓펜, 파스넷)

"중심을 잡고 조금씩 호흡을 내쉬며 붓을 잡고 있던 손의 움직임을 넓혀 간다. 원이 커질수록 호흡을 더 길게 들이쉬고 내쉬었다. 붓의 움직임을 멈추고 그림을 바라보니 흘러가는 물위에 그대로 몸을 맡기듯 여유로움과 편안함이 느껴졌다."

[그림 5-7] #3(2016). 길

(200×200mm. 한지, 마끈, 천 조각, 풀, 가위)

"끈을 종이 위에 풀어 놓았다. 바쁘고 분주하게 달려가야 하는 길 같은 부분도 있고, 완만하고 여유로운 길 같기도 하다. 그 길을 걸어가는 과정에서 나 자신이 갖고 있던 색을 연하게 만들기도 하고 진한 색을 입혀 가기도 한다(미술치료사가 되어 간 과정의 길)."

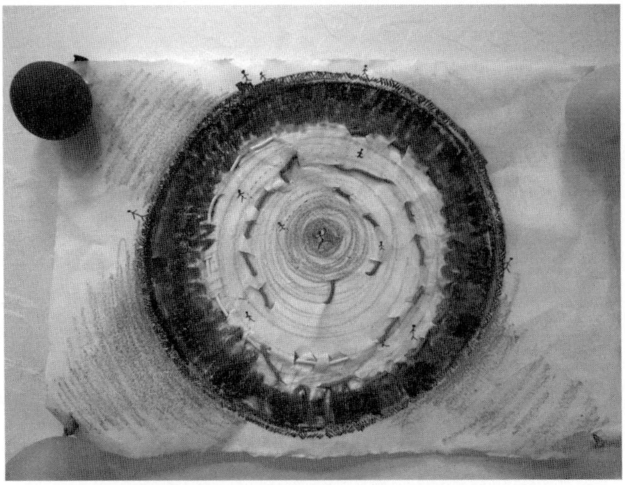

[그림 5-8] #1(2016). 감사(우리 안전하게 모여서 집중)

(280×400mm. 한지, 오일 파스텔, 파스넷, 색실, 클레이, 풍선)

"각자의 자리에서 열심히 살다 모인 우리. 함께 모일 수 있는 '중심'이 있어서 감사합니다. 그림 안에 다양한 모습을 하고 있는 여러 명의 사람의 형태가 보이는데 그릴 때에는 분명 함께 모인 선후배들의 모습이라고 생각했는데 지금 보니 내가 가지고 있는 다양한 모습으로도 보입니다."

[그림 5-9] #8(2016). 틔움

(450×330mm. 소포지, 한지, 지끈, 오일 파스텔, 풀, 큐빅)

"우리가 살아온 삶은 이런 뜻으로도 저런 뜻으로도 이해될 수 있다. 옳고 그름을 떠나 형형색색의 과거의 모든 조각이 스스로 조화롭게 어우러질 수 있게 자리를 내어 주면 우리 마음을 한층 자라게 하고 삶을 지켜 준다. 지금 이 순간은 또 다른 틔움의 순간이다."

[그림 5-10] #6(2016). 무제

(120×200mm. 라인클레이, 마커, 색지)

"미술심리치료학 전공생으로 만났던 우리가 어느덧 졸업을 하고 각자의 자리에서 전문가로 성장하고 있었다. 다시 만난 우리의 모습은 이렇게 물결이 퍼져 나가듯이 서서히, 그러나 더 멀리 더 넓게 푸른 바다를 향해 나아가고 있었다."

2. 저자들의 집단 미술작업

저서가 거의 완성되어 가는 과정에서 2017년 8월의 어느 날 저자들은 다시 만났다. 일 년 전과 같은 장소에서 같은 사람들이 만난 것이다. 산새도, 나무도, 한옥도, 사람들도 그대로였다. 개인 사정으로 참석하지 못한 저자들은 함께하지 못함을 아쉬워했으며, 총 13인이 모였다. 바쁜 일상이지만 각자의 처소에서 한곳으로 달려왔다. 우리는 샌드위치를 먹으며 1년의 시간이 무색하게 느껴질 정도로 1년 전에 했던 즐거운 수다를 이어 나갔다.

이번에는 집단작업을 하였다. 우리에게 익숙한 광목천과 크레파스, 파스넷, 각종 오브제들이 준비되었다. 큰 광목천을 각 사람의 수만큼 같은 크기로 나누어 자른다. 각 사람은 긴 직사각형 형태의 천을 각자 한 피스씩 가지게 된다. 천 위에 각자 원하는 주제로 그림을 그린다. 그리고 다시 모여 나누어진 천 작업을 씨실과 날실처럼 엮어 보기로 하였다. 우리는 이렇게 따로 또 같이 개인과 집단 작업을 동시에 했다. 역시 작업을 마친 후에는 각자의 미술작업에 대해서 이야기를 나눈다.

이제부터 미술작업이 흘러가는 과정을 순서대로 소개하고자 한다. 각 개인의 미술 작품 뒤에 따라오는 글들은 이 모임이 끝난 후 이메일을 통해서 공유하였다.

[그림 5-11]은 각자 흩어져서 나누어진 천 위에 그림을 그리고 있는 모습이다.

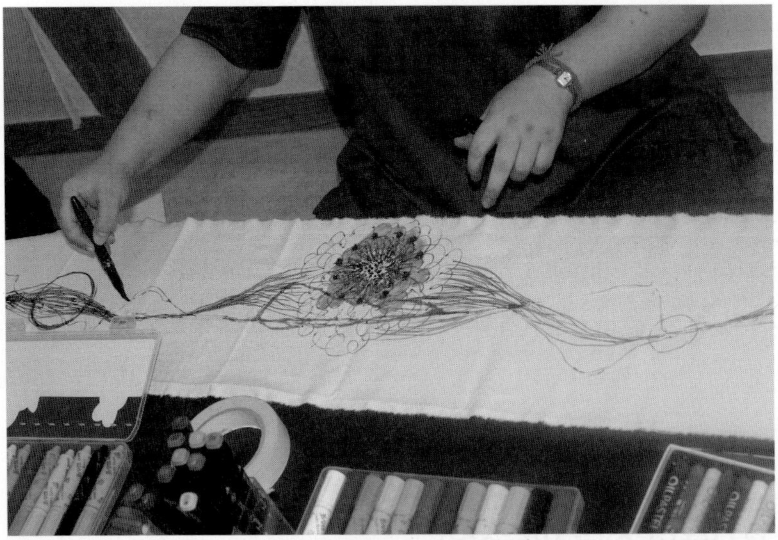

[그림 5-11] #12(2017). 거쳐서 지나가기

(200×900mm. 광목천, 붓펜, 마커, 실, 종이테이프)

"폭염이 내리쬐는 여름. 시인의 언덕을 지나 서울이 내려다보이는 도서관과 한옥집. 오랜만에 혹은 처음 만나는 동문들과의 만남. 기대감과 어색함에 조심스럽다.

하얀 광목천을 시원스럽게 찢어 나눠 받고 처음 만나는 선배와 마주 앉았다. 서먹한 순간에 친숙한 미술 도구들을 사이에 놓고 말없는 사색에 들어갔다. 어색한 순간에 말이 아닌 다른 무언가로 함께할 수 있다는 건 위안이 된다. 천을 펼쳐 놓고 내 앞의 사물들이 내게 건네는 사인에 집중해 보았다. 찢겨진 천에서 흘러내린 실들을 한 올 한 올 뽑아 뭉친 그대로 내려놓고, 그 선을 따라 검은 선을 이었다. 화면의 중간에 뭉친 곳이 마치 지금의 '나'인 것만 같다. 나도 모르게 뭉친 자리에 꽃처럼, 상처처럼 표시를 하고 있다. 인생의 끝이 어디까지인지 모르나 40대로 넘어가는 지금이 딱 이 즈음일 듯 싶다. 이전 시간을 되돌아보고 앞으로를 꿈꾸지만, 현실에 발 딛고 사는 것이 버거워 끙끙대고 있는 '나'. 어느덧 내가 지나온 시간에 자국이 생겼다. 지나가야 하고 또 지나가겠지만 몇 년 전의 '나'와 지금의 '나'는 다른 사람인 것 같다. 지금은 좀 힘이 없어서 생기 있게 색을 칠하다 조금 과한 것 같아 멈췄다. 갈래갈래 갈린 길은 미래의 어디에서 또 다른 뭉침을 만날 텐데 현재의 '나'는 어떤 상태인지 생각해 본다. 나는 어떤 모습의 사람이고 앞으로 어떻게 변화할까?"

[그림 5-12] #3(2017). 무제

(200×900mm. 광목천, 파스넷)

"장소에 들어서면서 들었던 물소리 때문이었는지 파란색이 눈에 들어왔다. 물감으로 물이 흐르는 것을 표현하는 반복적인 움직임에 집중했다.

반복적인 미술작업 과정 중에 나의 그림을 바라보며 지난번 미술작품과 다른 형태이지만 같거나 유사한 요소들이 그림 안에 있다는 것을 알아차렸다.

그리고 몇 가지 생각들이 머리를 스쳤다.

지금, 여기의 이 경험이 새로운 것이 아님을.

그 자리에서 머무르지 않고 계속 흘러가는 시간과 과정에 내가 있음을.

그리고 여기 함께한 사람들과 보이지 않는 기운으로 연결되어 있음을."

[그림 5-13] #2(2017). 시간의 흐름

(200×900mm. 광목천, 오일 파스텔)

[그림 5-13]은 #2가 자신의 미술 작품을 완성한 후 동료들에게 보여 주며 이야기를 하고 있는 모습이다. #2는 크레파스로 긴 광목천 위에 여러 개의 선을 그으면서 시간의 흐름에 대해서 생각해 보는 기회가 되었다고 한다.

"1년이 지난 후 다시 만났다. 같은 장소에서 또 같은 사람들끼리. 1년 전 못 만난 사람이 오기도 했다. 또 이번에는 못 오기도 했다.

시간은 이렇게 가고 있다. 이렇게 시간은 가고 있는데 나는 어디에 있는 걸까?

잘 가고 있는 걸까?"

[그림 5-14] #11(2017). 성장해 가는 중

(250×280mm. 광목천, 파스넷)

“졸업 이후 처음으로 교수님 뵐 생각과 다른 여러 선생님들을 만날 생각을 하니 기대 반, 걱정 반이었다. 그동안 학교와 멀리 떨어져 있었는데……. 흘러 버린 시간만큼 학교와 멀리 떨어진 느낌이었다.

하지만 우려와 달리 학교 선생님들을 만나고 함께 작업을 하니, 다시 석사 때 집단 미술치료를 하는 시간 같았다. 내가 있어야 할 곳에 돌아온 기분. 마치 연어가 알을 낳기 위해 자신이 태어났던 곳으로 강물을 거슬러 올라간 것처럼 말이다. 연어와 다른 점이 있다면 내가 도착한 곳은 더 크고 더 깊고 푸르른 대양 같았다. 어느 새 대양의 일부분이 되어 자유로움을 느끼며 유유자적 그곳을 힘차게 헤엄치고 있었다.”

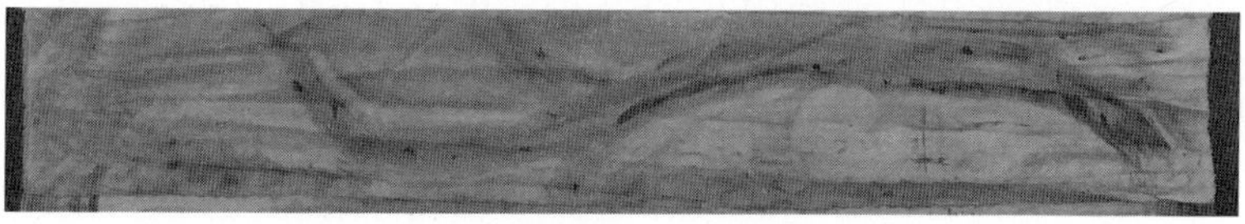

[그림 5-15] #4(2017). 만남을 위해 오는 길

(200×900mm. 광목천, 오일 파스텔)

“만남을 위해 오는 길을 그려 보았다. 출발한 집을 그리고 나서 지나온 길을 그

리려고 하니 생각이 나지 않아 당황스러웠다. 한편, 그것에 내가 삶을 대하는 태도와도 유사하다는 것을 깨달았다. 나는 무언가 해야 할 일이 있을 때 그 일에만 집중을 해서 주변을 잘 살피지 못한다. 많이 나아졌다고 생각했는데……."

[그림 5-16] #10(2017). 꽃

(100×100mm. 광목천, 파스넷, 나뭇잎, 목공풀)

작업이 끝나고 서로에게 보여 주며 이야기를 나누었다. 그 후, 하나의 광목천을 13명이 나눈 것이기에 각자 자신이 작업한 조각 천들을 바닥에 놓아 보았다. 미리 계획한 것이 아니었기 때문에 즉흥적으로 만들다 보니 조각으로 나누기 전 천 모양이 아니라 다른 모양이 되었다. 원래 천의 크기보다 커지고 확장된 모습이었다([그림 5-17] 참조). 조각 천을 이리 저리 놓아 보면서 달라져 가는 모습을 바라보았다. 조각 천이 다른 모습으로 놓일 때마다 크기, 모양, 이미지들도 변화했다. 예상치 못한 광경이 펼쳐졌다. 각자 하나의 조각 천의 모습을 가지고 있었을 때에는 그냥 그 모습이 전부였다. 그러나 이렇게 '따로 또 같이' 되는 경험은 소통, 교류, 화합의 중요성을 알게 해 주었다. 내가 정체되어 있지 않고 자라 가는 느낌이었다.

[그림 5-17] 집단작업 과정 1(2017)

(1100×2100mm. 광목천, 파스넷, 오일 파스텔, 각종 오브제)

하나의 큰 천이 작은 조각으로 나뉘어 작품이 되듯, 같은 곳에서 공부한 우리는 흩어졌지만 각자의 곳에서 고군분투하는 아름다운 미술심리치료사가 되었다. 각자의 작업이 모였듯이 2017년 여름에 우리도 이렇게 모였다.

우리는 다시 각자의 천을 가지고 씨실과 날실처럼 하나로 엮어 보았다([그림 5-18] 참조). 처음 자르기 전 천처럼 모양이 갖추어졌다. 흩어졌을 때에는 작고 기다란 천 조각처럼 느껴졌는데 이렇게 모이니 다시 하나가 된 것 같다. 강한 우리가 된 것 같다. 가는 실들이 직조되어 천이 되는 과정을 떠올렸다. 직접 해 보니 더욱 실감이 난다.

[그림 5-18] 집단작업 과정 2(2017)

(1000×1000mm. 광목천, 파스넷, 오일 파스텔, 각종 오브제)

서로에게 기대며 엮여 다시 하나가 되어 보기로 한다([그림 5-18] 참조). 엮인 이미지들은 서로 다시 조화를 이루고 새로운 이미지를 창조해 낸다. 우리는 그대로 자신의 미술작업이 담긴 천 조각의 끝을 각자 양손에 잡고 일어섰다. 누구 하나가 씨실, 날실의 천 조각을 놓치면 하나의 천으로 완성되지 않았다. 각자 잡은 천 조각을 놓치지 않도록 했다. 저절로 저쪽 끝에 내가 잡은 천을 누가 잡고 있는지 눈으로 확인하게 되었다. 힘을 주어서 잡으면 천이 팽팽해지며 천의 모양이 사라졌다. 좀 느슨하게 잡으면 다시 천의 원래 자르기 전의 모양을 갖추었다. 힘의 균형을 생각하게 되었다.

누가 먼저랄 것도 없이 우리는 천을 잡은 양손을 잡아당기기 시작했다([그림 5-19] 참조). 팔을 왔다 갔다 하면서 서로의 힘을 주고받았다. 저절로 웃음이 터져 나왔다.

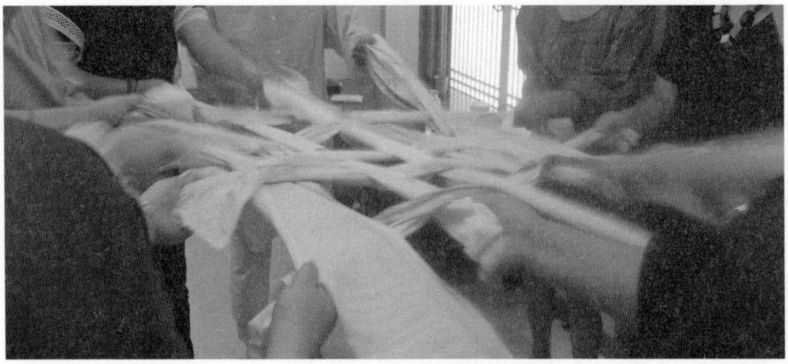

[그림 5-19] 집단작업 과정 3(2017)

(광목천, 파스넷, 오일 파스텔, 각종 오브제)

천이 빠지지 않게 팽팽히 잡아당기던 손끝에 전해지는 서로의 힘이 즐겁다([그림 5-20] 참조).

어느 샌가 새어나오던 미소가 웃음이 되고, 아무런 말없이도 서로의 호흡을 느끼게 되며, 함께 하는 작업을 즐기게 된다. 의도하지 않은 퍼포먼스였다. 우리는 갑자기 즉흥적인 퍼포먼스를 하는 무희가 된 것 같았다.

빠른 속도로 천을 잡아당길 때에는 큰 움직임이 되었고 우리의 웃음 소리도 커졌다. 천천히 잡아당길 때에는 우리의 목소리도 줄어들었다. 즐거운 작업은 더

[그림 5-20] 집단작업 과정 4(2017)

(광목천, 파스넷, 오일 파스텔, 각종 오브제)

큰 에너지를 만들고 우리는 함께 춤추고 있다([그림 5-20] 참조).

그렇게 한바탕 놀고 난 우리의 이미지들은 서로서로 처음보다 더 가까워져 있다. 내 작품이 어디에 있는지 중요하지 않게 되었다. 지금 우리가 함께 있다는 것이 중요해진다. 잡아당기느라 천은 쪼글쪼글해졌다([그림 5-21] 참조). 서로의 마찰로 인해 그림들이 번졌다. 원래의 미술 작품은 이미지가 변했다. 어쩌면 손상되었는지도 모르겠다. 그러나 그렇게 내가 깎이고 성숙한 사람으로 훈련되고 성장되고 있는 것을 간접적으로 경험하게 된 것 같다.

[그림 5-21] 집단작업 과정 5(2017)

(광목천, 파스넷, 오일 파스텔, 각종 오브제)

우리는 일상으로 돌아갔다.

그렇지만 하얗던 큰 천은 아름답게 서로에 의해 물든 채 남아 있다. 작품을 하나하나 펴고 바느질로 이어 붙였다([그림 5-22] 참조).

우리는 다시 하나가 되었다.

집단 미술작업을 마치고 즐거운 추억 하나씩을 마음에 담고 헤어졌다.

개인작업이 집단작업으로 이어지면서 의도와 계획이 없었던 즉흥적인 퍼포먼스까지 즐긴 작업이었던 만큼 여운도 커서 자발적으로 집에 돌아가 다시 이 시간을 떠올리며 자신의 마음을 전해 준 저자(#3, #7, #10)들도 있었다.

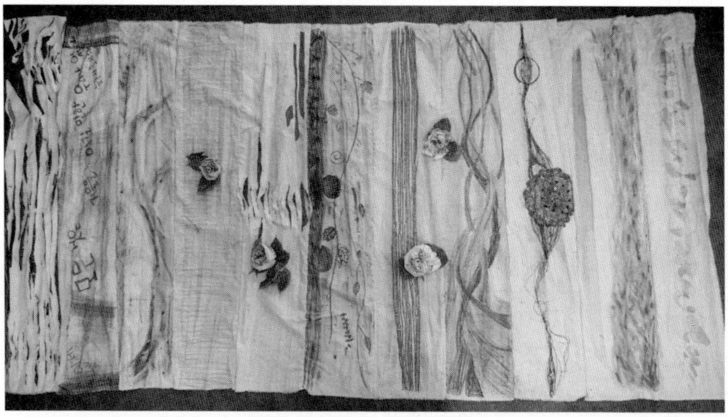

[그림 5-22] 집단작업 과정 6, 바느질로 이어 붙이기(2017)

(광목천, 파스넷, 오일 파스텔 등)

"각자의 미술 작품을 엮어 흔들고 펴는 과정은 즐거웠고 하나의 집단 미술작품이 변형되는 과정을 지켜보며 흥미로웠다.
나의 미술작품이 다른 사람의 미술 작품에, 또 다른 사람의 미술 작품이 나의 미술 작품에 묻어나고 영향을 주었고, 각자의 개인 미술 작품도 집단 미술 작품도 달라졌다.
개인 미술작업을 통해 깨달은 그것이 집단 미술작업에서도 경험되었다."(#3)

"각자의 작업을 씨실 날실로 엮어 흔들다 보니 점점 힘찬 움직임이 생겼다. 나도 힘껏 잡고 버티고 싶은데 생각처럼 되지 않아 놓치고 말았다. 점점 변해 가는 작업을 보다 보니 사람들과 얼기설기 얽혀서 함께 살고 싶으면서도 혼자 있고 싶은 내 모습이 보였다. 아직 힘이 의욕에 미치지 못하는구나……. 시원스럽게, 하려는 의지대로 하지 못하고 머뭇거리는 내가 답답하면서도 다독여 주고 싶은 순간이었다."(#7)

"그들은 지금 작자의 자리에서 무엇을 하고 있을지 궁금해진다. 때로는 지치고 때로는 힘들고, 때로는 좀 외로우면 어떠랴. 우리는 혼자가 아니고 함께 있어 즐거우며, 이렇게 아름다운 미술심리치료사인 것을!"(#10)

3. 저자들의 연구 참여자로서의 미술작업

미술심리치료학 전공자들은 앞에서 제시한 바대로 미술 작업을 통하여 생각과 마음을 나누는 소통과 치유의 도구로 사용하기도 하고 자기 탐색을 한다. 뿐만 아니라, 미술심리치료학 전공자들은 미술심리치료사뿐만 아니라 연구자로서의 역할이 있으므로 미술작업을 체험 연구의 자료로서도 활용한다. 연구자는 미술심리치료학에서 요구되는 연구물을 다루고 이해하며, 자신이 원하는 연구 주제의 기본적인 연구를 수행할 기초능력을 갖추어야 한다(장연집, 2014).

미술심리치료가 이루어지는 다양한 현장에서 일어나는 현상을 연구하기 위해 해석학적 현상학적 연구를 활용하는 연구자는 자료 수집 과정에서 미술작업과도 친숙하다. 현상학 연구에서 자료는 경험에 관한 기억, 반성, 기술, 녹음된 인터뷰, 필사된 대화 등을 말하며, 모두 그 경험들의 변형이다(van Manen, 2000). 현상학자들이 체험의 원천으로서 일기, 일지, 예술을 자료로서 활용한다. 인간과학의 시각으로 볼 때 자료의 개념은 모호하나 생활 세계의 모든 곳에서 체험 자료를 찾는다. 양적 연구를 수행하는 연구자라면 미술작품을 자료로 활용할 때 한계점이 있을 것이다. 미술 작품이 자료로서 가치를 가지려면 정량적 방법으로 수치화시켜야 한다. 미술작품의 내용보다 형식적 측면에 치중하여야 할 것이다.

van Manen(2000)은 예술매체인 회화, 조각, 음악, 영화 등은 나름의 표현 언어를 가지고 있으며, 예술의 대상은 시각적, 촉각적, 청각적 동적 텍스트들이라고 언급하였다. 뿐만 아니라 예술 생산물은 초월된 형상들로 변형된 체험들이라고 하였다. 이러한 맥락에서 미술심리치료학을 전공한 연구자들에게 미술 작품은 현상학 연구의 자료로서 의미를 갖는다.

미술심리치료 과정에서 일어나는 현상을 미술심리치료사나 내담자들과의 인터뷰를 통해서도 자료 수집이 이루어지나 그들의 미술 작품 역시 자료화되어 분석의 대상이 된다. 인터뷰 과정 중에 말로 표현하기 어려운 현상을 설명하기 위해서 자발적으로 그림을 그려보는 경우도 있으며, 그림으로 표현해볼 수 있는지에 대한 질문에도 기꺼이 응한다. 어떤 경우는 자신이 부모로부터 받은 상처를 설명하다가 Frida Kahlo의 작품 중 그녀의 온 몸에 못이 박혀있는 그림을 떠올렸다. 인터뷰 도중 Kahlo의 작품에 대해서 이야기하였으나 결국은 자신의 상처를 그림을 통해서 은유적으로 전달하는 것이었다(최호정, 2009).

미술심리치료학의 연구자는 현상학적 연구방법론을 활용할 때에 미술 작업이 인터뷰와 함께 자료화되기도 한다(문리학, 2014; 최호정, 2015). 연구 참여자들이 언어로 인터뷰를 하지만 내면에서는 현상이 이미지로도 떠오르기 때문에 비언어적으로도 반응한다는 것을 의미한다. 미술작품은 분명 인터뷰의 질을 높이며, 현상을 시각적으로도 전달한다.

교육과 문화의 관계에 대한 해석학적 연구에서 몰레 나우어(1983, 1986)는 역사적 회화, 중세의 목판화 등에 나타난 아이와 어른의 상호 작용에 관한 묘사를 주의 깊게 들여다봄으로써 아이에 관한 역사적 연구들이 지금까지 간혹 간과되었던 부모 자식 사이의 감정적이고 교육적 성질을 어떻게 통찰 할 수 있는가를 보여 준다고 하였다(van Manen, 2000).

미술 작품이 현상학 연구에서 이용된 예는 Heideger가 van Gogh의 그림인 '농부의 신발'을 보면서 진리에 관해 성찰한 것이 있다(van Manen, 1986).

타인의 경험에 대한 일종의 재체험을 하면서 글쓰기만으로 부족한 내면세계의 경험을 미술작업으로도 비언어적 표현을 한 것이다.

미술심리치료가 수행되는 현장에서 내담자의 미술 작업을 이해하는 미술심리치료사로서의 역할에 대해서는 이미 어느 정도 익숙함을 가지고 있다. 미술의 기능과 미술이 어떻게 활용되며 반응작업, 미술 기반의 슈퍼비전, 자기 인식을 위한 미술작업에 대해서도 학문적으로서의 의미와 전문성을 높이는 데 있어서 많은 연구가 축적되고 있다. 미술심리치료학에서 질적 연구 방법론이 활용되기 시작하면서 미술심리치료의 현상을 연구하는 연구자들에 의해 미술 작업을 자료화하는 시도가 이루어지고 있다. 이제는 미술심리치료학 연구자로서 미술작업을 어떻게 다루어야 하는가에 대한 숙고가 되어야 한다. 체험 연구의 확장의 시도로서 현상학적 체험 연구의 글쓰기를 읽고 연구 참여자들이 반영적 작업을 함으로

써 분석을 하여 연구(장연집, 2015, 2016)한 바 있다. 이 연구를 필두로 연구자로서의 미술심리치료학 전공의 전문가들이 미술작품을 체험 자료의 대상으로 확장되기를 기대한다.

이 책의 제6장에서 제시되고 있는 미술 작업은 미술심리치료학 전공자인 저자들이 대학원 진학동기, 선택 기준, 학위과정 중 경험, 학위논문으로 질적 연구를 하는 과정에서의 경험 등을 연구 참여자가 되어서 글쓰기와 함께 미술작업으로 표현하였다. 그들의 경험 글과 미술 작업은 보는 이로 하여금 공감을 불러일으키며 시각적으로도 그들의 내면을 볼 수 있도록 해주어 더욱 생생함을 줄 뿐만 아니라 글쓰기의 행간과 간극을 메워 주고 있다.

앞으로 체험 연구 방법론을 활용한 미술심리치료학 연구에서 미술작업이 자료로서의 역할이 충분히 이루어지고 확장되기를 기대한다.

[그림 4-4] 미술심리치료 시간에 아동이 미술 재료를 이용해 만든 미술작업

(300×300×230mm. 휴지, 고무밴드, 빨대, 일회용 숟가락, 뜯지 않은 지점토, 가위)

[그림 4-5] #9(2017). 내담자의 작업에 대한 치료사의 반응작업

(234×318mm. 색연필, 종이)

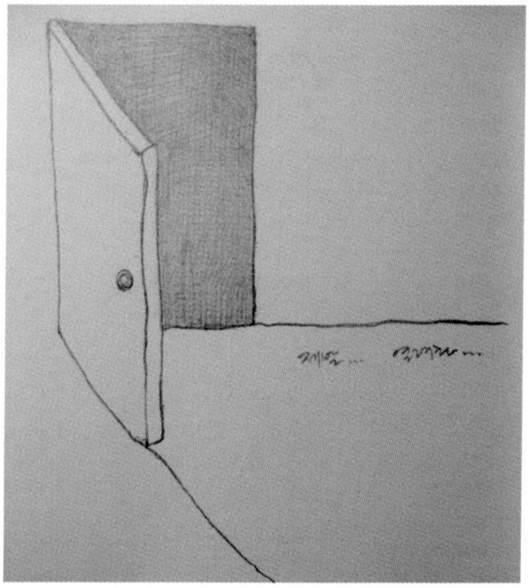

[그림 4-6] #5(2010). 제발…… 열려라

(234×318mm. 종이, 연필)

[그림 4-7] #5(2010). 무제

(234×318mm. 종이, 연필)

[그림 4-8] #5(2011). 자유롭게 날아라

(234×318mm. 종이, 색연필)

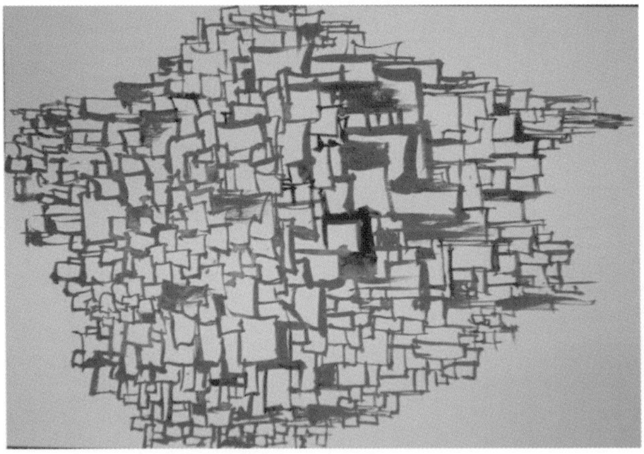

[그림 4-9] #5(2014). 무제

(318×468mm. 종이, 물감)

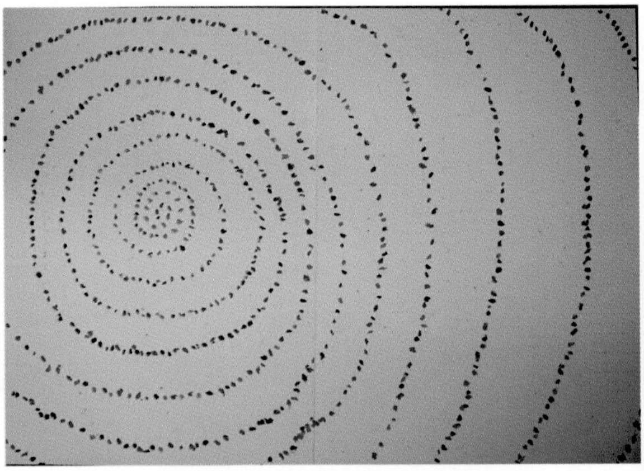

[그림 4-10] #5(2014). 무제

(318×468mm. 종이, 물감)

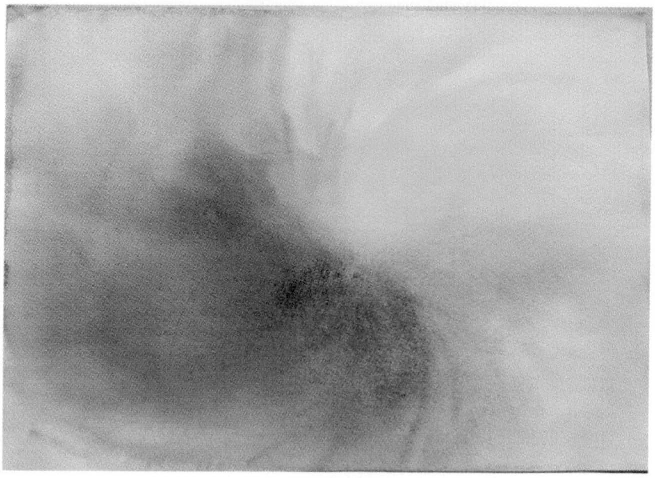

[그림 4-11] #5(2017). 우리는 이렇게 함께

(318×468mm. 종이, 물감)

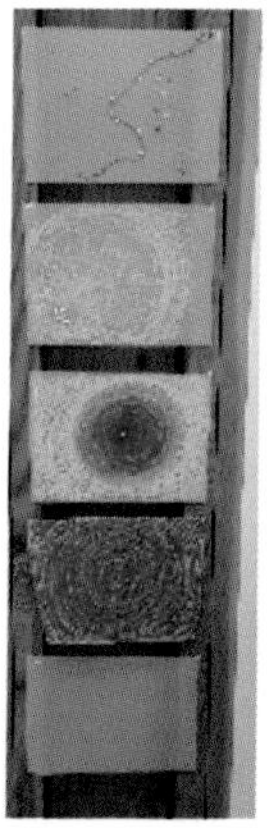

[그림 5-1] #0(2016). 작은 시작과 새로운 시작 사이

(210×297mm. A4용지 크기의 트레이싱 페이퍼 5장, 오일 파스텔, 막대 찰흙)

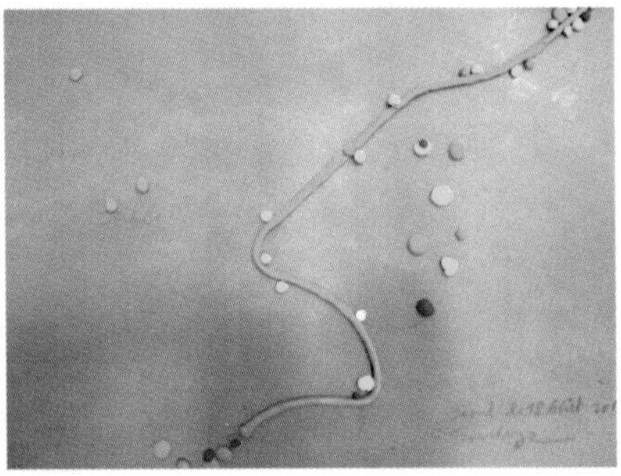

[그림 5-1-A]　#0(2016). 작은 시작과 새로운 시작 사이

(210×297mm. 트레이싱 페이퍼, 아이클레이)

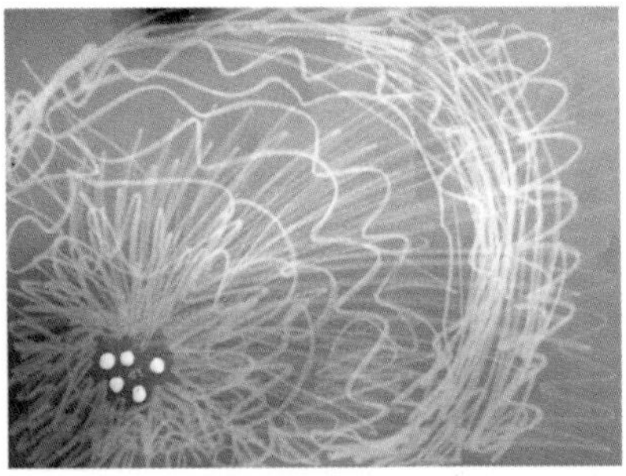

[그림 5-1-B]　#0(2016). 작은 시작과 새로운 시작 사이

(210×297mm. 트레이싱 페이퍼, 크레파스)

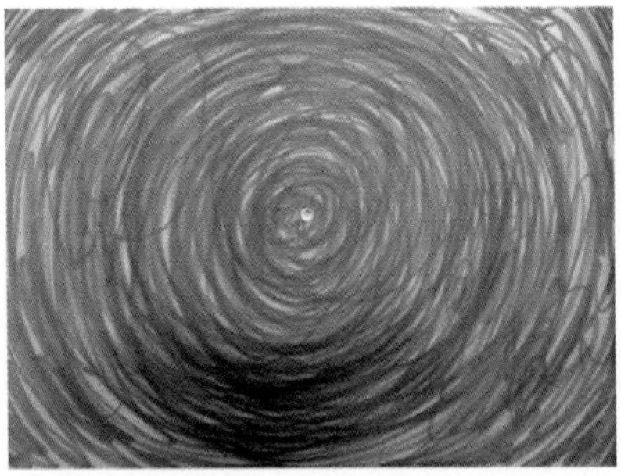

[그림 5-1-C]　#0(2016). 작은 시작과 새로운 시작 사이

(210×297mm. 트레이싱 페이퍼, 크레파스)

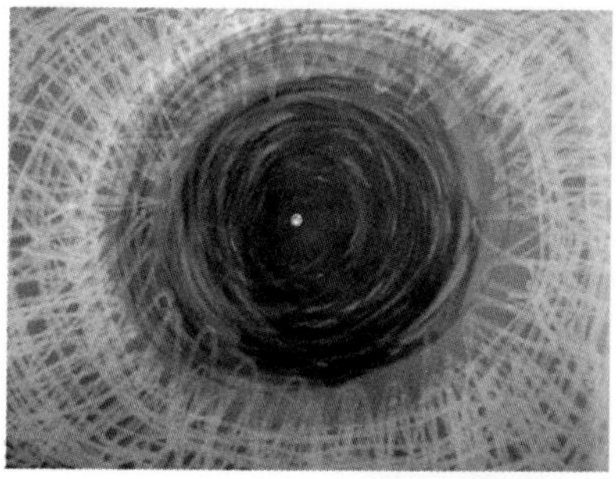

[그림 5-1-D] #0(2016). 작은 시작과 새로운 시작 사이

(210×297mm. 트레이싱 페이퍼, 크레파스)

[그림 5-1-E] #0(2016). 작은 시작과 새로운 시작 사이

(210×297mm. 트레이싱 페이퍼)

[그림 5-2] #0(2013). 통합적 시각(The Integral Vision)

(394×545×297mm. 트레이싱 페이퍼, 타월티슈, 파스텔, 붓펜)

[그림 5-3] #2(2016). 2016년 8월 18일

(272×394mm. 종이, 연필)

[그림 5-4-A]　#4(2016). 꿈을 잡다

(100×100mm. 종이, 공예철사, 노끈, 한복 천)

[그림 5-4-B]　#4(2016). 꿈을 잡다

(300×100mm. 종이, 공예철사, 노끈, 한복 천)

[그림 5-5]　#5(2016). 우리의 길

(300×400mm. 소포지, 한지, 파스넷, 오일 파스텔, 마끈, 라인클레이)

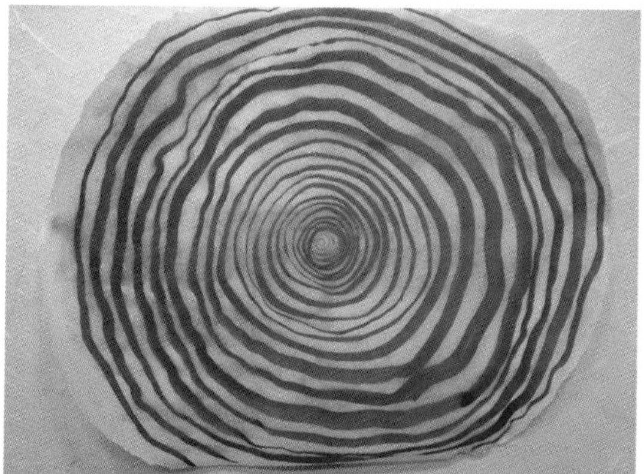

[그림 5-6]　#3(2016). 호흡(Breathing)

(300×365mm. 트레이싱 페이퍼, 칼라 붓펜, 파스넷)

[그림 5-7]　#3(2016). 길

(200×200mm. 한지, 마끈, 천 조각, 풀, 가위)

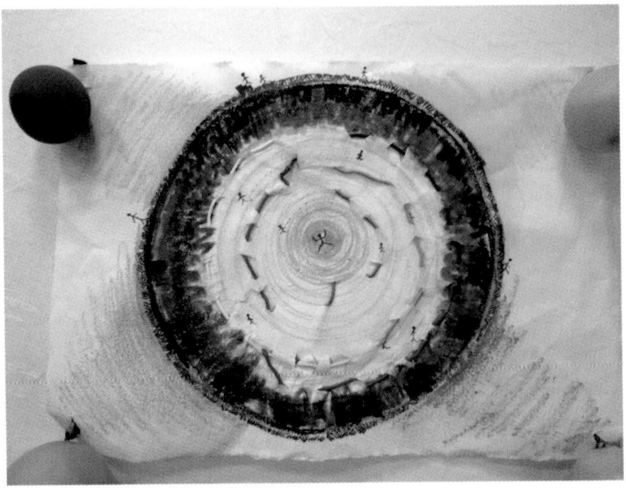

[그림 5-8] #1(2016). 감사(우리 안전하게 모여서 집중)

(280×400mm. 한지, 오일 파스텔, 파스넷, 색실, 클레이, 풍선)

[그림 5-9] #8(2016). 틔움

(450×330mm. 소포지, 한지, 지끈, 오일 파스텔, 풀, 큐빅)

[그림 5-10]　#6(2016). 무제

(120×200mm. 라인클레이, 마커, 색지)

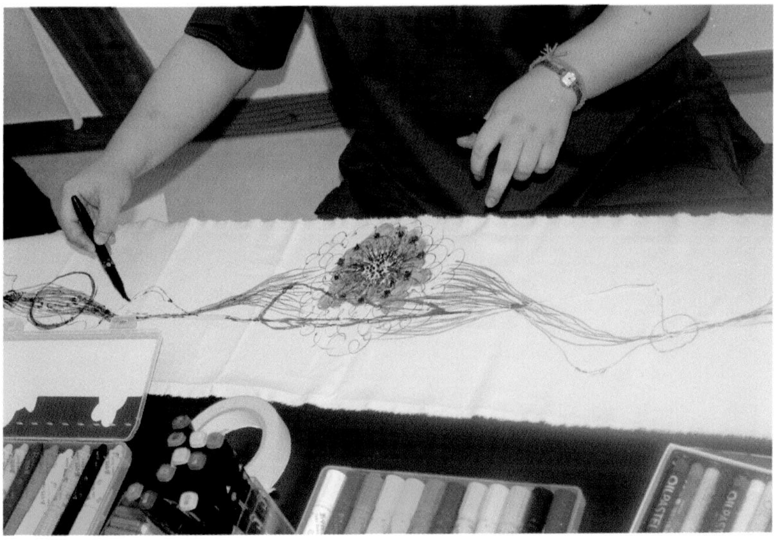

[그림 5-11]　#12(2017). 거쳐서 지나가기

(200×900mm. 광목천, 붓펜, 마커, 실, 종이테이프)

[그림 5-12] #3(2017). 무제

(200×900mm. 광목천, 파스넷)

[그림 5-13] #2(2017). 시간의 흐름

(200×900mm. 광목천, 오일 파스텔)

[그림 5-14] #11(2017). 성장해 가는 중

(250×280mm. 광목천, 파스넷)

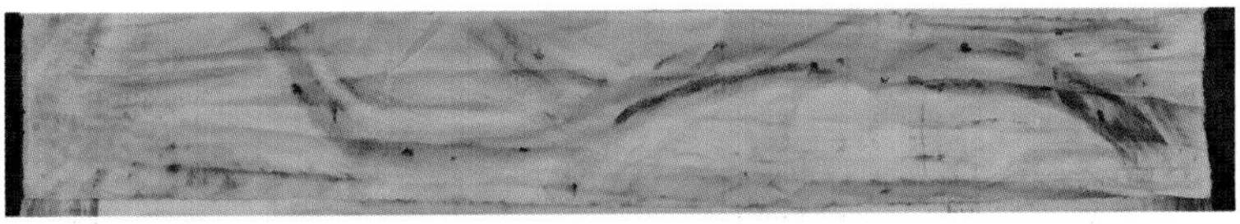

[그림 5-15] #4(2017). 만남을 위해 오는 길

(200×900mm. 광목천, 오일 파스텔)

[그림 5-16] #10(2017). 꽃

(100×100mm. 광목천, 파스넷, 나뭇잎, 목공풀)

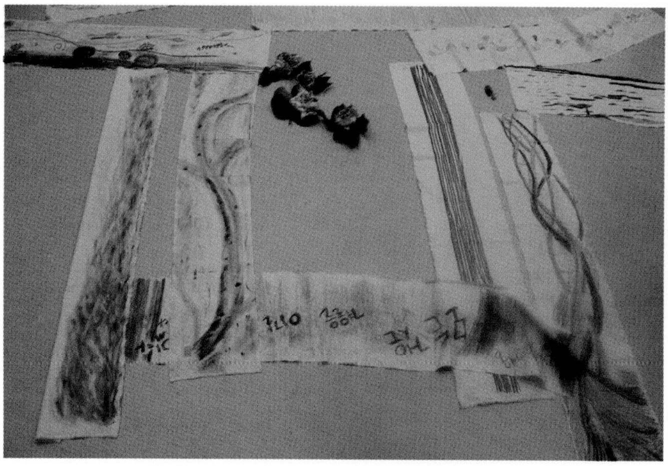

[그림 5-17]　집단 작업 과정 1(2017)

(1100×2100mm. 광목천, 파스넷, 오일 파스텔, 각종 오브제)

[그림 5-18]　집단 작업 과정 2(2017)

(1000×1000mm. 광목천, 파스넷, 오일 파스텔, 각종 오브제)

[그림 5-19]　집단 작업 과정 3(2017)

(광목천, 파스넷, 오일 파스텔, 각종 오브제)

[그림 5-20]　집단 작업 과정 4(2017)

(광목천, 파스넷, 오일 파스텔, 각종 오브제)

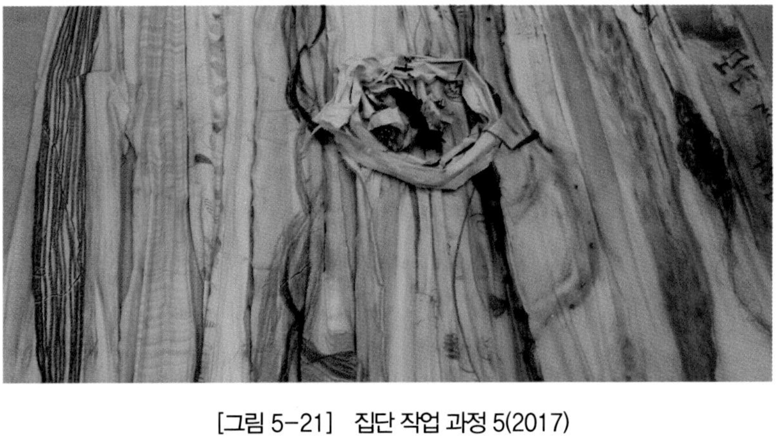

[그림 5-21]　집단 작업 과정 5(2017)

(광목천, 파스넷, 오일 파스텔, 각종 오브제)

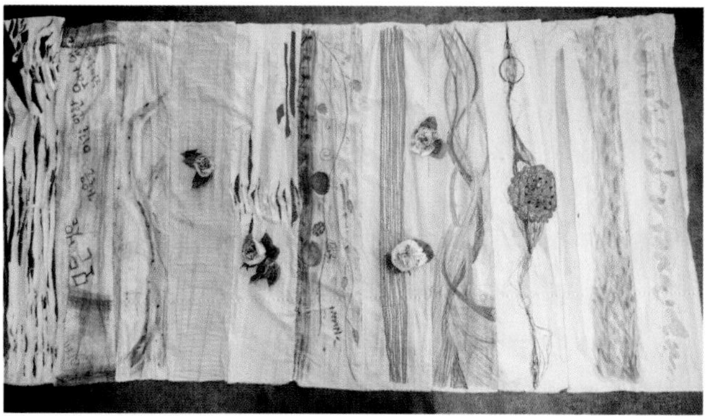

[그림 5-22] 집단 작업 과정 6, 바느질로 이어 붙이기(2017)

(광목천, 파스넷, 오일 파스텔 등)

[그림 6-1] #1(2015). 내가 옆에 있을게요

(130×200mm. 마커, 사진)

[그림 6-2] #1(2015). 마지막까지 아름답게

(300×300mm. 조화, 꽃)

[그림 6-3] #1(2015). 눈물은 어느새 진주가 되어 축하받는다

(390×270mm. 종이, 파스넷)

[그림 6-4] #1(2015). 깜짝 놀랄 일은 계속 있을 거예요.
나는 내 삶을 조정할 수 있는 마술사가 되었어요

(390×270mm. 종이, 파스넷)

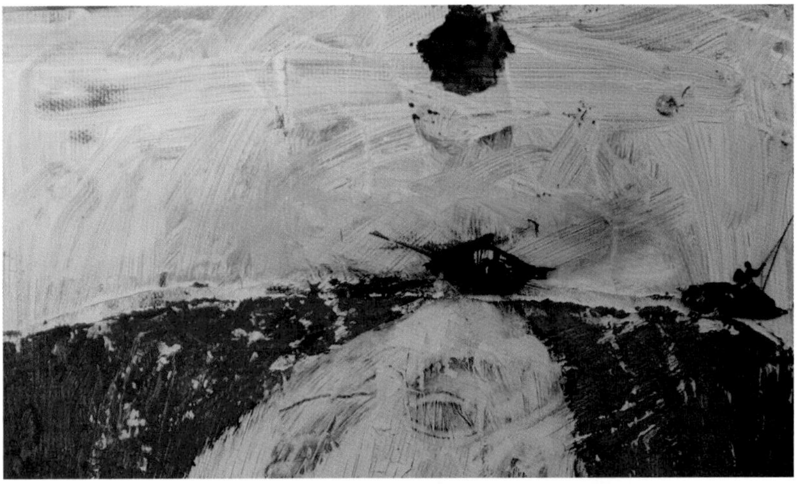

[그림 6-5] #2(2015). 시작, 미술심리치료

(200×150mm. 캔버스, 오일 페인팅)

[그림 6-6] #3(2015). 미술심리치료, 만나다

(310×210mm. 종이, 파스텔)

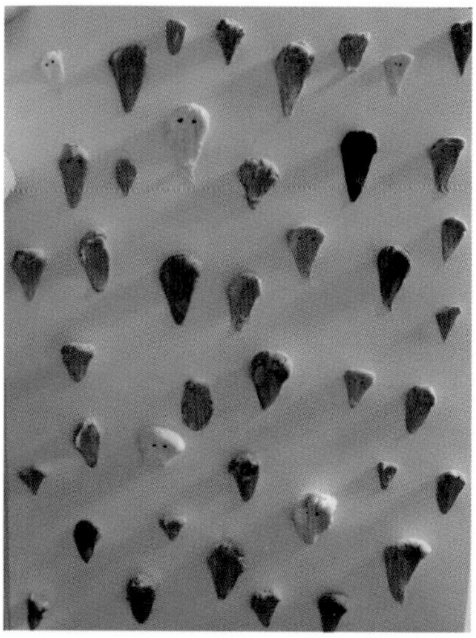

[그림 6-7] #4(2015). 감정의 색을 입다

(210×290mm. 종이, 점토)

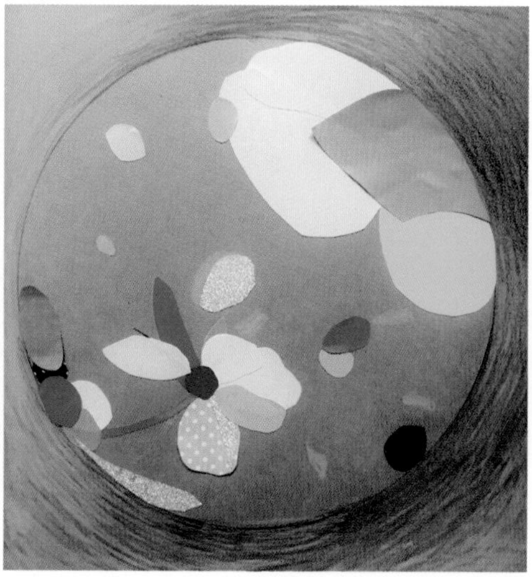

[그림 6-8] #15(2015). 아름답게 피어나는 꽃이 되어라

(235×245mm. 종이, 색연필, 색종이)

Part 4 대학원과 미술심리치료학 전공의 선택

대학원 과정에서부터 개설되기 시작한 한국의 미술치료는 지난 20년 동안 급팽창해 왔다. 현재 30개가 넘는 대학원(일반대학원, 전문대학원, 특수대학원)에서 미술치료, 미술치료학, 미술심리치료, 미술심리치료학 등의 다양한 표기로 전공을 개설해 놓고 있다.

이 책은 전문대학원에서 석사 또는/그리고 박사 학위과정을 통해 미술심리치료학 전공의 학위를 취득한 졸업생들의 자료를 싣고자 한다.

미술심리치료학이라는 표기는 전공의 학문적 정체성을 사회과학에 두고 있다는 것을 함축하는 것이다. 그리고 사회과학이라 함은 심리학에 기반을 둔 심리치료를 강조한 표기이다. 이 같은 표기는 전공과 전공자의 학문적 정체성, 교과과정, 현장실습 및 학술활동, 논문지도와 같은 전공의 전 분야에 영향을 주게 된다.

이 같은 배경을 지니고 설립된 대학원과 기존에 없었던 새로운 전공을 선택하고 그곳에서 대학원 과정을 밟은 내용을 다뤄 놓은 선행 연구는 없다. 이에 제 IV부에서는 졸업생을 대상으로 수집된 대학원 입학 전후 관련의 체험 자료를 분석하고자 한다.

Chapter 6

대학원과 미술심리치료학 전공에 대한 졸업생의 체험

대학원과 전공에 대한 경쟁력은 흔히 입시 경쟁력, 교수들의 연구, 학위논문의 수준, 교과과정의 운영 및 관리, 현장실습, 슈퍼비전 등에 대한 정량 평가로 다루어진다고 생각할 수 있다.

그러나 이에 더하여 해당 대학원 과정을 밟은 졸업생이나 현재 대학원 과정을 밟고 있는 재학생들이 체험한 대학원이나 전공에 대한 생각, 교과과정의 내용과 운영, 논문지도, 교수들의 지도와 비전 제시, 대학원의 학술활동에 관한 내면의 소리를 정성 평가로 접근하는 것은 깊고 다양한 소리를 낼 수 있게 한다.

정량 평가와 정성 평가를 통합하여 충분한 해석이 이루어진 최종의 평가를 만들어 내려면 각 부분들의 기능이 제 역할을 해야 한다.

이 장은 정성 평가의 의미를 지닌 체험 연구 자료를 다루고자 한다.

1. 대학원 졸업생을 대상으로 연구를 하게 된 배경

이 장은 전문대학원에서 미술심리치료학 전공으로 석사학위 또는/그리고 박사학위를 취득한 졸업생을 대상으로 수집한 자료를 분석하여 다루어 놓고 있다.

1) 대학원과 전공의 초창기 역사를 다룬 체험 자료의 구축을 위하여

대학원에서 미술심리치료학 전공으로 석사학위 또는/그리고 박사학위를 취득한 졸업생들을 대상으로 그들이 대학원 과정에서 체험한 내용을 다루는 것은 재학생을 대상으로 자료를 수집할 때와 비교해 보면, 우선 졸업생들의 경우는 눈에 보이는 대학원이라는 환경적 제약이나 구속으로부터 자유로울 수 있다는 것이다. 그리고 이들이 진솔하게 다뤄 놓은 대학원과 전공에 관한 체험 자료는 좀 더 통합적이며 객관적인 시각으로 보기 쉽다. 동시에 대학원 재학 기간뿐만 아니라 입학 이전 시기와 졸업 이후의 시기까지 다루기 쉽다.

대학원 관련의 체험은 많은 이가 다양한 이유로 알고 싶어 하는 부분이다. 재학생에게는 자신들의 현재 상태나 위치 점검을 할 수 있게 해 주고, 졸업생에게는 자신의 흔적을 다루어 보는 기회를 갖도록 해 준다. 그리고 교수들에게는 학생지도나 대학원 관리를 위한 자료가 될 수 있고, 대학원 진학을 준비하는 사람에게는 전공의 현황을 알 수 있는 실제적인 도움을 줄 수 있다.

이에 졸업생을 대상으로 하는 질적 체험 연구가 최근 시작되고 있다. 졸업생이란 존재는 교수들에게도 그러하지만, 재학생에게도 마음이 든든한 대상이다. 졸업생들의 대학원과 전공에 대한 관심은 재학생들에게는 성장을 이끌어 주는 고무적인 자극이 되기도 한다. 여기에서는 졸업생이 체험한 대학원 재학과 전후 시기에 관한 내용을 다루고자 한다.

졸업생을 대상으로 한 연구를 수행하기 위해선 졸업생의 현실적인 상황을 알고 있어야 한다. 졸업생은 직업으로 인해 자료에 집중해야 하는 시간 확보가 재학생에 비해 상대적으로 제한적이다. 그리고 전공 관련의 다양한 자료를 다루기 위해선 책임감과 이로 인한 심리적 부담 그리고 피로도 등을 이겨 낼 수 있어야 한다.

체험 자료에는 급변해 가는 시대 흐름이 반영된다. 지금 당장은 생각하지 않았던 것이지만, 먼 훗날 전공이 변화 · 발전해 온 모습을 다루려 할 때, 대학원과 전공에 대해 초창기 졸업생들이 체험한 내용을 다룬 자료는 역사적인 자료로서 기능과 의미를 지닐 수 있다.

대학원은 학위 취득을 위한 관문이기도 하지만, 그 기능만 하는 것은 아니다. 대학원은 학부와 달리 학문적으로 크게 성장하고 발전해 가는 시기이고, 졸업 후에도 전공 관련의 학문적 성숙을 위해 지속적인 연결을 가질 만한 기관이다.

대학원 과정에서는 연구 주제를 다루기 시작하고 이를 구체화해 가면서 역량이 활성화되고 촉진된다. 그리고 그 가능성을 확장해 가는 시작점으로, 이 과정에서는 학위 취득이라는 생산적인 결과를 낳지만 그것은 첫 결실일 뿐이다.

국내 대학원을 통해 전공이 개설된 지 채 20년이 되지 않은 상태에 있는 미술심리치료학 전공의 졸업생은 전공의 역사라는 시간성을 놓고 보면, 이들은 1세대 미술심리치료학 전공의 석 · 박사 학위 취득자로 볼 수 있다. 이들은 타 전공에서는 전공의 선배가 해 주는 역할을 지도교수로부터 받았고, 자신들조차 공부를 해 나가는 과정에서 보고 배울 대상이 없었으므로 자신들의 역할을 제대로 점검해 볼 수도 없었을 것이다.

대학원으로부터 받기만 한 상태에서 졸업생이 된 1세대 전공자인 졸업생을 여전히 상징적으로 돌보고 이들에게 처음으로 시도한 결과를 함께 나누는 이유는 전공의 토대가 튼튼하고 그 기능과 역할이 잘 이루어져야 전공이 발전해 나갈 수 있다고 보기 때문이다.

2) 체험 자료의 구축을 위한 질적 연구 수행 능력이 요구되므로

대학원과 전공에 대한 자신들의 체험을 다루어 줄 졸업생은 2001년부터 2015년 사이에 미술심리치료학 전공으로 석 · 박사 학위논문을 제출한 자들이다. 여기서의 체험 자료란 질적 연구를 의미한다.

이에 본 연구자는 졸업생들 중 질적 연구를 통해 학위를 취득한 대상자들에게 메일을 보내어, 대학원과 전공에 대해 체험한 것을 글로 다루어 줄 수 있는 참여자를 구하고 있다고 하였다. 가능하다면 자율적으로 그림, 사진, 시 등과 함께 보내줄 수 있냐는 메일을 보냈다. 이에 참여 동의서를 보내 준 졸업생들은 총 15명이다. 이들 15명 중 14명은 해석학적 현상학적 체험 연구를 통해 학위논문을 제출한 자들이다.

이 책을 계획하는 단계에서 가장 중요한 부분이 참여자 선정이었다. 훈련된 그리고 책임감을 가진 참여자가 모여지고 참여자들이 마음을 기꺼이 나눠 줄 수 있도록 하기 위해 별도의 시간은 내지 않지만, 가능한 한 많은 수의 참여자가 참여해 주길 바랐다. 왜냐하면 참여자가 된다는 것은 수고스러울 것이지만, 나눔과 성장과 배움이 있는 기회가 될 것이라고 보았기 때문이다. 질적 연구를 수행해 내려면 긴 훈련의 기간이 요구된다.

본 연구자의 경우는 체험 연구로 학위논문을 준비하는 것에 대비하기 위해 대학원 입학과 동시에 이를 정기적으로 다뤄 오고 있다. 대학원 신입생들의 경우 예를 들어 석사학위 과정의 지도교수 배정이 되면, 지도 학생은 지도교수 연구회를 통해 마지막 학기까지 질적 연구 공부를 하게 된다. 석 · 박사 학위과정생뿐만 아니라, 원한다면 졸업생도 참여가 가능하도록 하고 있다. 지도교수의 연구 모임에서는 연구의 발표뿐만 아니라 과제 제출, 방학 숙제 등이 요구된다. 질적 체험 연구를 수행하기 위해 요구되는 최소한의 훈련 기간은 석사학위 과정의 경우 4개 학기로 잡고 있다. 대체로 석사학위 청구논문의 본격적인 지도는 3학기 말의 학기 종료와 동시에 시작된다. 그리고 방학 기간을 유용하게 사용하여 논문 발표 시기가 지연되지 않도록 미리 서두르는 편이다. 대학원에서 질적 체험 연구를 사용한 학위논문을 제출하려면, 이처럼 보이지 않는 긴 시간과 수고스러움이 요구된다.

졸업생 중에서는 질적 체험 연구를 수행해 학위논문을 다루었느냐의 여부는 이 같은 훈련 배경을 거쳤냐는 것이고, 이 같은 부분을 체크하는 것은 앞으로 다루고자하는 체험 연구에서 기존에 요구된 접근을 확장시켜 보고자 하기 때문이다.

따라서 앞으로 다루게 될 새로운 체험 자료의 제출을 위해서 특별히 연구를 위해 마련된 것은 간단한 지시 사항은 있지만, 체험 연구를 모르는 사람을 위한 교육은 없다는 것이다.

이 장에서 다루게 될 체험의 주제는 '대학원과 미술심리치료학 전공의 선택'이다. 이 주제를 다루기 위해 참여자의 조건 이외에 가장 중요한 부분은 체험을 진실되고 꾸밈없이 진술하게 다루는 것이다.

3) 전공의 특수성을 반영해 보는 질적 연구를 시도해 보기 위해

지난 20여 년간 대학원에서 논문을 준비하는 재학생들에게 질적 연구는 연구방법으로 고유한 틀을 철저히 지켜 왔다. 최근에는 질적 연구가 거의 대부분의 전공에서 다루어지다 보니, 각 전공의 학문적 특성이나 전공이 지니고 있는 특수성을 반영하는 흐름이 나타나고 있다.

이에 기존의 연구방법 중 해석학적 현상학적 체험 연구 방법에서 흔히 다루어 온 구술 중심의 면담 부분을 졸업생이 연구에 쉽게 접근할 수 있도록 체험 내용을 글로 써서 메일로 전달하는 제출방식으로 변경하고자 한다. 이에 더하여 글과 함께 전공의 특수성인 시각 언어로서의 그림이나 사진 그리고 시(詩)로도 체험을 표현하고자 하는 경우 자율적으로 다룰 수 있도록 하였다.

이 같은 허용적인 분위기는 질적 연구의 기본 틀을 존중하면서 동시에 전공에서 질적 연구가 활성화되도록 하기 위해 시도하는 것이다.

연구에는 연구 주제만 다루어지는 것이 아니라 시대 흐름, 학문적 정체성, 새 시대에 요구되는 세계관, 연구자의 가치관, 인간관, 치료관 등이 함께 다뤄지게 된다.

질적 연구를 다루는 재학생들은 면담이나 사람을 대하는 태도에서 양적 연구를 다루는 경우와 차이가 난다는 말은 오랫동안 들어 왔다. 이 같은 피드백이 기존의 질적 연구에 전공의 특수성을 반영시켜야 하겠다는 생각을 갖게 하였다. 그리고 실제로 이를 현실화하는 데까지는 오랜 시간이 흘렀다.

미세하고 작은 부분에서의 시도라고 해도 이는 변화이므로, 질적 연구를 잘 알고 접근해야했다.

졸업생들의 체험 자료를 다루고자 한 이유는 크게 세 가지로 보았다. 그리고 이 외에도 두가지 정도를 더 첨가해 보면 우선은 학문적으로 대학원과 전공 분야가 무한경쟁의 시대에 경쟁력을 갖춘 전공으로 발전해 가기를 바라는 마음이 있었다. 그리고 학위 취득과 함께 대학원이나 연구와의 연결고리가 느슨해진 졸업생들에게는 부담을 주지 않으면서도 전공과 질적 연구의 주제를 함께 접하면서 지속적인 성장과 발전의 흐름을 타고 갈 졸업생을 위한 새로운 공부법을 개발해 보기 위해서이다.

2. 대학원과 미술심리치료학 전공에 대해 참여자가 다뤄 놓은 체험 자료

졸업생 참여자들에게 지도교수는 2015년 6월 30일 체험 작업에 관한 첫 안내 메일을 보냈고, 이후 15인으로부터 참여 동의서(부록 1, 부록 2 참조)를 받았다.

그리고 참여 동의서를 보내 준 15인의 참여자들(부록 1, 부록 2 참조)에게 2015년 7월 17일 감사함과 아울러 앞으로 다루어질 체험 자료 작성에 앞서, 연습용 주제로 참여자 전원이 체험한 대학원과 미술심리치료학 전공이라는 주제를 다루어 보자는 의미에서 메일을 보냈다. 이를 축약하여 다뤄 보면 다음과 같다.

감사합니다. 참가자 전원이 모두 처음해 보는 작업입니다.

메일을 받게 되면 해당 주제에 대해 즉시 적거나 만들거나 쓰거나 그리거나 하면 됩니다.

분량은 작아도 되고 넘쳐도 되고 제한이 없습니다.

특별히 갖출 것도 없고 미리 준비할 것도 없습니다.

우리 모두 기존에 없었던 새로운 경험의 여정을 시작할 겁니다.

미술심리치료학을 전공하고, 지도교수에게서 논문지도를 받은 것이 공통 부분인 참가자들은

때로는 제자라는 이름으로도 불립니다.

졸업 후 진정한 지도자로 성장해 가도록 뭔가를 해 주고 싶었습니다.

그것이 시작된 겁니다.

그 과정에서 자신의 잠재력을 만날 수도 있고 장점과 제한점을 만날 수도 있을 겁니다.

함께 시작해 보십시다.

사람들은 많은 계획을 합니다.

물론 계획대로 이뤄지는 일은 거의 없습니다.

우리들의 행위가 모아지면

우선 참가자들이 제일 기쁠 것입니다.

그러고는 책자로 내고 싶고,

질적 연구자들을 위한 미술심리치료 분야에서의 글이 없다 보니 많이 읽혔으면 합니다.

어느 누구도 해 본 적이 없는 새로운 차원의 책이 만들어졌으면 합니다.

창의적인 제안에 마음을 담아 주어, 모두에게 깊은 감사함을 전합니다.

이 같은 답신은 곧 체험 작업의 시작을 알리는 메일이다. 다루어질 체험 작업의 첫 주제는 '대학원과 미술심리치료학 전공'으로, 앞으로 다뤄질 작업을 위한 연습용이다. 이전에는 아무도 온라인상에서 체험 자료를 다룬 적이 없으므로, 참여자들이 체험한 것을 최대한 용이하게 접근하도록, 다음과 같은 열두 가지의 질문을 예시로 보내 주었다.

- 내가 왜 석사(박사)학위 과정에서 미술심리치료학을 공부하고자 했는가?
- 대학원 선택의 기준은 무엇이었나?
- 선택을 잘한 것 같은가, 잘못한 것 같은가?
- 내가 대학원 진학을 하지 않았다면 무엇을 하고 있을까?
- 내가 질적 연구를 하지 않고 통계를 사용했다면 어떻게 되어 있을까?
- 대학원에서의 공부를 어떻게 한 것 같은가?
- 대학원에서 무엇을 배울 수 있다고 생각했는가?
- 대학원에서 무엇을 배운 것 같은가?
- 논문은 뭐라고 생각하는가?
- 연구란 것이 왜 요구되는가?
- 전공자라는 것은 무엇을 의미하는가?
- 기타

그리고 참여자들에게는 자신의 진솔한 체험을 글쓰기를 기반으로, 원한다면 다양한 표현방식으로(그림, 시, 수필, 조각, 스케치, 사진 등)다룰 수 있다고 하였다. 그리고 첫 체험 자료는 2주 내에 메일로 보내 줄 것을 요청하였다.

이들의 첫 체험 자료는 15인 모두가 2015년 6월 30일부터 2015년 8월 4일 사이에 보내 주었다. 그리고 2016년 7월 25일과 26일 사이에 자율적으로 두 편의 글을 보내 주어 기존의 자료에 추가되었다.

그리고 15인의 자료 중 2인의 자료(참여자 5, 참여자 8. 이후 참여자란 표기는 #를 사용하기로 함)는 글이 없이 그림만 1편씩 보내 주어, 분석에 사용할 수가 없었다.

이에 최종적으로 13인이 보내 준 체험 자료를 다루게 되었고, 그 내용은 다음과 같다.

1) 참여자 1의 3가지 체험 자료

(1) 참여자 1의 체험 자료 1: 내가 질적 연구를 해서 얻게 된 것

첫째,

질적 연구방법론을 배웠을 당시의 충격은 아직도 생생하다.

난생 처음으로 참석했던 국제 워크숍이 질적 연구 관련이었는데 이대에서 처음 만나게 되었던 Max van Manen의 강의는 '사람 사는 이야기를 재미있고 이해되게 풀어 놓는 것'이었다. 그리고 그 재미있는 이야기가 연구물이 되는 과정은 매우 즐겁고 보람된 일처럼 보였다.

이후 학기 중에 들었던 강의는 하나도 놓치지 않기 위해 토끼 귀를 하고 들었던 기억이 있다.

둘째,

이후 석사 논문을 쓰기 위해 만났던 연구 참여자가 된 아이들 또 그 아이들을 인터뷰하며 그들에게서 들었던 그들의 삶의 이야기들은 오늘의 나에게 소중하고 귀중한 경험이다.

초등학교 1, 2학년 아이들이 자신의 언어로, 자신의 생각과 감정을 표현하는 것을 보면서

그들의 삶의 체험을 이해하고 본질을 찾아낸다고 하는 것이

바로 연구 참여자들을 존중하고 그들 삶의 총체적인 부분을 이해하는 것이라는 것을

알게 되었고 이에 훈련이 쌓아져 간 것 같다.

셋째,
이러한 훈련은
미술심리치료사가 때로 미술작업만을 가지고 내담자를 평가하거나,
내담자를 선입견을 가지고 바라보게 되는 것을
스스로 통제하게 되는 기능을 갖게 된다.

넷째,
질적 연구를 하면서
다른 사람의 삶을 존중하게 되고
어떠한 경험을 통해서도 성장하는 것이 인간이라는 것을 배우게 되면서
나는 더욱 나의 삶도 소중히 생각하게 되었다.

다섯째,
호스피스 병동에 머무르게 될 때
질적 연구과정을 통해 얻게 된 환자를 존중하는 나의 경험이 만들어 낸 태도는
환자와의 신뢰성 있는 관계를 맺게 하는 데 큰 도움이 되고 있다.
죽음에 이르는 시간이 얼마 남지 않은 환자들은
자신의 삶 속의 의미를 찾기를 원하고
그 의미를 찾는 과정에 기꺼이 미술심리치료사이며 질적 연구자인 나를 초대해 준다.

죽음을 앞둔 환자들의 슬픔과 가족들의 안타까운 상황에 압도되기도 하지만
선입견 없이 환자를 있는 그대로 이해하고 받아들이며
환자가 살아 있는 순간에 그의 옆에서 온전히 being하며
환자가 살아온 인생의 의미를 찾으며 통합하는 과정을 함께하게 된다.

최근에 만난 20대의 환자는
인생에 의미를 찾아보는 인생 책 만들기 작업을 한 뒤
그 작업을 도왔던 미술심리치료사를 나타낼 수 있는 증거물을 병상 옆에 붙여

주길 원하여 나는 기꺼이 내 얼굴이 들어간 인형을 만들어 환자 옆에 붙여 주었다([그림 6-1] 참조).

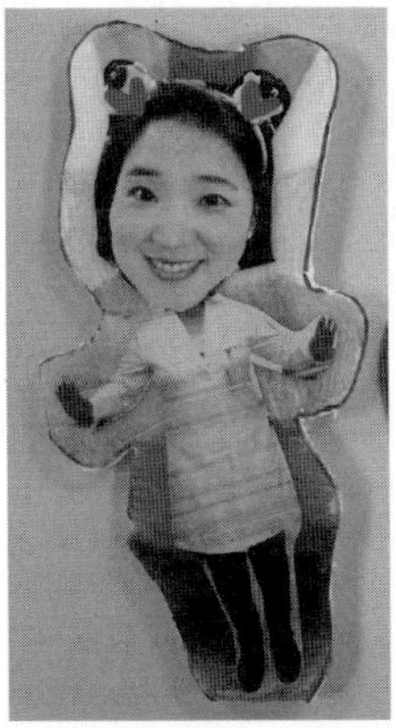

[그림 6-1] #1(2015). 내가 옆에 있을게요

(130×200mm. 마커, 사진)

그리고

환자가 의식이 있던 마지막 날

미술심리치료사로부터 받고 싶은 마지막 선물이 있다면서,

예쁜 화관을 만들어 달라는 것이었다.

역시 난 기꺼이 화관을 만들어 갔다([그림 6-2] 참조).

[그림 6-2] #1(2015). 마지막까지 아름답게

(300×300mm. 조화, 꽃)

그날은 마지막 만남의 날이 되었다.
내가 만들어 준 화관은 현재 그 환자의 산소에 잘 자리 잡고 있다.

내가 질적 연구를 하지 않았다면
이 환자와 이렇게 긴밀한 관계를 갖지 못했을 테고
환자와의 이러한 경험을 그저 '슬픔' 경험이나 '안타까운' 경험쯤으로 이해했을 것이다.

나는 그 환자와 내가 함께했던 시간에 대해 **따뜻함과 진실함**이라는 주제를 떠올린다.

20대에 죽게 되는 환자에게
미술심리치료사라는 존재는
자신의 인생에 대해 한탄하고 싶지만
간호해 주는 엄마가 가슴 아플까 봐 하지 못했던 부정적인 감정을 마구 쏟아낼 수 있는
안전 기지였고
자신을 동정하는 시선 앞에서
당당하고 싶은 마음을 이해하고 함께 즐겁게 웃을 수 있는 일을 만들어 주는
'친구'이기도 했다.
또 때로는 남겨질 가족에게 당부의 말을 전하는
메신저이기도 하였다.

나는 이러한 경험을
그저 안타깝거나 슬픈 경험이 아니라
삶과 죽음 앞에서
가장 겸손해지는 그 순간에 함께하는
따뜻하고 진실한 경험으로 이해한다.

(2) 참여자 1의 체험 자료 2: 대학원에서 배운 건 내 삶을 변화하는 힘

나는
내 삶의 '주도권'을 여전히 배우고 있고
여전히 훈련 중이다.

내가 왜 심리치료를 공부하고 싶었는지
내 그렇게 눈물이 많은지
왜 이렇게 아픈 사람들과 일하고 있는지
나는 매일 퍼즐을 맞춰 가며 내 삶을 알아 가고 배워 나가는 중이다.

내 삶은 배움 속에 있어서 안전하다.
삶 속의 안전감을 배워 가고 있다.

내가 왜 이렇게 사는지 몰랐을 때
나는 때때로 분노하고 슬프고 도망치고 싶었다.

하지만 내가 내 삶을 바라보고 내 삶을 소중히 바라보게 되면서
변화되기 시작하였다.

나의 눈물은 아름다운 진주가 되었고([그림 6-3] 참조)
나의 화남은 열정이 되어 주었고
나의 약함은 즐거운 유머가 되었다.

놀랍게도
어느새
나는 내 삶의 주도권을 갖게 되었으며

나의 슬픔과
나의 화냄과

[그림 6-3] #1(2015). 눈물은 어느새 진주가 되어 축하받는다

(390×270mm. 종이, 파스넷)

나의 약함을
변화시킬 수 있는

깜짝 놀랄 마술을 부리는 마술사가 되어 있다([그림 6-4] 참조).

[그림 6-4] #1(2015). 깜짝 놀랄 일은 계속 있을 거예요. 나는 내 삶을 조정할 수 있는 마술사가 되었어요.

(390×270mm. 종이, 파스넷)

나는 대학원에 들어와 내 삶을 변화시키는 힘을 배웠다.
내 삶의 변화에
나는 박수를 치고 기뻐하며 스스로를 축하한다.

(3) 참여자 1의 체험 자료 3: 나는 무얼 먹고 사나?

나는 태어나서 단 한 번도 공부를 잘 해 본 적도 없고
선생님 눈에 띄게 모범생인 적도 없었다.
늘 성실하다 착하다는 이야기를 듣고 살았지만
무엇인가를 잘 하려면 남들보다 몇 배의 노력을 해야만 했다.
대학을 들어가는 것도 대학에 진학해서는 학점을 잘 받는 것도 내게는 참 어려운 일이었다.

그런 나에게 첫 번째 행운은 대학 졸업하던 겨울에 일어났던 것 같다.
IMF의 여파로 디자인 회사들이 줄줄이 문을 닫고 있던 시절에
나는 국내 나름 유명하고 잘 나가는 도자기 회사에 취직이 되었다.
단 1명을 뽑는 면접에서 내가 통과되고 합격되었다는 소식은
동기들의 질투와 교수님들의 놀라움을 받기에 충분했었다.
그 곳에 나를 추천해 준 사람은 전공 교수님이 아닌 도자실 조교 언니었기에 합격을 기대하기는 어렵다고 생각했다.
그래서 이건 정말 '행운'이라고만 생각했었다.
대학도 어렵게 들어간 딸이
졸업 전에 이름 있는 회사에 취직이 되었다는 것은 우리 부모님을 기쁘게 해 드리는 일이었고 처음으로 딸이 이루어 낸 일에 자부심을 느끼시는 것 같았다.
내가 무슨 일을 하게 되든지 그저 사람들이 박수를 쳐 주고 부모님이 흐뭇해하시니
나는 그것으로도 충분했다.

그런데 정말 회사생활은 내가 꿈꾸던 것과는 너무나 달랐다.
처음 보는 컴퓨터 프로그램을 다뤄야 하고

종종 매장에 가서 손님을 응대하고
계산기를 사용하여 천만 원 단위가 넘어가는 돈을 만지는 것도 힘들었다.

때로는 상품 기획하는 사람 옆에서
하루 종일 커피를 타고 어떤 날은 도자기 상차림에 필요한 꽃꽂이를 했다.
어떤 날은 전시회를 보러 온 사람들을 위해 떡을 직접 만들어야 하는 날도 있었고
필요하다면 어디서든지 다림질을 해서 테이블을 세팅해 내야 하기도 하였다.
어떤 날은 회식이라며 원치 않는 곳에 가서 술을 마셔야 하는 날들도 있었고
조금 더 어른스럽게 정치적인 말투로 이야기하라며 지적을 듣기도 하였다.
모두가 퇴근한 캄캄한 회사에 혼자 남아
고객들에게 보낼 엽서에 도장을 찍는 작업을 하기도 하였다.
그리고 중요한 것 한 가지!
이렇게 일을 하면서 내가 버는 돈은 턱없이 부족하다는 생각이 날 힘들게 했다.

물론 사람을 좋아하는 터라 동료들과의 관계는 늘 재미있고 즐거웠지만
나는 매일 출근과 퇴근이 괴로웠다.
가장 중요한 물음은 "**내가 왜 이일을 하는지 도무지 의미를 찾을 수 없었다.**"
그럴 때마다 동료들 그리고 친구들을 '배부른 소리 하고 있다.'라고 했고
부모님은 "**누구나 다 그렇게 살아.**"라고 이야기하셨다.
아, 사는 게 이런 거라니!
말도 안 되는 소리!
너무 슬픈 소리! 라고 소리치고 싶었지만 나는 자신이 없었다.
내가 결정해서 무언가를 성공해 본 적이 단 한 번도 없었기 때문이다.
그런데 뜻이 있는 곳에 길이 있는 것일까?
당시 회사생활에서 유일한 탈출구는
국내에 막 시작된 인터넷 강의를 통해 미술심리상담이라는 수업을 듣는 것이었다.
퇴근 후 졸면서 인터넷 수업을 듣고
크레이머의 수업을 들으려면 미국으로 유학을 가야 하는가? 허황된 꿈을 꾸며

현실을 도피하던 때,

모교인 서울여대에서 특수치료전문대학원을 개설에 대한 안내문을 읽게 되었다.

아직도 잊을 수 없다.

그 가을날의 기운,

그 공지를 보던 내 방의 형광등 불빛, 내 방에 비춰 들어오던 골목길 가로등 불빛…….

꿈만 같았다.

"회사를 그만두고 대학원에 진학하자!"

그날 밤 나는 그 자리에서 결정을 했다.

대학원에 합격을 할지 안 할지도 모르면서 나는 이미 '결정'을 했다.

하지만 부모님은 반대셨다.

우리 아빠는 딸인 내가 하는 일에 반대를 하신 적이 별로 없다.

내가 갖고 싶다는 것은 엄마 몰래 사다 주시고 언제나 나를 위해 화려한 이벤트를 해 주실 정도로 딸을 향한 지극한 표현이 많으신 분이었는데

아주 완강히 '반대'하셨다.

"이 어려운 시기에 대학원을 진학한다는 것은 취직을 못한 사람들이 하는 것이다."라는 말씀이셨다.

그런데 난 무슨 용기였는지

부모님 몰래 대학원 면접을 보고 합격을 하고 등록금을 준비하였다.

퇴직금으로 첫 학기 등록금을 납부하자 부모님은 어쩔 수 없이 허락해 주셨지만

"회사 적응 못해서 학교로 도망가는 못난 딸"로 받아들이시면서 가슴아파 하셨다.

그런데

그게 신경 쓰이지 않을 만큼

난 대학원 생활에 대한 기대로 가득 차 있고 설레이다 못해 학교 가는 날이면 가슴이 콩닥콩닥 뛰어서 얼굴이 상기될 정도였다.

물론 대학원 생활도 역시 상상과는 매우 달랐다.

매일같이 쏟아지는 심리학 용어도 의학 용어도 어려웠고 무엇보다 번역 숙제는 당황스럽고 힘겨웠지만 도망치지 않았다.

아침에 일어나자마자 나는 일찍 학교에 왔다.

서울여대 도서관에 아침 6시 반에 도착해서 책을 읽고

도란도란을 지나 특수치료전문대학원으로 향하면

태릉의 공기는 언제나 나를 위로하고 격려해 주는 듯했다.

특히 대학원에서 만나게 되는 교수님들은 나에게 특별한 감정들을 깨워 주셨고

답을 알 수는 없지만 이 세상을 바라보는 많은 '질문'을 던져 주셨다.

나는 그냥 그 모든 것이 몹시 흥분되고 행복했다.

조교 업무 중 하루 종일 복사를 하고 교재 준비를 하다가도

특전대(특수치료전문대학원)에 감도는 차가운 공기를 느끼는 순간

'아 행복하다, 너무 좋다.' 하면서 나의 살아 있음을 깨닫곤 했다.

잘 못 알아듣는 것이 있다고 해도 그 순간을 놓치지 않기 위해

난 교수님들의 한마디 한마디도 흘려듣지 않았다.

가뭄에 시들어 가던 새싹이 소나기를 맞으며 자양분을 공급받듯이

나는 교수님들의 수업을 꿀떡꿀떡 받아 마셨다.

그게 뭔지 잘 모르면서도 그냥 너무나 좋았다.

행복했다.

내 인생은 그때 다시 시작된 것 같다.

2001년 대학원 석사학위 과정에 입학을 하였고, 박사학위 과정은 2003년에 시작했으니,

임상 현장 경력 14년차의 미술심리치료사이다.

아침에 서둘러 병원으로 출근하여

중환자실에 입원해 있는 아동을 만난다.

양팔과 다리는 억제대로 묶여 있고 호스로 온몸이 뒤감겨 있다.

또한 기도에 삽관된 기구들…….

눈으로 쳐다보기 미안할 정도의 아동의 상태
하지만 아이는 또렷한 눈빛을 하고 자신이 받아야 하는 치료에 집중한다.
아이는 기계에 의존하여 호흡을 하고
내가 보여 주는 뽀로로 인형에 웃으며 반응한다.
이 아이는 이 순간 최선을 다해 살고 있다.
내가 증인이다.

병원에서 퇴근하여
오후 세션을 위해 지방에 있는 센터로 향한다.
가족 때문에 더 이상 살 수 없겠단다.
가족이라면서
서로를 증오하고 저 사람 때문에 내 인생이 이렇게 되었다며 오열하는 가족들을 만난다.
서로를 향한 부정적인 감정과 언어들이
치료사인 나를 관통해서 내 삶의 아픔까지 건드려지는 것 같은 날도 있다.

나는 잘 살고 있나?
내 가족은 멀쩡한가?
우리 가족도 절름발이처럼 뭔가 안정적이지 않다는 생각에 가슴이 아리다.
고속도로를 달려 집으로 돌아오는 길.
나는 여전히 돈이 없고
나는 여전히 안정적이지 않으며
"이게 뭐지?" 하는 일을 하고 있다는 것을 느껴 본다.

문득 15년 전 회사를 그만둬야 하겠다고 생각했던 바로 그 질문이 떠오른다.
내 아이 맡길 곳도 없어 허덕거리며
다른 사람들의 어려움을 공감하고 갈등을 돌본다고 돌아다니는 것 같아 문득 너무 슬퍼진다.

하지만
이렇게 깊은 무력감이 느껴지는 순간에, 나는 배부른 충만한 느낌도 가진다.

지난 15년 동안
나는 세상을 보는 시각과
내 삶에 대한 책임감과
내 삶에 대한 뜨거운 열정과
아픔을 통해 배울 수 있다는 것을 배웠다.

15년 전 같이 회사를 다녔던 동료들은 이제 팀장님 혹은 지점장님이 되어 있다.
좋은 차를 타고 휴가엔 해외 여행을 자주 갈 수 있는 여유를 가졌다.
그 친구들의 삶의 여유가 부럽기는 하지만
나는 15년 전으로 돌아간다고 해도, 회사를 그만두고 대학원에 진학했을 것이다.

나는 무얼 먹고 사는 걸까?
나는 이제 알았다.
나는 아주 배불리 먹고 산다.

도시락으로 치자면 3단 도시락이다.
첫 번째 칸에는 진심이 들어 있고
두 번째 칸에는 의미가 들어 있고
세 번째 칸에는 사랑이 들어 있다.

난 진심, 의미, 사랑을 먹고 산다.
배부르다.
그리고 나는 건강하다.

2) 참여자 2의 체험 자료: 내가 왜 박사학위 과정에서 미술심리치료학을 공부하고자 했는가

나이 32. 해는 이미 중천에 떠오른 것 같은데, 무작정 미술심리치료라는 배에 올라탔다.

시작은 이랬다.

내 나이 30에 갑자기 내가 궁금해졌다. 인간관계도 잘 못하는 것 같고, 무엇을 해야 할지도 모르겠었다. 무엇을 모르는지도 모르겠다는 것을 알았다는 것밖에는…….

어디를 찾아가야 할지, 누구를 만나야 할지, 누가 나를 치료해 줄 수 있을지 혼란스러웠다. 내 속에 내가 너무 많아 토할 것 같은데, 무엇을 토해 내야 하는지도 몰랐다.

누군가가 나에게 질문을 해 주었으면 했다.

마천루가 드리운 멋진 도시 한복판에 초라하게 서 있는 기분이었다. 증발해 버리고 싶었다.

그렇게 2년이 흐르고 난 뒤, 미술심리치료라는 배가 내 앞에 있길래 뒤도 안 돌아보고 올라탔다.

타고 보니 또 다른 혼란스러움이 엄습했다.

어디로 갈지, 어떻게 될지, 미술심리치료사가 될지, 미술심리치료학 박사가 될지, 미술심리치료학 교수가 될지, 아니면 그냥 그만둘지 모르지만 승선하였고 그물을 드리웠다.

길도 없고, 지나온 자취도 안 보이는 뱃길이었지만 앞서 돛대를 높이 든 배. 그 배를 따라가 보기로 했다.

13년이 흘렀다. 살같이 지나갔다. 하루하루는 길었는데 13년은 짧았다.

미술심리치료 대학원에 개설된 교과목 이름 자체가 나에게 질문을 퍼부었다.

[그림 6-5] #2(2015). 시작, 미술심리치료
(200×150mm. 캔버스, 오일 페인팅)

미술심리치료학 개론, 질적 연구방법론, 집단미술심리치료, 고급 슈퍼비전, 임상실습 900시간, 미술심리치료 기법, 창의적 미술심리치료 세미나, 인지행동치료, 심리치료의 이해, 미술심리치료 평가……들은 나의 감정, 생각, 행동들에게 '너는 누구냐?'고 계속 의미 있는 질문을 하며 나를 기다려 주었다.

그물이 제법 묵직하다([그림 6-5] 참조).

3) 참여자 3의 체험 자료: 대학원과 미술심리치료학 전공

'대학원과 미술심리치료학 전공'의 주제를 접하고 몇 년 전 워크숍에서 꽃씨가 날라 정착하는 것으로 미술심리치료와 나를 표현하여 그렸던 기억이 났다. 그 기억은 흙과 빛이 있는 곳에 든든한 나무 한그루가 서 있는 장면의 그림으로 연결되었다. 그러고는 어두운 흙 속에서 발견한 거울 그림을 다시 그렸다. 흙과 빛이 있는 곳에서 발견한 거울을 통해 처음에 아련하게 보이던 것이 점차 윤곽이 뚜렷하게 보이고 색들이 보이는 것을 표현하였다([그림 6-6] 참조).

[그림 6-6] #3(2015). 미술심리치료, 만나다

(310×210mm. 종이, 파스텔)

언젠가부터 머리에 나 자신에 대한 질문들이 하나씩 떠다녔다. 현재의 난 괜찮은가? 행복한가? 난 무엇을 하고 싶은가? 어떤 모습으로 나의 삶을 그려 갈 것인가?

그 질문들에 답을 주지 않는 주변 상황들로 인해 점점 지쳐가다가 새로운 길을 선택했다. 미술심리치료학 전공의 선택은 그 누구도 아닌 나 스스로 선택하고 결정한 인생의 터닝 포인트였다. 미술심리치료의 뿌리를 어디에 두고 시작하느냐가 미술심리치료 전공 안에서 내가 성장하는 데 중요한 영향을 줄 것이라는 생각에서 대학원의 커리큘럼과 교수님들의 학문적 배경을 꼼꼼하게 보고 대학원을 결정했다.

대학원 석 · 박사 과정에서 정말 많은 것을 배우며 나 자신의 변화도 생겼다. 학문적인 깨달음과 함께 계속 맴돌던 질문들을 직면하고 스스로 답을 찾아갈 수 있는 내적인 힘도 생겼다. 미술심리치료학의 탄탄한 이론과 현장에 대한 훈련을 기대하고 들어온 대학원에서 그 이상을 얻은 것이다. 미술심리치료학을 공부하면서 미술의 이미지를 통해 감정을 표현하고 나에 대해 잘 보지 못했던 부분들을 보게 되었고, 이렇게 깨달아 가는 나의 부분들은 내 삶의 색을 다채롭게 만들었다. 미술심리치료학에 대한 배움의 즐거움은 여러 면에서 나를 풍성하게 해 줬고, 그런 나의 변화는 미술심리치료학의 학문에 집중할 수 있게 하였다. 대학원 과정에서 많은 공부가 힘들면서도 즐거웠던 것은 학문적 배움과 자신의 발견이 함께 했기 때문이라고 생각한다.

4) 참여자 4의 체험 자료: 대학원에서 배운 건 내 안의 감정과 만나는 것

대학원 입학 전의 내 삶은 무채색으로 비유해 볼 수 있을 것 같다. 감정을 내보이는 것이 어색했기에 이를 차단하고 지냈고 인식하지도 못했다. 그러니 항상 긴장되어 있을 수밖에 없었을 것이다.

그러나 대학원의 수업에서는 자연스럽게 나를 표현하고 돌아볼 기회가 많이 주어졌다. 처음에는 그것이 낯설고 감당하기 힘들 때도 있었지만, 지금은 내 안의 다양한 감정의 색을 찾은 것 같다는 생각이 든다([그림 6-7] 참조). 그럼으로써 나 자신도 온전히 존재하고 타인들과도 맞닿아 있는 느낌이다.

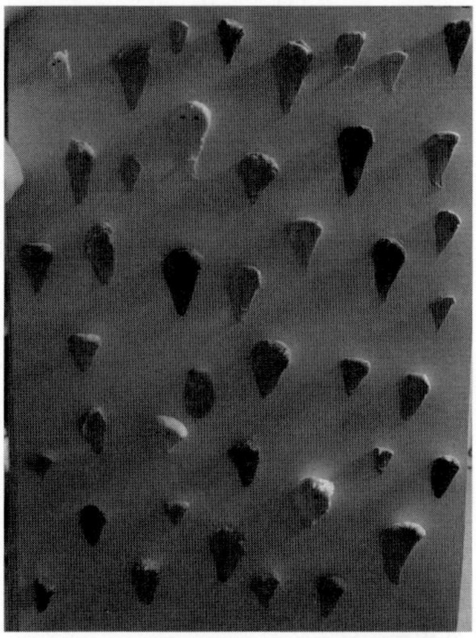

[그림 6-7] #4(2015). 감정의 색을 입다

(210×290mm. 종이, 점토)

대학원에서 배운 것들 중에 나의 감정과 만난 것이 가장 의미 있는 일이었고, 이로 인해서 학문 탐구와 실습도 적응적으로 해 나가지 않았을까 생각해 본다.

5) 참여자 6의 체험 자료

선택

인생의 중반에서 새롭게 선택한 길
미술심리치료사
어쩌면 이것은 나의 선택이 아닌
나를 위해 하늘이 내려준 선택이었을지 모르겠다.
난 그저 나의 곁으로 다가온 그것에 응답했을 뿐이리라.
미술은 나에게
마치 어린 시절 보모와도 같은 존재였음을
미술심리치료사가 되어서야 깨닫게 되었다.

미술, 치료, 연구
이 모든 것들이 내 안으로 깊숙이 파고들면서
나의 삶은 더욱 삶다워졌으며
나는 점점 더 나 자신이 되어 갔다.
그리고 나는 이 모든 것을 내 인생을 함께할 평생의 친구로 삼았다.

굳이 칼 융이 우리에게 던진 충고가 아니더라도
인생의 후반기를 전반기와는 다르게 살아갈 수 있는 것은
삶이 베풀어 준 축복의 선택 덕분이리라.

6) 참여자 7의 체험 자료

- **내가 왜 석사(박사)학위 과정에서 미술심리치료학을 공부하고자 했는가?**

미술심리치료란 과학적인 접근이 반드시 필요한 분야로서 학위과정에서 체계

적인 공부가 필요하다고 생각됨.

• 대학원 선택의 기준은 무엇이었나?

커리큐럼 내용과 교수진.

• 선택을 잘한 것 같은가, 잘못한 것 같은가?

잘한 것 같다. 자부심을 갖게 하는 과정이었음.

• 내가 대학원 진학을 하지 않았다면 뭘 하고 있을까?

농사, 정원 가꾸기, 음식 관련 일, 집짓기, 요가 강사…….

그러나 무엇보다 심리치료 공부를 하고 싶다고 열망하고 있었을 것.

• 내가 질적 연구를 하지 않고, 통계를 사용했다면 어떻게 되어 있을까?

• 대학원에서의 공부를 어떻게 한 것 같은가?

치료사가 되기에 부족함이 많은 사람이라 치료사의 합당한 모습을 갖추기 위해 고군분투하였고 심리치료 이외의 것은 희생도 기꺼이 자처함.

• 대학원에서 무엇을 배울 수 있다고 생각했는가?

미술심리치료에 대한 전문 지식과 실제, 치료사로서 자세 등 자격 요건을 갖추기 위한 과정이라고 생각함.

• 대학원에서 무엇을 배운 것 같은가?

대학원은 미술심리치료사의 입문과 성장을 위한 핵심 축의 역할을 하였다고 봄.

• 논문은 뭐라고 생각하는가?

대학원 과정에서 배운 것을 바탕으로 연구자의 관심 주제를 정리해 봄으로써 관련 분야에 공헌하는 것

- **연구란 것이 왜 요구되는가?**

임상 현장에서도 연구자의 자세를 갖게 됨.

- **전공자라는 것은 무엇을 의미하는가?**

관련된 일을 하기 위한 기본 자격을 갖춘 자.

7) 참어자 9의 체험 자료: 박사과정에서의 공부와 학위 제출 이후

(1) 참여자 9의 체험 자료 1: 미술심리치료학 박사과정의 공부 및 수업

미술심리치료 전공 박사과정을 수료한 지금의 시점에서 '미술심리치료 박사과정에서의 공부란 어떤 것이었는가?'를 생각해 보면, 공부라는 것의 새로운 시각을 갖게 된 과정이었다고 할 수 있다. 미술심리치료 전공으로 석사과정을 마치고 '미술심리치료에 대해서 더 알고 싶은 마음'에서 혹은 '미술심리치료를 더 잘하고 싶다'는 소소한 마음에서 미술심리치료 전공 박사과정을 시작하게 되었다. 그런데 박사과정의 공부라는 것은 본인이 알던 공부라는 것과 완전 딴 공부였다. 미술심리치료를 더 잘하고자 박사과정을 시작했는데, 미술심리치료를 잘하기 위한 비법(?) 수업은 없고 연구방법이니 연구 동향이니 이런 공부가 학기별로 필요한가라는 의문이 들 때가 왕왕 있었다. 하지만 이미 예전에 박사과정을 공부하신 교수님들이 짜 놓으신 수업교과이고 수업방식이니 이유가 있을꺼라는 생각을 하며 과제를 하고 시간이 지나고 나니, 박사과정의 공부가 어떠한 것이고 어떠해야 하는가에 대한 개인적인 견해가 생기게 되었다. 그리고 공부라는 것이 주는 기쁨은 덤으로 얻게 되었다.

본인에게 박사과정의 공부가 무엇보다 재미있게 느껴지게 된 것은 단편적으로 알고 있던 지식들이 연결되는 재미를 발견하면서부터이다. 박사 1학기 미술심리치료의 역사에 대한 수업에서 본인이 발표해야 할 챕터를 영문에서 국문으로 번역하는 일들은 미술심리치료 전공에서 원서가 많은 까닭에 충분히 이해할 수 있는 부분이었다. 그런데 그 수업의 교수님께서 본인이 발표할 장에 나오는 인물이나 학문적인 용어에 대해서도 모두 조사를 해 오라고 하셨다. 본인은 정말이지 오리처럼 입이 나왔다. 번역에만도 시간이 많이 걸릴 것이 자명한데 누구인지도 모를 이름들을 죄다 찾으라니……. 이 발표를 위해 본인이 준비해야 할 시간이 많이 걸릴 것은 너무나 예상되고도 남는 것이라 차근차근 준비를 시작하였다. 번역을 대충 끝내 놓고서도 쑥 내민 입은 들어갈 기색이 없었다. 하지만 본인은 각 인물들을 찾다가 정말 부끄러워졌다. 본인에게는 낯선 이름이었으나 사회과학이라는 학문 분야에서 박사과정을 공부하면서 그 인물과 용어를 모른다고 하기에는 부끄러운 일이라는 것을 알게 되었다. 그 즈음에서 본인의 입이 쏙 들어간 건 말할 것도 없다. 어느 학문이나 하늘에서 뚝 떨어진 게 아니라면 학문적 배경들은 얽혀 있을 수밖에 없고 특히나 심리학과 같은 학문은 인류학이나 진화에 관한 저명한 이론들의 개괄적인 역사를 모르고서는 무엇이라 하기 어려운 부분이 있기 마련이다. 그렇게 시작한 박사 1학기의 공부는 2학기가 되어 다른 책이나 학술지를 읽으면서도 익숙한 이름이나 용어가 되어, 더 관심을 가지고 볼 수 있는 계기들이 되었다. 학기가 더해지면서 각각 단편으로 파편화되어 있던 정보들이 하나로 맞춰지기도 하였다. 이러한 과정은 공부에 대한 찰진 재미였다.

파편화되어 있는 것들이 하나로 맞아지는 경험의 재미는 공부를 하는 과정에서 희열이었지만, '책은 이러한데 너는 어떻게 생각하느냐?'는 교수님들의 질문은 쇼크였다. 본인은 학부과정과 석사과정의 전공이 달라서, 석사과정에서는 많은 정보들을 외우기에 급급하고 머릿속에 넣기에만 바빴다. 각각의 이론들은 본인에게 진리였고 절대 지존이었다. 진리에 토를 달 이유가 스스로에게 있을 리가 없었다. 그런데 박사과정의 수업에서 교수님들은 프로이트의 이론도 가설이 아니냐며 그래서 너는 어떻게 생각하는지를 물어보셨다. 이는 본인에게 신선한 충격이었다. 처음에 이러한 질문을 받았을 때는 아무런 생각이 없었다. '프로이트가, 나움버그가, 크레이머가 그렇다는데 내가 거기에다 뭐라 그래야 하나…….' 참으로 어려움이고 난감함이었다. 그런데 그렇게 제시된 질문은 꼬리에 꼬리를 물고 본인 스스로의 질문을 가능하게 만들었다. '나움버그는 이렇게 얘기한 것 같은데 왜 다른 학술지에서는 이런 식으로 얘기하는 걸까?' 이런 질문들이 생기고 '나는 이렇게 생각하는데…….'라는 본인의 의견이 생겼다. 본인의 의견이 생긴 것이 대체 무엇인가 싶지만 여기에서 얻는 즐거움은 분명 있었다.

(2) 참여자 9의 체험 자료 2: 박사논문을 제출하고 난 후

박사논문 완제본을 제출한 지 한 달이 채 안 되었다. 아직은 '박사논문'이라는 단어를 떠올리면 그 고됨이 확 떠오르며 '다시는 하고 싶지 않은 것'으로 느껴지고 있다. 혹시라도 기억이 열릴까 봐 저편에 꾹꾹 꽉꽉 눌러 담아 놓았다. 전혀 비밀스럽지는 않으나 논문을 썼던 시기의 팍팍함을 세상으로 꺼내고 싶지는 않았다.

그런데 이미 생각해 버린 '박사논문'이라는 단어가 머리에 계속 남아 결국에는 박사논문을 쓴다는 것이 본인에게 어떤 의미인지 정리해 보게 되고 말았다. 북극곰을 절대 안 떠올려야지 하면 북극곰을 결국 떠올릴 수밖에 없는 것처럼 말이다.

곰곰이 뜯어 생각해 보면 논문을 생각하면 느껴지는 긴장감에 비해 논문을 쓰는 기간 전체가 힘들고 어려운 건 아니었다. 논문이라는 방대한 일에 대한 압박은 어딜 가든지 따라다녔지만 시작부터 고되고 험난하지는 않았다. 자료를 찾는 과정에서 발견하는 앞선 연구자들의 성실함, 집중력, 반짝거림은 즐거움이었고 신나는 일이기도 하였다. 이런 자료들을 진즉에 찾아봤더라면 미술심리치료를 공부하는 동안 큰 도움이 되었겠다 싶은 마음이 들 때에는 그간 나의 게으름을 탓할 수밖에 없을 때도 있었다. 하지만 지금이라도 그 연구들이 내가 하고자 하는 연구의 한 줄 한 줄이 되고 나도 한 줄 이어 갈 수 있는 것은 감사함이기도 했다. 논문 준비 시간과 버거움에 지쳐 아무것도 하지 않으면서 쉬지도 못하고 보내는 시간들도 있었고 하루하루 논문 준비를 하고 있어도 맨바닥에서 혼자 철퍼덕거리고 있는 것 같은 지루한 시간 또한 있었다. 이런 시간들이 차곡차곡 쌓이니 논문의 모양새가 갖춰지고 심사를 받을 때가 되었다. 박사논문에서 써야 할 방법론을 이미 석사논문에서도 써 보았고, 박사과정 동안 소논문으로도 써 보았기 때문에 이렇게 하면 되지 않을까라는 나름의 설계를 논문 준비 초반부터 가지고 있었다. 나름 성실하게 준비했다고 생각했기에 심사를 위한 논문 준비가 웬만큼 된 줄 알았다. 그런데 웬걸……. 심사가 진행되며 본인이 얼마나 부족한가가 속속히 드러났다. 5차에 이르는 심사과정은 논문을 잘 쓸 수 있을 것이라는 본인이 믿고 싶었던 기대가 산산이 조각나 버리는 시간이었다. 5차에 이를 것도 없이 1차 심사는 말 그대로 멘붕이었다. 적절한가 아닌가를 스스로 의심하던 부분에서 심사위원의 태클은 정확히 들어왔고 뭐라 반박할 여지가 없었다. 어떻게 고쳐야 하는지는 내 몫인데, 그 '어떻게'를 해결하기가 간단하지 않았다. 내가 어떤 사람인지 잘 모르는 것처럼 내가 쓴 글도 어떤지 내게 안 보이기는 매한가지였던 듯하다. 시간은 촉박하고 마음은 바쁘고 무엇을 어떻게 해야 할지는 내 눈에 보이지 않고……. 그럼에도 불구하고 고쳐야 하고. 심사위원들께서 수정해 주신 심사본을 반복적으로 읽어 가며 쉬운 부분부터 고쳐 갔으나, 정작 가장 문제가 되었던 부분은 어찌해야 할 바를 몰라 그 자리에 마냥 맴돌기만 한 순간들도 있었다. '누가 나 좀 여기서 꺼내 줬으면 좋겠다.'는 가능하지도 않은 기대를 하면서 말이다. 논문 심사가 한창일 때는 몸도 마음도 지치고 정말 끝이 날 것 같지 않은 터널을 걸어가고 있는 느낌이었다. 아주 멀리 보이는 작은 빛을 향해 묵묵히 걸어는 가지만 '과연 저 빛이 보이는 곳까지 간다 하여 정말 끝이 날 것인가?'라는 절망스러운 마음이 들 때가 왕왕 있었다. 하루를 묵묵히 견뎌 내던 논문 심사 기간이 고단하였지만 나는 사실 돈으로도 살 수 없는 많은 것을 배웠다. 읽고 읽은 자료는 오탈자까지도 익숙해져 버렸지만 질적 연구에 푹 빠져 공부할 수 있었고, 결국 처음으로 돌아가 다시 하나씩 질문해 가는 과정에서 질적 연구를 배울 수 있었다. 지금도 박사논문이 아니었다면 그렇게까지 할 수 있었을까 싶다. 그렇게 하루하루가 지나가니 끝나지 않을 것 같았던 논문 심사는 끝이 났다. 막 당겨지던 고무줄이 탁 끊어지면 반동으로 튕겨지기 마련인데, 내게는 끊어진 고무줄이 정지되어 꼼짝도 하고 있지 않은 것처럼 느껴졌다.

시간이 좀 흐르고 나니 이제야 정신이 드는지 고무줄이 움직이고 주변이 조금씩 보이기 시작한다. 이제껏 나 혼자 수고하여 논문을 썼던 줄 알았으나, 보이지 않았던 숨어 있던 감사함들을 서서히 만나고 있다. 박사 하나가 나오는데 얼마나 많은 희생이 요구되는지……. 나는 그 희생을 당연한 것으로 요구할 수 있을 만큼 논문에 집중하였는가 하는 숙연한 마음이 들기도 했다. 내 이름을 달고 나오는 논문에 얼마나 많은 이들의 공헌이 숨어 있는지 새삼 둘러보게 되었다. 지도교수님을 필두로 동네 복사집 아저씨까지…….

8) 참여자 10의 체험 자료: 자전거

아래의 글은 석사 2학기를 마치며 미술심리치료에 대해 쓴 것이다. '대학원과 미술심리치료학 전공'에 대한 작업을 하려고 마음을 먹고 2년의 석사과정과 3년의 박사과정을 돌아보며, 와닿는 글과 만났다. 그래서 이 시로 나는 이번 글을 시작해 보려 한다.

자전거

나에게 미술심리치료는 자전거다.
난 자전거를 타지 못한다.
자전거를 타고 달리는 것을 보면 그저 부럽기만 하나.
어린 시절에 배우면 쉽게들 탄다는데…….
난 자전거를 타지 못한다.

스물여덟,
난생 처음으로 자전거를 배웠다.
참 균형 감각이 없는 나는
온몸이 파랗고, 노랗고, 빨갛게 물들었고
넘어지는 것이 익숙해질 때쯤 3m가량
앞으로 나갈 수 있었다.
하지만 난 아직 자전거를 타지 못한다.

스물아홉,
참 균형 감각은 없지만,
넘어지는 것을 두려워하지 않는
더 이상 자전거를 잘 타는 사람이 부럽지도,
어린 시절 배우지 못한 것에 대해 후회스럽지도 않다.

난 아직 자전거를 타지 못하지만,
자전거를 타기 위해 넘어지는 나를
이제는 사랑할 수 있을 것 같다.

나에게 미술심리치료는 자전거다!

온 무릎에 멍이 들며 배우기 시작한 자전거 타기를 배웠던 스물여덟, 스물아홉에 시작한 미술심리치료 공부, 그리고 3년의 박사과정을 수료한 서른다섯 지금의 나!

자전거를 타기 위해 노력하는 내 모습을 사랑하게 된 나는 안타깝게도 여전히 자전거를 잘 타지 못한다. 하지만 미술심리치료와 자전거가 오늘의 나에겐 같지 않다. 3m를 나간 이후 자전거 타기는 연습을 하지 못했지만, 미술심리치료 석사 졸업 후에는 다양한 내담자와의 3,000시간에 가까운 임상 경험을 가졌다. 그리고 박사과정에 와서는 '나'라는 인간과 본질적으로 만나 나의 영성을 찾으려 노력하면서 미술심리치료사로서의 나의 치료 철학을 가지려고 하였다. 또한 임상을 하고 있는 미술심리치료사나 석사과정생에 대한 질적 연구를 통해 미술심리치료사로서의 삶의 깊이를 더 가질 수 있었다. 미술심리치료를 능통하게 하는 사람이 되려고 노력한 것이 아니라 그냥 미술심리치료사로 살려고 했던 것 같다. 만약 석사를 오지 않았다면, 석사 졸업 후 많은 임상을 하지 않았다면, 그리고 박사과정에 오지 않았다면……. 나는 그냥 미술을 좋아하는 어떤 모습의 사람으로 살고 있었을 것 같지만, 나는 미술과 하나가 된 사람의 삶을 살고 있다.

나는 이제 안다. 미술심리치료와 자전거 타기는 배운 것이 끝이 아니라는 것을!

그것에 끊임없이 도전하고 행하고 다시 해 보고 연구하며 심화함과 동시에 나를 알아 가고 나의 철학을 찾고, 맨 처음 배우던 그날을 기억하고 있을 때, 비로소 내 마음과 머리와 몸, 영이 하나로 만나 '할 수 있는 것'이 되는 것이다.

이제부터 나의 숙제는 이것에 대해 많은 사람들과 나누고 고민하고 다져 나가는 것이 아닐까 한다.

9) 참여자 11의 체험 자료: 대학원과 미술심리치료학 전공

학부에서 공업디자인을 공부하고 있을 때 미술교육대학원에서 미술심리치료 교과목이 있다는 것을 우연히 알게 되었습니다. 그 전까지는 미술심리치료라는 것을 전혀 알지 못했고 심리치료학에 대해서도 큰 관심을 갖고 있지는 않았습니다. 미술심리치료라는 학문이 있다는 것을 처음 알게 됐을 때 저는 대인관계로 학교생활도 많이 힘들고 지쳐 있어 힘들 때면 혼자서 전시회를 보면서 위안을 얻곤 했습니다. 그러면서 자연스레 미술이 가진 치유의 힘들을 경험했고, 때마침 미술심리치료학이란 분야가 있다는 것을 알게 되어 제대로 공부하고 싶다라는 생각을 갖게 되었습니다.

미술심리치료를 여러 경로로 알아봤을 때 협회나 학회 또는 평생교육원에서도 배울 수 있다는 것을 알게 됐습니다. 저도 처음에는 평생교육원에서 미술심리치료를 배워 볼까 생각도 했지만 사람의 심리를 배우고 치료를 하기 위해서는 제대로 공부를 해야 된다는 생각을 하게 되었습니다. 제대로 이론을 배우고 실습을 하면서 훈련을 받아야지 제대로 된 미술심리치료사가 될 수 있을 거란 생각을 했고 그래서 석사과정에서 미술심리치료를 공부하게 되었습니다.

저는 미술심리치료 대학원으로 서울여자대학교 딱 한 군데만 지원했습니다. 그 이유는 교과목이 3학점이며 주간으로 공부하는 학사과정이 국내에 유일하게 서울여자대학교에만 있었기 때문이었습니다. 야간대학원은 일을 하면서 공부를 하는 사람들도 많고 그만큼 학업에만 몰두하기 힘든 환경인 경우가 많지만, 주간대학원은 대부분 학업에만 몰두하는 학생들이라 학구적인 분위기가 형성될 것이라 생각됐습니다. 저는 미술심리치료학을 제대로 공부하고 싶어서 대학원에 진학한 것이었기 때문에 당연히 일반대학원처럼 주간대학원에서 공부를 해야 한다고 생각했습니다.

학교를 다니면서 보충학점까지 듣고 실습도 하느라 힘들 때도 많았지만 그만큼 얻은 것이 많다고 생각됩니다. 타 대학원에서는 학교를 다니면서 일도 같이 한다고 들었는데, 그때는 그 점이 부럽게 생각될 때도 있었지만 지금 생각해 보면 너무 위험한 일이라고 생각됩니다. 제대로 훈련받지 못한 상태에서 내담자를 만나면 내담자나 치료사나 상당히 위험하다고 생각합니다. 학교를 다니면서 열심히 공부를 하고 실습에서 대해서 슈퍼비전을 받으면서 훈련을 받았던 것이 많이 도움이 되었다고 생각됩니다.

또한 타 대학원보다 서울여대 전문대학원에서는 공부를 많이 해야 한다고들 하는데, 그렇게 수업을 들을 과목이 있고 환경이 마련된 것은 큰 이점인 것 같습니다. 심리학을 공부하면 할수록 배워야 할 것들이 많다고 생각되는데, 지금 생각하면 대학원 시절에 더 많은 과목을 듣지 못한 게 아쉽다는 생각이 듭니다.

만약 대학원에 진학하지 않았다면 취업을 해서 일단 경제활동을 했을 것 같습니다. 학부 때 공업디자인과 전자공학을 같이 공부했었기 때문에 현실적으로 취업이 잘되는 전자 쪽으로 취업을 했을 것 같습니다. 하지만 학부생활 때도 너무 안 맞아서 공업디자인으로 이중전공을 했었기 때문에, 어떤 루트로든지 미술심리치료를 접했을 것 같긴 합니다. 그러다 결국 회사를 그만두고 미술심리치료 대학원을 가지 않았을까 생각이 됩니다.

저는 병원학교에서 소아암 환아를 만나는 미술심리치료사를 대상으로 질적 논문을 썼었는데, 통계를 썼었다면 그런 경험을 한 미술심리치료사들이 중요하게 생각하는 요인들을 찾아내는 것으로만 끝났을 것 같습니다. 통계를 썼었다면 중요하게 생각되는 요인들과 관계들을 단어로만 서술을 하면서, 질적 논문이 줄 수 있는 생생하고 풍부한 경험들은 다 놓쳤을 것 같습니다. 미술심리치료사 경험에서 중요한 한 요인들을 논문에 실었겠지만 그게 왜 중요한지, 어떤 의미를 갖는 건지에 대해서는 이야기하지 못했을 것 같습니다.

저는 미술심리치료학을 공부하고 싶다는 열망이 컸기에 열심히 했다고 생각됩니다. 학점도 다 채워서 들으려고 노력했고, 실습도 개인 치료실습과 집단 치료실습을 골고루 하려고 바쁘게 다녔습니다. 1학기에는 스터디도 하면서 기초적인 심리학 공부를 따로 하기도 했습니다.

다만 아쉬운 건 듣고 싶은 과목들이 시간표가 맞지 않아 못 들은 수업도 있어 그 점이 아쉽습니다.

10) 참여자 12의 체험 자료

미술심리치료 대학원 과정을 선택하고 입학해서 공부했던 시간을 되돌아보는 작업은 어찌 보면 미술심리치료사로서 초심을 살피는 일이다. 학위과정 내내 고민했던 내용들이고, 또 초심자로 일을 하면서 끊임없이 되짚었던 내용들인데 막상 구체화하려니 부담스럽고 귀찮은 생각이 든다. 왜일까? 이번 연구에 참여하기로 동의했음에도 불구하고 첫 번째 주제부터 귀찮음을 느끼는 건 더 이상 이 내용을 곱씹고 싶지 않아서인 것 같다. 그 과정을 힘겹게 지나왔고 이제는 다음 단계로 가는 또 다른 기점이 필요하기 때문에 되돌아보는 것에 많은 에너지를 쏟고 싶지 않다. 그럼에도 불구하고 힘을 내서 기억을 떠올려 보겠지만 잘 될지 모르겠다.

학위과정에서 무엇을 배웠냐고 물으면 세세한 것들은 기억나지 않는다. 드문드문 강렬하게 다가온 심리학 이론의 일부, 분명히 우리말로 쓰여 있는데 외국말 같았던 전공서적들, 첫 현장실습과 첫 슈퍼비전의 긴장감, 동료들과의 관계적 어려움 등이 떠오른다. 그러나 '지금의 나'와 '앞으로의 나'의 모습에 '심리치료사'라는 그림을 그릴 수 있는 기초를 마련할 수 있었던 건 분명 대학원 과정 덕분이다. 입학 후 학위과정에 있을 때는 새로운 학습과 함께 과연 나에게 맞는 분야인지를 탐색하느라 바빴다. 순수미술을 전공하고 그 분야의 일을 하다가 서른이 다 되어 전향한 나로서는 학위과정 자체가 모험이었다. 다행히 내 적성과 잘 맞는 편이고, 이십 대 내내 관심을 갖고 고민했던 것들을 진지하게 탐색할 수 있었고, 나와 내 주위의 관계에 대해 새롭게 바라볼 수 있게 되었으며, 그로 인해 관계를 개선하게 될 때면 공부하길 잘했다는 생각을 한다. 물론 늘 어렵고 더 많은 공부와 수련이 필요함은 변함이 없다. 그렇지만 삶의 전반에 대해 이해하는 폭이 넓어졌고, 문제 상황을 단일선상이 아닌 수평선상에서 바라볼 수 있게 됐으며, 사랑하는 사람들과 의미 있는 관계를 맺으려고 노력할 수 있게 되었다는 점에서 이 분야의 공부를 시작한 것에 감사함을 느낀다.

나의 경험에서는 질적 연구를 사용한 논문작업이 미술심리치료사로서 내담자를 만나는 작업에 좋은 영향을 주었다. 나의 경우 수료 상태에서 일을 시작했고, 내담자를 만나면서 논문을 작성했다. 4학기의 학습으로는 충분치 않았던 나는 5학기에 논문을 쓸 심산으로 수강신청을 꽉 채워 들었다. 막상 개인적 일들로 계획보다 논문이 지체되면서 후회한 적도 있지만 만약 4학기에 논문을 작성했다면 질적 연구의 장점을 경험하지 못하고 이론으로만 체험한 채 마무리됐을 수도 있었을 것 같다. 내가 경험한 질적 연구의 인터뷰 방법은 초보 연구자로서 연구 참여자의 경험을 편견 없이 깊이 있게 듣는 작업이면서 동시에 초심 상담자로서 내담자를 지금, 여기에서 바라볼 수 있도록 훈련하는 기회가 되었다. 논문 작성 초반에는 이론과 실제가 따로 놀았기 때문에 연구 참여자의 경험을 연구물로 전환하는 것이 너무도 힘들었다. 그런데 내담자 상담방법과 인터뷰 방법의 교차점을 찾게 되면서 인터뷰 경험과 내담자 상담 경험이 다르지 않음을 생각하게 되었고, 그들의 경험을 있는 그대로 듣는 것에 집중하게 되고, 그 경험의 핵심을 더 잘 탐색하게 되면서 주의 깊게 듣기가 무엇인지를 경험하게 되었다. 결과적으로 질적 연구를 통한 논문 작성 경험은 방법론을 연구물뿐만 아니라 현장에도 적용할 수 있었다는 점, 이론과 실제가 함께할 수 있었다는 점에서 도움이 되었다.

미술심리치료에 입문한 지 이제 9년이 지났다. 지나고 보면 짧은 기간은 아니지만 성숙한 전문가가 되기에는 부족한 시간이다. 첫발을 내딛은 순간부터 과정마다 성실히 임하려고 노력했다. 기본기를 체득하기 위해 수업도 열심히 들었고, 학회와 연구회도 열심히 참여했으며, 슈퍼비전도 받고 다른 심리치료사들의 사례도 살폈다. 또 학위과정에서 접하지 못했지만 상담 현장에서 필요한 내용들을 끊임없이 익히려고 노력했다.

현장에서 정식으로 일을 하면서 전문적 이론이 필요할 때면 수업 중에 기본이라고 배웠던 서적들을 뒤적였고, 점차 시간이 지나면서 최근 유행하는 이론을 찾아보게 되었다. 내담자와 보호자들을 만날 때마다 나의 부족함이 먼저 보여서 상담 전후에는 늘 준비할 것이 많았다. 왜냐하면 뒤늦게 공부를 시작했고 모르는 게 너무도 많다고 생각했기 때문에 내담자를 만나면서 늘 공부하는 것처럼 보여서 함께 일하는 동료가 초기면담을 마치고 나오는 나에게 "선생님, 해결해야 할 또 다른 숙제가 생기셨네요."라고 말할 정도였다. 경제적 · 시간적 · 체력적으로 쉽지 않았다. 학위과정에 있을 때보다 심리치료사로서의 '나'로만 살 수 없는 변화가 많은 나이를 지나고 있기 때문에 더욱더 많은 에너지가 필요했다.

긴장하고 조바심 내고, 불안한 마음에 더욱 열중했던 지난 시간을 통해 지금의 내가 갖게 된 것은 적어도 초심자가 갖춰야 할 기본을 갖췄다는 자부심이다. 수료 후 정식으로 기관에 소속되어 일을 시작한 지 3년이 지났을 때 집단상담의 리더에게, 그리고 5년차 때 근무하던 기관장에게 상담의 기초와 내담자와 보호자를 대하는 기본 자세를 갖췄다는 피드백을 받았을 때를 기억한다. 그들로부터 받은 인정은 늘 긴장하며 상담에 임했던 내게 안도감과 보람을 갖게 해 주었다. 같은 분야의 동료이자 선배, 관리자에게 인정받았을 때의 감정은 보호자에게 전문가로 비춰졌을 때와는 또 다른 경험이었다. 보호자에게 '선생님이 전문가니까.'라는 말을 처음 들었을 때는 혹시나 어설픈 부분을 들킬까 봐 더 노력하게 됐었다.

어쩌면 나의 과정을 이렇게 얘기하는 것이 자화자찬으로 보일 수도 있겠지만 가끔은 스스로가 자신을 인정해 주고 싶은 마음도 있지 않은가? 처음 학습에 임하면서 지금까지 나 자신에게 얘기한 것이 있다. 공부를 시작했을 때는 '적어도 미술심리치료에 대해 오해하지 말고, 있는 그대로 학습하자.' 일을 하게 되면서부터는 '사이비상담자는 되지 말자.'는 다짐이었다. 지금도 내담자를 만날 때마다 많은 노력이 필요하지만 이전보다 긴장이 아닌 여유를 갖고 임할 수 있어 다행이라고 생각한다.

이제는 갖고 있는 장점은 유지하고 새로운 도약을 위한 재정비가 필요하다. 그래서 때로는 다시 학교로 돌아가야 하는지를 고민하게 된다. 끊임없이 공부해야 하는 분야이고, 그 공부가 반드시 학위과정에만 있지 않음을 알지만 현실과 이상 사이에서 부딪히는 갈등에서 결정이 쉽지 않다.

11) 참여자 13의 체험 자료

제가 대학원에 진학하지 않았다면 지금쯤 무엇을 하고 있었을까요? 여전히 새로운 것을 시도하고 좌절하기를 반복하고 있지 않았을까 생각해 봅니다. 끊임없이 나를 찾고 싶어 조급해했던 마음, 그 불안감으로 가득 찼던 마음이 언뜻 떠오릅니다. 대학원 진학도 같은 이유에서였습니다. '미술심리치료학을 공부하면 나에 대해 조금은 더 알 수 있지 않을까?' 하는 막연한 기대로 공부를 시작하게 되었습니다.

1, 2학기에는 더 많이 배우면, 더 잘 알게 될 것 같은 기대감에 그저 배움이 즐거웠습니다. 그리고 3, 4학기에는 오히려 그 과정이 끝이 없음을 알게 되며 자신의 부족함을 절실히 느끼는 것과 동시에 그런 여정에 참여했음이 뿌듯했던 것 같

습니다. 배움을 얻고, 훈련해 가며 저는 제 안의 불안들이 차츰 사그라드는 느낌을 받았습니다. 물론 학과과정을 따라가는 것도 힘에 부쳤고, 경제적인 면에서 불안감도 생겼습니다. 그러나 저의 근본적인 불안들이 해소되고 있었기 때문에 오히려 대학원 과정 안에서 안정감을 느꼈던 것 같습니다.

질적 연구방법으로 논문을 쓰면서 저는 어떠한 현상에 대해서 깊이 들여다보는 방법을 배웠습니다. 인터뷰 대상자가 어떠한 말을 했을 때 어떤 맥락에서 한 말인지, 어떤 행동을 하며 말을 했는지, 말할 때의 표정은 어땠는지 등을 면밀히 관찰하고 탐구하는 훈련을 하였습니다. 이를 해석하며 나의 주관이 개입되지는 않는지 끊임없이 되새겨 보았습니다. 이러한 훈련과정은 미술심리치료사뿐 아니라 심리치료를 하는 모든 이에게 꼭 필요한 것이라는 생각을 해 봅니다. 또한 인터뷰를 하고, 해석을 하고, 결과 및 결론을 도출하는 과정에서 그것이 잘 되었든 혹은 턱없이 부족했더라도 하나의 연구 결과를 만들어 내었다는 것에서 큰 성취감을 느꼈습니다. 논문을 다 완성하고서야 대학원 과정 내에서 왜 논문을 꼭 써야 하는지를 알게 되었습니다. 그동안의 배움들이 정리되고 집약되는 과정이었을 뿐만 아니라 대학원 과정의 마침표를 찍는 상징적인 작업이었습니다. 미술심리치료 전문가로서 일을 할 수 있는 자신감을 얻게 해 주었고, 나는 지금 어디쯤에 와 있는지를 보여 주었습니다.

저는 아직도 저에 대해 잘 안다고 할 수 없습니다. 하지만 대학원에서의 2년여의 시간 동안 저는 삶이 '나를 찾아가는 여정'이라는 것을 배웠습니다. 결코 나에 대해서도 타인에 대해서도 모든 것을 알 수는 없지만, 삶의 순간들 속에서 소중한 것들을 지켜 나가고, 바라보고, 간직하는 것에서 의미를 찾을 수 있게 되었습니다. 그리고 조급하게 나를 찾으려는 마음보다는 있는 그대로의 '나'로도 괜찮다는 믿음을 가지게 되었습니다. 인생의 희열과 아름다움을 찾고자 이것저것 많은 일들을 시도해 보았지만, 그 순간뿐 다시 허무함을 느끼던 저는 비로소 이곳에서 아름다움과 감사함을 느끼게 되었습니다. 내담자들의 경험에 대해서, 그러한 것을 이겨 내고자 하는 의지와 용기에 대해서 감동할 수 있게 되었고 감사할 수 있게 되었습니다. 자신에게만 집중되어 있었던 것에서 벗어나 관계를 생각하고, 경험하고, 소중하게 생각할 수 있게 되었습니다. 이것은 저에게 있어 엄청난 변화이자 성장으로, 대학원에서 미술심리치료학을 공부하지 않았다면 얻을 수 없는 값진 것들이었습니다. 이러한 배움을 잊지 않도록 평생 공부하며 살아가겠습니다. 감사합니다.

12) 참여자 14의 체험 자료: 대학원과 미술심리치료학 전공

최근 TV 예능 프로그램에 오래전 방영되었던 어린이 프로그램의 진행자가 출연하여 화제다. 내가 어릴 적 보던 프로그램에서 종이공예를 교육하던 인물이었다. 내가 주목한 것은 사람들의 감정 어린 반응이었다. 그의 재등장이 향수를 자극하였는지 많은 이들이 지난 시절의 추억을 따듯하게 음미하고 있었다. 프로그램 속의 그는 보는 이가 쉽게 따라 할 수 있도록 창작 과정을 시범으로 보여 주었다. 그에 더하여 상냥하고 자상한 격려를 아끼지 않고 있었다.

우리는 살면서 수많은 선택을 마주한다. 이 선택이 지금 삶에 커다란 영향을 줄지 모른다는 불안을 감당하며 선택을 감행한다. 살면서 부딪히는 많은 일들에 대해 아무도 온화하게 가이드를 제시하고 지지해 주지 않았다. 그렇게 어른으로 사느라 피로감에 잠겨 있던 이들에게 TV 속의 그는 다시 어린이가 되어 보라고 자상하게 권하고 있었다. 종이접기라는 매체를 상징적인 수단으로 삼아 부드럽게 퇴행을 허용하는 그 과정이 미술심리치료와 닮았다고 생각했다.

대학원을 졸업함과 동시에 학생 신분을 반납하고 얼마 전부터 사회인이 되었다. 어쩌면 삶은 수많은 선택이 만들어 내는 긴 여정과 같다고 생각한다. 내가 살아온 여정의 큰 기로에 미술심리치료학 대학원 입학이 있다. 미술심리치료학을 공부하기로 결심하고 대학원에 입학한 일은 나에게 많은 변화를 가져다주었다. 내가 꿈꾸던 누군가가 아닌 나 자신이 되기로 선택했고, 타인의 것이 아닌 나의 삶을 살고자 하는 용기가 생겼다. 미숙한 나를 용서하고 수용하는 것은 나 자신만이 할 수 있는 일임을 알고 타인의 인정을 갈구하지 않게 되었다.

미술심리치료학 석사학위라는 영광을 안겨 준 논문은 대학원 훈련과정에서의 핵심이자 지금까지 실천하고 있는 건설적인 습관으로 남아 내 삶의 중요한 부분을 차지하고 있다. 석사학위 논문을 작성하며 공부한 질적 연구방법론을 통해 내가 알던 세계가 얼마나 단편적이고 편협한 것이었는지 알게 되었다. 그리고 타인의 세계에 대해 나의 그것과 상이한 것임을 인정하고 현상학적으로 알고자 하는 겸손한 노력을 하게 되었다.

또한 나는 일상에서 겪는 크고 작은 일들을 향한 나의 행동, 생각, 감정에 대해서 이해하고 반성하고자 노력하게 되었다. 감정에 체하고 생각에 표류되어 혼란스럽게 살던 삶으로부터 걸어 나왔다. 감정과 사고의 지배에서 벗어나고 그것을 소화하고자 노력함으로써 내가 내 삶의 주체로 존재하게 되었다. 현상을 지향하는 훈련은 나의 삶을 조금씩 더 충만하게 만들고 있음이 분명했다.

내가 지금 알고 있는 것이 아주 작은 하나의 모래알 크기라는 것을 알고 있다. 그 사실을 깨달음으로 인해 끊임없이 알고자 하는 동기를 품게 된다. 배움에 끝이 없음을 알고 지속적으로 성장을 위해 노력하는 내 모습이 나의 삶을 조금씩 완성해 나갈 것이다. 미술심리치료 대학원을 졸업하였고 미술심리치료학 석사학위를 취득했기 때문에 미술심리치료사가 되었다고 생각하지 않는다. 다만 평생을 미술심리치료사가 되고자 노력하는 삶을 살고 싶을 뿐이다. 전공한 학문이 이러한 삶의 자세를 갖추는 배움을 준다는 것은 커다란 축복이라 생각한다.

13) 참여자 15의 체험 자료

길고 길었던 겨울이 지나고
얼어붙었던 땅이 녹고
때를 기다리던 작은 씨앗은
기지개를 펴듯 피어나기 시작한다.
조용하게 움을 트고 있는 씨앗은
아직 작지만
겨울을 이겨 낸 강인함이 있다.
땅을 뚫고 올라온 힘이 있다.
그는 강한 생명력으로 성장한다.
넓게 퍼지며 감싸고 있는 햇살을 향해
힘껏! 고개를 든다.

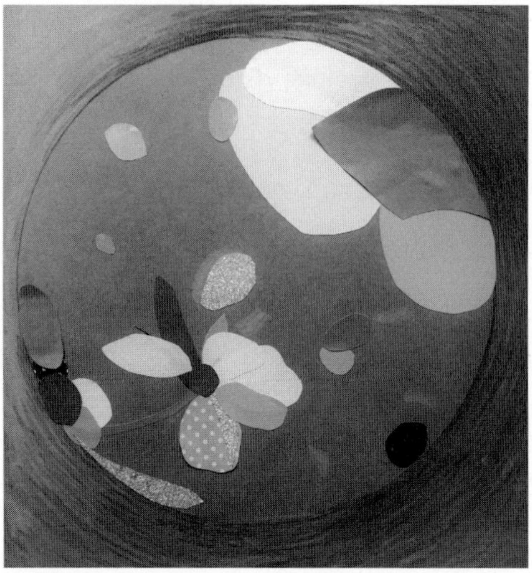

[그림 6-8] #15(2015). 아름답게 피어나는 꽃이 되어라

(235×245mm. 종이, 색연필, 색종이)

'나는 왜 석사학위 과정에서 미술심리치료 학을 공부하고자 했을까?'

이 질문은 내 자신에게 끊임없이 했던 것 같다.

그림 그리는 것이 좋았고

그림을 통해 사람들과 소통하는 것이 즐거웠다.

그림 속의 이미지는 아무 말을 하지 않지만

그 속에 담겨 있는 색과 형태는 나의 마음을 깊게 울렸고

그래서 더욱 크게 들리는 듯했다.

더욱 강하게 느껴졌다.

대학 시절, 우연히 아이들과 함께 공동으로 미술작업을 하는 기회가 있었다.

미술선생으로 아이들을 만나는 자리였지만 가르침과 배움을 넘어

소극적이던 아이가 적극적으로 자신을 표현하며 변해 가는 모습과

불안한 행동을 보이던 아이가 편안해지는 것을 발견하게 되었다.

이러한 아이들의 심리적인 변화를 보면서

미술이 단순한 소통을 넘어 사람의 깊은 내면을 건드리고 변화하게 해 주는 힘이 있다는 것이 더욱 강하게 느껴졌다.

나는 이러한 작은 체험과 깨달음의 씨앗이 뿌려져서

미술심리치료학 석사학위과정의 미술심리치료학을 공부하게 된 것 같다.

2년의 시간은 가장 먼저 내 자신의 깊은 내면을 들여다보는 시간이 되었다.
내 자신을 직면한다는 것. 그 과정은 결코 아름답지도 쉽지도 않은
용기와 인내가 필요한 시간이었다.
그래도 시간은 흘러…… 혹독하게 느껴졌던 긴 겨울을 지나가게 했다,
이제 씨앗에서 새싹이 나기 시작했다.
어떤 꽃으로 자라날지는 아직 잘 모르지만
아름답게 풍성하게 피어나라([그림 6-8] 참조).

3. 참여자들이 다뤄 놓은 체험 자료의 분석

참여자들에게 '대학원과 미술심리치료학 전공'이라는 주제를 중심으로 각자가 체험한 내용을 다루도록 하기 위해 예를 들어 만들어 놓은 질문은 열두 가지이다. 이들을 시기별로 묶어보면 크게 네 가지의 시기로 세분화해 볼 수 있다.

대학원 입학 이전의 시기, 대학원에서의 전반부인 입학하여 전공 공부에 매진하는 시기, 대학원의 후반부인 석 · 박사 학위 청구논문과 질적 연구를 준비하는 시기, 그리고 학위 취득 이후 전문가로서 홀로서는 시기이다.

이들 네 가지의 시기는 서로 연결된 흐름을 가지고 있는 것이지만, 세분화해 놓은 것은, 각 시기별 특수성이 있을 것으로 보기 때문이다.

참여자들의 체험 자료는 2015년 7월 17일부터 2015년 8월 3일 사이에 수집되었다. 그리고 2016년 7월 25일과 26일 사이에 참가자 1인이 자율적으로 두 개의 글쓰기를 보내 주어 기존의 자료에 추가되었다.

이에 대학원과 미술심리치료학 전공이라는 주제는 참여자 15명 전원이 자료를 보내 주었다. 그러나 참여자 2인은 각기 한 장씩의 그림만 제출해 주었다. 미술심리치료학 전공의 경우 그림 자료는 분명 내적인 시각 언어를 다룬 것이므로 중요시 여기지만, 자료 수집에서 직접 면담을 하지 않아 그림 자료를 다룬 관련의 정보와 맥락이 없으므로, 자료 분석에 한계를 가져 최종적으로 이를 다루지 않는

것으로 결정하였다.

이에 이 장에서는 총 13인이 보내 준 총 37편의 글쓰기를 기반으로, 8편의 그림과 1편의 시 자료를 기반으로 자료의 분석을 시작하였다. 참여자들이 보내 준 체험 내용은 자율적인 선택에 의한 것이므로, 네 가지의 주제를 모두 다뤄 준 참여자도 있는 반면 부분적으로 다뤄 준 참여자도 있다. 이에 네 가지의 소주제별 참여 편수나 글과 함께 제시해 준 표현방식의 편수 역시 다양하다.

'대학원과 미술심리치료학 전공'에 관한 체험을 네 가지의 소주제로 나누어 분석하고자 한다. 그리고 마지막 부분에서 이들 부분을 통합적으로 논의한 후 결론을 내리고자 한다.

1) 대학원 진학의 동기

국내의 미술치료는 1999년부터 학부가 아닌 대학원의 석사학위 과정에서부터 개설되기 시작하면서, 학문적인 접근이 시작되었다(장연집, 2009). 이 새로운 전공을 개설하고자 하는 대학원의 수는 짧은 시기 동안 급증하였다(장연집, 2013). 교육부 분류에 의하면 국내의 대학원 유형은 크게 세 가지인 일반대학원, 전문대학원, 특수대학원으로 나뉘며, 이들 유형에 따라 대학원의 교육 목표와 교육 목적이 다르다. 이에 동일한 전공 명칭을 사용하고 있다고 해도 이들 배경에 따라 교육 내용의 강조점이 달라질 수 있다.

이 같은 대학원의 유형을 구분하지 않고, 국내 석사학위 과정에 개설된 미술치료학 전공은, 2017년 기준 총 30여 개가 넘는다.

이들 중 이 장은 2001년 국내 최초로 석 · 박사 학위과정을 모두 개설해 놓은 서울여대 특수치료전문대학원에서 미술심리치료학 전공으로 석 · 박사 학위를 취득한 졸업생의 체험 자료를 분석해 놓은 것이다.

2천 년대 초반, 대학원 석사학위 과정 미술치료 전공에 입학한 신입생의 학부 전공은, 인문과학, 사회과학, 자연과학, 예술학 등 다양하였다(김현미, 2011; 박승혜, 장연집, 2012; 박지솔, 장연집, 2016). 당시에는 대부분의 대학원은 전공 명칭으로 미술치료를 사용하였고, 미술치료의 학문적 정체성은 오늘날에 비하면 상대적으로 명료하게 드러나지 않은 시기였다.

이 같은 초창기의 전공을 나타내 주는 표기는 오늘날 네 가지 정도인 미술치료, 미술치료학, 미술심리치료, 미술심리치료학으로 세분화되었다. 이 같은 새로운 표기는 대학원의 유형과 학문적 정체성을 반영하고 소속한 대학원의 강조점을 드러내는 것으로, 표기가 미분화 상태에서 명료하게 분화된 상태로 변화해 가고 있다고 볼 수 있다.

표기는 그것을 만든 입장에서는 매우 압축적인 상징성을 지닌 정보이다. 이에 전공을 표시할 때 미술치료의 정의와 미술심리치료학의 정의는 전공자에게는 크나큰 차이가 있는 것으로 받아들이게 된다.

학문의 정의, 정체성, 강조점 등은 대학원 입학을 하면서부터 다뤄지지만, 대학원과 공부하고 싶은 전공에 대한 정보를 수집하는 과정에서도 접할 수 있다. 신생 학문인 경우는 관련 정보는 조금 더 노력을 해야 하지만 접할 수 없는 것은 아니다. 대부분 대학원 입학 이전에 대학원 관련 내용보다는 전공과 관련된 내용을 파악하고 경험을 해 보고 오지만, 제대로 된 적합한 경험을 하고 진학 준비를 한 경우는 많지 않다. 전공을 처음 어디에서 어떻게 접하였는지는 대학원에 입학한 이후에도 큰 영향을 주는 것 같고, 심지어는 학위논문을 쓸 때까지도 학문적 정체성에 문제를 지닌 경우도 접한 바 있다.

대학원에 입학한 이후 동일한 학기의 동료들 간에도 개인차는 나타나지만, 입학 이전의 시기부터도 개인차가 나타날 조건은 많다.

대학원 진학을 하고자 하는 이유는 무엇인가? 대학원 입시 지원자들은 학부에 없는 전공을 어떻게 선택하게 되는가? 전공의 정의를 내릴 수 있는가? 정신건강이란 무엇인가? 도움을 준다는 것은 무엇인가? 내가 왜 미술심리치료를 공부하고 싶어 하는가? 이 외에도 수많은 질문들을 만들어 볼 수 있다.

이 같은 질문을 하는 이유는 대학원 석 · 박사 학위과정에 입학한 미술심리치료학 전공의 신입생들 각자의 대학원 과정을 통해 그들이 다루길 원하는 목표를 이루어 내도록 최적의 지도를 하기 위함이다.

석사와 박사 학위과정 1학기부터 지도학생을 지도하게 되는 지도교수는 학생 개개인이 지니고 있는 대학원 관련의 전반적인 흐름과 배경에 대해 잘 알고 있는 것이 필요하다. 그럼에도 불구하고 오늘날은 학생들에 대해 많은 부분을 알지 못하고 학위과정을 마치는 경우가 많아지고 있다.

대학원 시기는 지도교수로부터 학문적인 부분을 포함하여, 인간관, 가치관, 책임감, 치료관 등 많은 부분의 영향을 받게 된다. 학생은 교수를 알아야 하고, 교수 또한 학생을 알아야 한다. 요즘은 학생이 교수에 대해 알고자 한다면 흔히 연구물이나 학내외 활동 그리고 저서 등을 통해 부분적인 정보를 접하게 된다. 그러나 교수라는 인격체를 알 수 있는가? 그것이 진짜 정보이다. 교수들 역시 마찬가지이다.

이에 대학원과 전공 관련의 자료들은 시대 급변에 따른 역사적 자료의 수집, 재학생과 졸업생을 위한 지도와 안내, 교과과정의 관리와 개발, 보다 발전적인 미래 대안을 마련하기 위해 관련인 모두에게 필요한 부분이다.

대학원 입학과 대학원에서의 전공 공부를 다룬 선행 연구로는 대학원 재학생을 대상으로 수행된 대학원 입학을 위한 준비, 대학원과 전공의 선택 배경, 대학원 공부의 체험 등을 다룬 연구(박승혜, 장연집, 2012), 학사학위 취득 이후부터 대학원 입학과 미술심리치료학 전공 석사학위 과정 이전까지의 시기 동안 대학원과 전공을 선택하기 위해 어떤 준비과정을 지내 왔는지를 다룬 체험 연구(장연집, 김민주, 박보람, 이영한, 황혜진, 2016), 대학원 미술심리치료학 전공 석사학위 과정생의 입학 초기인 1학기 개강부터 중간고사 시기 이전까지의 체험 연구(장연집, 김보라 외, 2016) 등의 연구가 있다. 이들 대학원 재학생을 대상으로 다루어진 관련의 내용은 대학원 입학을 위한 준비와 대학원 공부 초반에 대한 내용을 다루는데 도움을 준다. 반면, 대학원 시기의 후반부나 졸업 후 성장한 시각에서 보는 대학원 시기를 다루어 내려면, 졸업생이 다루어 놓은 자료를 통해 분석이 가능하다.

이에 석박사 학위를 취득한 미술심리치료학 전공의 졸업생을 대상으로 그들이 체험한 대학원 진학 동기를 다루어 보고자 한다.

첫 번째의 소주제인 '대학원 진학의 동기'에는 참여자 15인 중 총 10명(참여자 1,[2] 2, 3, 6, 7, 11, 12, 13, 14, 15)의 체험 자료가 제출되었다. 그리고 총 10편의 글과 1편의 그림 자료를 토대로 아래와 같이 본질적 주제 3개, 하위 주제 6개가 분석되었다.

2) 이후부터 참여자는 문맥에 따라 # 표기를 하고 있음.

(1) 무의미하고 불안한 삶을 떨쳐 버려야 했음

① 나날이 너무도 불안하고 증발할 것 같아 이에서 벗어나고자 함

그런데 정말 회사생활은 내가 꿈꾸던 것과는 너무나 달랐다. 나는 매일 출근과 퇴근이 괴로웠다. 가장 중요한 물음은 '내가 왜 이일을 하는지 도무지 의미를 찾을 수 없었다.' 질식할 것 같아서. 다들 반대를 했지만, 과감하고 무모하게 나의 행복을 찾아 나섰다(#1).

해는 이미 중천에 떠오른 것 같은데, 무작정 배에 올라탔다……. 마천루가 드리운 멋진 도시 한복판에 초라하게 서 있는 기분이었다. 증발해 버리고 싶었다. 그렇게 2년이 흐르고 난 뒤……(#2).

언젠가부터 머리에 나 자신에 대한 질문들이 하나씩 떠다녔다. 현재의 난 괜찮은가? 행복한가? 난 무엇을 하고 싶은가? 어떤 모습으로 나의 삶을 그려 갈 것인가(#3).

끊임없이 나를 찾고 싶어 조급해했던 마음, 그 불안감으로 가득 찼던 마음이 언뜻 떠오른다. 대학원 진학도 같은 이유에서였다. '미술심리치료학을 공부하면 나에 대해 조금은 더 알 수 있지 않을까?' 하는 막연한 기대로 공부를 시작하게 되었다(#13).

② 날 살려 내려고 용기를 냄

내가 나를 살려야 했기에 그리고 짓이겨진 자존감을 조금은 회복시켜 내야 했기에, 과감하고 무모한 용기를 내 본 것이다……. 당시 회사생활에서 유일한 탈출구는 국내에 막 시작된 인터넷 강의를 통해 미술심리상담이라는 수업을 듣는 것이었다. '회사를 그만두고 대학원에 진학하자!' 그날 밤 나는 그 자리에서 결정을 했다. 대학원에 합격을 할지 안 할지도 모르면서 나는 이미 '결정'을 했다(#1).

내 나이 30에 갑자기 내가 궁금해졌다. 인간관계도 잘 못하는 것 같고, 무엇을 해야 할지도 모르겠었다. 무엇을 모르는지도 모르겠다는 것을 알았다는 것밖에는……. 어디를 찾아가야 할지, 누구를 만나야할지, 누가 나를 치료해 줄 수 있을지……. 혼란스러웠다. 내 속에 내가 너무 많아 토할 것 같은데, 무엇을 토해 내야 하는지도 몰랐다(#2).

(2) 미래를 위한 과감한 선택의 결정을 혼자 내릴 정도로 미술심리치료학 전공에 크게 매료됨

① 우연히 알게 된 새로운 전공에 끌려 새로이 공부를 해 보고 싶었음

새로운 전공이 나를 끌어들였다(#1).

인생의 중반에서 새롭게 선택한 길 미술심리치료사. 어쩌면 이것은 나의 선택이 아닌 나를 위해 하늘이 내려준 선택이었을지 모르겠다. 난 그저 나의 곁으로 다가온 그것에 응답했을 뿐이리라(#6).

미술심리치료 교과목이 있다는 것을 우연히 알게 되었다. 그 전까지는 미술심리치료라는 것을 전혀 알지 못했고 심리치료학에 대해서도 큰 관심을 갖고 있지는 않았다. 미술심리치료라는 학문이 있다는 것을 처음 알게 됐을 때 대인관계로 학교생활로 많이 힘들고 지쳐 있어 힘들 때면 혼자서 전시회를 보면서 위안을 얻곤 했다. 그러면서 자연스레 미술이 가진 치유의 힘들을 경험했고, 때마침 미술심리치료학이란 분야가 있다는 것을 알게 되어 제대로 공부하고 싶다라는 생각을 갖게 되었다(#11).

대학 시절, 우연히 아이들과 함께 공동으로 미술작업을 하는 기회가 있었다. 미술선생으로 아이들을 만나는 자리였지만 가르침과 배움을 넘어 소극적이던 아이가 적극적으로 자신을 표현하며 변해 가는 모습과 불안한 행동을 보이던 아이가 편안해지는 것을 발견하게 되었다. 이러한 아이들의 심리적인 변화를 보면서 미술이 단순한 소통을 넘어 사람의 깊은 내면을 건드리고 변화하게 해 주는 힘이 있다는 것이 더욱 강하게 느껴졌다. 나는 이러한 작은 체험과 깨달음의 씨앗이 뿌려져서 미술심리치료학 석사학위 과정의 미술심리치료학을 공부하게 된 것 같다(#15).

그림 그리는 것이 좋았고, 그림을 통해 사람들과 소통하는 것이 즐거웠다. 그림 속의 이미지는 아무 말을 하지 않지만 그 속에 담겨 있는 색과 형태는 나의 마음을 깊게 울렸고 그래서 더욱 크게 들리는 듯했다. 더욱 강하게 느껴졌다(#15).

② 나에게 잘 맞을 것 같아 과감하게 미래의 방향을 홀로 선택하고 방향을 잡아봄

내가 좋아할 나에게 맞는 새 자리는 대학원 진학이고, 그것을 통해 과감히 미래를 향한 베팅을 해 본 것이다(#1).

그 질문들에 답을 주지 않는 주변 상황들로 인해 점점 지쳐 가다가, 새로운 길을 선택했다. 미술심리치료학 전공의 선택은 그 누구도 아닌 나 스스로 선택하고 결정한 인생의 터닝 포인트였다(#3).

우리는 살면서 수많은 선택을 마주한다. 이 선택이 지금 삶에 커다란 영향을 줄지 모른다는 불안을 감당하며 선택을 감행한다……. 어쩌면 삶은 수많은 선택이 만들어 내는 긴 여정과 같다고 생각한다. 내가 살아온 여정의 큰 기로에 미술심리치료학 대학원 입학이 있다(#14).

(3) 진학 준비를 하지 않는 경우와 철저히 준비한 경우가 공존하였음

① 준비 없이 무작정 진학을 시도함

구체적으로 잘 준비를 한 것도 아니고 어른들로부터 자문을 구한다든가 한 것도 아니다(#1).

나이 32. 해는 이미 중천에 떠오른 것 같은데, 무작정 미술심리치료라는 배에 올라탔다. 어디로 갈지, 어떻게 될지, 미술심리치료사가 될지, 미술심리치료학 박사가 될지, 미술심리치료학 교수가 될지, 아니면 그냥 그만둘지 모르지만 승선하였고 그물을 드리웠다(#2).

순수미술을 전공하고 그 분야의 일을 하다가 서른이 다 되어 전향한 나로서는 학위과정 자체가 모험이었다(#12).

길도 없고, 내가 지나온 자취도 안 보였지만 앞서 돛대를 높이 든 배를 따라 가보기로 했다……. 미술심리치료라는 배가 내 앞에 있길래 뒤도 안 돌아보고 올라탔다(#2).

② 꼼꼼하게 준비한 후 대학원 진학을 결정 내림

미술심리치료의 뿌리를 어디에 두고 시작하느냐가 미술심리치료 전공 안에서 내가 성장하는 데 중요한 영향을 줄 것이라는 생각에서 대학원의 커리큘럼과 교수님들의 학문적 배경을 꼼꼼하게 보고 대학원을 결정했다(#3).

미술심치료란 과학적인 접근이 반드시 필요한 분야로서 학위과정에서 체계적인 공부가 필요하다고 생각되어 커리큘럼 내용과 교수진을 살펴보았다(#7).

사람의 심리를 배우고 치료를 하기 위해서는 제대로 공부를 해야 된다는 생각을 하게 되었다. 제대로 이론을 배우고 실습을 하면서 훈련을 받아야지 제대로 된 미술심리치료사가 될 수 있을 거란 생각을 했고 그래서 석사과정에서 미술심리치료를 공부하게 되었다. 미술심리치료 대학원으로 딱 한 곳만 지원했다. 그 이유는 교과목이 3학점이며 주간으로 공부하는 학사과정이 국내에 유일했기 때문이다……. 학구적인 분위기가 형성될 것이라 생각됐다(#11).

위에서 다뤄 본 첫 번째 소주제인 대학원 진학의 동기에 대해 분석한 결과, 본질적 주제 3개와 하위 주제 6개의 연구 참여자가 체험한 결과를 다뤄 보면 다음과 같다.

첫째, 참여자들은 대학교 졸업 후 자신에게 펼쳐져 있는 삶을 보면서 그 속에 있는 자기에게선 희망과 미래가 보이지 않는다고 생각하고 이를 벗어나고자 한다.

둘째, 참여자는 자신이 진정으로 원하는 것을 찾아야겠다는 열망의 닻을 내린 곳은 미술과 심리학을 모두 다루는 미술심리치료학 전공으로, 그 전공은 막연하게 자신에게 가장 잘 맞을 것이라 생각한다.

셋째, 참여자는 대학원 진학 결정을 내리게 되는데, 그 준비도에는 개인차가 크다.

이 같은 체험 결과 속에 내포되어 있는 공통 분모는 참여자들이 자신의 미래에 희망을 담아 보기 위해 과감하게 선택해 본 것이 미술심리치료학 전공이라는 것이고, 이것을 현실화해 가는 과정인 준비도에는 개인차를 지니고 있다는 것이다. 그리고 자신의 미래를 향해 과감한 선택과 결정을 내리는 과정에서 이 모두를 자신 혼자서 해냈다는 것이다.

따라서 뒤에서 다루어질 논의에서는 개인차를 만드는 준비도를 다루어 보고자 한다.

2) 대학원 미술심리치료학 전공의 공부

국내 대학원 과정에 개설되어 있는 미술심리치료 관련의 전공 명칭은 크게 두 가지인 미술치료학과 미술심리치료학으로 나누어 볼 수 있다. 이 같은 전공 명칭의 표기는 대학원의 유형과 직결된다. 교육부가 다뤄 놓은 국내의 대학원 유형은 크게 세 가지인 일반대학원, 전문대학원, 특수대학원이라는 구조적인 체제로 구분된다. 이 같은 대학원의 유형은 곧 대학원에서 다뤄지는 세부적인 교과과정을 포함하여 전공의 모든 학술활동과 연계되며 전공자의 훈련 배경에 영향을 주게 된다.

현재 국내에는 세 가지의 대학원 유형 중 특수대학원의 비율이 가장 높다. 이 비율이 의미하는 바는 국내의 경우 전공의 학문적 경쟁력을 재고하는 것은 아직은 이르다고 본다. 따라서 일반대학원과 전문대학원에 개설된 전공의 비율이 높아져야, 전공 자체가 학문적 경쟁력을 다룰 수 있는 기본 조건을 갖추는 것으로 보아진다.

이에 현재로서는 한시적이긴 하지만, 대학원은 개별적인 경쟁력 추구를 해야 할 상황이다. 이에 따라 동일한 전공의 표기를 사용한다고 해도, 현재 그 다루어지는 내용과 수준에는 대학원마다 큰 차이가 있을 것이고, 동일한 대학원 안에서도 동료들 간에는 개인차가 클 것으로 보고 있다.

이에 본 자료는 서울여대 특수치료전문대학원 미술심리치료학 전공에 대해 졸업생들이 다뤄 놓은 체험 자료를 기반으로 분석한 것이다.

대학원 미술심리치료학 전공의 공부라는 주제에는 13명의 참여자에 의해, 14편의 글(#1, 2, 3, 4, 6, 7, 9-1, 9-2, 10, 11, 12, 13, 14, 15)과 4편의 그림 자료 그리고 1편의 시가 수집되었다.

이들의 체험 자료는 다음과 같이 6개의 본질적 주제와 11개의 하위 주제로 분석되었다.

(1) 대학원 공부에는 설레게 하는 부분과 함께 엄청나게 스트레스를 주는 두려운 부분도 있음

① 새로운 기대를 가짐

난 대학원 생활에 대한 기대로 가득 차 있고 설레다 못해 학교 가는 날이면 가슴이 콩닥콩닥 뛰어서 얼굴이 상기될 정도였다. 물론 대학원 생활도 역시 상상과는 매우 달랐다. 매일같이 쏟아지는 심리학 용어도 의학 용어도 어려웠고 무엇보다 번역 숙제는 당황스럽고 힘겨웠지만 도망치지 않았다. 아침에 일어나자마자 나는 일찍 학교에 왔다. 도서관에 아침 6시 반에 도착해서 책을 읽고……. 대학원에 감도는 차가운 공기를 느끼는 순간, '아, 행복하다, 너무 좋다.' 하면서 나의 살아 있음을 깨닫곤 했다……. 잘 못 알아듣는 것이 있다고 해도 그 순간을 놓치지 않기 위해 난 교수님들의 한마디 한마디도 흘려듣지 않았다. 가뭄에 시들어가던 새싹이 소나기를 맞으며 자양분을 공급받듯이 나는 교수님들의 수업을 꿀떡꿀떡 받아 마셨다. 그게 뭔지 잘 모르면서도 그냥 너무나 좋았다. 행복했다. 내 인생은 그때 다시 시작된 것 같다(#1).

② 또 다른 혼란스러움이 엄습함

타고 보니 또 다른 혼란스러움이 엄습했다. 어디로 갈지, 어떻게 될지, 미술심리치료사가 될지, 미술심리치료학 박사가 될지, 미술심리치료학 교수가 될지, 아니면 그냥 그만둘지 모르지만 승선하였고 그물을 드리웠다. 길도 없고, 지나온 자취도 안 보이는 뱃길이었지만 앞서 돛대를 높이 든 배. 그 배를 따라가 보기로 했다. 13년이 흘렀다. 살같이 지나갔다. 하루하루는 길었는데 13년은 짧았다. 대학원에 개설된 전공 교과목 이름 자체가 나에게 질문을 퍼부었다. 미술심리치료학 개론, 질적연구방법론, 집단미술심리치료, 고급 슈퍼비전, 임상실습 900시간,

미술심리치료 기법, 창의적 미술심리치료 세미나, 인지행동치료, 심리치료의 이해, 미술심리치료 평가(#2)

내 자신을 직면한다는 것. 그 과정은 결코 아름답지도 쉽지도 않은 용기와 인내가 필요한 시간이었다(#15).

(2) 전공의 기초를 다지는 데 최선을 다함

① 미술심리치료사로 임할 수 있는 전공의 기초를 잘 닦음

미술심리치료사가 되기에 부족함이 많은 사람이라 미술심리치료사로서 합당한 모습을 갖추기 위해 고군분투하였고 심리치료 이외의 것은 희생도 기꺼이 자처하였다. 대학원은 미술심리치료사의 입문과 성장을 위한 핵심이 되는 축의 역할을 하였다고 본다(#7).

학위과정에서 무엇을 배웠냐고 물으면 세세한 것들은 기억나지 않는다. 드문드문 강렬하게 다가온 심리학 이론의 일부, 분명히 우리말로 쓰여 있는데 외국말 같았던 전공서적들, 첫 현장실습과 첫 슈퍼비전의 긴장감, 동료들과의 관계적 어려움 등이 떠오른다. 그러나 '지금의 나'와 '앞으로의 나'의 모습에 '미술심리치료사'라는 그림을 그릴 수 있는 기초를 마련할 수 있었던 건 분명 대학원 과정 덕분이다. 입학 후 학위과정에 있을 때는 새로운 학습과 함께 과연 나에게 맞는 분야인지를 탐색하느라 바빴다. 순수미술을 전공하고 그 분야의 일을 하다가 서른이 다 되어 전향한 나로서는 학위과정 자체가 모험이었다. 다행히 내 적성과 잘 맞는 편이고, 이십 대 내내 관심을 갖고 고민했던 것들을 진지하게 탐색할 수 있었고, 나와 내 주위의 관계에 대해 새롭게 바라볼 수 있게 되었으며, 그로 인해 관계를 개선하게 될 때면 공부하길 잘했다는 생각을 한다……. 물론 늘 어렵고 더 많은 공부와 수련이 필요함은 변함이 없다(#12).

② 너무 힘들었지만 목적의식을 갖고 최선을 다했음

대학원을 다니면서 보충 학점까지 듣고 실습도 하느라 힘들 때도 많았지만 그만큼 얻은 것이 많다고 생각된다. 타 대학원에서는 학교를 다니면서 일도 같이

한다고 들었는데, 그때는 그 점이 부럽게 생각될 때도 있었다. 그러나 지금 생각해보면 너무 위험한 일이라고 생각된다. 제대로 훈련받지 못한 상태에서 내담자를 만나면 내담자나 미술심리치료사나 상당히 위험하다고 생각한다……. 대학원을 다니면서 열심히 공부를 하고 실습과 슈퍼비전을 받으면서 훈련을 받았던 것이 많이 도움이 되었다. 또한 타 대학원보다 내가 다니는 대학원은 공부를 많이 해야 한다고들 한다. 그렇게 수업을 들을 과목이 있고 환경이 마련된 것은 큰 이점인 것 같다. 심리학을 공부하면 할수록 배워야 할 것들이 많다고 생각되는데, 지금 생각하면 대학원 시절에 더 많은 과목을 듣지 못한 게 아쉽다는 생각이 든다……. 미술심리치료학을 공부하고 싶다는 열망이 컸기에 열심히 했다고 생각된다. 학점도 다 채워서 들으려고 노력했고, 실습도 개인과 집단 미술심리치료실습을 골고루 하려고 바쁘게 다녔다. 1학기에는 스터디도 하면서 기초적인 심리학 공부를 따로 하기도 했다. 그래도 아쉬운 건 듣고 싶은 과목들이 시간표가 맞지 않아 못 들은 수업도 있어 그 점이 아쉽다(#11).

(3) 자신의 내면에 자리하고 있는 자기이해에 눈이 트이기 시작함

① 내면을 들여다보며, 나의 삶과 나에 대해 조금씩 알아 가게 됨

내가 왜 심리치료를 공부하고 싶었는지, 왜 그렇게 눈물이 많은지, 왜 이렇게 아픈 사람들과 일하고 있는지, 나는 매일 퍼즐을 맞춰 가며 내 삶을 알아 가고 배워 나가는 중이다……. 내 삶은 배움 속에 있어서 안전하다. 삶 속의 안전감을 배워 가고 있다. 내가 왜 이렇게 사는지 몰랐을 때는 때때로 분노하고 슬프고 도망치고 싶었다. 하지만 내가 내 삶을 바라보고 내 삶을 소중히 바라보게 되면서 변화되기 시작하였다(#1).

미술심리치료학을 공부하면서 미술의 이미지를 통해 감정을 표현하고 나에 대해 잘 보지 못했던 부분들을 보게 되었고, 이렇게 깨달아 가는 나의 부분들은 내 삶의 색을 다채롭게 만들었다(#3).

대학원 입학 전의 내 삶은 무채색으로 비유해 볼 수 있을 것 같다. 감정을 내보이는 것이 어색했기에 이를 차단하고 지냈고 인식하지도 못했다. 그러니 항상 긴

장되어 있을 수밖에 없었을 것이다……. 그러나 대학원의 수업에서는 자연스럽게 나를 표현하고 돌아볼 기회가 많이 주어졌다. 처음에는 그것이 낯설고 감당하기 힘들 때도 있었지만, 지금은 내 안의 다양한 감정의 색을 찾은 것 같다는 생각이 든다. 그럼으로써 나 자신도 온전히 존재하고 타인들과도 맞닿아 있는 느낌이다……. 대학원에서 배운 것들 중에 나의 감정과 만난 것이 가장 의미 있는 일이었고, 이로 인해서 학문 탐구와 실습도 적응적으로 해 나가지 않았을까 생각해 본다(#4).

1, 2학기에는 더 많이 배우면 더 잘 알게 될 것 같은 기대감에 그저 배움이 즐거웠다. 그리고 3, 4학기에는 오히려 그 과정이 끝이 없음을 알게 되며 자신의 부족함을 절실히 느끼는 것과 동시에 그런 여정에 참여했음이 뿌듯했던 것 같다. 배움을 얻고 훈련해 가며 내면의 불안들이 차츰 사그라지는 느낌을 받았다. 물론 교과과정을 따라가는 것도 힘에 부쳤고, 경제적인 면에서 불안감도 생겼다. 그러나 내면의 근본적인 불안들이 해소되고 있었기 때문에 오히려 대학원 과정 안에서 안정감을 느꼈던 것 같다(#13).

2년의 시간은 가장 먼저 내 자신의 깊은 내면을 들여다보는 시간이 되었다(#15).

② 나를 좀 더 잘 돌보게 되면서 점점 나 자신이 되어 감

미술심리치료학의 탄탄한 이론과 현장에 대한 훈련을 기대하고 들어온 대학원 석 · 박사 학위과정에서 정말 많은 것을 배우며 나 자신의 변화도 생겼다. 학문적인 깨달음과 함께 계속 맴돌던 질문들을 직면하고 스스로 답을 찾아갈 수 있는 내적인 힘도 생겼다(#3).

'대학원과 미술심리치료학 전공'의 주제를 접하고 몇 년 전 워크숍에서 꽃씨가 날라 정착하는 것으로 미술심리치료와 나를 표현하여 그렸던 기억이 났다. 그 기억은 흙과 빛이 있는 곳에 든든한 나무 한 그루가 서 있는 장면의 그림으로 연결되었다. 그러고는 어두운 흙 속에서 발견한 거울 그림을 다시 그렸다. 흙과 빛이 있는 곳에서 발견한 거울을 통해 처음에 아련하게 보이던 것이 점차 윤곽이 뚜렷하게 보이고 색들이 보이는 것을 표현하였다(#3).

미술은 나에게
마치 어린 시절 보모와도 같은 존재였음을
미술심리치료사가 되어서야 깨닫게 되었다.
미술, 치료, 연구
이 모든 것들이 내 안으로 깊숙이 파고들면서
나의 삶은 더욱 삶다워졌으며
나는 점점 더 나 자신이 되어 갔다(#6).

아직도 제 자신에 대해 잘 안다고 할 수는 없다. 하지만 대학원에서의 2년여의 시간 동안 저는 삶이 '나를 찾아가는 여정'이라는 것을 배웠다(#13).

지난 2년의 석사학위 과정과 3년의 박사학위 과정을 돌아보며, 참여자 10은 자전거라는 시를 만들어 놓았다(제6장 참여자 10의 체험 자료 참조).

③ 나의 삶을 살게 되었고, 타인의 인정을 갈구하지 않게 됨

미술심리치료학을 공부하기로 결심하고 대학원에 입학한 일은 나에게 많은 변화를 가져다주었다. 내가 꿈꾸던 누군가가 아닌 나 자신이 되기로 선택했고, 타인의 것이 아닌 나의 삶을 살고자 하는 용기가 생겼다. 미숙한 나를 용서하고 수용하는 것은 나 자신만이 할 수 있는 일임을 알고 타인의 인정을 갈구하지 않게 되었다(#14).

(4) 타인이 눈에 들어오기 시작한 엄청난 배움에 감사함

① 타인이란 존재도 존중하게 된 엄청난 시각의 변화와 함께, 값진 것들을 얻게 한 배움에 감사함

결코 나에 대해서도 타인에 대해서도 모든 것을 알 수는 없지만, 삶의 순간들 속에서 소중한 것들을 지켜 나가고, 바라보고, 간직하는 것에서 의미를 찾을 수 있게 되었습니다. 그리고 조급하게 나를 찾으려는 마음보다는 있는 그대로의 '나'

로도 괜찮다는 믿음을 가지게 되었습니다. 인생의 희열과 아름다움을 찾고자 이것저것 많은 일들을 시도해 보았지만, 그 순간뿐 다시 허무함을 느끼던 저는 비로소 이곳에서 아름다움과 감사함을 느끼게 되었습니다. 내담자들의 경험에 대해서, 그러한 것을 이겨 내고자 하는 의지와 용기에 대해서 감동할 수 있게 되었고 감사할 수 있게 되었습니다. 자신에게만 집중되어 있었던 것에서 벗어나 관계를 생각하고, 경험하고, 소중하게 생각할 수 있게 되었습니다. 이것은 저에게 있어 엄청난 변화이자 성장으로, 대학원에서 미술심리치료학을 공부하지 않았다면 얻을 수 없는 값진 것들이었습니다. 이러한 배움을 잊지 않도록 평생 공부하며 살아가겠습니다. 감사합니다(#13).

(5) 대학원 공부에는 수준의 층차가 있음을 알게 됨

① 석사와 박사 학위과정의 공부가 완전히 다르다는 시각을 갖게 되었고, 공부가 주는 기쁨을 알게 되었으며, 스스로 공부하는 힘을 갖게 됨

미술심리치료학에 대한 배움의 즐거움은 여러 면에서 나를 풍성하게 해 줬고, 그런 나의 변화는 미술심리치료학이라는 학문에 집중할 수 있게 하였다. 대학원 과정에서 많은 공부가 힘들면서도 즐거웠던 것은 학문적 배움과 자신의 발견이 함께했기 때문이라고 생각한다(#3).

미술심리치료학 전공 박사학위 과정을 수료한 지금의 시점에서 '박사과정에서의 공부란 어떤 것이었는가?'를 생각해 보면 공부라는 것의 새로운 시각을 갖게 된 과정이었다고 할 수 있다……. 그런데 박사과정의 공부라는 것은 본인이 알던 공부라는 것과 완전 딴 공부였다. 미술심리치료를 더 잘하고자 박사과정을 시작 했는데, 미술심리치료를 잘하기 위한 비법(?) 수업은 없고 연구방법이니 연구동향이니 이런 공부가 학기별로 필요한가라는 의문이 들 때가 왕왕 있었다. 하지만 박사과정의 공부가 어떠한 것이고 어떠해야 하는가에 대한 개인적인 견해가 생기게 되었다. 그리고 공부라는 것이 주는 기쁨은 덤으로 얻게 되었다……. 그렇게 시작한 박사 1학기의 공부는 2학기가 되어 다른 책이나 학술지를 읽으면서도 익숙한 이름이나 용어가 되어, 더 관심을 가지고 볼 수 있는 계기들이 되었다. 학기가 더해지면서 각각 단편으로 파편화되어 있던 정보들이 하나로 맞춰지기도 하였다. 이러한 과정은 공부에 대한 찰진 재미였다. 파편화되어 있는 것들이 하나로 맞아지는 경험의 재미는 공부를 하는 과정에서 희열이었지만, '책은 이러한데 어떻게 생각하느냐?'는 교수님들의 질문은 쇼크였다. 각각의 이론들은 본인에게 진리였고 절대 지존이었다. 진리에 토를 달 이유가 스스로에게 있을 리가 없었다. 그런데 박사과정의 수업에서 교수님들은 수강자는 어떻게, 왜 그런 생각을 하는지를 물어보셨다. 이는 본인에게 신선한 충격이었다(#9-1).

박사과정에서는 '공부를 한다는 것의 즐거움'이 분명 있었다. 그런데 그 즐거움은 누가 찾아주거나 정형화되어 있거나 쉽게 발견할 수 있는 즐거움은 아닐 것이다. 공부가 처음에는 과제라는 이름으로 다가왔다가, 학기가 한창일 땐 벅차서 못해먹겠다는 푸념이 되고, 종강이 되었을 때는 끝난 그 자체만으로 좋은 것이 되기도 하였다. 힘든 과정이기도 했지만 그 사이사이에는 예상하지 않았던 배움의 즐거움이 자리하고 있었다. 시간이 지나고 지금에서 되돌아보니 공부가 할 만한 일로 여겨지지만, 당시엔 배움의 즐거움이 있다 하여 공부가 늘 할 만한 것은 아니었다. 박사과정 3년 동안 학기 중에는 임상실습에, 쏟아지는 과제에, 방학에는 소논문에 눈코 뜰 새 없었던 시간이었다. 그렇게 과제가 쏟아졌으면 뭘 좀 알아야 하는 게 이치에 맞는 것 같은데, 뭘 배워도 배워도 이렇게 모르는 게 많을까 싶어 좌절스러움도 동시에 경험하는 시기이기도 하였다. 그렇지만 미술심리치료 박사과정 공부에서 즐거움을 찾을 수 있는 건 배움을 익히는 시기였기 때문이 아닌가 한다. 내게 미술심리치료 석사과정의 공부는 미술심리치료를 처음 배우는 시기였다면, 박사과정은 그 배움을 익힘의 시간으로 만드는 시기였다. 석사과정에서 이제 막 미술심리치료를 처음 접하고 푸릇푸릇하게 싹을 틔우던 것들이 박사과정에서 여러 교수님들이 주시는 물과 양분의 도움으로 뿌리를 내리고 빨아들여 커 가는 시기로 비유할 수 있을 것 같다. 그 과정에서 나는 여러 가지 자양분을 받을 수 있었다. 임상에서 좋은 미술심리치료사가 되기 위한 자양분도 받을 수 있었지만, 연구자로서의 역량을 키우는 자양분도 제공받을 수 있었다. 박사논문이라는 것으로 이 분야의 어느 한 지점의 가장 끝에 서 본다는 경험은 박사논문을 쓰는 내내 스스로 다독이고 한번 해 보자며 힘을 낼 수 있는 계기가 되었다. 내게 박사과정의 공부를 한 줄로 얘기하라면 논어의 學而時習之 不亦說乎를 얘기하고 싶다. 사실 이런 표현을 스스로 얘기한다는 게 살짝 민망하면서도 마음 한편 감개무량하다. '배우고 익히니 정말 즐겁더라.'는 내 경험으로 자리하고 있다. 박사논문이 공부의 끝이 아니라 스스로 공부할 수 있는 힘을 키우는 출발점이 된다는 어느 교수님의 이야기가 떠오른다. 논문을 쓰기 전에는 이 얘기가 알송달송하게 다가왔다. 그런데 논문을 쓰고 난 후에는 마음으로 확 다가오는 얘기가 되었다. 나는 이런 경험을 한 내게 참 수고했다고 다독여 주고 싶다(#9-3).

(6) 내 삶을 만들어 가는 힘이 구축되었음을 알게 되었고,
기대 이상의 결과에 만족함

① 내 삶을 변화시켜 가는 힘과 주도권을 갖게 됨

나는 내 삶의 '주도권'을 여전히 배우고 있고 여전히 훈련 중이다. 내가 왜 심리치료를 공부하고 싶었는지 나는 매일 퍼즐을 맞춰 가며 내 삶을 알아 가고 배워 나가는 중이다. 내 삶은 배움 속에 있어서 안전하다. 삶 속의 안전감을 배워 가고 있다……. 나의 눈물은 아름다운 진주가 되었고, 나의 화남은 열정이 되어 주었으며, 나의 약함은 즐거운 유머가 되었다. 놀랍게도 어느새 나는 내 삶의 주도권을 갖게 되었으며, 지난 15년 동안 나는 세상을 보는 시각과 내 삶에 대한 책임감과 내 삶에 대한 뜨거운 열정과 아픔을 통해 배울 수 있다는 것을 배웠다(#1).

그래도 시간은 흘러 혹독하게 느껴졌던 긴 겨울을 지나가게 했다. 어떤 꽃으로 자라날지는 아직 잘 모르지만 아름답게 풍성하게 피어나라(#15).

② 드리운 그물이 제법 묵직한 새로운 도약의 기회가 됨

나의 감정, 생각, 행동들에게 '너는 누구냐?'고 계속 의미 있는 질문을 하며 나를 기다려 주었다. 그물이 제법 묵직하다. 대학원에서 공부 그 이상을 얻은 것이다(#3).

그리고 나는 이 모든 것을 내 인생을 함께할 평생의 친구로 삼았다(#6).

나는 대학원에 들어와 내 삶을 변화시키는 힘을 배웠다. 내 삶의 변화에 나는

박수를 치고 기뻐하며 스스로를 축하한다. 나의 슬픔, 나의 화냄, 나의 약함을 변화시킬 수 있는 깜짝 놀랄 마술을 부리는 마술사가 되어 있다(#1).

힘들 때도 많았지만 그만큼 얻은 것이 많다고 생각된다(#11).

삶의 전반에 대해 이해하는 폭이 넓어졌고, 문제 상황을 단일선상이 아닌 수평선상에서 바라볼 수 있게 됐으며, 사랑하는 사람들과 의미 있는 관계를 맺으려고 노력할 수 있게 되었다는 점에서 이 분야의 공부를 시작한 것에 감사함을 느낀다(#12).

학위과정이라는 여정에 참여했음이 뿌듯했던 것 같다(#13).

대학원 미술심리치료학 전공의 공부에 대해 13명의 참여자가 체험한 내용은 위에서 다뤄 보았듯이 6개의 본질적 주제와 11개의 하위 주제로 분석되었다. 이를 통해 축약해 본 연구 결과를 제시해 보면 다음과 같다,

첫째, 대학원에서 다뤄지는 전공의 공부는 제한된 기간 내에서 교과과정 중심의 이론 부분과 현장 중심의 다양한 실제를 모두 익히게 된다. 교과목들은 기초적인 측면에서부터 시작하여 학위과정에서 갖추어야 할 수준까지 요구하면서 양과 폭과 깊이에서 인간의 한계를 시험하듯 쉴 틈을 주지 않으며, 현장 역시 관찰로부터 시작하여 원하는 도움을 줄 수 있는 수준까지 전문성을 보여야 하므로, 이 같은 상황에서 살아남기 위해선 최대한의 적응과 도전만이 요구된다.

둘째, 극한 상황으로 몰아넣는 전공 공부의 곁으로 가끔씩 나의 내면 깊숙이 자리해 있는 인간관, 가치관, 삶의 목적, 일의 의미와 관련된 부분이 건드려지면서, 나에 대한 깊은 성찰의 순간들을 접하며 이와 함께 타인이란 존재들을 바라보기 시작한다.

셋째, 그러나 모든 것에는 수준차가 있다는 자각과 함께, 내가 밟은 학위과정은 나로 하여금 삶의 주도권을 갖게 해 주고 기대한 것 이상의 큰 보상을 해 주는 기회를 마련해 주었다.

이 같은 연구 결과를 통해 좀 더 다루어 보고 싶은 논의의 주요어를 대학원 공

부로 잡아보고자 한다.

3) 석 · 박사 학위 청구논문과 질적 연구

국내의 경우, 지난 1990년대부터 학위 청구논문에서 연구방법으로 질적 연구가 다루어지기 시작하면서, 보다 살아 있는 생생한 체험 자료를 접하는 것에 관심을 갖기 시작하였다. 특히 Max van Manen의 해석학적 현상학의 질적 연구방법 속에는 연구자가 연구 주제를 보다 잘 드러내 주기 위해 해석학적 현상학의 글쓰기를 포함시켜 놓고 있다. 이 글쓰기를 하기 위해선 대학원 학위 전 과정이 훈련 기간으로 요구되기도 한다.

글쓰기는 다양한 상황에서, 여러 가지 목적을 지니고 사용되고 있다. 다뤄진 글이 누구에 의해, 언제, 어떤 상황에서, 무슨 목적으로 다루어졌느냐에 따라 같은 글쓰기라고 해도 다르게 읽힐 수 있고 새로운 의미를 지닐 가능성이 있다(장연집, 2016).

최근에는 국내외 대학교에서 입학과 동시에 글쓰기를 강조하고 있다.

이는 글쓰기가 깊게 사고하는 창의적인 인재를 양성해 국가 경쟁력을 높인다는 믿음 때문이다. 글을 써 봐야 생각이 정리되고, 무엇보다 '내가 어디까지 정확히 알고 있는가?'가 명확히 드러난다. 말로는 안다고 하는 내용도 글로 옮기려면 어디까지가 한계인지 극명하게 나타난다. 그제서야 내가 아는 것과 모르는 것을 명확히 파악하고 그때부터 새로운 생각, 즉 창의성을 발현하는 것이다. 창의성 계발에서는 왜 글쓰기를 강조하나? 베이컨의 말을 인용해 보면 독서는 완전한 사람을, 토론은 준비된 사람을, 글쓰기는 정밀한 사람을 만든다고 보기 때문이다(조선일보, 2017. 1. 14.).

여기에서는 학위 청구논문을 질적 연구방법으로 다루는 것에 관심을 가지고, 특히 해석학적 현상학의 질적 연구를 적용하여 연구 주제를 다뤄 석 · 박사 학위를 취득한 졸업생들의 체험을 분석하고자 한다. 특히 체험을 다루게 될 때, 미술심리치료학 전공자의 경우는 글보다 시각 언어로서 그림을 다루는 것이 훨씬 수월한 경우도 있다.

이에 미술심리치료학 전공의 경우, 글쓰기는 인지적 언어로 보이는 반면 시각

언어로서 그림이나 조형물 등은 정서적 언어로 보아지기도 한다.

해석학적 현상학의 연구방법에서는 연구자의 현상학적 글쓰기는 중요시하고 있는 반면, 시각 언어인 그림에 대해선 언급한 적이 없다. 이는 연구방법보다 전공이 뒤늦게 다루어지기 시작했기 때문이다.

이에 이 장에서는 체험을 표현함에 있어 인지적 언어인 글뿐만 아니라 정서적 언어인 그림 그리기 등을 참여자들이 다루기 원한다면 이를 허용하고 있다.

석 · 박사 학위 청구논문과 질적 연구라는 주제에는 7명의 참여자들(#1, 9-2, 10, 11, 12, 13, 14)에 의해, 7편의 글과 2편의 그림이 다루어졌다.

이들의 체험 자료는 다음과 같이 3개의 본질적 주제와 6개의 하위 주제로 분석되었다.

(1) 대학원 훈련과정의 정점은 학위논문 제출로, 이는 자부심을 갖게 하고 새로운 도약을 준비시킴

① 고됨의 결정체인 학위 청구논문의 전 과정은 마지막 순간까지도 배움을 확인시키는 순간임

미술심리치료학 석사학위라는 영광을 안겨 준 논문은 대학원 훈련과정에서의 핵심이자 지금까지 실천하고 있는 건설적인 습관으로 남아 내 삶의 중요한 부분을 차지하고 있다(#14).

박사논문 완제본을 제출한 지 한 달이 채 안 되었다. 아직은 '박사논문'이라는 단어를 떠올리면 그 고됨이 확 떠오르며 '다시는 하고 싶지 않은 것'으로 느껴지고 있다. 혹시라도 기억이 열릴까 봐 저편에 꾹꾹 꽉꽉 눌러 담아 놓았다. 전혀 비밀스럽지는 않으나 논문을 썼던 시기의 팍팍함을 세상으로 꺼내고 싶지는 않았다. 나름 성실하게 준비했다고 생각했기에 심사를 위한 논문 준비가 웬만큼 된 줄 알았다. 그런데 웬걸……. 심사가 진행되며 본인이 얼마나 부족한지가 속속히 드러났다. 5차에 이르는 심사과정은 논문을 잘 쓸 수 있을 것이라는 본인이 믿고 싶었던 기대가 산산이 조각나 버리는 시간이었다. 5차에 이를 것도 없이 1차 심사는 말 그대로 멘붕이었다. 적절한가 아닌가를 스스로 의심하던 부분에서 심사위원의 태클은 정확히 들어왔고 뭐라 반박할 여지가 없었다……. 논문 심사가 한

창일 때는 몸도 마음도 지치고 정말 끝이 날 것 같지 않은 터널을 걸어가고 있는 느낌이었다. 하루를 묵묵히 견뎌 내던 논문 심사 기간이 고단하였지만 나는 사실 돈으로도 살 수 없는 많은 것을 배웠다. 읽고 읽은 자료는 오탈자까지도 익숙해져 버렸지만 질적 연구에 푹 빠져 공부할 수 있었고, 결국 처음으로 돌아가 다시 하나씩 질문해 가는 과정에서 질적 연구를 배울 수 있었다. 지금도 박사논문이 아니었다면 그렇게까지 할 수 있었을까 싶다. 그렇게 하루하루가 지나가니 끝나지 않을 것 같았던 논문 심사는 끝이 났다. 막 당겨지던 고무줄이 탁 끊어지면 반동으로 튕겨지기 마련인데, 내게는 끊어진 고무줄이 정지되어 꼼짝도 하고 있지 않은 것처럼 느껴졌다. 시간이 좀 흐르고 나니 이제야 정신이 드는지 고무줄이 움직이고 주변이 조금씩 보이기 시작한다. 이제껏 나 혼자 수고하여 논문을 썼던 줄 알았으나, 보이지 않았던 숨어 있던 감사함들을 서서히 만나고 있다. 박사 한명이 나오는 데 얼마나 많은 희생이 요구되는지……. 나는 그 희생을 당연한 것으로 요구할 수 있을 만큼 논문에 집중하였는가 하는 숙연한 마음이 들기도 했다. 내 이름을 달고 나오는 논문에 얼마나 많은 이들의 공헌이 숨어 있는지 새삼 둘러보게 되었다(#9−2).

② 논문 완성은 성취감뿐만 아니라 지속적으로 이어져 갈 전문가로서의 삶에서 시작 부분이라는 깨달음을 갖도록 하는 기회가 됨

그동안의 배움들이 정리되고 집약되는 과정이었을 뿐만 아니라 대학원 과정의 마침표를 찍는 상징적인 작업이었다. 미술심리치료 전문가로서 일을 할 수 있는 자신감을 얻게 해 주었고, 내가 지금 어디쯤에 와 있는지를 보여 주었다. 또한 인터뷰를 하고, 해석을 하고, 결과 및 결론을 도출하는 과정에서 그것이 잘 되었든 혹은 턱없이 부족했더라도 하나의 연구 결과를 만들어 내었다는 것에서 큰 성취감을 느꼈다. 논문을 완성하고서야 대학원 과정 내에서 왜 논문을 꼭 써야 하는지를 알게 되었다(#13).

내가 지금 알고 있는 것이 아주 작은 하나의 모래알 크기라는 것을 알고 있다. 그 사실을 깨달음으로 인해 끊임없이 알고자 하는 동기를 품게 된다. 배움에 끝이 없음을 알고 지속적으로 성장을 위해 노력하는 내 모습이 나의 삶을 조금씩 완성해 나갈 것이다. 대학원에서 미술심리치료학 전공으로 석사학위를 취득했기 때문에 미술심리치료사가 되었다고 생각하지 않는다. 다만 평생을 미술심리치료사가 되고자 노력하는 삶을 살고 싶을 뿐이다. 전공한 학문이 이러한 삶의 자세를 갖추는 배움을 준다는 것은 커다란 축복이라 생각한다(#14).

(2) 질적 연구는 연구자로서 인간적이며 충분히 성숙도를 갖추길 요구하고, 동시에 자연스럽게 삶의 태도에 민감해지도록 이끎

① 새로운 깊은 세계로 접근해 가면서도 전혀 낯설지 않은 연구방법을 접함

질적 연구방법론을 배웠을 당시의 충격은 아직도 생생하다……. Max van Manen의 강의는 '사람 사는 이야기를 재미있고 이해되게 풀어 놓는 것'이었다. 그리고 그 재미있는 이야기가 연구물이 되는 과정은 매우 즐겁고 보람된 일처럼 보였다……(#1).

그리고 석사학위 논문을 작성하며 공부한 질적 연구방법론을 통해 내가 알던 세계가 얼마나 단편적이고 편협한 것이었는지 알게 되었다(#14).

② 질적 연구 훈련에서는 우선 참여자 존중과 함께 나의 편견 제거가 기본이고, 그래야 그들과의 나눔이 가능해진다는 것에 눈을 뜨기 시작함

초등학교 1, 2학년 아이들이 자신의 언어로, 자신의 생각과 감정을 표현하는 것을 보면서 그들의 삶의 체험을 이해하고 본질을 찾아낸다고 하는 것은 바로 연구 참여자들을 존중하고 그들 삶의 총체적인 부분을 이해하는 것이라는 것을 알게 되었고 이에 훈련이 쌓아져 간 것 같다. 석사논문을 쓰기 위해 만났던 연구 참여자가 된 아이들, 또 그 아이들을 인터뷰하며 그들에게서 들었던 그들의 삶의 이야기들은 오늘의 나에게 소중하고 귀중한 경험이다(#1).

죽음을 앞둔 환자들의 슬픔과 가족들의 안타까운 상황에 압도되기도 하지만, 선입견 없이 환자를 있는 그대로 이해하고 받아들이며, 환자가 살아 있는 순간에 그의 옆에서 온전히 being하며, 환자가 살아온 인생의 의미를 찾으며 통합하는 과정을 함께하게 된다(#1).

최근에 만난 20대의 환자는 인생에 의미를 찾아보는 인생 책 만들기 작업을 한 뒤 그 작업을 도왔던 미술심리치료사를 나타낼 수 있는 증거물을 병상 옆에 붙여 주길 원하여, 나는 기꺼이 내 얼굴이 들어간 인형을 만들어 환자 옆에 붙여 주었다(#1).

그리고 환자가 의식이 있던 마지막 날 미술심리치료사로부터 받고 싶은 마지막 선물이 있다면서 예쁜 화관을 만들어 달라는 것이었다. 역시 난 기꺼이 화관을 만들어 갔다. 그날은 마지막 만남의 날이 되었다. 내가 만들어 준 화관은 현재 그 환자의 산소에 잘 자리 잡고 있다(#1).

내가 질적 연구를 하지 않았다면 이 환자와 이렇게 긴밀한 관계를 갖지 못했을 테고 환자와의 이러한 경험을 그저 '슬픔' 경험이나 '안타까운' 경험쯤으로 이해했을 것이다. 나는 그 환자와 내가 함께했던 시간에 대해 따뜻함과 진실함이라는 주제를 떠올린다(#1).

내가 경험한 질적 연구의 인터뷰 방법은 초보 연구자로서 연구 참여자의 경험을 편견 없이 깊이 있게 듣는 작업이면서 동시에 초심 상담자로서 내담자를 지금, 여기에서 바라볼 수 있도록 훈련하는 기회가 되었다. 논문 작성 초반에는 이론과 실제가 따로 놀았기 때문에 연구 참여자의 경험을 연구물로 전환하는 것이 너무도 힘들었다. 그런데 내담자 상담방법과 인터뷰 방법의 교차점을 찾게 되면서 인터뷰 경험과 내담자 상담 경험이 다르지 않음을 생각하게 되었고, 그들의 경험을 있는 그대로 듣는 것에 집중하게 되고, 그 경험의 핵심을 더 잘 탐색하게 되면서 주의 깊게 듣기가 무엇인지를 경험하게 되었다(#12).

이러한 훈련은 미술심리치료사가 때로 미술작업만을 가지고 내담자를 평가하거나, 내담자를 선입견을 가지고 바라보게 되는 것을 스스로 통제하게 되는 기능을 갖게 된다. 호스피스 병동에 머무르게 될 때 질적 연구과정을 통해 얻게 된 환자를 존중하는 나의 경험이 만들어 낸 태도는 환자와의 신뢰성 있는 관계를 맺게 하는 데 큰 도움이 되고 있다. 죽음에 이르는 시간이 얼마 남지 않은 환자들은 자신의 삶 속의 의미를 찾기를 원하고 그 의미를 찾는 과정에 기꺼이 미술심리치료사이며 질적 연구자인 나를 초대해 준다. 20대에 죽게 되는 환자에게 미술심리치료사라는 존재는 자신의 인생에 대해 한탄하고 싶지만 간호해 주는 엄마가 가슴 아플까 봐 하지 못했던 부정적인 감정을 마구 쏟아낼 수 있는 안전기지였고 자신을 동정하는 시선 앞에서 당당하고 싶은 마음을 이해하고 함께 즐겁게 웃을 수 있는 일을 만들어 주는 '친구'이기도 했다. 또 때로는 남겨질 가족에게 당부의 말을 전하는 메신저이기도 하였다(#1).

(3) 질적 연구방법과 전공에서 요구하는 것은 결국 같은 것이며, 현상 지향의 훈련은 내가 삶의 주체로 중요하다는 통찰을 하도록 이끎

① 질적 연구에서의 관찰과 맥락을 다루는 훈련은 전공에서도 요구하는 것으로 서로 일맥상통함

질적 연구방법으로 논문을 쓰면서 어떠한 현상에 대해서 깊이 들여다보는 방법을 배웠다. 인터뷰 대상자가 어떠한 말을 했을 때 어떤 맥락에서 한 말인지, 어떤 행동을 하며 말을 했는지, 말할 때의 표정은 어땠는지 등을 면밀히 관찰하고 탐구하는 훈련을 하였다. 이를 해석하며 나의 주관이 개입되지는 않는지 끊임없이 되새겨 보았다. 이러한 훈련과정은 미술심리치료사뿐 아니라 심리치료를 하는 모든 이에게 꼭 필요한 것이라는 생각을 해 본다(#13).

질적 연구를 통한 논문 작성 경험은 방법론을 연구물뿐만 아니라 현장에도 적용할 수 있었다는 점, 이론과 실제가 함께할 수 있었다는 점에서 도움이 되었다(#12).

② 현상 지향의 훈련과 의미 추구는 나의 삶도 중요하다는 생각을 갖게 해 주었고, 내가 삶의 주체로 자리하도록 이끌어 주었음

나는 일상에서 겪는 크고 작은 일들을 향한 나의 행동, 생각, 감정에 대해서 이해하고 반성하고자 노력하게 되었다. 감정에 체하고 생각에 표류되어 혼란스럽게 살던 삶으로부터 걸어 나왔다. 감정과 사고의 지배에서 벗어나고 그것을 소화하고자 노력함으로써 내가 내 삶의 주체로 존재하게 되었다. 현상을 지향하는 훈련은 나의 삶을 조금씩 더 충만하게 만들고 있음이 분명했다. 그리고 타인의 세계에 대해 나의 그것과 상이한 것임을 인정하고 현상학적으로 알고자 하는 겸손한 노력을 하게 되었다(#14).

박사과정에 와서는 '나'라는 인간과 본질적으로 만나 나의 영성을 찾으려 노력하면서 미술심리치료사로서의 나의 치료 철학을 가지려 하였다. 또한 임상을 하고 있는 미술심리치료사나 석사과정생에 대한 질적 연구를 통해 미술심리치료사로서의 삶의 깊이를 더 가질 수 있었다. 미술심리치료를 능통하게 하는 사람이 되려고 노력한 것이 아니라 그냥 미술심리치료사로 살려고 했던 것 같다(#10).

나는 병원학교에서 소아암 환아를 만나는 미술심리치료사를 대상으로 질적 논문을 썼다. 통계를 사용했다면 그런 경험을 한 미술심리치료사들이 중요하게 생각하는 요인들을 찾아내는 것으로만 끝났을 것 같다. 통계를 썼었다면 중요하게 생각되는 요인들과 관계들을 단어로만 서술을 하면서, 질적 논문이 줄 수 있는 생생하고 풍부한 경험들은 다 놓쳤을 것 같다. 미술심리치료사 경험에서 중요한 한 요인들을 논문에 실었겠지만 그게 왜 중요한지, 어떤 의미를 갖는 건지에 대해서는 이야기하지 못했을 것 같다(#11).

질적 연구를 하면서 다른 사람의 삶을 존중하게 되고 어떠한 경험을 통해서도 성장하는 것이 인간이라는 것을 배우게 되면서, 나는 더욱 나의 삶도 소중히 생각하게 되었다(#1).

석 · 박사 학위 청구논문과 질적 연구에 대해 다루어진 체험 자료의 분석을 통해 도출된 3개의 본질적 주제와 6개의 하위 주제는 다음과 같은 결과로 축약해 볼 수 있다.

첫째, 대학원 과정을 하나로 통합시키는 것은 논문 작성과정이고, 논문 심사의 마지막 순간까지도 배움이 일어나며, 학위 취득은 그 정점이 된다. 그리고 이를 준비하는 전 과정의 주체는 물론 연구자이지만, 이와 함께 다양한 주변의 도움이 있어야 집중적으로 다뤄 낼 수 있게 된다.

둘째, 질적 연구를 제대로 다뤄 내려면 인격적 성숙이 이뤄져야 한다.

셋째, 질적 연구나 전공에서 요구하는 것은 진실됨과 진정성으로, 이는 내가 자유의지를 지닌 삶의 주체가 되어야 한다는 것 속에도 들어 있음을 통찰토록 한다.

이 같은 결과를 통해 뒷부분에서 다루어질 논의는 진실됨과 진정성을 다뤄 볼 수 있다.

4) 학위 취득 이후 전문가로서 홀로서기

학위 취득 이후, 졸업생들은 전공 분야에서 온전히 홀로서는 과정을 밟아 나간다. 6인(#1, 6, 10, 11, 12, 15)의 참여자들에 의해 6편의 글과 1편의 그림이 다루어졌다. 이들 체험 자료들은 다음과 같이 3개의 본질적 주제와 8개의 하위 주제로 분석되었다.

(1) 스스로 원해서 선택한 전공 분야의 전문가로서 최선을 다하고 있음

① 미술심리치료 현장에서 전문가로 최선을 다하고 있음

2001년 대학원 석사학위 과정에 입학을 하였고, 2003년에 박사학위 과정을 시작한 임상 현장 경력 14년차의 미술심리치료사이다. 아침에 서둘러 병원으로 출근하여 중환자실에 입원해 있는 아동을 만난다. 양팔과 다리는 억제대로 묶여 있고 호스로 온몸이 뒤감겨 있다. 또한 기도에 삽관된 기구들……. 눈으로 쳐다보기 미안할 정도의 아동의 상태. 하지만 아이는 또렷한 눈빛을 하고 자신이 받아야 하는 치료에 집중한다. 아이는 기계에 의존하여 호흡을 하고, 내가 보여 주는 뽀로로 인형에 웃으며 반응한다. 이 아이는 이 순간 최선을 다해 살고 있다. 내가 증인이다(#1).

② 나는 스스로 선택한 것에 후회를 하지 않는 건강한 미술심리치료사임

15년 전 같이 회사를 다녔던 동료들은 이제 팀장님 혹은 지점장님이 되어 있다. 그 친구들의 삶의 여유가 부럽기는 하지만, 나는 15년 전으로 돌아간다고 해도 회사를 그만두고 대학원에 진학했을 것이다. 나는 무얼 먹고 사는 걸까? 나는 이제 알았다. 나는 아주 배불리 먹고 산다. 도시락으로 치자면 3단 도시락이다.

첫 번째 칸에는 진심이 들어 있고, 두 번째 칸에는 의미가 들어 있고, 세 번째 칸에는 사랑이 들어 있다. 난 진심, 의미, 사랑을 먹고 산다. 배부르다. 그리고 나는 건강하다(#1).

(2) 곤혹스러웠던 지난날의 어려움 곁에서도, 성실함과 근면함으로 노력을 해 온 나는 자신을 스스로 대단하다고 인정해 주고 싶음

① 환자의 가족을 보면서, 나와 나의 가족을 비추어 봄

가족이라면서 서로를 증오하고 저 사람 때문에 내 인생이 이렇게 되었다며 오열하는 가족들을 만난다. 서로를 향한 부정적인 감정과 언어들이 서로를 증오하고, 저 사람 때문에 내 인생이 이렇게 되었다며 오열하는 가족들을 만난다. 나는 잘 살고 있나? 내 가족은 멀쩡한가? 우리 가족도 절름발이처럼 뭔가 안정적이지 않다는 생각에 가슴이 아리다(#1).

② 곱씹고 싶지 않은 지나온 흔적들을 다루어도 좋다는 결정을 내리게 된 배경에는 내면으로부터 올라오는 도전이 있기 때문임

미술심리치료 대학원 과정을 선택하고 입학해서 공부했던 시간을 되돌아보는 작업은 어찌 보면 미술심리치료사로서 초심을 살피는 일이다. 학위과정 내내 고민했던 내용들이고, 또 초심자로 일을 하면서 끊임없이 되짚었던 내용들인데 막상 구체화하려니 부담스럽고 귀찮은 생각이 든다. 왜일까? 이번 연구에 참여하기로 동의했음에도 불구하고 첫 번째 주제부터 귀찮음을 느끼는 건 더 이상 이 내용을 곱씹고 싶지 않아서인 것 같다. 그 과정을 힘겹게 지나왔고 이제는 다음 단계로 가는 또 다른 기점이 필요하기 때문에 되돌아보는 것에 많은 에너지를 쏟고 싶지 않다. 그럼에도 불구하고 힘을 내서 기억을 떠올려 보겠지만 잘될지 모르겠다(#12).

③ 쉬지 않고 성실하게 자연의 이치처럼 그렇게 살아가면 된다는 생각을 하면서 스스로를 보듬어 주면서 이끌어 감

미술심리치료에 입문한 지 이제 9년이 지났다. 지나고 보면 짧은 기간은 아니지만 성숙한 전문가가 되기에는 부족한 시간이다. 첫발을 내딛은 순간부터 과정마다 성실히 임하려고 노력했다. 기본기를 체득하기 위해 수업도 열심히 들었고,

학회와 연구회도 열심히 참여했으며, 슈퍼비전도 받고 다른 심리치료사들의 사례도 살폈다. 또 학위과정에서 접하지 못했지만 상담 현장에서 필요한 내용들을 끊임없이 익히려고 노력했다. 처음 학습에 임하면서 지금까지 나 자신에게 얘기를 해 온 것이 있다. 공부를 시작했을 때는 '적어도 미술심리치료에 대해 오해하지 말고, 있는 그대로 학습하자.' 일을 하게 되면서부터는 '사이비 상담자는 되지 말자.'는 다짐이었다……. 나의 과정을 이렇게 얘기하는 것이 자화자찬으로 보일 수도 있겠지만 가끔은 스스로가 자신을 인정해 주고 싶은 마음도 있지 않은가?(#12).

굳이 칼 융이 우리에게 던진 충고가 아니더라도, 인생의 후반기를 전반기와는 다르게 살아갈 수 있는 것은 삶이 베풀어 준 축복의 선택 덕분이리라(#6).

(3) 새로운 도약을 위해 홀로서기 할 시기로,
내면에서는 뭐든 다 해낼 것 같은 자신감이 자리해 있음

① 졸업 후 미술심리치료를 수행하기 위해 새로운 공부가 필요했으며 이를 실천해 가고 있음

나는 이제 안다. 미술심리치료와 자전거 타기는 배운 것이 끝이 아니라는 것을! 그것에 끊임없이 도전하고 행하고 다시 해 보고 연구하며 심화함과 동시에 나를 알아 가고 나의 철학을 찾고, 맨 처음 배우던 그날을 기억하고 있을 때, 비로소 내 마음과 머리와 몸, 영이 하나로 만나 '할 수 있는 것'이 되는 것이다. 이제부터 나의 숙제는 이것에 대해 많은 사람들과 나누고 고민하고 다져 나가는 것이 아닐까 한다(#10).

현장에서 정식으로 일을 하면서 전문적 이론이 필요할 때면 수업 중에 기본이라고 배웠던 서적들을 뒤적였고, 점차 시간이 지나면서 최근 유행하는 이론을 찾아보게 되었다. 내담자와 보호자들을 만날 때마다 나의 부족함이 먼저 보여서 상담 전후에는 늘 준비할 것이 많았다. 정식으로 기관에 소속되어 일을 시작한 지 3년이 지났을 때 집단상담의 리더에게, 그리고 5년차 때 근무하던 기관장에게 상담의 기초와 내담자와 보호자를 대하는 기본 자세를 갖췄다는 피드백을 받았을 때를 기억한다. 그들로부터 받은 인정은 늘 긴장하며 상담에 임했던 내게 안도

감과 보람을 갖게 해 주었다. 같은 분야의 동료이자 선배, 관리자에게 인정받았을 때의 감정은 보호자에게 전문가로 비춰졌을 때와는 또 다른 경험이었다. 보호자에게 '선생님이 전문가니까.'라는 말을 처음 들었을 때는 혹시나 어설픈 부분을 들킬까 봐 더 노력하게 됐었다(#12).

② 힘든 과정을 거쳐 오는 사이에 힘이 구축되어,
이제는 하고 싶은 일이 뭐든 하면 될 수 있을 것 같음

길고 길었던 겨울이 지나고 얼어붙었던 땅이 녹고 때를 기다리던 작은 씨앗은 기지개를 펴듯 피어나기 시작한다. 조용하게 움을 트고 있는 씨앗은 아직 작지만 겨울을 이겨 낸 강인함이 있다. 땅을 뚫고 올라온 힘이 있다. 그는 강한 생명력으로 성장한다. 넓게 퍼지며 감싸고 있는 햇살을 향해 힘껏! 고개를 든다(#15).

③ 이제는 긴장감 대신 여유가 자리하면서,
도약을 위한 재정비를 해야겠다는 생각을 하기에 이름

지금도 내담자를 만날 때마다 많은 노력이 필요하지만, 이전보다 긴장이 아닌 여유를 갖고 임할 수 있어 다행이라고 생각한다. 이제는 갖고 있는 장점은 유지하고 새로운 도약을 위한 재정비가 필요하다. 그래서 때로는 다시 학교로 돌아가야 하는지를 고민하게 된다. 끊임없이 공부해야 하는 분야이고, 그 공부가 반드시 학위과정에만 있지 않음을 알지만, 현실과 이상 사이에서 부딪히는 갈등에서 결정이 쉽지 않다(#12).

마지막으로 다루어진 학위 취득 이후 전문가로서 홀로서기를 다뤄 놓은 체험은 앞에서처럼 3개의 본질적 주제와 8개의 하위 주제를 산출하였다.

학위를 취득한 졸업생이 하는 전문가로서의 홀로서기 관련 체험은 앞에서 다룬 세 가지의 소주제가 과거 기억에 의존하는 것과 달리 여기-지금과 관련된 현재의 상황을 다루고 있다.

졸업생은 현재의 나에 대해 어떤 체험을 하였는지의 그 결과를 축약해 보면 다음과 같다.

첫째, 행복해지기 위해 스스로 선택한 결과로서의 학위 취득이 주는 성취감을 담은 졸업 후 삶은 현장의 전문가이자 전공자로서 최선을 다하고 있다.

둘째, 전문직 여성으로서의 새로운 고단한 삶이 펼쳐지며, 여전히 성장해 나가고자 하는 깊은 바람을 갖고 있고, 이 같은 자신을 보듬어 주는 것은 자신으로 스스로를 대단하다고 인정한다.

셋째, 현재는 뭐든 시키면 다 해낼 수 있을 것 같은 자부심으로 차 있으며, 새로운 도약도 생각하고 있다.

이같이 축약시켜 본 결과에서 다뤄질 수 있는 논의의 주제로는 대학원 졸업 이후 전문 분야에는 동반자는 없으며, 새로운 깊은 배움이 시작되는 시기이므로 새로운 배움을 다뤄 보면 좋을 듯하다.

4. 대학원과 미술심리치료학 전공의 체험에 관한 논의 및 결론

고지브스키의 말처럼 지도는 영토가 아니다. 지도는 땅 자체가 아니지만 유용하게 사용될 때도 있다.

미술심리치료학 전공자 중 1세대 졸업생들이 체험한 대학원과 미술심리치료학 전공에 관한 체험 자료의 분석 결과는 그들과 그들의 대학원 시기를 이해하는 데 큰 도움을 준다. 그리고 동일한 주제를 다루게 되는 경우 관련 체험은 시대 흐름으로 동일하지 않을 것이다. 이에 이들 자료는 1세대 졸업생 참여자들의 체험 자료 내용이 된다.

대학원과 미술심리치료학 전공의 선택이라는 대주제는 네 가지의 소주제로 나뉘어 접근되었다. 여기에서는 소주제 중심의 논의를 다루고자 한다. 그리고 나서 대학원과 미술심리치료학 전공의 선택이라는 대주제에 관한 체험의 의미와 결론을 산출해 보고자 한다.

1) 4가지 소주제의 체험에 관한 논의

(1) 대학원 진학의 동기에 관한 논의

대학원 진학을 하기 위해서는 정보검색을 통해 양질의 다각적인 정보 수집과 해당 대학원의 졸업생과 재학생들로부터 체험 정보를 함께 구하는 것이 필요하다.

국내 대학원 과정에 개설된 미술심리치료 관련의 전공에 대한 정보는 아직은 안정적이지 않다고 보아지므로 변화가 진행 중인 상태로 보는 것이 좋을 것 같다.

이들 정보 중 가장 기본적으로 다루어야 하는 것은 진학을 원하는 자가 선호하는 대학원 유형만이라도 찾아내는 것이다. 대학원 유형은 교육부가 구분해 놓은 것으로, 국내의 경우는 세 가지 유형이 있다.

이들 세 가지 유형은 대학원의 강조점, 교과과정의 운영과 관리, 교육 목적과 교육 목표가 연관된다. 이 부분을 숙지하게 되면, 원하는 대학원의 유형을 발견하게 되고 전공의 정체성을 잡기 쉬우므로 학문적인 적응을 해 나가는 데 큰 도움이 된다.

대학원 신입생이나 입학 전형자들조차, 대학원의 유형 구분을 제대로 하지 않고 있는데, 이 같은 상황이 의미하는 바는 대학원에 진학은 하고 싶은데 대학원과 전공에 대해서 제대로 알고 있는 것은 거의 없어 방향성과 목적 없는 진학을 시도한 경우와 같다.

물론 잘못된 정보를 수집한 경우보다는 준비가 안 된 상태가 나은 부분도 있기는 하다. 그러나 방향성과 목적 없는 대학원 진학은 가능한 것이 아니므로, 철저한 준비를 갖추려면 최적의 정보를 찾아내기 위한 노력이 뒤따르는 것은 당연한 일이다.

대학원 졸업생이나 재학생들로부터 대학원에 관한 체험 정보를 얻는 것은 매우 중요하다. 그리고 해당 대학원에서 이루어지고 있는 다양한 학술활동의 참석, 그리고 이 책과 같은 내용을 다룬 서적을 접하는 것도 좋은 방법이 된다.

대학원 진학의 동기를 알아보기 위해 졸업생과 재학생을 대상으로 수행된 선행 연구를 살펴보면(장연집, 2017a; 장연집, 김민주 외, 2016), 대학원 진학과 전공의 선택 시도는 학부 졸업 이후 불안하고 무의미하게 느껴지는 자신의 삶을 떨쳐 버리고, 자신이 진정으로 원하는 일을 탐색해 내는 과정에서, 미술심리치료가 주는 힘을 접하면서, 자신의 미래를 이에 과감하게 구체화시키게 되었으며, 전공 선택의 결정을 혼자 내린다는 것이다.

대학원 진학을 위한 결정은 자신이 처해 있는 삶에 대한 실망과 맞물린다는 것을 알 수 있다. 그러나 대학원 진학을 위한 준비도의 측면에는 개인차가 크게 나타나고 있다.

여기서 준비도는 크게 두 가지로 나누어 다루어 보고자 한다. 하나는 전공을 다뤄 내기 위해 기반이 되는 준비도이고, 또 다른 하나는 미술심리치료사라는 사람과 관련된 인성적 측면의 준비도이다.

첫째, 전공을 다뤄 내기 위해 기반이 되는 준비도에는 전공 관련의 준비도와 전공을 할 수 있도록 돕는 준비도로 나누어 볼 수 있다.

대학원 진학을 앞두고, 학부과정에서부터 수강과목의 관리와 대학원 교과목 관련의 수강을 위한 사전 준비를 하는 것(박승혜, 장연집, 2012)은 전공 관련의 준비도이다.

최근 대학원 재학생 대상의 연구를 보면, 이들은 대학원 공부를 안정적으로 이루어 낼 수 있도록 돕는 경제적 · 환경적 측면에서의 준비도 부분을 생각하고 있으며, 이들 부분이 충분히 갖추어 지지 않은 상태에서 대학원 입학을 하는 것으로 나타나 있다(장연집, 김민주 외, 2016).

대학원의 전공 공부는 전공 심화과정이다. 그러나 미술심리치료학 전공의 경우는 대학원 과정에서부터 전공이 다루어지기 시작한다. 이에 미술심리치료학 전공을 다루는 대학원 과정에서는 전공을 다루는 학문적인 내용, 심화, 범위가 개론적인 수준에서부터 시작되어 심층적인 수준에 이르기까지 모두를 다루게 된다. 제한된 학위과정의 기간 내에서 상당량을 다루어 내야 하므로, 압축된 내용을 제대로 소화시키기 위해서는, 학문을 다루어 낼 수 있는 준비도인 학문에 대한 정체성과 대학원 진학 목표 그리고 자신이 갖추고 있는 전공을 다루어 낼 수 있는 능력, 환경적 도움들이 요구된다.

둘째는 미술심리치료사라는 사람과 관련된 인성적 측면의 준비도를 생각해 볼 수 있다. 이는 대학원의 교과과정에서는 다루지 않는 부분으로 전공의 기저에 자리잡고 있는 부분이다.

대학원 진학 동기는 자신이 하고 싶은 것을 하는 것이 최고의 행복이라고 보고, 이를 찾기 위해서 대학원 진학을 결정한다.

미술심리치료학 전공은 심리적 어려움을 함께 다뤄 나가는 전공이다. 이에 전공자는 스스로 공부를 해내는 데 기반이 되어 줄 최적의 충분한 심리적 · 신체적 · 사회적 · 영적 건강 상태에 있는지를 점검해 보고 어려움이 없어야 한다.

심리적 어려움을 함께 다루어 낸다는 것은 머리로만 되는 일이 아니기 때문이다. 자신의 삶을 이끌어 가기 위해 자신은 흔들림 없는 리더십을 가지고 있는지, 성숙한 인격을 지니고 있는지, 건강한 인간관과 가치관 그리고 자신의 관리와 타인 돌봄이 가능한지, 이 같은 부분은 대학원 공부와 함께 성장해 가는 부분도 있지만 공부로 다뤄지지 않는 부분도 있기 때문이다.

근면하고 성실하며 책임감 있고 윤리 · 도덕적인 측면 등에서 청년기는 가장 아름다운 향기를 낼 때이다. 그러므로 과연 자신이 그러한가를 돌이켜 보고 반성과 실천으로 부족한 부분을 다뤄 나갈 수 있는 태도는 인성적 측면을 점검하는 기본적 사항이 된다.

인성적 측면의 점검이 요구된다고 생각하는 이유는 학문은 좋은 그릇에 담아야 활성화될 수 있다고 보기 때문이다. 전공을 살아 있는 학문으로 만드는 것은 전공자 스스로이기 때문이다.

(2) 대학원 미술심리치료학 전공 공부에 관한 논의

여기에서 논의할 주제는 대학원 과정에서 처음으로 다루어지는 미술심리치료학 전공 공부에 관한 것이다. 서울여대 특수치료전문대학원의 미술심리치료학 전공은 학문적인 정체성을 심리학에 기반을 두고 있는 사회과학이다. 이에 따라 서울여대 특수치료전문대학원에 설치된 네 가지의 세부전공은 모두 사회과학이라는 틀 내에서 접근하고 있다.

학문적인 정체성은 S전문대학원 석 · 박사 학위과정의 경우 전공의 교과과정을 포함하여, 타 전공과의 공통 교과목의 관리, 연간 교내의 다양한 학술활동 및 한국심리치료학회의 활동에서도 동일하게 적용하고 있다.

국내의 경우, 전공명의 표기는 네 가지인 미술치료, 미술치료학, 미술심리치료, 미술심리치료학에 속하며, 이들의 학문 분류는 크게 두 가지로 예술학이라는 정체성과 사회과학이라는 정체성으로 대별되고 있다.

국내의 경우 대부분 특수대학원 유형에 속하므로 학문 분류를 예술학 분야로 보고 그 같은 정체성을 갖기 쉽다. 반면, 사회과학으로서의 정체성을 갖는 대학원은 소수일 것이다.

학문적 정체성은 사람의 이름에서는 성씨와 같은 부분이다. 미술심리치료학 전공을 다루기 위해선 그 특수성을 숙지해야 하며 이를 위한 적응과 도전은 필수적으로 요구되는 부분이다.

대학원의 학위과정 중, 예를 들어 석사학위 과정은 4개 학기가 기준이다. 석사학위 과정은 석사학위 과정에서 요구되는 내용을 다루게 된다. 이에 전공에 대한 오리엔테이션은 준비가 제대로 갖춰져 있지 않다고 해도 입학과 동시에 대학원에서 철저히 실시하게 된다. 이 부분을 잘 숙지하게 되면, 학위과정에서 다루는 모든 내용은 초반에는 다소 낯설지 모르지만 이어지는 학기에서도 유사한 패턴으로 진행이 되므로 자연스럽게 그 과정을 밟아 나가게 된다.

대학원 공부는 체력 싸움이다. 제한된 시간 내에 많은 양을 소화하고 자신의 것으로 체화시켜야 하기 때문이다. 이에 심신이 건강하고 긍정적이며 책임감과 윤리 · 도덕감은 학위과정을 밟아 가기 위해 암묵적으로 요구되는 기초적인 측면이다.

국내에서 미술치료가 처음 대학원의 전공으로 개설되었을 당시 사람들은 대학원 석사학위 과정 미술치료 전공에서는 미술과 심리학을 융합시킨 전공으로 이들을 다루어 줄 것이라는 기대를 가지고 대학원에 진학하였다(박승혜, 장연집, 2012). 그러나 오늘날 대부분의 대학원 교과과정을 살펴보면 미술치료 전공의 경우, 미술을 다루는 교과목은 매우 제한적이다(한경아, 장연집, 2013). 반면, 심리학 관련의 교과목은 많이 다룬다. 이 같은 교과과정의 운영 관리가 의미하는 바는 전공에서는 심리치료라는 부분에 비중을 높이 둔다는 것이다.

체험 자료에 의하면 전공 공부의 양과 폭과 깊이가 압도적이라는 표현을 하고 있다. 대학원에서 처음으로 전공을 다루면서 이렇게 공부를 하지 않고는 2년 내에 전공자로서의 틀을 갖춘다는 것은 거의 불가능하기 때문이다.

대학원에 입학하여 개강부터 중간고사 실시 이전까지의 시기 동안, 서울여대 특수치료전문대학원 미술심리치료학 전공의 석사학위 과정 1학기 재학생이 체험한 대학원에서의 전공 공부를 다룬 선행 연구에 의하면, 1학기 초반의 신입생들은 방대한 교과목들이 다루는 학업 양과 깊이에 압도된다. 신체적으로는 진이 빠져 나가는 것 같은 어려움을 겪고, 심리적인 부담과 두렵고 긴장이 고조되는 느낌을 받는다(장연집, 김보라 외, 2016). 첫 학기를 잘 시작하게 되면, 차츰 적응해 가기 시작하면서 전공의 학문적 정체성을 잡아 가고 미래 직업의 방향성에 대한 불확실성도 가라앉기 시작하는 체험을 하는 것으로 나타났다.

대학원에서 학부에서는 다루지 않은 전공을 선택하고 대학원이라는 곳에서 새로운 수준의 공부를 한다는 것은 삶의 큰 전환점이 된다.

무엇인가에 관하여 깊이 연구하고, 지식을 넓힌다는 뜻인 다산의 격물치지(格物致知)는 뇌의 메타인지 기능을 활용하는 것이다. 메타인지란 1976년 심리학자 John Flavell이 만든 용어이다. 무엇인가를 배우거나 실행할 때, 내가 아는 것과 모르는 것을 스스로 파악하는 능력을 말한다. 즉, 자신의 사고를 정확히 인식하는 능력이다. 이는 내가 잘 알고 있는 부분과 모르는 부분이 무엇인지를 제대로 알고 부족한 부분을 보완하기 위해 구체적인 계획을 세우고 스스로 평가하는 능력이다. 전공 공부는 새로운 것을 배울 수 있는 능력, 문제를 해결할 수 있는 능력을 가지고, 변화와 위기 상황을 헤쳐갈 수 있도록 해야 한다(노규식, 2016).

이와 함께 전공이 사람을 대상으로 하며, 그들이 원하는 최적의 도움을 주는 것이므로, 학문적 접근을 하는 교과과정은 지식을 다루는 이론적 측면과 몸으로 익히는 경험을 다루는 현장 실제의 측면 모두를 다루게 된다.

다른 한편, 전공자들의 인간관, 가치관, 윤리 · 도덕관, 삶의 태도, 세계관, 우주관 등 전공자의 의식 수준과 관련된 부분은 매우 중요한 부분이다. 그러나 이 들은 전공자 개인이 쌓아오는 것으로 전공에서는 다루지 않는다. 세상을 보는 시각이랄까? 이 부분은 전공에서 일어날 수 있는 다양한 어려움을 창의적으로 풀어갈 수 있도록 이끌어 주고, 개개인의 능력 차이를 크게 벌려 놓는 것으로, 살아오면서 가진 경험과 사유가 발효되어 자신이 구축해 놓은 지혜나 근본 뿌리와 같은 부분이다. 이 부분이 두터워야 자신의 삶이 흔들리지 않는다.

흔히 학위과정에서의 공부란 교과과정에서 다룬 것들을 학점으로 표기한다. 그리고 외국어 시험과 전공의 종합시험을 통과하고 나서 논문을 제출하게 되면 심사를 통해 학위를 취득하게 된다. 이는 외현적인 부분이다.

대학원 미술심리치료학 전공 공부는 전공과 전공자로서의 정체성을 잘 잡고, 동시에 근본과 현상을 관통해 나가도록 이끌어야 한다.

앞에서 다뤄 놓은 체험 내용들을 보면 문뜩 자신을 알게 되고 어떻게 공부해야 하는 것인지를 터득하며 내 속에 자리해 있는 나를 보았다는 부분이 나온다. 이는 어떤 문제를 지속적으로 다루면서 반성, 성찰, 통찰, 즉 관통인 깨달음(覺)에 이르면서 머리로 안 것이 온몸과 삶 그리고 우주로 확대되는 순간을 포착하여 다뤄 놓은 표현으로 보인다.

홀론(holon)이란 그리스어의 전체(holos)에서 파생된 용어이다. 자체로 전체를 형성하면서 더 큰 전체의 일부를 이루는 것이다. 다른 전체의 일부가 되는 전체를 말한다. 예를 들어, 글자는 단어의 일부이고 단어는 문장의 일부이며, 문장은 언어 전체의 일부가 된다. 개인은 가족의 일부이고, 가족은 지역사회의 일부이며, 지역사회는 국가의 일부이고, 국가는 지구의 일부이다(Wilber, 2008). 대학원 공부 역시 홀론으로도 비유 가능하다. 석사학위 과정 1학기는 대학원 석사학위 과정의 일부이며 2학기, 3학기, 4학기, 졸업, 졸업 후 전문직 그리고 박사학위 과정으로 이어진다.

대학원에서의 한 학기는 학부에서의 시간 흐름과 동일하지 않다. 매우 농축되고 압축되어 있는 시간을 보내게 된다.

대학원 공부는 그 시간의 흐름을 놓치지 않도록 철저한 관리가 요망된다. 대학원이라는 학위과정은 학문적 성장과 함께 자신의 의식 수준을 고양시킬 수 있는 좋은 기회가 된다.

(3) 석 · 박사 학위 청구논문과 질적 연구에 관한 논의

학위논문은 학위과정의 정점에 자리하게 된다.

그리고 질적 연구의 수행은 어떤 주제이든 깊이 숙고하는 시간을 갖도록 이끈다. 특히 질적 연구는 연구 참여자들의 자료 사용 허락에 관한 동의가 필수적이다. 동의 없이는 어떤 자료도 임의로 사용할 수 없다.

내담자들이 다뤄 놓은 내용과 내담자를 존중하는 것은 미술심리치료학 전공에서도 중요시하는 부분이다. 질적 연구를 다룬 학위논문이나 전공은 모두 인간 존중 없이는 이루어질 수 없는 내용을 다룬다는 공통점을 지니고 있다.

존중이라는 것을 홀론으로 표기해 보면 자기존중이 되어야 타인존중이 가능해지고, 타인존중이 가능해야 인간존중으로 확대되어 나가게 된다.

대학원에서 배운 내용을 통합해 보았을 때 자신에게 가장 중요한 것으로 여겨지는 부분이 학위논문에서 다루고자 하는 연구 주제가 되기 쉽고, 이를 다룬 것이 학위논문이 되고, 학위논문은 대학원 과정의 정점이 된다.

학위논문에서 사용하는 방법론 중 질적 연구방법은 국내의 경우 1990년대부터 소개되기 시작하였다. 질적 연구가 다루어지기 이전에는 모든 학문 분야에서 수행되는 연구는 양적 연구로 접근해 왔다. 이에 질적 연구의 출현은 특히 인문사회과학 분야의 학문적 정체성을 환기시키는 역할을 하였다.

오늘날 질적 연구는 매우 다양한 전공 분야에서 다루어지고 있으며, 자연과학적 접근의 연구에서도 다루어지고 있다.

질적 연구는 현재까지 연구를 수행하기 위한 연구방법론으로 사용되어 왔다.

그러나 최근에는 미술심리치료학 전공의 특수성을 포함시키고 참여자의 특성을 반영하여 질적 연구의 응용적인 측면을 다룬 연구가 Max van Manen의 해석학적 현상학적 질적 연구를 중심으로 시도되고 있다(장연집, 2017a, 2017b). **연구법이라는 틀에 묶여 있던 질적 연구는 이제 학위를 취득한 졸업생에게는 전공 공부를 심화시키는 공부법으로 활용될 수 있는 연구 결과가 나오고 있다**(장연집, 2017b).

학위를 취득한 졸업생들에게 학위논문이 주는 의미는 전문성을 인정한다는 것이다. 그리고 학위 취득을 위한 준비과정은 매우 고단하지만, 그 결과는 자신들이 기대했던 것보다 훨씬 큰 보상을 준다는 것이다.

자신 스스로가 원하는 행복한 삶을 찾아보겠다고 나서면서, 시작된 대학원 공부 중 마지막 부분에 해당하는 학위는 대학원 과정의 마무리이자 전문가로서의 시작점을 의미한다.

질적 연구는 연구자가 어떤 마음을 가지고 연구 참여자들의 말을 경청하는가에 따라 연구의 자료가 달라진다. 좋은 자료를 수집하기 위해선 연구자는 진실되고 진정성 있는 성숙한 마음과 태도를 지녀야 한다.

연구 주제와 방법론을 가지고 있다고 해서, 좋은 자료를 수집할 수 있는 것은 아니다. 좋은 논문을 만들어 가는 과정은 여러 가지 실을 넣었다 뺐다 하면서 피륙을 짜는 것과 마찬가지이다.

질적 연구의 자료 수집 이외에, 수집된 체험 자료는 어떠한 현상을 이해하고 의미를 찾아내기 위한 것이므로, 해석을 제대로 해내기 위해선 연구자의 성숙도와 의식 수준이 요구된다.

인간의 내면과 외면을 개인적이고 집단적으로 접근함에 있어 마음이 마음을 다루어 내는 것이기 때문에, 자료는 생동감을 갖게 된다.

질적 연구는 자신이 보고자 하는 만큼만 보이고 자신이 성숙한 만큼만 다뤄지는 것으로, 노력한 만큼의 결과를 보여 준다는 생각을 한다.

(4) 학위 취득 이후 전문가로서 홀로서기에 관한 논의

학위 취득과 함께 졸업을 하고 나면 연구자는 다시금 혼자가 된다. 같이할 때도 있지만, 온전히 홀로 있어야 할 때도 많다. 모든 결정도 혼자서 내리게 된다. 이 시기는 많은 것을 알고 있지만, 다시금 새로운 배움이 필요함을 느끼는 시기로, 이 시기의 온전한 주체는 홀로선 자신이다. 자신을 성장으로 이끌어 가는 세 가지 접근으로는 자기훈련, 자기교육, 자기관리가 있다.

제일 먼저 자신에게 필요하다고 여겨지는 부분을 스스로 찾아내어 배움이 일어나도록 하는 것이 자기교육(self-educating)이다. 이에 더하여 쉬지 않고 연마해 나가는 것을 자기훈련(self-training)이라 한다. 그리고 자기가 자신의 주체로서 그리고 자유의지를 지닌 자율적인 존재로서 총체적으로 성장해 나가도록 이끌고 보살피는 것은 자기관리(self-management)이다.

삶에서 진정한 주체이자 리더가 되기를 원할 때 졸업 이후의 삶에서 이 세 가지는 반드시 요구된다. 시간적으로 뭔가에 쫓기지 않을 때 이 세 가지를 다루고 있다가, 기회가 오게 되면 그 기회를 자신의 것으로 만드는 것이다.

이를 표현한 것이 '준비하는 자만이 행복을 가질 수 있다.'이다. 준비를 하고 있어야 나에게 기회가 왔을 때 내가 원하는 것을 잡을 수 있기 때문이다. 희망을 가지고 성장을 위한 재도약을 준비하는 주체는 자신이지 타인이 아니다. 스스로 준비하며 자신의 온전한 전문성을 드러내기 위해 노력할 때 기회는 오게 된다.

삶에서 내게 오는 기회는 여러 번이지만, 그 기회를 내 것으로 만들기 위해선 준비가 갖춰져 있어야 한다. 그리고 기회가 왔을 때 무엇을 선택해야 할지의 결정은 갈등을 일으키게 된다. 아주 심한 갈등은 심지어 51을 얻기 위해 49라는 상당한 부분을 포기해야하는 경우도 있다.

여하튼 대학교 졸업 후 갖게 된 직장이나 삶에서 자신의 희망을 그릴 수 없다고 느꼈을 때, 이를 박차고 대학원에서 미술심리치료학 전공만이 나를 희망으로 이끌 것으로 여기고 과감하게 선택과 포기를 내린 결과, 대학원 진학과 그 과정은 고단의 연속이었지만 엄청나게 큰 보상이 뒤따랐다.

학위 취득을 한 전공자로서 자리하게 된 현재의 나는 나를 자랑스럽게 여기며, 무슨 일이 닥쳐와도 어려움 없이 잘 다루어 낼 것이란 자신감으로 가득 차 있다. 소심했던 나를 자신감으로 바꾸어 놓은 사이에는 대학원에서의 짧았지만 몰입했던 공부 경험이 자리해 있다.

이제 전공자가 다시금 전문인으로 태어나기 위해 필요한 것은 자 학문과 타 학문에서 다뤄지고 있는 현상과 본질을 좀 더 통합된 안목으로 다루어 내는 나만의 고유성을 발현토록 이끄는 노력이다. 신체적 · 심리적 · 사회적 · 영적인 측면에서 온전히 홀로서기를 마친 건강한 전문가는 실은 많은 사람의 보이지 않는 노력이 있을 때 가능한 것으로, 배울수록 겸손해진다는 것은 이렇게 만들어진다는 것을 아는 것이다.

홀로서기를 한 사람만이 함께하는 것도 잘해 낸다.

2) 대학원과 미술심리치료학 전공의 선택에 관한 결론

Max Van Manen의 해석학적 현상학의 주제 분석을 통해 2천년 대 융합전공으로 출현한 대학원 미술심리치료학 전공의 선택이라는 주제에 대하여 15명의 참여자가 다뤄 놓은 네 가지의 소주제에 관한 체험 내용 각각의 본질적 주제와 하위 주제를 산출하였고, 이들에 관한 결과와 논의를 다루어 보았다.

전공의 1세대에 속하는 졸업생들이 다뤄 놓은 대학원 미술심리치료학 전공의 체험 자료 속에는 서울여대 특수치료전문대학원 초창기의 분위기가 다뤄져 있다.

이들 각자가 학문적인 기초를 닦는 과정은, 전공의 역사를 만드는 자료가 되었다. 선후배와의 관계보다 지도교수와의 관계 속에서 상호 진정성과 최선을 다하는 노력을 배웠고, 이제는 모두 현장의 전문가로서 맡은바 최선을 다하고 있다.

대학원 지도교수는 지도학생들이 졸업한 후 이들이 정통하고 있는 질적 연구와 전공 공부를 모두 한 번에 다뤄 낼 수 있는 기념이 될 만한 것이 있을 것 같았다. 남들은 걸어갔을 때 뛰어간 이들에게 뭔가 특별난 것을 해 주고 싶어, 아무도 시도하지 않았던 전공자로서 체험 자료를 만들어 보자는 제안을 하였을 때, 15인의 지도제자들은 모두 마음을 담아 동의를 해 주었다.

대학원 재학생의 시기와 졸업 이후의 시기는 학문을 포함하여 삶 자체가 매우 달리 펼쳐지는 시기이다.

숲 속의 작은 새도 어디에 자리하는 것이 좋을지를 찾기 위해 숲을 뒤지며 앉을 곳을 탐색하여 최적의 자리를 찾아낸다. 졸업 후 자신이 자리할 최적의 자리를 찾고, 최적의 일을 하는 것은 학위과정을 마친 자들이라면 당연히 해야 할 일이다.

대학원과 미술심리치료학 전공이라는 주제는 대학원 재학 시기를 중심으로 그 이전과 그 이후 모두를 다루므로 방대한 내용이 다뤄지게 된다. 이에 서로 연결되어 있는 주제이지만 임의로, 대학원 입학 이전 시기, 대학원 재학 시기, 대학원 졸업 이후라는 세 시기를 네 가지의 소주제로 나누어 결과를 산출하였다.

논의에서는 대학원 진학을 위한 준비도(학문적 준비도와 인성적 준비도), 대학원 공부(학문적 공부와 인성적 공부)와 대학원의 꽃인 학위논문 및 질적 연구의 깊이, 그리고 대학원 졸업 이후의 홀로서기를 다루어 보았다.

이들의 체험이 갖는 의미는 대학원과 미술심리치료학 전공을 접하면서 참여자들 각자는 과거를 만나고, 자신들이 서 있는 현재를 보면서, 스스로 성장했다는 통찰을 해 봄으로써 앞으로 도약할 재정비의 기회를 구축했다는 의미를 지니고 있다.

스스로 찾아낸 행복을 다뤄 가는 과정은 고되고 역경일 수 있지만, 이것을 넘어가는 과정에서 강인한 힘이 구축되어, 앞으로 삶의 주체로서 참여하는 모든 것에 도전이 두렵지 않다는 것이다.

즉, 도전은 자신이 만든 미래라는 것을 알 수 있다.

자신이 원하는 것을 하기 위해 기존의 안정적인 상황을 떨쳐내고, 자신이 진정으로 원하는 것을 찾아 과감한 시도를 해 본다는 것은 결코 쉬운 일이 아니다. 동시에 자신이 원했던 것이기 때문에 그 과정에서 겪는 어려움은 기꺼이 이겨 내는 힘으로 맞설 수 있게 된다. 그리고 이 같은 힘들이 축적되면 자연스럽게 기대 이상의 결과를 얻게 된다.

이에 현상적으로 되돌아보는 기회가 되었다는 의미를 지닌, 대학원과 미술심리치료학 전공의 선택에 관한 결론은 네 가지 소주제의 결론에서 하나씩 내린 것을 모은 것으로 다음과 같다.

첫째, 대학원 진학과 전공은 반드시 자신이 이루고 싶은 꿈이고 희망이며 행복이다.

둘째, 교과과정을 다뤄 가는 과정에서 큰 혼란과 내면에서 올라오는 자기이해가 함께 전공자로서의 모습을 만들어 나간다.

셋째, 대학원의 상징으로 보이는 학위논문을 질적 연구로 접근할 때 연구자의 태도는 연구 성과와 연관되어 있다.

넷째, 기대 이상의 만족스러운 보상이 담긴 학위과정으로 구축된 힘은 모든 새로움 앞에 당당히 맞설 수 있게 해 주었다.

이 같은 결론은 이들 15인의 졸업생 참여자의 삶을 이해하는 데 도움을 주고 있다.

이들 체험이 본질적인 측면에서 깊이 있게 다루어지기보다는 현상적으로 다루어졌다고 느껴져, 체험의 논의에서는 인성적 준비도, 인성적 공부, 질적 연구의 깊이, 홀로서기를 다루어 놓았다.

대학원 진학 이전의 시기, 대학원 시기, 대학원 졸업 이후의 세 시기는 연속되어 있지만, 각 시기는 각기 고유성을 지니고 있다.

이들은 실망스러움과 곤혹스러움이 어떻게 자부심으로 바뀌게 되었는지를 직접 체험하였으며, 그 과정에서 대학원 과정이 주는 압도적인 어려움을 자신들이 기울인 노력으로 이겨 내면서, 꿈과 희망이 현실이 되도록 자신의 모습을 만드는 기회를 가졌다.

대학원 미술심리치료학 전공의 공부가 석사학위 과정에서 처음 시작하게 되는 경우, 석사학위 과정에서 다루어지는 전공의 내용과 수준은 교과과정을 통해 채워지고 쌓아 가는 것이다.

이에 반해 박사학위 과정에 이르면 전공은 내용과 폭과 깊이에서 큰 차이가 나타난다. 자연스럽게 지금까지 다뤄 온 모든 것에 의문과 새로운 시각이 생겨나게 되며, 스스로 출구를 찾아보기도 한다. 동시에 전공에서는 다루어지지 않는 내용 수직적 차원의 변용적 성장으로 발전해 가는 것을 말한다. 그리고 변환과 변용이 교차되는 지점에서 자신만의 창의적인 생각이 생겨날 수 있다.

체험 자료는 의미, 상징, 이해, 가치와 관련된 부분을 지니고 있다. 이들은 연구자의 의식 수준에 따라 여러 모습으로 비추어지게 된다.

사람 사는 세상에서 제일 어려운 것이 옳음, 그름, 진실–거짓을 구별해 내는 것이다. 늘 이런 부분이 복잡하고 어려움을 겪기 때문에 인간들 사이에는 수많은 갈등이 만들어지게 된다.

때문에 수 세기에 걸쳐 철학, 신학, 존재론, 형이상학 인식론을 다룬 엄청난 양의 문헌이 발달할 수 있었다. 현대 사회는 '참다운 도덕적 권위는 대체 어디에 놓여 있는가?'라는 질문을 하고 있다. 참다운 권위는 진실 수준의 산물이다. 이는 바로 의식 진화 수준의 결과로 분류된다(Hawkins, 2016).

대학원 미술심리치료학 전공의 학위과정에서는 흔히 눈으로 보이는 세계에서 다뤄질 수 있는 체험할 수 있고 체험된 것을 다룬다.

그러나 의식의 수준이 깊어져 눈 밝은 자가 되어 심안 그리고 더 나아가 영안을 갖기 위해선, 스스로 찾아서 채우는 배움을 위해 자기교육, 자기훈련, 자기관리를 지속해 가게 된다.

질서와 안정성이 강한 시스템에서는 새로운 것이 나타나지 않는다. 혼란과 불안정성, 강력한 자유를 활용해야만, 더 높은 형태의 질서와 새로운 것이 생길 수 있다. 의식의 진화는 에너지가 변화하는 지점, 에너지가 한 곳에서 다른 곳으로 흘러가는 지점인 경계선에서 일어난다(Phipps, 2016).

부록

부록 1.

해석학적 현상학적 글쓰기의 사용 수락서

나(논문저자의 이름)는 본인의 학위논문 (논문 저자의 학위 논문 제목) 중 글쓰기 부분을 본 저서에 사용되는 것을 수락합니다.

위 사항에 동의 시 다음을 작성

나(논문저자의 이름)는 개인정보 보호법에 명시된 법률상의 개인정보처리자 (저자대표)가 준수해야할 개인정보 기준을 준수하며, 관련 법령에 의거하여 자료제공자의 권익보호에 최선을 다하고 있으며 동의한 이용목적 이외에는 사용하지 않을 것을 알고 있습니다.

동의인 이름 (서명)

날짜

부록 2.

작업 공개에 대한 동의서

나(이름)는 제출된 미술작업에 대해서 본 저서를 위해서 사용될 것에 동의합니다. 서적이 마무리되기 전에는 본인의 의사로 언제든 참여 신청을 철회할 수 있음을 알고 있습니다.

동의 시 작업과 개인 정보처리에 관련한 다음 동의사항에 체크하시오.

- ☐ 이름 (체크하지 않을 시 익명으로 처리)
- ☐ 최종학력
- ☐ 미술치료사로서의 경력
- ☐ 온라인에 공개
- ☐ 오프라인에 공개

나(이름)는 개인정보 보호법에 명시된 법률상의 개인정보처리자(저자대표)가 준수해야할 개인정보 기준을 준수하며, 관련 법령에 의거하여 자료제공자의 권익보호에 최선을 다하고 있으며 동의한 이용목적 이외에는 사용하지 않을 것을 알고 있습니다.

동의인 이름 (서명)

날짜

참고문헌

제1장

김성수(2013). 글쓰기는 생각쓰기이자 삶 쓰기. 우리말교육현장연구, 7(2), 7-38.

김수빈(2007). 국내 미술치료 연구 동향-한국 미술치료학회 및 한국 예술치료학회 학회지 게재논문 중심으로(1994.4.-2007.3.). 동국대학교 문화예술대학원 석사학위논문.

김시내, 장연집(2010). 미술치료 석사과정생의 정신과 임상실습 체험연구. 심리치료: 다학제적 접근, 10(2), 1-22.

김초롱(2010). 미술치료 석사과정생의 소아암 환아를 대상으로 한 병원학교 미술치료 실습 체험연구. 심리치료: 다학제적 접근, 10(2), 23-41.

김태은(2009). 미술치료사의 슈퍼비전 체험연구. 서울여자대학교 특수치료전문대학원 박사학위청구논문.

오영범, 김영찬(2013). 인터넷 문화기술지의 방법적 특징 및 연구 절차 탐색. 교육인류학 연구, 16(2), 83-120.

장연집(2000). 건강을 위한 심리학과 현상학적 질적연구. 질적연구, 1(1), 1-11.

장연집(2002). 미술치료학의 특수성과 연구방법론. 심리치료: 다학제적 접근, 2(1), 15-30.

장연집(2004). 치료공학과 질적심리학의 연구논리. 심리치료: 다학제적 접근, 4(2), 45-72.

장연집(2009). 한국 미술치료학의 현황 분석-미술치료의 유형 분석과 임상 미술치료의 가능성. 한국심리치료학회지, 1(2), 1-35.

장연집(2014). 미술치료학 전공자의 전공 관리를 위한 기본 사항의 고찰. 여성연구논총, 29, 15-41.

장연집(2015). 한국 미술치료學의 과거와 현재 그리고 미술심리치료學. 한국심리치료학회지, 7(2), 105-126.

장연집(2016). 해석학적 현상학의 학위논문에서 다뤄진 글쓰기를 기반으로 미술심리치료학 전공 졸업생들의 반영적 글쓰기 체험의 분석. 미술치료연구, 23(4), 1123-1141.

장연집(2017). 메타 미술심리치료학을 위한 기초 사항의 점검. 한국심리치료학회지, 9(1), 79-95.

최윤희, 김갑숙, 최외선(2005). 한국, 미국의 미술치료 연구동향. 미술치료연구, 12(4), 507-544.

홍혜정(2015). 미술치료사의 미술작업을 통한 자기 돌봄 체험연구. 미술치료연구, 22(3), 777-798.

홍혜정, 장연집(2012a) 미술치료사의 미술작업을 통한 자기인식 체험연구. 심리치료: 다학제적 접근, 12(1), 49-74.

홍혜정, 장연집(2012b). 미술치료 석사 과정생의 미술치료 체험연구. 질적연구, 12(1), 36-49.

Baxter, P., & Jack, S. (2008). Qualitative case study methodology: Study design and implementation for novice researchers. *Qualitative Report, 13*(4), 544-559.

Betensky, M. (1995). *What do you see? Phenomenology of therapeutic art expression*. PA: Jessica Kingsley Publishers, LTD.

Betensky, M. (1997). The phenomenological approach to art expression and art therapy. *Art Psychotherapy, 4*, 173-179.

Betensky, M. (2001). Phenomenological art therapy. In J. A Rubin (Ed.), *Approaches to art therapy* (pp. 121-133). NY: Routledge.

Carolan, R. (2001). Models and paradigms of art therapy. *Journal of the American Art Therapy Associaion, 18*(4), 190-206.

Carpendale, M. (2002). Getting to the underbelly: phenomenology and art therapy. *CATA Journal, winter, 15*(2).

Carpendale, M. (2008). Hermeneutic phenomenological approach to art therapy. *CATA Journal, 21*(1), 2-10.

Clandinin, D. J., & Connelly, F. M. (2007). **내러티브 탐구**. (소경희, 강현석, 조덕주, 박민정 역). 서울: 교육과학사. (원저는 1999년에 출판).

Craig, G. (2009). Intersubjectivity, phenomenology and multiple disabilities. *International Journal of Art Therpay, 14*(2), 64-73.

Creswell, J. W. (2015). **질적 연구방법론**. (조흥식, 정선욱, 김진숙, 권진성 역) 서울: 학지사. (원저는 2013년에 출판).

Giorgi, A. (1985). *Phenomenology and psychological research*. PA: Duquesne University Press.

Giorgi, A. (1997). The theory, practice, and evaluation of the phenomenological method as a qualitative research procedure. *Journal of Phenomenological Psychology, 28*(2), 235-261.

Giorgi, A. (2004). **현상학과 심리학 연구**. (신경림, 장연집, 박인숙, 김미영, 정승은 역). 서울: 현문사. (원저는 1985년에 출판).

Kaiser, H., St. John, P., & Ball, B. (2004). Teaching Research: a survey of art therapy educators. *Art Therapy: Journal of Art Therapy Association, 21*(2), 67-78.

Kaiser, H., St. John, P., & Ball, B. (2006). Teaching Art Therapy Research: A Brief Report. *The American Art Therapy Association, 23*(4), 186-190.

Kapitan, L. (2012). **미술치료학연구법**. (장연집 외 역). 서울: 시그마프레스. (원저는 2010년에 출판).

Linesch, D. (1992). Research approaches within master's level art therapy training programs. *Art Therapy: Journal of American Art Therapy Association, 9*(3), 129-134.

Linesch, D. (1994). Interpretation in art therapy research and practice: The hermeneutic circle. *The Arts in Psychotherapy, 21*(3), 185-195.

Merriam, S. B. (2000). **질적 사례연구법**. (허미화 역). 서울: 양서원. (원저는 1988년에 출판).

McNiff, S. (1998). *Art-based research*. London: Jessica Kingsley.

Moon, B. L. (2007). Dialoguing with dreams in existential art therapy. *Art Therapy: Journal of Art Therapy Association, 24*(3), 128-133.

Quail, J. M., & Peavy, V. (1994). Phenomenology research study of client's experience in art therapy. *The Arts in Psychotherapy, 21*(1), 45-57.

Stake, R. E. (2000). **질적 사례 연구**. (홍용희, 노경주, 심종희 역). 서울: 창지사. (원저는 1995년에 출판).

Strauss, A., & Corbin, J. (1998). **근거이론의 이해**. (김수지, 신경림 역). 서울: 한울아카데미. (원저는 1996년에 출판).

van Manen, M. (1984). Practicing phenomenological writing. *Phenomenology and pedagogy, 2*(1), 36-69.

van Manen. M. (1990). *Researching lived experience: Human science for an action sensitive pedagogy.* London, Ontario: The University of Western Ontario Press.

van Manen. M. (2000). **체험연구: 해석학적 현상학의 인간과학 연구 방법론**. (신경림 역). 서울: 현문사. (원저는 1990년에 출판).

VanWynesberghe, R., & Khan, S. (2007). Redefining case study. *International Journal of Qualitative Methods, 6*(2), 80-94.

Wilber, K. (2008). **통합심리학**. (조옥경 역). 서울: 학지사. (원저는 2000년에 출판).

Marriam Webster Dictionary. https://www.merriam-webster.com/dictionary/essence

Online Etymology Dictionary. http://www.etymonline.com/index.php?term=essence

● 제2장

김성희(2015). 노인복지시설 집단미술치료를 진행한 미술치료학 석사학위과정생의 현장실습 체험연구. 서울여자대학교 특수치료전문대학원 석사학위청구논문.

김시내(2011). 미술치료 석사과정생의 정신과 임상실습 체험연구. 서울여자대학교 특수치료전문대학원 석사학위청구논문.

김시내, 장연집(2010). 미술치료 석사과정생의 정신과 임상실습 체험연구. **심리치료: 다학제적 접근**, 10(2), 1-22.

김초롱(2011). 미술치료 석사과정생의 소아암 환아를 대상으로 한 병원학교. 서울여자대학교 특수치료전문대학원 석사학위청구논문.

김초롱, 장연집(2010), 미술치료 석사과정생의 소아암 환아를 대상으로 한 병원학교 실습 체험 연구. **심리치료: 다학제적 접근**, 10(2), 23-41.

김태은(2002). 저소득층 한부모 가족 아동의 집단미술치료 활동체험연구. 서울여자대학교 특수치료전문대학원 석사학위청구논문.

김태은, 장연집(2003). 부모의 이혼을 겪은 초등학생의 집단미술치료 활동 체험연구. **질적연구**, 4(2), 5-18.

김현진(2004). 30대 불임여성의 미술치료활동 체험연구. 서울여자대학교 특수치료전문대학원 석사학위청구논문.

김현진, 장연집(2004). 30대 불임여성의 미술치료 체험연구. **여성건강**, 5(1), 227-242.

문리학(2014). 미술치료기반의 "미술작업 인터뷰"를 적용한 노인되어감의 해석학적 현상학 연구. 서울여자대학교 특수치료전문대학원 박사학위청구논문.
박주희(2015). 미술치료학 전공 석사학위과정생의 아동미술치료 현장실습 종결체험연구. 서울여자대학교 특수치료전문대학원 석사학위청구논문.
박주희, 장연집(2014). 미술치료학 전공 석사학위과정생의 아동 미술치료현장실습 종결 체험 연구. **심리치료: 다학제적 접근**, 14(2), 27-52.
임연채(2004). 이혼가정자녀의 집단미술치료활동 체험연구: 초등학교 고학년생을 중심으로. 서울여자대학교 특수치료전문대학원 석사학위청구논문.
임하연(2015a). 주의력결핍 과잉행동장애 초등학생을 대상으로 집단미술치료를 수행한 미술치료사의 체험연구. 서울여자대학교 특수치료전문대학원 박사학위청구논문.
임하연(2015b). 주의력결핍 과잉행동장애 초등학생을 대상으로 집단미술치료를 수행한 미술치료사의 체험연구. **미술치료연구**, 22(5), 1525-1556.
장연집(2000). 건강을 위한 심리학과 현상학적 질적연구. **질적연구**, 1(1), 13-24.
장연집(2001). 영아를 위한 심리적 건강 돌봄의 지혜. **아동연구**, 6, 23-39.
장연집(2009). 한국 미술치료학의 현황분석-미술치료의 유형과 임상미술치료의 가능성. **한국심리치료학회지**, 1(2), 1-35.
장연집(2014). 미술치료學 전공자의 전공 관리를 위한 기본 사항의 고찰. **여성연구논총**, 29, 15-41.

Rubin, J. A. (2008). **예술로서의 미술치료**. (김진숙 역). 서울: 학지사. (원저는 2006년에 출판).
Malchiodi, C. A. (1995). *Art making as complementary medicine.* Unpublished syllabus, 26th Annual Conference of the American Art Therapy Association. CA: SanDiego.

● 제3장

김태은(2009). 미술치료사의 수퍼비전 체험연구. 서울여자대학교 특수치료전문대학원 박사학위청구논문.
김현미(2011). 미술교사 경험을 가진 미술치료 석사과정생의 정체성 확립과정에 관한 체험연구. 서울여자대학교 특수치료전문대학원 석사학위청구논문.
김현미, 장연집(2010). 미술교사 경험을 가진 미술치료 석사과정생의 정체형 확립과정에 관한 체험연구. **심리치료: 다학제적 접근**, 10(2), 43-62.
김희연(2015). 미술치료학 석사학위과정생의 임상실습을 위한 현장 수퍼비전 체험연구. 서울여자대학교 특수치료전문대학원 석사학위청구논문.
김희연, 장연집(2015). 석사학위과정생의 임상실습을 위한 현장 슈퍼비전 체험연구. **심리치료**, 15(1), 1-26.
임은영(2013). 미술치료학 석사과정생의 수퍼비전 체험연구. 서울여자대학교 특수치료전문대학원 석사학위청구논문.
임은영, 장연집(2013). 미술대학 졸업 후 대학원 석사학위과정 미술치료학 전공에서 수강한 교과목

"미술치료 수퍼비전"에 관한 체험 연구. 심리치료: 다학제적 접근, 13(1), 31-59.
장연집(2013). 국내 미술치료學 전공의 대학원 과정 발전현황과 가능성. 심리치료: 다학제적 접근, 13(1), 11-30.
장연집(2014). 미술치료學 전공자의 전공 관리를 위한 기본 사항의 고찰. 여성연구논총, 29, 15-41.
장연집(2015). 한국 미술치료學의 과거와 현재 그리고 미술심리치료學. 한국심리치료학회지, 7(2), 105-126.
한경아(2014). 미술치료학 전공 석사학위과정생의 '미술 작업중심 교과목' 내에서 미술작업 체험 연구. 서울여자대학교 특수치료전문대학원 박사학위청구논문.
홍혜정(2010). 미술치료사의 미술작업을 통한 자기인식 체험연구. 서울여자대학교 특수치료전문대학원 석사학위청구논문.
홍혜정(2012). 미술치료사의 미술작업을 통한 자기인식 체험연구. 심리치료: 다학제적 접근, 12(1), 49-74.
홍혜정(2015a). 미술치료사의 미술작업을 통한 자기돌봄 체험연구. 서울여자대학교 특수치료전문대학원 박사학위청구논문.
홍혜정(2015b). 미술치료사의 미술작업을 통한 자기인식 체험연구. 미술치료연구, 22(3), 777-798.
홍혜정, 장연집(2012). 미술치료사의 미술작업을 통한 자기인식 체험연구. 심리치료: 다학제적 접근, 12(1), 49-74.

Arnheim. R. (1994). 예술심리학(*Toward psychology of art*). (김재은 역). 서울: 이화여자대학교 출판부. (원저는 1966년에 출판).
Fish, B. J. (2008). Formative evaluation research of art-based supervision in art therapy training. *Art Therapy: Journal of the American Art Therapy Association*, *25*(2), 70-77.
Rubin, J. A. (2006). 미술심리치료학 개론(*Art therapy: An introduction*). (김진숙 역). 서울: 학지사. (원저는 1999년에 출판).

● 제4장

제4-1장

김성숙, 김정희, 김형숙, 김혜숙, 안금희, 이성도, 이주연, 정여주, 황연주(2007). 미술교육과 문화. 서울: 학지사.
김융희(2000). 예술, 세계와의 주술적 소통. 서울: 책세상.
김현미(2011). 미술교사 경험을 가진 미술치료 석사과정생의 정체성 확립과정에 관한 체험연구. 서울여자대학교 특수치료전문대학원 석사학위청구논문.
김현미, 장연집(2015). 미술치료에서 미술에 관한 개념 모색. 한국심리치료학회지, 7(2), 23-35.
박승혜(2012). 미술치료학 전공생의 석사학위 체험연구. 서울여자대학교 특수치료전문대학원 석사학위청구논문.
장연집(2013). 국내 미술치료學 전공의 대학원 과정 발전현황과 가능성. 심리치료: 다학제적 접근,

13(1), 1-30.

장연집(2015). 한국 미술치료學의 과거와 현재 그리고 미술심리치료學. 한국심리치료학회지, 7(2), 105-126.

주리애(2002). 미술치료는 마술치료. 서울: 학지사.

段玉載(2013). 設文解字注. 上海: 上海古籍出版.

Canaday, J. (1984). 미술이란 무엇인가? (김영나 역). 서울: 덕성여자대학교 출판부. (원저는 1980년에 출판).

Cozolino. L. (2014). 정신치료의 신경과학-사회적인 뇌 치유하기. (강철민, 이영호 역). 서울: 학지사. (원저는 2010년에 출판).

Csikszentmihalyi, M. (2007). 몰입의 즐거움. (이희재 역). 서울: (株)해냄출판사. (원저는 1997년에 출판).

Deaver, S. P. (2002). What Constitutes Art Therapy Research? *Art Therapy, 19*(1), 23-27.

Dickins, R., & Griffith, M. (2005). 미술과의 첫만남. (황신원 역). 서울: 예경. (원저는 2003년에 출판).

Ericsson, K. A., Krampe, R. Th., & Tesch-Romer, C. (1993). The role of deliberate practice in the acquisition of expert performance. *Psychological Review, 100*(3), 363-406.

Fosha, D., Siegel, D. J., & Solomon, M. F. (2013). 감정의 치유력. (노경선, 김건종 역). 서울: 눈출판그룹. (원저는 2009년에 출판).

Guenter, M. (1990). Art therapy in the psychiatric clinic. A historical analysis of the development of art studios. *Psychiatric Prax, 17*(5), 163-171.

Jung. C. G. (1995). 사람과 상징. (정영목 역). 서울: 도서출판 까치. (원저는 1969년에 출판).

Kramer, E. (2007). 치료로서의 미술: 크레이머의 미술치료. (김현희, 이동영 역). 서울: 시그마프레스. (원저는 2000년에 출판).

Langer, S. K. (2009). 예술이란 무엇인가 (박용숙 역). 서울: 문예출판사. (원저는 1957년에 출판).

Lynton, N. (1994). 20세기의 미술. (윤난지 역). 서울: 도서출판 예경. (원저는 1980년에 출판).

Malchiodi, C. A. (2004). 미술치료. (최재영, 김진연 역). 서울: ㈜조형교육. (원저는 1998년에 출판).

May, R. (2010). 자아를 잃어버린 현대인. (백상창 역). 서울: 문예출판사. (원저는 1953년에 출판).

Moon, C. H. (2010). 스튜디오 미술치료. (정은혜 역). 서울: 시그마프레스. (원저는 2002년에 출판).

Naumberg, M. (1955). Art as Symbolic Speech. *The Journal of Aesthetics and Art Criticism, 13*(4), 435-450.

Read, H. (2002). 도상과 사상. (김병익 역). 서울: 열화당 미술책방. (원저는 1955년에 출판).

Rubin, J. A. (2006). 미술치료학 개론. (김진숙 역). 서울: 학지사. (원저는 1999년에 출판).

Rubin, J. A. (2010). 아동미술치료. (고빛샘 역). 서울: 知와 사랑. (원저는 2005년에 출판).

Skovholt, T. M., & Rønnestad, M. H. (1992). Themes in therapist and counselor development. *Journal of Counseling and Development, 70*, 505-515.

Tyson, P., & Tyson, R. (2013). 정신분석적 발달이론의 통합. (박영숙, 장대식 역). 부산: 산지니. (원저는 1990년에 출판).

Venturi, L. (1999). 회화의 이해: 지오토에서 샤갈까지. (정진국 역). 서울: 눈빛. (원저는 1953년에 출판).
Wadeson, H. (2008). **미술심리치료학**. (장연집 역). 서울: 시그마프레스. (원저는 1987년에 출판).
Wadeson, H. (2012). **임상미술치료학**. (장연집, 최호정, 김태은, 김안젤라, 오선미, 윤원, 문리학 역). 서울: 시그마프레스. (원저는 2010년에 출판).
Wetzel, C. (2006). **THE ART-미술의 역사**. (홍진경 역). 서울: 도서출판 예경. (원저는 2001년에 출판).

제4-2장
김선희(2014). 미술치료 수퍼비전의 중요성과 임상현장 수퍼비전에 대한 고찰. **한국심리치료학회지**, 6(1), 17-26.
김현미, 장연집(2013). 박사 과정생 수퍼바이지의 미술작업 체험연구. **한국심리치료학회**, 5(2), 51-67.
박가람(2014). 미술치료전공 석사학위과정생의 임상실습 후 자발적으로 실시한 반응작업 체험연구. 서울여자대학교 특수치료전문대학원 석사학위논문.
이모영(2013). 임상미술치료의 기초학문으로서 예술심리학의 역할에 대한 비판적 고찰과 전망. **임상미술치료학연구**, 8(2), 27-37.
이우진, 김정애(2016). 미술치료 전공자의 저널쓰기 체험의 의미. **미술치료연구**, 23(5), 1447-1468.
임하연(2015). 주의력 결핍 과잉행동 장애 초등학생을 대상으로 집단미술치료를 수행한 미술치료사의 체험연구. **미술치료연구**, 22(5), 1525-1556.
장연집(2002). 미술치료학의 특수성과 연구방법론. **심리치료: 다학제적 접근**, 2(1), 15-30.
장연집(2013). 국내미술치료學 전공의 대학원 과정 발전현황과 가능성. **심리치료: 다학제적 접근**, 13(1), 11-30.
장연집(2014). 미술치료學 전공자의 전공 관리를 위한 기본 사항의 고찰. **여성연구논총**, 29, 15-41.
장연집(2015). 한국 미술치료學의 과거와 현재 그리고 미술심리치료學. **한국심리치료학회지**, 7(2), 105-126.
장연집(2017). 메타 미술심리치료학을 위한 기초 사항의 점검. **한국심리치료학회지**, 9(1), 81-97.
주리애(2002). **미술치료는 마술치료**. 서울: 학지사.
최선남(2013). 미술치료전공 석사학위과정 경험에 대한 질적연구. **미술치료연구**, 20(4), 659-674.

Allen, P. B. (1995). *Art is a way of knowing: A guide to self-knowledge and spiritual fulfillment through creativity*. Boston: Shambhala.
Barone, T., & Eisner, E. W. (2012). *Arts based research*. CA: Sage.
Brown, C. (2008). The importance of making art for the creative arts therapist: An artistic inquiry. *Arts in Psychotherapy, 35*(2008), 201-208.
Brown, C., Meyerowitz-Katz, J., & Ryde, J. (2003). Thinking with image making in supervision. *Inscape, 8*(2), 71-78.
Chilton, G., & Scotti, V. (2014). Sniping, gluing, writing: The properties of collage as an arts-based research practice in art therapy. *Art Therapy, 31*(4), 163-171.

Deaver, S. P., & Shiflett, C. (2011). Art-based supervision techniques. *The Clinical Supervisor, 30*(2), 257-276.

Havsteen-Franklin, D., & Altamirano, J. C. (2015). Containing the uncontainable: Responsive art making in art therapy as a method to facilitate mentalization. *International Journal of Art Therapy, 20*(2), 54-65.

Huss, E. (2013). *What we see and what we say: Using images in research, therapy, empowerment, and social change.* NY: Routledge.

Good, D. A. (1994). How will the profession of art therapy change in the next 25 years? Responses of past award winners: Art therapy and changing times. *Art Therapy: Journal of the American Art Therapy Association, 11*(4), 256-257.

Feen-Callligan, H. R. (2005). Constructing professional identity in art therapy through service-learning and practica. *Art Therapy: Journal of the American Art Therapy Association, 22*(3), 122-131.

Fish, B. 1. (2008). Formative evaluation research of art-based supervision in art therapy training. *Art Therapy, 25*(2), 70-77.

Fish, B. 1. (2012). Responsive art: The art of the art therapist. *Art Therapy, 29*(3), 138-143.

Fish, B. J. (2013). Painting research: Challenges and opportunities of intimacy and depth. In S. McNiff (Ed.), *Art as research: Opportunities and challenges.* Chicago: Intellect.

Hass-Cohen, N., & Carr, R. (2011). **미술치료와 임상뇌과학**. (김영숙, 원희랑, 박윤희, 안성식 역). 서울: 시그마프레스. (원저는 2008년에 출판).

Havsteen-Franklin, D. (2015). Containing the uncontainable: Responsive art making in art therapy as a method to facilitate mentalization. *International Journal of Art Therapy, 20*(2), 54-65.

Kapitan, L. (2012). **미술치료학 연구법**. (장연집, 손승아, 안경숙, 장윤정, 최호정 역). 서울: 시그마프레스. (원저는 2010년에 출판).

Kapitan, L. (2014). Beyond self-inquiry: Does art-based research produce real effects in the world? *Art Therapy, 31*(4), 144-145.

Kapitan, L., & Newhouse, M. C. (2000). Playing chaos into coherence: Educating the postmodern art therapist. *Art Therapy, 17*(2), 111-117.

Kaplan, F. F. (2013). **미술, 과학, 미술치료**. (장연집 역). 서울: 시그마프레스. (원저는 2000년에 출판).

Kielo, J. (1991). Art therapists' countertransference and post-session therapy imagery. *Art Therapy, 8*(2), 10-14.

Klorer, P. G. (2014). My story, your story, our stories: A community art-based research project. *Art Therapy, 31*(4), 146-154.

Knill, P. J. (1995). The place of beauty in therapy and the arts. *The Arts in Psychotherapy, 22*(1), 1-7.

Kramer, C. (1963). The problem of quality in art. *Bulletin of Art Therapy, 3*(1), 3-19.

Lusebrink, V. B. (2004). Art therapy and the brain: An attempt to understand the underlying process of art expression in therapy. *Art Therapy: Journal of the American Art Therapy Association, 21*(3), 125-135.

Malchiodi, C., & Riley, S. (1996). *Supervision and related issued: A handbook for professionals.* IL: Magnolia street publishers.

Malchiodi, C. (2004). 미술치료. (최재영, 김진연 역). 서울: 조형교육. (원저는 1998년에 출판).

Maclagan, D. (2005). Re-imagining art therapy. *International Journal of Art Therapy, 10*(1), 23-30.

McNiff, S. (1998). *Art-based research.* London: Jessica Kingsley Pub.

Miller, A. (2012). Inspired by el duende: One-canvas process painting in art therapy supervision. *Art Therapy, 29*(4), 166-173.

Moon, B. L. (1999). The tears make me paint: The role of responsive artmaking in adolescent art therapy. *Art Therapy: Journal of the American Art Therapy Association, 16*(2), 78-82.

Moon, B. L. (2003) *Essentials of art therapy education and practice.* Springfield: Charles C. Thomas.

Moon, B. L. (2011). 미술치료 윤리와 실제. (이윤희 외 역). 서울: 학지사. (원저는 2006년에 출판).

Moon, B. L. (2012). Mentoring and other challenges in art-based enquiry: You will figure it out. In S. McNiff (Ed.), *Art as research: Opportunities and challenges.* Chicago: Intellect.

Moon, B. L., & Hoffman, N. (2014). Performing art-based research: Innovation in graduate art therapy education. *Art Therapy, 31*(4), 172-178.

Moon, C. (2002). *Studio art therapy: Cultivating the artist identity in the an therapist.* London and Philadelphia Jessica Kingsley Publisher.

Netzer, D. (2009). From Linear to Imaginal: Choosing Research Methods to Inform Art Therapy Practice. *Art Therapy: Journal of the American Art Therapy Association, 26*(1), 38-41.

Newsome, D. W., Henderson, D. A., & Veach, L. J. (2005). Using expressive arts in group supervision to enhance awareness and foster cohesion. *Journal of Humanistic Counseling, Education and Development, 44*(2), 145-157.

Orkibi, H. (2012). Students' artistic experience before and during graduate training. *Arts in Psychotherapy, 39*(5), 428-435.

Phil, J. (2005). *The arts therapies: A revolution in healthcare.* NY: Brunner Routledge Press Inc.

Rosenbloom, D., Pratt, A., & Pearlman, L. (1999). Helper's responses to trauma work: Understanding and intervening in an organization. In B. Stamm (Ed.), *Secondary traumatic stress: Self-care issues for clinicians.* Lutherville: Sidran Press.

Rubin, J. A. (2008). 예술로서의 미술치료. (김진숙 역). 서울: 학지사. (원저는 1984년에 출판).

Rubin, J. A. (2010). 미술치료학 개론. (김진숙 역). 서울: 학지사. (원저는 2006년에 출판).

Schaverien, J. (1992). *The revealing image: Analytical art psychotherapy in theory and practice.* London: Tavistock/Routledge.

Schaverien, J., & Case, C. (2007). *Supervision of art psychotherapy: A theoretical and practical handbook.* New York, NY: Routledge.

Schroder, D. (2011). **유능한 미술치료사 되기**. (오연주 역). 서울: 시그마프레스. (원저는 2005년에 출판).

Wadeson, H. (2003). Making art for professional processing. *Art Therapy: Journal of the American Art Therapy Association, 20*(4), 208-218.

Wadeson, H. (2008). **미술심리치료학**. (장연집 역). 서울: 시그마프레스. (원저는 1987년에 출판).

Wadeson, H. (2012). **임상미술심리치료학**. (장연집 외 역). 서울: 시그마프레스. (원저는 2010년에 출판).

Yoo, H. (2011). Supervisors Experience of Empathetic Understanding When Using Art-making in Art Therapy Supervision. Dissertation. Lesley University.

국립국어원 표준국어대사전(2017). http://stdweb2.korean.go.kr

DAUM 백과. http://100.daum.net

Etymology Dictionary. (2017). http://www.etymonline.com/

Oxford English Dictionary. (2017). https://en.oxforddictionaries.com

● 제5장

문리학(2014). 미술치료기반의 "미술작업 인터뷰"를 적용한 노인되어감의 해석학적 현상학 연구. 서울여자대학교 특수치료전문대학원 박사학위청구논문.

장연집(2014). 미술치료學 전공자의 전공 관리를 위한 기본 사항의 고찰. **여성연구논총**, 29, 15-41.

장연집(2015). 한국미술치료학의 과거 현재 그리고 미술심리치료학. **한국심리치료학회지**, 7(2), 105-126.

장연집(2016). 해석학적 현상학의 학위논문에서 다뤄진 글쓰기를 기반으로 미술심리 치료학 전공 졸업생들의 반영적 글쓰기 체험의 분석. **미술치료연구**, 23(4), 1123-1141.

장연집(2017). 해석학적 현상학적 연구의 확장 시도. **질적연구**, 18(2), 193-208.

최호정(2009). 여성의 부모용서과정에 관한 근거이론 연구. 서울여자대학교 특수치료전문대학원 박사학위청구논문.

최호정(2015). 용서 중재 미술치료 이론 개발을 위한 여성의 부모용서과정에 관한 질적 연구. **예술심리치료연구**, 11(3), 175-198.

Malchiodi, C. A. (2000). **미술치료**(*Art therapy sourcebook*). (최재영, 김진연 역). 서울: 조형교육. (원저는 1998년에 출판).

Moon, B. L. (2011). **미술치료 윤리와 실제**(*Ethical issues in art therapy*). (이윤희, 오종은, 임나영, 홍윤선, 권민경 역). 서울: 학지사. (원저는 2006년에 출판).

● 제6장

김현미(2011). 미술교사 경험을 가진 미술치료 석사과정생의 정체성 확립 과정에 대한 체험 연구. 서울여자대학교 특수치료전문대학원 석사학위청구논문.

노규식(2016). **현대인들은 어떻게 공부해야 하는가**. 서울: 도서출판 알투스.

박승혜, 장연집(2012). 미술치료학 전공생의 석사학위 과정 체험 연구. **심리치료: 다학제적 접근**, 12(2), 1-30.

박지솔, 장연집(2016). 미술치료학 석사학위과정의 선택 체험 연구. **심리치료: 다학제적 접근**, 16(2), 23-46.

장연집(2009). 한국 미술치료학의 현황분석-미술치료의 유형분석과 임상미술치료의 가능성. **한국심리치료학회지**, 1(2), 1-35.

장연집(2013). 국내 미술치료學 전공의 대학원 과정 발전현황과 가능성. **심리치료: 다학제적 접근**, 13(1), 1-30.

장연집(2016). 해석학적 현상학의 학위논문에서 다뤄진 글쓰기를 기반으로 미술심리치료학 전공 졸업생들의 반영적 글쓰기 체험의 분석. **미술치료연구**, 23(4), 1123-1141.

장연집(2017a). 미술심리치료학 전공 졸업생의 반영적 글쓰기 체험의 탐구: ADHD 아동을 위한 미술치료사 체험을 다룬 해석학적 현상학의 글쓰기를 기반으로. **사회과학논총**, 24, 213-237.

장연집(2017b). 해석학적 현상학적 연구의 확장. **질적연구**, 18(2), 193-208.

장연집, 김민주, 박보람, 이영한, 황혜진(2016). 미술심리치료학 전공 석사학위과정 신입생을 통해서 본 대학원 전공선택 준비과정에 관한 체험 연구. **심리치료: 다학제적 접근**, 16(2), 47-65.

장연집, 김보라, 김지애, 노지혜, 이지열, 이지민, 박찬옥(2016). 대학원 미술심리치료학전공 석사학위과정생의 입학 초기에 관한 체험 연구. **심리치료: 다학제적 접근**, 16(1), 47-66.

조선일보(2017. 1. 14.). 글 써봐야 안다, 내가 뭘 알고 모르는지…… 여기서 창의성 출발. A8.

한경아, 장연집(2013). 미술심리치료학 전공 석사학위과정의 대학원 유형 분류와 교과과정 분석 연구. **한국심리치료학회지**, 5(2), 143-167.

Hawkins, D. R. (2016). **현대인의 의식지도**. (주민아 역). 서울: 판미동. (원저는 2008년에 출판).

Phipps, C. (2016). **인간은 무엇이 되려 하는가?** (이진영 역). 서울: 김영사. (원저는 2012년에 출판).

Wilber, K. (2008). **통합심리학**. (조옥경 역). 서울: 학지사. (원저는 2000년에 출판).

찾아보기

〈인명〉

〈내용〉

저자 소개

장연집(Chang, Yeonjip)

프랑스 스트라스부르 루이파스퇴르 대학원 심리학 박사
서울여자대학교 사회과학대학 학장, 사회과학연구소 소장, 입학관리처장
한국심리치료학회 회장 역임, 대통령 교육 및 학술상 수상
임상심리전문가, 상담심리전문가, 건강심리전문가, 정신보건임상심리사 1급 정신보건 전문요원, 국제공인 NLP Trainer & Consultant, 심리개입전문가, 임상미술심리전문가, K-EMDR전문가
현 서울여자대학교 특수치료전문대학원 교수

저서) 한국 미술치료학(편저, 시그마프레스, 2017)
정신건강(공저, 파란마음, 2008)
현대인의 정신건강(공저, 학지사, 1999)

역서) 미술, 과학, 미술치료(시그마프레스, 2013)
임상미술치료학(공역, 시그마프레스, 2012)
미술치료학 연구법(공역, 시그마프레스, 2012)
미술심리치료학(시그마프레스, 2008)
여성건강 심리학(이화여자대학교출판부, 2001)
성인화의 분석(공역, 학지사, 1995)
아동이 그린 가족화 분석(교문사, 1994)

논문) 해석학적 현상학적 연구의 확장 시도(2017) 외 170여 편

최호정(Choi, Hojung)
서울여자대학교 특수치료전문대학원 예술치료학 박사
현 최호정 미술심리치료연구소 소장
A.T.R. (미국공인미술치료사)

역서) 임상미술치료학(공역, 시그마프레스, 2012)
미술치료학 연구법(공역, 시그마프레스, 2012)
해석적 기술(공역, 한누리, 2011)

홍혜정(Hong, Heajung)
서울여자대학교 특수치료전문대학원 예술치료학 박사
현 서울여자대학교 특수치료전문대학원 표현예술치료학과 겸임교수
홍혜정 미술심리치료연구소 소장

김태은(Kim, Taeeun)
서울여자대학교 특수치료전문대학원 예술치료학 박사
현 차의과학대학교 미술치료대학원 조교수
A.T.R. (미국공인미술치료사)

역서) 임상미술치료학(공역, 시그마프레스, 2012)

문리학(Moon, Leehak)
서울여자대학교 특수치료전문대학원 예술치료학 박사
현 이화여자대학교 교육대학원 미술치료교육전공 겸임교수
문리학 미술심리연구소 소장

저 · 역서) 한국 미술치료학(편저, 시그마프레스, 2017)
임상미술치료학(공역, 시그마프레스, 2012)

한경아(Han, Kyeonga)
서울여자대학교 특수치료전문대학원 예술치료학 박사
현 이화여자대학교 교육대학원 미술치료교육전공 조교수

저서) 한국 미술치료학(편저, 시그마프레스, 2017)

김시내(Kim, Sinae)
서울여자대학교 특수치료전문대학원 예술치료학 박사
현 세종대학교 공공정책대학원 사회복지학과 강사
세종사이버대학교 아동가족상담학과 강사
VAC심리상담센터 센터장

김초롱(Kim, Chorong)
서울여자대학교 특수치료전문대학원 예술치료학 석사
현 디딤정신과의원 근무
한국심리상담센터 미술치료사

임은영(Rim, Eunyoung)
서울여자대학교 특수치료전문대학원 예술치료학 석사
아동청소년 상담센터 및 정신건강의학과 부설센터 근무
게슈탈트 심리치료사 2급
현 파이심리상담센터 레지던트과정 상담사

김성희(Kim, Sunghee)
서울여자대학교 특수치료전문대학원 예술치료학 석사
금천아동발달센터 미술치료사
현 성남보호관찰소 미술치료사

박주희(Park, Juhee)
서울여자대학교 특수치료전문대학원 예술치료학 석사
현 노원연세소울정신건강의학과의원 부설 연세주니어 상담센터 미술치료사
노원경찰서 청소년 표준선도프로그램 상담사

김희연(Kim, Heeyeon)
서울여자대학교 특수치료전문대학원 예술치료학 석사
현 GS 칼텍스 마음톡톡 예술정서지원 프로그램 예술치료사
그림마음연구소 소장

김현미(Kim, Hyunmi)
서울여자대학교 특수치료전문대학원 예술치료학 박사
현 광운대학교 심리건강증진센터 미술치료사
서울여자대학교 특수치료전문대학원 표현예술치료학과 강사

임하연(Lim, Hayeon)
서울여자대학교 특수치료전문대학원 예술치료학 박사
현 한국예술치료상담연구소 소장

임연채(Lim, Yeonchai)
서울여자대학교 특수치료전문대학원 예술치료학 박사수료
현 새중앙상담센터 미술치료사

김현진(Kim, Hyunjin)
서울여자대학교 특수치료전문대학원 예술치료학 박사
현 아트앤마인드 예술치료센터 소장
A.T.R. (미국공인미술치료사)

역서) 미술치료놀이(공역, 성안당, 2016)

체험 미술심리치료

Lived Experiences in Art Psychotherapy

2018년 4월 20일 1판 1쇄 인쇄
2018년 4월 30일 1판 1쇄 발행

지은이 • 장연집 · 최호정 · 홍혜정 · 김태은 · 문리학 · 한경아
김시내 · 김초롱 · 임은영 · 김성희 · 박주희 · 김희연
김현미 · 임하연 · 임연채 · 김현진
펴낸이 • 김진환
펴낸곳 • (주) 학지사
04031 서울특별시 마포구 양화로 15길 20 마인드월드빌딩
대표전화 • 02)330-5114 팩스 • 02)324-2345
등록번호 • 제313-2006-000265호

홈페이지 • http://www.hakjisa.co.kr
페이스북 • https://www.facebook.com/hakjisa

ISBN 978-89-997-1555-6 93180

정가 22,000원

이 도서의 국립중앙도서관 출판시도서목록(CIP)은 서지정보유통지원시스템 홈페이지(http://seoji.nl.go.kr)와 국가자료공동목록시스템(http://www.nl.go.kr/kolisnet)에서 이용하실 수 있습니다.
(CIP 제어번호: CIP2018011528)